JN275932

21世紀の日韓民事法学

高翔龍先生 近影

高翔龍先生日韓法学交流を記念して

謹んで本書を捧げます

編者執筆者一同

―〈執筆者紹介 © 2005〉 ―

	星野 英一	（ほしの えいいち）	日本学士院会員、東京大学 名誉教授
1	内田 貴	（うちだ たかし）	東京大学大学院法学政治学研究科 教授
2	朴 相哲	（パク サンチョル）	京畿大学校大学院 教授
3	大村 敦志	（おおむら あつし）	東京大学大学院法学政治学研究科 教授
4	李 勝雨	（イ スンウ）	成均館大学校法科大学 教授
5	李 徳勝	（イ トクスン）	安東大学校法学科 教授
6	李 銀栄	（イ ウンヨン）	韓国外国語大学校法科大学 教授・現国会議員
7	下森 定	（したもり さだむ）	成蹊大学法科大学院 教授 法政大学名誉教授
8	李 起勇	（イ キヨン）	成均館大学校法科大学 教授
9	瀬川 信久	（せがわ のぶひさ）	北海道大学大学院法学研究科 教授
10	高橋 宏志	（たかはし ひろし）	東京大学大学院法学政治学研究科 教授 東京大学法学部長
11	李 時潤	（イ シユン）	慶熙大学校法科大学客員教授 元憲法裁判所裁判官
12	滝沢 聿代	（たきざわ いつよ）	法政大学法科大学院 教授
13	洪 性載	（ホン ソンジェ）	公卅大学校法学科 教授
14	金 相容	（キム サンヨン）	延世大学校法科大学 教授
15	野村 豊弘	（のむら とよひろ）	学習院大学法科大学院 教授
16	申 栄鎬	（シン ヨンホ）	高麗大学校法科大学 教授
17	尹 大成	（ユン デソン）	昌原大学校法学科 教授
18	北村 一郎	（きたむら いちろう）	東京大学大学院法学政治学研究科 教授

― 信山社 Printed in Japan ―

21世紀の日韓民事法学

――高翔龍先生日韓法学交流記念――

編 集
加藤雅信　瀬川信久
能見善久　内田　貴
大村敦志　尹　大成
玄　炳哲　李　起勇

信 山 社

序　文

　高翔龍君の日韓法学交流記念論文集が日本の学者を発起人とし、日韓両国の学者が執筆して、日本で出版されるのは、まことに喜ばしいことである。法学における日韓交流もここまで進んだかとの感慨を禁じえない。個人的なことだが、東京大学在職中に指導した外国人大学院生で博士号を取得したのは、高君とブラジルの二宮正人君の2人だけであり、2人とも当初指導を受けていた先生が定年退職された後を引き受けたのだが、博士号取得はとりわけ当時（日本人学生にとっても）困難なことであり、私もそれなりの努力をしたので一層感慨が深い。

　高君と初めて会ったのが何時であったか正確なことは記憶していないが、1969（昭和44）年10月に始まった冬学期の演習「日本民法学の形成と課題」以来の知合であることは間違いない。40年近い付き合いになる。

　同君はその年に修士課程に入学し、来栖三郎先生を指導教授としていた。私はちょうどその年から、この表題で学部・大学院合併の演習を始め、定年まで続けたが、今回調べたところ、高君はその後も毎年この演習に参加し、博士論文の執筆に集中した年を除き合計7回出席している。この間1971（昭和46）年には修士号を取得した。博士号は1977（昭和52）年3月に取得している。来栖先生が1972（昭和47）年に定年退職されたので、私が指導教授となった。

　高君の博士論文はたいへんな力作である。「借家権の承継」というテーマで立法論と日本法の解釈論をしたものだが、そのためにイギリス法と西ドイツ法の詳細な検討も行なっている。著者にとって外国語である3ヶ国の資料を読みこなしている。その能力と努力は驚くべきものである。最後の追込みのところではほとんど1日おきくらいに研究室や拙宅で会ったり電話で話したことは思い出深い。これが、法学協会雑誌96巻3、4、7号、101巻8号

に連載されて好評を得た日本でも著名な論文である。

　高君は、1977年春ソウル市立大学に採用され、翌年成均館大学に移り2004年8月定年退職されたが博士号取得早々に学位記（証書）授与式にも出られないで帰国したので、1984（昭和59）年秋に韓日「法と社会」研究会に私が招待された時に当時の田中英夫法学部長から学位記を預かり、7年ぶりに再見した同君にホテルの私の部屋で伝達式と称して手渡した。高君は、ずっと前に成均館大学校に移っていた。学会では高君が一人で通訳をした。

　私の韓国行きはその後一度だけだが、高君は何回も日本に来ている。思い出深いのは、日韓の法律シンポジウムである。1986年の第1回(憲法)に続く第2回は、民商法がテーマで、韓国民法学会の第一人者であったソウル大学校郭潤直教授、東大にもかつて留学された法制史の同じく朴秉濠教授に来ていただいた。その時韓国学者の幹事役として活躍していたのは高君であった。また、来栖先生のご葬儀にソウルからほとんど日帰りで参列されたときは、その礼儀正さと先生思いに感動したものである。

　それ以後は多くの著書論文によって郭先生に匹敵する若手民法学者として韓国民法学会で活躍している様子を聞いて喜んでいた。2003年には若くして韓国学術院（日本の学士院）会員に選定され、この点でも同僚となった。2004年からは大東文化大学法科大学院教授、早稲田大学や東京大学の講師として2年間日本に滞在している。同年秋に中国の青島における中日民商法研究会の中韓日3国の民法統一というテーマの研究会には、同君が韓国の学者として参加し、それぞれ報告者となった。こういう高君だから、日本人学者に多くの友人を持ち、皆に敬愛されている。

　この時期に高君の日韓法学交流記念論文集が出版されるのは、日本の学者にとっては、出版が遅れたことを補って余りある僥倖になった。日本での出版記念会に数人の方を除いて韓国の学者の出席が困難になることは残念だが、日本人学者は多く集まることができるからである。韓国でも出版記念会をしたらどうかなどと考えるのは、日本にいる者の身勝手な言い分だろうか（韓国でも出版記念会が2005年11月26日に予定されていると聞く）。

序　文

　この出版は、日韓の法学交流の一画期ということができよう。日本の記念論文集に外国の学者からの寄稿があることや、外国の記念論文集に日本の学者が寄稿することは、最近著しい。しかし、1つのテーマについて2国の学者がペアを組んで執筆する論文を集めることは、比較的少ないように見られる。既に3冊出されている、日仏法学共同集会の成果はそれだが、そのもとはシンポジウムであり、いきなり執筆という例はあまりないようだ。もちろん、正確に同じテーマにピントを合わせることは初めから無理であろうし（国内の企画でも難しいのが現実である）、まして予定された論稿が間に合わなくなることは避けがたい。今は、そのねらいと、困難さにも拘らず幾つかのテーマにおいてその趣旨が実現していることを称賛すべきであろう。

　そしてこの機会に、両国の法学交流を進める一つの手段としての学会についても改めて考えたらよいのではないか。韓日「法と社会」研究会は、1989年から韓日法学会と名称が変わったが、当時の名簿には私も「来韓演士」として掲載されており、毎年招待状と機関誌が届いていた。しかし何時の間にか連絡がなくなった。せっかく1982年に始められたこの学会はどうなったのだろうか。また前述した日韓シンポジウムは、2回目から国際交流江草基金の援助を得て、民商法、刑事法、民事訴訟法、労働法、国際私法と7回続いたところで1992年に一旦終わり、後同基金の援助を得て1995年に家族法のシンポジウムが行なわれ、行政法のものも行なわれたと思うが、その後の状況は定かでない。日韓法学会の設立の話が一度あったがこれもその後の様子はわからない。この際、この面からの日韓法学交流にも一歩を進めることを検討したらどうだろうか。

2005年10月18日

星　野　英　一

目　次

執筆者紹介
高翔龍先生近影
序　文（星野英一）

1　事情変更と契約の拘束力 ……………………〔内　田　　貴〕… 3
2　韓国人の法意識 ………………………………〔朴　　相　哲〕… 29
3　日本法における兄弟姉妹 ……………………〔大村敦志〕… 57
4　韓国家族法上の戸主制度 ……………………〔李　　勝　雨〕… 75
5　韓国民法における総有規定の当否に関する小考
　　……………………………………………………〔李　　徳　勝〕… 97
6　原始的不能と契約締結上の過失責任 ………〔李　　銀　栄〕…125
7　弁護士の専門家責任 …………………………〔下　森　　定〕…159
8　韓国における弁護士責任論の展開 …………〔李　　起　勇〕…179
9　安全配慮義務論・再考 ………………………〔瀬川信久〕…195
10　2003年の民事訴訟法の改正について ………〔高橋宏志〕…229
11　韓国民事訴訟法改正試案 ……………………〔李　　時　潤〕…245
　　──判決手続を中心に──
12　民法176条・177条の意義 ……………………〔滝沢聿代〕…257
13　不動産物権変動と登記主義の課題 …………〔洪　　性　載〕…277
　　──韓国民法186条を中心に──
14　損　害　論 ……………………………………〔金　　相　容〕…305
15　日本における有責配偶者の離婚請求に関する判例の展開

目　次

　………………………………………………………………〔野村豊弘〕…329

16 有責配偶者の離婚請求に関する判例の動向と現況

　………………………………………………………〔申　栄　鎬〕…353

17 伝貰権の歴史と解釈 ……………………〔尹　大　成〕…373

18 フランス法における《他人の所為による責任の

　　一般原理の形成》……………………………〔北村一郎〕…435

高翔龍先生略歴・業績一覧（495）

あとがき（内田　貴）

21世紀の日韓民事法学

1　事情変更と契約の拘束力[1]

内　田　　貴

　　Ⅰ　問題の提起
　　Ⅱ　事情変更の原則
　　Ⅲ　事情変更の原則に関する国際的流れ
　　Ⅳ　なぜ柔軟化が生ずるのか
　　Ⅴ　事情変更の原則の適用のあり方
　　Ⅵ　サブリースの扱い

Ⅰ　問題の提起

1　サブリース判決

　事情変更の原則は、古い歴史を持った法理であるが、本稿では、1980年代の日本のバブル経済が生んだ負の遺産ともいうべきサブリース紛争[2]をめぐる最近の判例の展開を素材に、現代の日本における事情変更の原則の意義を考えてみたい。

　サブリース紛争とは、いくつかのタイプがあるが、典型的には次のような経過をたどる。1980年代から1990年代前半かけて、不動産会社などのデベロッパーが、遊休土地の所有者に対し、その遊休地の上に大きなオフィスビルを建設することを勧め、ビルができれば自分がビル1棟全体を15年から20年の長期にわたって賃借し、それをさらにテナントにオフィスとして転貸するという事業を持ちかけるということが多く行なわれた。そして、その賃貸借契約の中で、家賃保証をし、家賃は例えば年20億円、3年毎に10％の値上げをし、15年間解約しない、といった約定がなされる。そして、ビルの建築

資金としては、デベロッパーが敷金を出すほか、金融機関からの借り入れを斡旋して、地主が多額の借り入れをする。しかし、その借入金の返済は、デベロッパーから入る賃料収入で行なうという計画である。また、建築業者や設計業者もデベロッパーが紹介する。

　こうして、バブル経済の永続を見込んだ一大開発プロジェクトは、当初は順調に滑り出すが、まもなく、バブル経済崩壊により、オフィス賃料が数分の1まで大きく下落し、デベロッパーにとって入ってくる賃料収益が予想をはるかに下回るようになった。このため、いわゆる逆ザヤとなって毎年多額の赤字が生じ、大企業でも持ちこたえられない負担となった。そこで、借家人であるデベロッパーが、借地借家法32条[3]の賃料増減額請求権の規定を援用して、賃料の減額を主張したのである。

　この種の訴訟は百件以上提起されたといわれるが、下級審裁判例の結論は区々に分かれた。賃貸借契約であるとして借地借家法を適用し賃料減額を認めるもの[4]から、特約の効力を認めて減額請求を否定するもの[5]、さらに借地借家法の想定する賃貸借ではないとして減額請求権の行使を認めないもの[6]まである。減額請求を認めるものも、約定の増額率を低くするもの、ゼロにするもの、約定の効力を否定して借地借家法の適用によってマイナスにするものと、様々で、考えうる構成はすべて出尽くしたとも言われた[7]。

　ただ、サブリースの捉え方という点で言えば、考え方は大きく2つに分けることが可能である。一方で、通常の借家として扱うものがあり（借家説）、他方で、サブリースは共同事業をするという特殊な契約であり、借地借家法の想定する借家ではないとするもの（無名契約説）がこれに対立する立場である。もちろん、特殊な無名契約であると考えたとしても、当然に賃料の減額を認めないということにはならない。借地借家法は適用されないにしても、事情変更の原則によって減額を認める余地もある。しかし、根本的な考え方の対立としては、以上の2つがある。

　このような状況の下で、最高裁の判断が待たれていたが、最高裁は、最判平成15（2003）年10月21日に、第三小法廷で2件の判決を出し、続いて、同

1　事情変更と契約の拘束力　[内田　貴]

年10月23日に第一小法廷が1件の判決を下した。いずれもほぼ同じ内容であるが、すべて破棄判決である。ここからも、最高裁が、下級審の中で形成された流れを追認したわけではない、ということがわかる。

2　最高裁判例の流れ

ところで、サブリースについての最高裁の判断が示されたのは、実は今回の判決がはじめてというわけではない、すでに伏線とも言える判決が存在する。しかし、そこには、揺らぎが見られる。

まず、最判平成14（2002）年3月28日民集56-3-662は、1976年という、かなり早い時期に設定されたサブリースについての事件で、バブル経済のときのような賃料増額の約定はなかった。この事案では、サブリースの賃借人、つまりデベロッパーが、賃料収益の減少を理由に賃貸事業からの撤退をはかり、当初の20年の契約期間経過後に、自ら賃貸借契約の更新を拒絶して終了させてしまった。そこで、建物所有者である賃貸人と転借人との関係がどうなるかが争われた。本来は、もとになる賃貸借が消えれば転貸借も覆るはずであるが、最高裁は、賃貸人がデベロッパーの転貸人としての地位を承継するという帰結を導いた。その際、この種の契約が通常の賃貸借ではないとして、その特殊性を強調している。すなわち（〈　〉内は筆者が補ったもの）、

「前記事実関係によれば，被上告人〈賃貸人〉は，建物の建築，賃貸，管理に必要な知識，経験，資力を有する訴外会社〈賃借人〉と共同して事業用ビルの賃貸による収益を得る目的の下に，訴外会社から建設協力金の拠出を得て本件ビルを建築し，その全体を一括して訴外会社に貸し渡したものであって，本件賃貸借は，訴外会社が被上告人〈賃貸人〉の承諾を得て本件ビルの各室を第三者に店舗又は事務所として転貸することを当初から予定して締結されたものであり，被上告人〈賃貸人〉による転貸の承諾は，賃借人においてすることを予定された賃貸物件の使用を転借人が賃借人に代わってすることを容認するというものではなく〈これが通常の転貸である〉，自らは使用することを予定していない訴外会社にその知識，経験等を活用して本件

ビルを第三者に転貸し収益を上げさせるとともに，被上告人〈賃貸人〉も，各室を個別に賃貸することに伴う煩わしさを免れ，かつ，訴外会社から安定的に賃料収入を得るためにされたものというべきである。」

この判決からすれば、サブリースが、借地借家法がストレートに適用されない特殊な契約だとの結論も、導きえたのである。

ところが、翌年の平成15（2003）年6月12日に、最高裁の第一小法廷から、今回の判決を予測させる新たな判決が出る（民集第57巻6号595頁）。これは、いわゆるサブリースではなく、デベロッパーが地主から土地を借りて、借地上に自分で建物を建て、これを賃貸したという事案であるが、地代について「3年毎に見直すこととし，第1回目の見直し時は当初賃料の15％増，次回以降は3年毎に10％増額する。」というサブリースと同様な自動増額条項があった。そして、借地人であるデベロッパーが地代の減額を請求した事件である。最高裁は、地代等の増減額請求権を認めた借地借家法11条[8]を使って、地代の減額請求を認めた。

まさに今回の判決と同じ考え方が示されたのであるが、今回の判決とは微妙な違いがある。判決は、まず、賃料を3年ごとに増額するという特約の効力について判断し、「地代等改定基準を定めるに当たって基礎となっていた事情が失われることにより，同特約によって地代等の額を定めることが借地借家法11条1項の規定の趣旨に照らして不相当なものとなった場合には，同特約の適用を争う当事者はもはや同特約に拘束されず，これを適用して地代等改定の効果が生ずるとすることはできない」と述べ、そのうえで、減額請求を認めた。

この判決に見られる「契約の基礎となっていた事情が失われる」という表現は、ドイツの行為基礎の喪失の法理を彷彿とさせる。後述の通り日本の最高裁は事情変更の原則の適用には極めて制限的で、実際に肯定的に適用した事例が一件もないが、この判決はまさに事情変更の原則よって特約の効力を否定しているように見える。そのうえで、減額請求を認めたが、これは極め

て論理的な判断である。「地代を増額する当事者の合意は有効だが減額を認める」というのは、借地借家法11条の趣旨を合意で取り込んだ特約を有効としつつそれが借地借家法の趣旨に反するというのであるから、判断として矛盾している。事情変更の原則などによって増額を認める特約の効力を否定し、さらに必要なら減額請求を認めるというのが論理的である[9]。

しかし、平成15（2003）年10月21日の第三小法廷判決は、注意深く6月の第一小法廷判決の特約の効力に関する部分を除外し、借地借家法の理屈一本で結論を導いた。すなわち、

「本件契約は，建物の賃貸借契約であることが明らかであるから，本件契約には，借地借家法が適用され，同法32条の規定も適用されるものというべきである。

本件契約には本件賃料自動増額特約が存するが，借地借家法32条1項の規定は，強行法規であって，本件賃料自動増額特約によってもその適用を排除することができないものであるから〈中略〉，本件契約の当事者は，本件賃料自動増額特約が存するとしても，そのことにより直ちに上記規定に基づく賃料増減額請求権の行使が妨げられるものではない。」

しかし、この判決には、2つの問題がある。

3　10月判決の問題と事情変更の原則

第1に、2003年に下された3つの最高裁判決においては、当事者は将来の賃料について3年ごとに1件は8パーセント、もう1件は10パーセント増額するという合意をしている（もう1件は定額保証）。これを有効として、つまりある年に10パーセント増額するという合意を有効としつつ、減額請求を認めるのは矛盾してはいないだろうか。

実は、6月判決に対する調査官の解説[10]は、苦労して、特約の効力を否定した判示部分を骨抜きにしようと解説している。すなわち、「当事者はもはや同特約に拘束されず」と言っているのは、当然に特約の効力がなくなる

という意味ではなくて減額請求権の行使を妨げないというだけの意味である、と。しかし、そうは読めない。事情変更の原則を踏まえて読めば、当事者は特約の改訂を求めることができる、ということになるだろう。この事案でいえば、特約を将来に向かって無効とする判断を求めることができる。そのうえで、前期の賃料額がそのまま維持される状態を前提に、必要ならさらに減額請求権の行使を認める、というのがこの判決の趣旨であるように思われる。しかし、調査官からすれば、このような読み方を許す判決をした最高裁は勇み足をしてしまったのだろう。最高裁判例は事情変更の原則の適用を認めたことがないのに、これでは認めたように読めるからである。そこで、10月判決では、事情変更の原則を思わせるような表現を一切避けたのである。しかし、論理的には、まず合意の効力についての判断がなされるべきだと思われる。賃料増減額請求権は、長期間の経過により当初合意された賃料が不相当になった場合を想定しているのであって、当事者が、事前に、将来の事情の変化を見越して将来のある時期の賃料額について合意をしている場合に、その合意を有効としつつ減額請求権の適用を認めるのは整合的な判断とはいえない。

ここには、事情変更の原則に足を踏み入れるのを避けようとする最高裁の強い態度が見て取れる。

第2に、最高裁は、サブリースも賃貸借だから借地借家法の適用があり、そして減額請求権は強行規定だから排除できない、と極めて形式的な判断をしていながら、それに続けて、サブリースの特色を特に指摘し、「これらの事情は，本件契約の当事者が，前記の当初賃料額を決定する際の重要な要素となった事情であるから，衡平の見地に照らし，借地借家法32条1項の規定に基づく賃料減額請求の当否（同項所定の賃料増減額請求権行使の要件充足の有無）及び相当賃料額を判断する場合に，重要な事情として十分に考慮されるべきである。」と述べている。しかし、サブリースも普通の賃貸借であるというなら、減額請求の帰結は、相場の賃料にそろえる、あるいは、いわゆる継続賃料といわれる、従前の賃料と相場の賃料の中間程度の賃料に収める、

という定型的な判断基準がある。ところが、最高裁は、サブリースであることを考慮して柔軟に判断せよというのである。単なる賃貸借だといいながらサブリースは特殊だという。ここに矛盾はないだろうか。

　このように、最高裁は、サブリースの特殊性に足をすくわれないように、賃貸借の論理で押していこうとしつつも、実は足をすくわれているように思われる。その最大の原因は、事情変更の原則の適用という形を取りたくない、という点にあったように思える。なぜなのか、それを次に考えてみたい。

(1)　本稿は韓国と日本の民法学の交流に尽くされた高翔龍先生に捧げるために書かれ、韓国語に翻訳されることを予定している。このため、日本の読者にとっては自明の条文もあえて注に掲げた。
(2)　文献は夥しいが、代表的なものとして、澤野順彦「サブリースと賃料増減請求」NBL554号36頁（1994年）、加藤雅信「不動産の事業受託（サブリース）と借賃減額請求権（上）・（下）」NBL568号19頁、569号26頁（1995年）、道垣内弘人「不動産の一括賃貸と借賃の減額請求」NBL580号27頁（1995年）、内田勝一「サブリース契約の成立と効力」判タ918号51頁（1996年）、野口恵三「サブリース契約に借地借家法32条は適用されるか」NBL613号68頁（1997年）、鈴木禄弥「いわゆるサブリースの法的性質と賃料減額請求の可否」ジュリスト1151号90頁（1999年）、下森定「サブリース契約の法的性質と借地借家法32条の適用の可否—東京地裁平成10年8月28日判決を契機として—(1)〜(3・完)」金法1563号6頁、1564号46頁、1565号57頁（1999年）。金山直樹「サブリース契約の法的性質(1)〜(4・完)」民事研修508、510〜512号（1999年）、升永英俊『サブリース訴訟』（千倉書房、2002年）、松岡久和「建物サブリース契約と借地借家法32条の適用」法学論叢154巻4・5・6号（前田達明先生還暦記念号）131頁（2004年）。
(3)　借地借家法32条（借賃増減請求権）
　　1　建物の借賃が、土地若しくは建物に対する租税その他の負担の増減により、土地若しくは建物の価格の上昇若しくは低下その他の経済事情の変動により、又は近傍同種の建物の借賃に比較して不相当となったときは、契

約の条件にかかわらず、当事者は、将来に向かって建物の借賃の額の増減を請求することができる。ただし、一定の期間建物の借賃を増額しない旨の特約がある場合には、その定めに従う。

2　建物の借賃の増額について当事者間に協議が調わないときは、その請求を受けた者は、増額を正当とする裁判が確定するまでは、相当と認める額の建物の借賃を支払うことをもって足りる。ただし、その裁判が確定した場合において、既に支払った額に不足があるときは、その不足額に年1割の割合による支払期後の利息を付してこれを支払わなければならない。

3　建物の借賃の減額について当事者間に協議が調わないときは、その請求を受けた者は、減額を正当とする裁判が確定するまでは、相当と認める額の建物の借賃の支払を請求することができる。ただし、その裁判が確定した場合において、既に支払を受けた額が正当とされた建物の借賃の額を超えるときは、その超過額に年1割の割合による受領の時からの利息を付してこれを返還しなければならない。

(4)　高裁レベルでは、東京高判平成10年12月3日金法1537-55、東京高判平成10年12月25日金商1071-36、東京高判平成11年2月23日金商1071-36、東京高判平成11年10月27日判タ1017-278等。

(5)　東京高判平成14年1月31日民集57巻6号627頁に掲載、東京高判平成12年11月2日金商1118-34。

(6)　東京高判平成12年1月25日判タ1020号157頁。

(7)　判タ1020号157のコメントの言葉。裁判例の詳細については内田貴・評釈（最判平成15年10月21日民集57巻9号1213頁）法協121巻12号2145頁参照。

(8)　借地借家法11条（地代等増減請求権）

1　地代又は土地の借賃（以下この条及び次条において「地代等」という。）が、土地に対する租税その他の公課の増減により、土地の価格の上昇若しくは低下その他の経済事情の変動により、又は近傍類似の土地の地代等に比較して不相当となったときは、契約の条件にかかわらず、当事者は、将来に向かって地代等の額の増減を請求することができる。ただし、一定の期間地代等を増額しない旨の特約がある場合には、その定めに従う。

2　地代等の増額について当事者間に協議が調わないときは、その請求を受けた者は、増額を正当とする裁判が確定するまでは、相当と認める額の地

代等を支払うことをもって足りる。ただし、その裁判が確定した場合において、既に支払った額に不足があるときは、その不足額に年1割の割合による支払期後の利息を付してこれを支払わなければならない。
3 　地代等の減額について当事者間に協議が調わないときは、その請求を受けた者は、減額を正当とする裁判が確定するまでは、相当と認める額の地代等の支払を請求することができる。ただし、その裁判が確定した場合において、既に支払を受けた額が正当とされた地代等の額を超えるときは、その超過額に年1割の割合による受領の時からの利息を付してこれを返還しなければならない。
(9)　下級審にはこのような論理を採用するものが少なくなかった。裁判例の詳細は内田貴・前掲評釈参照。
(10)　ジュリスト1256号184頁。

II　事情変更の原則

　事情変更の原則は、ドイツ法の行為基礎の喪失の理論の影響を受けつつ、勝本正晃博士らの研究により、すでに戦前に日本に導入された(11)。しかし、よく知られているように、これまでの日本の最上級審の判例は、事情変更の原則自体は認めるものの、その適用には極めて抑制的で、肯定的に適用した例はない。

　最近の例として、最判平成9（1997）年7月1日51巻6号2452頁は、ゴルフ場の造成した斜面（のり面）が崩壊して営業が不可能になった事態が、会員との関係で事情変更に当たるかどうかが争われた事件で、事情変更の原則を適用した原審を破棄し、次のように述べている。

　「自然の地形を変更しゴルフ場を造成するゴルフ場経営会社は、特段の事情のない限り、ゴルフ場ののり面に崩壊が生じ得ることについて予見不可能であったとはいえず、また、これについて帰責事由がなかったということもできない。けだし、自然の地形に手を加えて建設されたかかる施設は、自然現象によるものであると人為的原因によるものであるとを問わず、将来にわ

たり災害の生ずる可能性を否定することはできず、これらの危険に対して防災措置を講ずべき必要の生ずることも全く予見し得ない事柄とはいえないからである。」

　事情変更の原則を適用するには、予見不可能な事態が発生することが必要であるというのがこれまでの日本の理論であるが、判例のこの論理からすれば、一般論として、予見不可能な事態はなかなか認められないだろうと想像される。そして、バブル経済の時期には、当時から「バブル」という言葉が使われていたことからもわかるように、いずれ破裂すると多くの人が思っていたわけで、その破裂の強烈さが実際に起きたほどのものと予想されていたかどうかはともかく、地価や賃料相場の下落は、到底予見不可能とはいえない。だからこそ、6月判決に対して調査官は事情変更の原則を適用したとは言わず、また10月判決は、そのような疑いを持たれる表現を一切使わなかったのである。

　では、なぜ判例は、事情変更の原則にこれほどまでに抑制的なのだろうか。元来日本の裁判所は、契約の解釈や信義則といったテクニックを使って、比較的柔軟に契約内容に介入してきた。それにもかかわらず、こと事情変更に関しては、最高裁がきわめて制限的なのは奇妙なほどである。その理由のひとつは、恐らく、日本の事情変更の原則の法理が当時のドイツの影響を受けつつ形成されたという点にありそうである。ドイツで事情変更の原則が判例で確立したのはワイマール期であるが、当時のインフレは並大抵なものではなく、物価は何億倍にも上昇した[12]。

　その後のドイツでは、事情変更の原則（行為基礎の喪失の法理）はもっとゆるやかに適用されているが、日本では、契約は守らなければならないという原則に対する例外として、以上のような異常事態に適用される法理として導入されたため、下級審では比較的使われることがあるものの、最高裁では、その適用が極めて制限的になったのではないかと想像される。

　こうして、最高裁は、事情変更の原則の適用という形を取ったのでは賃料

の減額を実現できないと考え，端的な借地借家法の適用を選んだのだろうと思われるのである。

(11) 勝本正晃『民法に於ける事情変更の原則』は大正15年（1926年）刊。
(12) 五十嵐清『契約と事情変更』（有斐閣、1969年）、広渡清吾『法律からの自由と逃避―ヴァイマル共和制下の私法学』（日本評論社、1986年）参照。

Ⅲ　事情変更の原則に関する国際的流れ

しかし、果たして、事情変更の原則は、それほどまでに制限的に考えるべき法理なのだろうか。

国際的な動向に目を向けると、一方で、事情変更の原則の適用に消極的な流れがある反面，他方で，同様な法理をもう少し広く認めて、契約の拘束力を柔軟に考えようという流れの存在を指摘することができる。とりわけ、リスクの大きな国際取引においてそうで、注目されるのがハードシップと呼ばれる法理である。

契約法の今後の方向を探る上で興味深いのは、歴史や先例に制約された各国国内法を離れて、国際取引に適用される世界標準となる契約法を起草しようという意図のもとに作られたユニドロワの国際契約原則である。ユニドロワの契約原則作業部会が1994年に公表した国際商事契約原則（Principles of International Commercial Contracts）[13]は、国際的な仲裁事件で使われたり、ロシアや中国の契約法起草においてモデルとされるなど、大きな成果を収めている。その第6章第2節にハードシップという表題の次のような規定が置かれている。

第6．2．2条（ハードシップの定義）

ある出来事が生じたため，当事者の履行に要する費用が増加し，または当事者の受領する履行の価値が減少し，それにより契約の均衡に重大な変更がもたらされた場合において，以下の各号に定める要件が満たされるときは、

ハードシップが存在する。
　(a)その出来事が生じ，または不利な立場の当事者がそれを知るに至ったのが，契約締結後であること。
　(b)その出来事が，不利な立場の当事者にとって，契約締結時に，合理的にみて考慮し得るものではなかったこと。
　(c)その出来事が，不利な立場の当事者の支配を越えたものであること。
　(d)その出来事のリスクが，不利な立場の当事者により引き受けられていなかったこと。

　日本で理解されている事情変更の原則と近い内容を持っているが、(b)にあるように、予見が不可能であることまでは要求していない。また、ユニドロワの解説書の注釈に置かれた、ハードシップが適用される設例の中には、貨幣価値の下落のためにプラントに用いる機械のコストが50パーセント以上上昇する例が挙がっている。つまり、建設請負契約の中のある重要な要素のコストが1.5倍になればハードシップがあり、効果として、再交渉や契約改訂が求められるのである。決して甘い要件ではないが、しかし、日本の最高裁ほど厳格ではないとは言えるだろう。
　このように、契約条件をめぐる再交渉や、契約の改訂を裁判所に求めるという効果を伴うハードシップの法理が認められつつあることは注目されてよい。

　⒀　日本語版は『UNIDROIT 国際商事契約原則』（商事法務、2004年）。

Ⅳ　なぜ柔軟化が生ずるのか

1　契約観の違い
では、なぜ、このような契約の拘束力の柔軟化が生じているのだろうか。ここで、かつて盛んに議論された興味深い事例をひとつ紹介しよう。日本

とオーストラリアの間の砂糖の売買をめぐる紛争で、一般に、日豪砂糖交渉事件と呼ばれている。

1974年12月に日本の精糖メーカー33社とオーストラリア・クイーンズランド州政府との間で、原糖の長期輸入契約が締結された。内容は、1975年7月から5年間、年間60万トンの原糖を、トン当たり229ポンドの固定価格で精糖メーカー33社がクイーンズランド州政府から買い入れるというものだった。契約締結当時の原糖の価格は、オイルショックや原産地での不作のため、トン当たり1974年11月で600ポンド近くに高騰していたから、本長期契約は日本側に有利なものと考えられていた。ところが、契約成立直後から国際砂糖相場は急落を始め、契約に基づき輸入が開始される前月の1975年6月には、128ポンドにまで落ち込んだ（契約価格の半額強）。そこで、日本側は価格引下げを要請し始めた。

紛争は長期化し、日本側が受領を拒否する中でオーストラリアは原糖の船積みを開始し、同年7月から9月にかけて、横浜港とその沖合に合計144600トンの原糖を積んだ10隻の船が浮かぶ事態になった。紛争は政治問題化し、クイーンズランド州政府はロンドン砂糖協会へ仲裁を申し立てた。しかし、その後、1977年10月に価格を改定する和解交渉が妥結した。その内容は、契約期間を残り3年を4年に延長し、年間引取量を60万トンから45万トンに減らし、価格を7パーセント下げると同時に追加して毎年15万トンを国際相場にプレミアムをつけて購入する、というものであった。これでは日本側にとってなお高すぎる価格だったが、1977年からの急激な円高のために、7パーセントの値引きは実質20パーセントの値引きとなった[14]。

当時、この紛争は日本とオーストラリア（あるいは西洋）との契約観の違いを表すものだという議論があった。西洋では「契約は契約だ（Contract is contract）」なのに日本では、状況の変化に応じて契約は守らなくてもよいと考えられている、というのである。

しかし、この事件の売主と買主が逆であったら、日本は簡単に契約の改訂

に応じたか、あるいは、オーストラリア側は決して契約の再交渉など求めなかったか、というと、そんなことはないだろう。実際、欧米にも、この種の事態に遭遇して契約の再交渉を求めて紛争になった例はいくらもあるのである。

　この事件の場合、日本側は、製糖業界全体が危機的状況に陥り、その後の業界再編成につながった。そのような一国の業界の存続が問題となるような事態になれば、どこの国の企業でも、契約の拘束力を否定する強硬な主張をするだろうと思われる。日豪砂糖交渉の場合は、両国政府が乗り出して政治問題化することでようやく解決した。単純に契約観の反映だけで説明できるような紛争ではなかったといえる。

　ただ、契約の拘束力が、契約観によって違いうるという視点だけは重要である。代理店契約のように契約が繰り返し更新されて契約関係が長期間継続する「継続的契約」や、借地契約のようにもともと長期の存続期間が設定される「長期契約」においては、当初の合意だけがすべてを支配するという契約観では処理しきれない。伝統的な契約観は、契約締結後に生ずるあらゆる事態に対する合意を、あらかじめ契約の中に織り込んで契約を結ぶのを理想としていた。これは、将来発生しうる様々な事態を契約締結の時点である現在に置き直して、あらかじめその処理について合意をするものであるため、現在化（presentation）と表現される。

　これに対して、そのように将来をすべて現在に置き直して合意することには非常に時間やコストを要するので、むしろ、将来のことはブランクにしておいて、実際にその事態が発生したときに改めて交渉して決める方が合理的だという考え方が主張されている。ゲーム理論の立場からも、それが将来の不確定要因が多い契約の締結における経済合理的な契約行動でありうるという議論がなされている[15]。

　そのような視点から契約の拘束力を考えると、長期間存続するために必然的に不確定要因が多くなる継続的契約や長期契約については、当初合意された契約条件を硬直的に考えず、むしろ柔軟に考えた方が当事者の合理的な期

待に合致しているとの発想が出てくる。かつて私はこれを柔軟性原理と呼んだが[16]、柔軟性原理は、特定の国の文化に規定された契約観から出てくるのではなく、むしろ、継続的契約に特有な、普遍的な法理である。事情変更の原則は、その現れのひとつということができる。

2　借地借家法の性格付け

このように考えると、借地借家法についても、新たな視点からの性格付けが可能になる。もともと借地借家法11条は、非常に長期契約になる借地の特性に対応するため、それまで判例が認めていた賃料増額請求権の法理を明文化したもので、実質的に事情変更の原則の明文化という性格を有している[17]。借地借家法32条は、借地にあわせる形で借家についても同様な規定を置くことにしたもので、いずれについても、継続的契約に特有の法理として柔軟性原理を導入したとの説明が可能である。借地借家法のその他の規定についても、継続的契約の特殊性から正当化することができるものが多い。

伝統的に借地借家法は、社会的弱者である借り手を保護するための社会立法である、という説明がなされてきた。しかし、今日では、借り手が社会的に弱者であるとは限らないので、弱者保護の思想はその存在理由を厳しく問われている[18]。政府の規制改革を進めている人たちの中には、借地借家法の使命は終わったと考えている人も少なくない。しかし、私の考えでは、借地借家法は、継続的契約・長期契約に特有の法理を数多く明文化した法律として、現代においてこそ再評価すべきだと思われる。

解約や更新拒絶に正当事由を要求する同法6条、28条も、継続的契約、たとえば代理店契約などについて下級審裁判例がよく用いる法理である、「やむを得ない事情がなければ契約を解消できない」という法理の一種と見ることができる（継続性原理[19]）。

また、借家人の造作買取請求権を定めた33条は、当初は強行規定とされていたが、1992年の借地借家法から任意規定になっている。この権利は、元来、

家主が分離によって価値の下がる造作を安く買い叩いていたのを是正する趣旨で設けられたといわれるが、継続的契約だからという理由で正当化することの難しい、その意味で弱者保護的な要素のあるものであった。このため、特約で排除できることとした改正は以上の再評価と整合的だといえる。

さらに、1999年に導入された定期借家制度（同法38条）は、更新拒絶に正当事由がいらない借家契約であるが、このような契約類型がオプションとして用意されたことは、なおさら、借地借家法が弱者保護の社会法から継続的契約についての特別法へと性格を変化させたことを示しているといえよう。

⒁　北山修悟「国際取引における『再交渉』」世界経済評論1989年8月号55頁。
⒂　Robert E. Scott, "CONFLICT AND COOPERATION IN LONG-TERM CONTRACTS", 75 Cal. L. Rev. 2005（1987）.
⒃　内田貴『契約の時代』（岩波書店、2000年）。
⒄　立法の経緯について渡辺洋三『土地・建物の法律制度（上）』（東京大学出版会、1960年）271頁、星野英一『借地・借家法』（有斐閣、1969年）234頁、鈴木禄弥『借地法下巻（改訂版）』（青林書院新社、1980年）871頁、875頁以下。もちろん、事情変更の原則の一適用ではあっても、同一ではない。たとえば、予見可能性がないことを要件とすべきではないことについて星野・前掲239頁。
⒅　弱者保護に対する批判として、八田達夫＝八代尚宏編『「弱者」保護政策の経済分析』（日本経済新聞社、1995年）所収の八田＝八代「『弱者』保護政策はこれでよいのか」、野口悠紀雄「土地問題における強者と弱者」参照。
⒆　内田・前掲書。

V　事情変更の原則の適用のあり方

以上のように契約観をとらえると、一般に継続的契約においては、事情変更の原則をもう少し柔軟に使うべきだということになるだろう。しかし、そうは言っても、当初の合意の拘束力を否定するという劇薬であるから、どの

ような場面に使われるべきかを、きめ細かく分析することが必要である。

　事情変更とは、「何らかの原因」により、契約の拘束力をそのまま維持するのが不当と感じられるような「帰結」が生じることだということができる。すなわち、事情変更には原因と帰結がある。

1　帰　結

　このうち、帰結としては、従来、① 等価関係の破壊ないし給付の不均衡の発生、② 目的不達成、③ 履行不能が挙げられてきた[20]。①は、具体的には、売買のような引渡債務なら目的物の市場価値の変動であるし、賃貸借のような使用収益を目的とする契約の場合は、賃料相場の変動である。また、請負のような役務提供契約の場合は、履行コストの増大であるが、履行コストも結局は材料費などの市場価格の変動の結果なので、①の等価関係の破壊は、最終的には市場価格の変動によって引き起こされるといえる。

　②で有名なのは、国王の戴冠式パレードを見るための部屋の賃貸借が、戴冠式が中止されたので意味がなくなった場合に賃料債務の免除を認めたイギリスの判例である[21]。③の典型は、取引の目的物について規制が発動されて履行できなくなった場合などがある。

　今のわれわれの関心から言えば、問題は①の市場価格の変動であるが、市場価格は様々な要因で変動する。したがって、変動の大きさとともに、その要因がいかに予測を超えているか、つまり、その帰結を引き起こした原因いかんが問題となる。

2　原　因

　そこで次に、市場価格の変動という「帰結」をもたらした「原因」を検討しよう。原因の典型は、たとえば、中東で大規模な戦争が勃発したために原油価格が高騰した場合の「戦争」である。原因を評価する上で重要なのは、それが当事者によって引き受けられたリスクといえるか、という視点である。

　市場価格の変動をもたらす原因を類型的に見ると、一回性の突発的な事実

と、連続的に変動する事実があり、戦争などは前者の例で、気象の変動などは後者の例である。そして、一般的には、前者の方がリスクとして考慮されていることが少なく、後者は考慮されていることが多い。しかし、突発的な戦争といえども、契約類型や当事者の置かれた状況次第では、十分リスク計算に入れられていることもあるし、気象の変動も、いわゆる異常気象といわれるような、例外的に低温や降雨が続く場合には、リスクとして考慮されていない場合もある。しかし、経験則上、連続的に変動する事実について事情変更の原則を適用するには、突発的事実の場合より慎重な認定を要する、ということはいえよう。

　他方で、原因がリスクとして考慮されていても、それによって引き起こされる帰結の大きさが予想を超える場合もある。この場合は、一般的にはリスクの評価を誤った場合と見ることができ、評価の誤りはリスクを引き受けた者が負うのが原則である。それにもかかわらず事情変更の原則の適用が正当化されうる場合があるとすれば、原因についてのリスク評価をするだけのリソースを持ち合わせていないために、評価の誤りを負担させるのが公平に反すると評価される場合である[22]。

　いずれにせよ、当事者間で紛争となれば、一方当事者はリスクを引き受けていたはずだと主張するし、他方は引き受けていないと主張する。契約の解釈によって引き受けがどこまでなされていたかを判断するのは容易ではない。そこで、契約の性質、当事者の置かれた状況、そして原因の性質等から総合判断して、不利益を受ける側がリスクを考慮した契約を結ぶことを合理的に期待できるか、という規範的判断がなされざるを得ない。それは、高度に総合的な判断であるから、どのような場合にリスクの引き受けありと判断すべきかをルール化して示すことは困難である。

　しかし、先の契約観を踏まえて考えれば、継続的契約や長期契約は、柔軟性を導入することが正当化される契約であるから、当初の合意ですべての契約条件を決めてしまうことが困難、ないし合理的ではない場合が多い。その

ような契約で、当初の合意に盛り込むのが期待できないような原因によって市場価格が大きく変動したときが、事情変更の原則が最も適合的な事態といえる。

　たとえば、大規模なプラントの建設請負工事は、完成まで何年も要することが普通であるが、その間の材料価格の変動を請負人がすべて引き受けるという意識は、通常は存在しない。なぜなら、将来の様々な事態が生じた場合の対処を、現在化によって契約に定めておくことのコストが大きすぎるタイプの契約の典型だからである。むしろ、将来の再交渉にゆだねた方が合理的なことが多いのである。したがって、そのような再交渉の合意が黙示になされていると見るのが相当な場合が多いといえる。

　実際に、合理的に作成された契約においては、価格改定の条項が入っていることが少なくない。標準約款を見ても、公共工事のような大規模な工事になると、価格改訂の条項が含まれている[23]。したがって、そのような約定がない場合は、将来の価格変動リスクを請負人が引き受けるという合意が認定できる場合を除き、リスクについての合意をあえてブランクにした契約として、事情変更（材料価格の高騰）の原因が一回性の突発的事実か連続的に変動する事実かを区別することなく、帰結の部分に着目して、比較的広く事情変更を認めてよいタイプの契約ということができる。

　ただし、継続的契約や長期契約でも、ある種の原因については当事者が市場の変動リスクを考慮して契約条件を合意していると認定できる場合がある。その場合は、原則に戻って合意を尊重すべきである。

　他方で、継続的契約ないし長期契約という性格付けのできない契約の場合、現在化によって市場のリスクを契約に取り込むことが比較的容易であるから、原則として市場価格の変動リスクは契約で処理されていると想定するのが合理的である。したがって、この種の契約で事情変更が認められるのは、一般には、帰結の②や③の場合に限られる、というべきだろう。その際、事情変更を認める場合のひとつの目安になるのが、共通錯誤のアナロジーである。

たとえば、新幹線の駅ができるという情報を入手した当事者が、駅前に相当する土地をスーパーマーケットの用地として時価より高い値段で売買する契約を結んだが、実は両当事者が前提としたその情報はまったく誤りであったとする。この場合、共通錯誤という概念を用いるかどうかはともかく、無効の主張を認めるべきことは多くの学説の一致するところだと思われる。

　そうであるなら、契約当時には新幹線駅の計画があったが、その後それが予期に反して撤回されてしまった場合も、共通錯誤のアナロジーで（本来の錯誤ではないが）、契約の解除を認める方向の判断が正当化されるだろう。これは、目的不到達の事情変更の一種と見ることができるが、なぜ事情変更の原則が適用しうるのかといえば、共通錯誤のアナロジーが成り立つからだといえるのである。

3　日本における事情の変更

　さて、以上をふまえて、従来日本で事情変更が問題となった事例における「原因」をみてみよう。これまで日本で事情変更の原則の適用が問題となった代表的な場面は3つあった。第1に、太平洋戦争をはさんだインフレ、第2に1970年代のオイルショック[24]、そして第3が、1990年代のバブル経済崩壊である。

　このうち、第1と第2は、ほとんど前例のない「原因」の発生によって市場価格の変動が生じた例であるから、ほとんどの継続的契約や長期契約においてリスクとして考慮されていたとはいえず、比較的広く事情変更の原則を適用してよかった場合だと思われる。

　これに対して、バブル経済崩壊による地価と株価の下落は、景気変動という可変的要素の動きが想定を超えた場面であるから、事情変更の原則の適用はもちろん問題となりうるが、継続的契約・長期契約においても、原因についてのリスクの引き受けがあったかどうかが重要な判断基準となる場合だといえるだろう。

(20) 詳細は谷口知平＝五十嵐清編『新版・注釈民法(13)』71頁以下〔五十嵐清〕（有斐閣・1996年）参照。
(21) Krell v. Henry [1903] 2 K.B. 740.
(22) ドイツの抵当権増額評価で問題となった事例は、史上まれなインフレという「帰結」の要素が注目されるが、戦争という突発的な「原因」がリスクとして織り込まれていなかったという点が重要である。仮に戦争（敗戦）のリスクが考慮されていたが、その評価を誤った事例であれば、インフレがいかに極端であろうとも、裁判所の介入を正当化するには、リスクの引受けの有無以外の根拠を要する。
(23) 『改訂版　公共工事標準請負契約約款の解説』（大成出版社、2001年）参照。
(24) 1973年10月、第4次中東戦争をきっかけにアラブ産油国は石油生産の削減と原油価格の大幅引き上げという石油戦略を発動し、"オイルショック"が世界を襲った。石油価格が2ヶ月で約4倍に値上がりし、日本の経済も大きな影響を受け、いわゆる「狂乱物価」と「マイナス成長」を経験することになる。トイレットペーパー買いだめ騒動や、ガソリンスタンドの休日休業、新聞の減頁などが起きた。

Ⅵ　サブリースの扱い

　では、上の検討を踏まえて、サブリースはどのように考えるべきだろうか。
　借地借家法を、「弱者保護」の法律ではなく、継続的契約の特殊性を反映した特別法と現代的に読み替える視点からは、同法32条をサブリースに適用することも正当化できる。たとえサブリースが典型的な賃貸借とは異なると考えたとしても、継続的契約（長期契約）である以上、それに適用される一般原則の明文化である32条の適用（ないし類推適用）が排除される理由はない。そして、そのような視点に立つと、借地借家法32条は、判例の言うようにまったく合意で排除できない強行規定と考えるのは難しいとしても[25]、少なくとも、合理的理由なしに排除することはできないと理解すべきである（そのような性格を持つ任意規定と見ることになる）。

他方で、サブリース判決で問題となった減額請求はバブル経済の崩壊によるものであるが、バブル経済とその崩壊とは、通常の景気変動が、投機的な取引の過熱によって異常な激しさで生じて、市場価格が大きく上下した事例といえるから、一般的には予測不可能とは言えない。そこで、このような変動のリスクが契約当事者によって引き受けられていなかったのかどうかの検討が必要である。この点の検討が重要であることは、現在の借地借家法の規定からも正当化できる。

　すなわち、定期借家契約に関する38条7項は、「第32条の規定は、第1項の規定による建物の賃貸借において、借賃の改定に係る特約がある場合には、適用しない。」とあり、定期借家においては、賃料の改定についての特約がある場合について32条の排除を許している。これは、まさに、同法が当事者によるリスクの配分を優先する政策を採用していることを示しているといえる。そして前述のような借地借家法の性格付けからすれば、定期借家の規定によって導入された発想は、すでに借地借家法に内在していた、と評価することができるのである。

　では、サブリース契約はどうだろうか。サブリース契約は法38条の要件を満たせば定期借家になるが、仮に満たさなくても、いずれにせよ20年や15年という異例に長い契約期間からは、当事者が合理的な計算に基づいて存続期間を合意していると見るのが自然だろう。その意味で、実質的に定期借家と同等な性質の契約、つまり契約条件を当事者の合意で決めることを優先した契約と見ることができる。

　そして、賃料増額特約は、まさに定期借家の賃料改定合意に相当するものであり、定期借家権が導入される以前の契約においても、同様の効力が認められると考えるべきだろう。さらに、今回の最高裁判例の事案は、1件は1988年というバブルの最盛期に賃貸借契約が結ばれているが、他の2件は、契約締結は1991年と1995年である。つまり、すでにバブルは崩壊し、今後の賃料の動向を見通すことにリスクが伴うことが明らかになった時期であった。

その意味で、少なくとも後の2件は、問題なく賃料相場の変動リスクの引き受けを内容とする契約がなされているということができるだろう。

つまり、契約の形態からも、また2件については実際の事案の特性からも、景気変動による賃料相場変動リスクの引き受けのある事案と評価するのが妥当だと思われる[26]。

したがって、借地借家法を、継続的契約に特有の法理を持った特別法と性格づけて、32条を柔軟性原理から再評価したとしても、最高裁が扱ったようなサブリースは、当事者が合意でリスク分配を行なうタイプの契約であり、本件では実際にそのようなリスクの配分が行なわれたと認定できる。そして、そのような契約については、合意を尊重するのが現在の借地借家法だといえるのである。

では、一切の介入は不可能なのだろうか。そうではない。

先に出てきた日豪砂糖交渉事件は、砂糖という先物取引の対象となるような商品についてのリスクヘッジが失敗した例であるから、長期契約ではあるが、事情変更の原則の観点からは、契約の改定や再交渉は認めるべきではない事案であったと思われる[27]。しかし、私は、仮にこの事件について仲裁判断が示されたとしても（実際には仲裁の途中で和解で解決された）、価格の引き下げ等の妥協による解決は相当であったと思う。

なぜなら、この事件は当事者の一方が破綻に瀕するという事案であったからである。当該長期契約によって日本の製糖業界は大混乱に陥り、業界の再編成がなされた。このような異常な場面では、典型的な事情変更の原則とは別に、信義則に基づく「損失の分かち合い」の原理が働くことがある。それが制度化されているのが民事再生法や会社更生法などの更正手続である。

サブリースも、デベロッパーが破綻に瀕するところまで行けば、一定の介入が正当化される可能性がある。しかし、実際にはそこに至る前に最高裁は介入した。

その意味で、最高裁は、明文の規定を機械的に適用するという一見堅固な

法律論のように見える論理を用いながら、実は、事情変更の原則の不当な適用を行なった、と見ることができる。最高裁は、減額の幅はサブリースに特有の事情を考慮せよと言うが、それによって、契約に柔軟性原理を肯定する立場から見ても正当化が困難なほどのパターナリスティックな裁量的介入が肯定されることになる。私は、これこそ、業界救済的な「日本的」契約観ではないか、と思う。

＊　高翔龍先生が星野英一先生の指導のもとで博士論文を書いておられた1976年に、私は星野先生の助手として研究室に入った。以来、高先生は私の最も敬愛する兄弟子のひとりである。当時の韓国は朴政権下にあり、その後、韓国は大きな政治的経済的変動を経験することになるが、その歴史の流れの中で、韓国と日本の法学界の堅い絆が高先生によって維持され続けた。今後、高先生がますますお元気で韓国と日本の法学の架け橋としてご活躍されることを祈念しつつ、拙い本稿を捧げたい。

(25)　戦争・動乱等のリスクについても、当事者が合理的リスク計算に基づき明示的に引き受ける合意をすれば、たとえ予見し得なかった戦争が勃発しても合意が尊重される（さもなければ保険契約が成り立たない）。その限りで事情変更の原則も合意で排除できることになる。その意味では犯罪行為や反倫理的行為についての公序良俗規定のような意味での強行的性格はない。したがって、いかなる合意をしても法32条を排除できないと考えることは難しい。

(26)　これらの事件の事実審が認定した詳細な事実からも、リスクの引受けがあったことをうかがうことができる。

(27)　ただし、いかなる原因で砂糖相場が崩れたかが重要である。通常の原因（気象条件など）の場合は、そのリスクは当然に当事者は見込んでいるはずであるが、地域的戦争などの突発的原因が絡んでいるなら事情変更の適用が可能となる。このような原因についての考慮なしに、日豪砂糖交渉の事案をどう処理すべきかを論ずることはできない。ちなみに、河合隼雄＝加藤雅信編著『人間の心と法』（有斐閣、2003年）の調査は、日豪砂糖交渉事件と類似の事案を設例に使った注目すべき国際的意識調査であるが、相場変動の原

因となる事情を含めずにどうすべきかを問うている。大量のサンプルを扱う調査であることの制約はあると思われるが、原因についての情報を含めた方が、契約意識のより精密な反映が可能になったのではないかと思われる。もちろん、前例のない広範な国際的調査のパイオニア的価値は、高く評価されるべきであろう。

2 韓国人の法意識

朴　　相　　哲

　　I　はしがき
　　II　法意識と法治主義
　　III　法意識調査の国際的な比較
　　IV　1994年法意識調査と韓国人法意識の変化
　　V　韓国人の法意識調査と2000年日本人の法意識調査の比較
　　VI　おわりに

I　はしがき

　法治主義はもう一つの国家競争力である。国会で制定される法律が、合法性と正当性を備え、国家統治・社会秩序維持・社会改革・弱者保護等の法規範力の座標と存在価値を持つなら、国家社会発展のもっとも安定的な装置になるだろう。しかし法治主義の定着は、依然として世界各国の課題であり、これを実現するために様々な制度を考案しているのが実情である。韓国の法学界で、先進各国の立法例を調査することも、法治主義を実現しようとする研究の一環である。
　法の規範力が弱くなり事実的なものに規範力を認めようとする風土が根絶されない限り、社会の秩序を維持し国民の日常生活の安定と平和を保障することはできない。とはいえ、いくら立派な立法をしても、国家と社会構成員の合意と共通の努力が伴わない限り、その役割は果され得ず、たとえよくない立法であっても、これを正しくしようとする国民の意慾と意識が伴うならば、合法性と正当性の欠けた法制度が蔓延することはないだろう。法治主義

の実質的実現は、国民の法意識に左右されるといえよう。

最近、国民法意識に非正常的な現象が現れている。紛争解決の有用な手段は、法よりも「金と権力そして様々な縁」であると思う国民が70％[1]を占めており、また、刑事告発を、債務者を圧迫して金銭を取り立てる手段としてあるいは民事裁判の証拠収集として悪用する事例が急増している[2]という。勿論、このような現象をただちに国民法意識の変化と断定することはできないかもしれない。

また、国民の法意識だけでなく、現実に合わない法律の量産のような立法の現実如何によっても、法治国家の実現は左右されるであろう。法律の件数が1000件（2001年10月31日現在1002個）を超えているが、その中には、国民の法意識と現実に合わない法律も少なくないだろう。

国民法意識調査からは、国民の法生活と法感情を把握することができ、現行法令と現実との乖離を測定することができる。本研究では、最近の法意識調査の結果を比較・分析して韓国人の法意識の特徴を診断してみたい。

(1) 刑事政策研究院『遵法意識実態』（刑事政策研究院、2001）
(2) 2001年9月10日現在、同年の被告訴人の数は49万7494名であり、起訴率はわずか19.4％である（朝鮮日報、2001.9.11.）。

Ⅱ　法意識と法治主義

1　法意識と法治主義の関係

法意識（Rechtsbewußtsein）の概念は、用語自体が持つ抽象性に因って多義的に使われており、学者によって概念定義も様々である。そして、類似概念である法感情（Rechtsgefühl）、法文化（Rechtskultur）等の概念との関係においても、これを同一とみる立場[3]とそうでない立場[4]に分かれており、概念定義において正論的な立場はない。法理論上は法意識と法感情を区分す

ることに意義があるかもしれないが、実際においては両者の関係が相互依存的であり、また、法意識の形成過程ごとに法感情が作用するため、両者を区分することは難しい。国民法意識調査の目的は、韓国社会の法意識変化の様相とこれに伴う法治主義の定着可能性を図ることにあるため、法意識と法感情を概念上区分することは、本研究の目的上あまり意味がない。法意識の概念をなるべくひろく解釈して、社会共同体の構成員が法という社会統制制度に対して抱く、認知的・評価的・感情的な心理状況すなわち、法的認識・法的価値判断・法感情を総称するものと規定するのが妥当であろう。この場合、法意識は、個々人の具体的な法の認知を基礎として、実定法および一般的法状況に関する評価だけでなく、階層状況に対する態度まで影響を及ぼすさまざまな見解の彩色板[5]に比喩することができる。このような法意識は、政治的な公開作業、マス・メディア、社会制度、そして指導層や特定階層文化の構成員により表現されると同時に、法的共同体の合意の中心基盤として作用する[6]。したがって、国民が広範囲に共感する法意識が存在してはじめて、法治主義の理念は実質的に実現されることができる。

　今日、法治主義の原理[7]は、それ自体が目的ではなく、人間の尊厳と自由を尊重して平和的な人間共同生活の前提になる生活環境を助成し、ひいては、国民の自由と権利の保障および正義を実現するための手段として、国家権力を制限する原理として強調されている。「合法性」の根拠となる「法律（lex）」と「正当性」の根拠となる「法（jus）」を調和させるのが今日の法治主義の核心課題である[8]。

　このような法治主義の理念の実現は、法制度と法意識との相互作用で成り立つ。すなわち、国民法意識は法制度が作用するための背景または与件を形成する。特に、西欧的法治主義を基本理念とする韓国の法制度が市民生活に根づくためには、国民法意識の現代化が必須要素になる。このように国民の法意識は、法治主義の実質的な実現のための一つの座標になっている。要するに、法意識に法治主義の実現が左右され、法治主義は国民の法意識水準と比例して実現されるといえよう。

2　1991年・1994年国民法意識調査および1996年法専門家の法意識調査とその目的

1）法意識調査研究の目的

　合理的でかつ予測可能な「法の支配」は、法治国家がもつ強みであり、正常的な社会発展に大きく寄与し、複雑多岐な現代社会の秩序を維持、さらには社会生活の安定と平和を保障する。法は、社会の生活条件と価値基準の反映であるため、法を作る人の意志ではなく、現実を秩序づける規範力から出発しなければならない。法の規範力が弱化し事実的なものに規範力を認めようとする風土が蔓延する時(9)、法治主義原理の定着は遥遠なものになるからである。

　法制度は、一定の立法過程を経て制定されるが、それの正当な社会的価値の維持は国家と社会構成員の共通認識と努力により左右される。法治主義という原理が根づくためには、合法性と正当性という両軸のほかに、それを守ろうとする社会構成員間の合意が必要なのである。「法治主義」という馬車が走るためには「合法性と正当性」という両輪がうまく作動しなければならず、「法意識」という馬夫の役割も重要である。法意識は、結局、法制度がその合法性と正当性を失わないようにしようとする意欲ないし精神であると同時に力として、法治主義の実質的な実現のための一つの座標をなすのである。したがって、法治主義原理の定着可能性に関する展望は、国民法意識に関する正確な把握から始まる。もし、法意識の変化に対する診断が間違っていれば、法治主義の実現のための立法政策方向に予期せぬ影響を及ぼすことになろう。

　法意識は、法制度と違い、歴史と社会変動に沿ってゆっくり形成されていく特性を持つ。法制度と法意識の間の乖離は当然なものであり、そこから、法意識調査研究の第一次的必要性が提起される。法意識調査においては、法意識変化に影響を及ぼし得るさまざまな要因に関する分析が不可欠である。

家庭および学校教育はもちろん大衆言論媒体・国家機関の立法および法執行・法宣言等は、法意識変化の原因になりうるが、このような要因も結局、その社会の価値観の形成と変化に連動するため、社会変動にともなう価値観の変化に焦点をあてて、国民法意識の変化を注視するのが最も有効な方法であるといえよう。

2）1991年・1994年国民法意識調査

　1991年国民法意識調査は、韓国人は遵法精神と権利意識が弱く、法の生活化が不徹底的である、とする従来の評価と既存調査結果[10]に対して、反論を提起したものである。この法意識調査は、韓国人の法意識形成に莫大な影響を与えた儒教的な文化遺産と伝統、日帝植民化過程、解放と民族分断、60年代以後の近代化過程と70年・80年代の権威主義的な政治体制等の歴史的な経験に根拠を置いたもので、従来の調査が法意識の現在性を度外視していたことに対する反駁であった。同時に、この調査は、韓国人の法意識の形成過程が、近代法制の導入及び発展過程に比べて、速度と発展方向において同一なレベルで行われ得なかったにも関わらず、既存の法意識調査では、法制度的な側面上の固有性と近代性の比較に執着した余り、法意識の社会性には照明を充分に与えなかったことを批判したものでもある。

　1994年国民法意識調査に際して、もっとも憂慮された点は、1991年調査以後3年という短すぎる経過期間であった。しかしながら、法意識調査における法意識の現在性と社会性の重要性を勘案すれば、1994年調査の必要性は充分あった。

　第1に、3年という短い期間の経過ではあるが、その間の「文民政府」という新しい政治体制の出現は、一般国民の既存の政治・経済・社会に対する認識体系に大きな転換点になった、と予想される。その場合、一般国民の価値観と法意識にも、少なからずの動揺と変化が起きることになる。特に、この点に関する診断は、国家機関（立法及び法執行機関）と国民間の渾然一体は法治社会の実現の要諦になるため、必須的である。政治体制の転換期におけ

る国家機関に対する国民の一体感の有無は、国政運営に絶対的な影響力を及ぼすため、さらに重要な意味を持つといえよう。

第2に、80年代後半における権威主義体制の崩壊を踏まえた一連の民主化過程は、それまでの儒教的な伝統と日帝植民化過程、その後の跛行的な憲政史の経験等を土台に形成されていた韓国人の法意識に、至大な影響を与えながら変化をもたらした、という1991年調査結果を検証する必要があった。1991年調査によると、韓国人の法意識は、過去と異なって、法に対する肯定的な認識と権利意識が拡散・伸長し、法定立及び法執行機関に対する否定的な認識が深化した、という結果が出ており、そのうち高まった権利意識は、国民法意識の全般に渡って多くの変革をもたらした、とする。ところが、このような結果を時代性の反映と韓国人の法意識の一般的な特徴と看做すことはできない。というのも、社会変革は特定の契機に始まることもあるかも知れないが、制度的な着根は構造的な調整段階を経ることによって順化するものであるからである。たとえば、1991年調査で、高まったと示された権利意識は、法的に確認可能な権利主張に限られず、累積した被害意識と法に対する嫌悪感の反映として、利害関係が曖昧模糊で非妥協的な情緒的レベルの権利主張までを含む可能性もある。このような場合を、国民法意識の中、権利意識の向上と速断することはできず、いわんや韓国人の法意識的特徴と結論づけることはできない。従って、1991年調査で示された法意識変化に対する全般的な再検証を通して、向後当分の国民法意識を再定立する必要がある。

以上の現実的な動機以外にも、各々の社会の当時代の価値観は、法意識に投影されて現れるため、社会変動に沿った価値観の変化を常時的に捕捉しつつ、韓国社会の国民法意識はどのように変化し、どのような様態を持っているのか、を評価するのは極めて重要な作業である。国民の法感情及び法生活、そして、それと現行法制度との乖離程度に対する常時的な測定は、法意識及び法律文化理論の定立のための根拠の確保と、法意識の提高と法治主義の確立の方案の模索を可能にし、さらには国家の立法及び法執行政策の樹立の方向性の指針になるだろう。

3）1996年法専門家の法意識調査

　国民法意識調査は、韓国社会の法意識変化の様相と、それに伴う法治主義の定着可能性の測定を目標とするため、一般国民の法意識のみならず、法関係者（判事・検事、弁護士、法学者、各部処法制担当者、法学徒、その他の法律従事者）の法意識に注目することが、韓国社会の法治主義実現の鍵となる。ある意味で、立法・法適用・法解釈の方向は、主に後者によって左右されると言える。彼らの法意識を正確に把握する時[11]はじめて、国民法意識の調査が完結する。それに際しては、法関係者の範囲を確定し、彼らの立法過程及び法執行過程に及ぼす影響力を把握することと、一般国民に対する法関係者の要望事項と立法意見を集約することが核心課題になる。

　そこで、法専門家に関して簡略に述べよう。我々は周りで法を取り扱ったり、法律関連業務に従事する多くの人をみかける。一般的に、このような業務に従事する人々を「法関係者」と呼ぶことができ、広義の法関係者は、法院や検察の職員、警察、法務士はもちろん、矯導官ひいては原告や被告のような訴訟人までを含むことができる。そのうち、特に、法院や検察の職員、警察、法務士のように、実務上において法に関連する業務に従事する人々を、判事や検事あるいは教授のような「法専門家」と区別することは容易ではない。例えば、法務書類の作成及び法務書類の提出代行と登記・供託事件の申請代理に限っては、一定の資格をもつ実務経歴者の法務士が取り扱う。このように法務士が必要になった理由は、厖大な訴訟手続きや法務書類及び登記・供託事件にも拘らず、弁護士の数は限定されており、弁護士だけではこのような業務すべてを処理できなかったからであろう。ところで重要なのは、弁護士とは異なって、法務士は上記の事項のみを取り扱い、「相談」、「諮問」等の業務は彼らの業務内容から除外されている点である。

　結局、広義の法関係者は「法専門家」を含むが、行う業務内容と性格の相違点から両者は区別される。以上から、「法専門家」とは、法的紛争を解決・処理するために必要な知識を長期間の教育と訓練を通して習得し、試験

35

制度等を通して上記のような業務の処理ができる資格を獲得して、獲得した法に関する専門知識を依頼人や不特定多数人のために使用して活動する人、と言える[12]。このように法的手続きや知識に関して専門的に理解し、その知識を必要とする一般国民に助言と相談等を行う法専門家たちの法治国家内で占める重要性は、説明を待たない[13]。従来、韓国での法意識調査とは、普通、「一般国民」の法意識だけを調査することと理解されており、その理解に従っての調査がなされてきた。しかしながら、法治主義社会の建設のためには、法の受容者である一般国民の法意識調査に劣らず重要な作業が、法を専門的に取り扱う法専門家たちの法意識調査である。それは次の二つの理由からである。まず、実質的な法治主義社会とは、一般国民が自分の法律問題に関して能動的に対処し、豊富な法律情報に容易に接近でき、それを通して国家政治秩序形成に参加する社会である。民主法治国家建設のためには、このように法律の生活化と専門化が同時に進められ、相互補充が必要とされるなら、法治主義の定着可能性を分析・検討するためには、国民の法意識のみならず、法関係者、特に法専門家の法意識調査を並行しなければならないのである。次に、韓国のように、西欧法を継受した国では、現実と法が非常に乖離している。このような場合、これを漠然と、「一般国民」が法に無知であるため、と説明することもできるが、少なくとも、法専門家はこの乖離現象にどのくらい責任を負うべきなのかもまた考えてみるべき問題である。したがって、西欧法を継受した韓国の場合のように、同一の法的問題に関して、「一般国民」と「法専門家」がどのように認識・対応しているか、を具体的に検討することもまた、法治主義社会の建設のために極めて重要な作業といえよう。

　調査結果に拠って、法専門家における法意識の大体的な特徴を検討してみた結果、次のようなことが分かった。

　第１、法専門家の応答で、法が偏頗的であるとする意見は減少、公平であるという意見が増加し、脱法行為者に関してはいっそう厳格にすべき、という意見が出た。これは、結局、法に従う一般国民と、法を取扱い適用する法

専門家が、異なる立場にあるため、法に対する印象も多少異なる、と言うことを示す。

　第2、権利の主張に友好的であり、時間と費用さえ許されれば、訴訟という手段を容易に利用出きる、と思う傾向があった。

　第3、94年および91年調査と相違のある点は、法認知の経路に関して、一般国民が新聞・TV等の大衆媒体によるのに対して、法専門家は専門書籍や定期刊行物を通して持続的に認知していることが示された。これは、法専門家の特性上、当然なこととも言える。なお、法専門家は、法専門家の法生活と法的経験に関する質問に対して、94年調査に比べて、一般国民より法教育実態に関して批判的であり、特に、適切な法教育のためにはなにより遵法精神の涵養のための正しい人間象の定立に重点を置くべきだと応答した。

　第4、法がよく守られていない理由として、法専門家たちは、94年および91年調査では、法の手続きと複雑性を主要理由とあげていたが、96年調査では、法執行が厳格でない点をもっとも大きな理由として指摘した。なお、もっとも法を順守しないのは誰なのか、という設問でも、過去とは大きく異なって、政治家に対する不信がいっそう強まった反面、公務員に対する信頼は、一般国民の認識より高かった。

　第5、立法過程に対する信頼が低い方で、一般国民の世論が裁判に及ぼす影響を極めて否定的にみており、法専門家としての強いエリート意識を窺わせた。

　第6、法専門家たちは、必要な法は、理想的な法よりは、社会のなかで現実的に遵守できる法であると考えていた。

　現行法令に対しては、応答者の大多数が、法の規範力の強化と確保に焦点を当てたあるべき法より、守ることのできる法の制定を求めた。現実に符合しない法に対しては、法制化過程自体に起因する遵法不能な立法行態を批判しており、特に選挙法に関しては応答者自身の法意識提高と遵法精神の昂揚の必要性を強調し、韓国社会の当面した法的問題としては、民主的法治主義の実現と先進福祉社会の具現、そして統一のための民族同一性確保という課

題が提起された。しかし、今までの国際環境パラダイムとは大きく異なる形態を取ると予想される21世紀に備えた法的対備に関しては、韓国社会の世論先導層であると同時に指導層といえる法専門家さえも、準備意識が弱いと示された。そのことは、韓国社会に解決すべき内部問題が存在している、ということの反証であろう。

(3) この立場によると、法意識概念は、社会共同体の構成員が法という社会統制制度に対して持つ認知的（cognitive）・評価的（evaluative）・感情的（emotional）な心理状況を網羅することであり、法的認識・法的価値判断ないし評価・法感情等を総称する。梁承斗「我が国の伝統的法意識とその変化に関する研究」『法律研究』第2集（延世大、1981）355頁；崔栻、「韓国人の権利および法意識」『成大論文集』第17集（成均館大、1972）120頁；李寿成「韓国青少年の法意識に関する調査研究」『法学』第25巻2・3号（ソウル大法学研究所、1984）68頁等。

ここでの法的認識とは、法規範・法制度に対する認識だけでなく、それを行為決定の座標として認知することを含み、法的価値判断とは、法規範・法制度に対して下す一定の価値判断とその基準をいい、法感情とは、法に対する好感ないし嫌悪感等のような非合理的または非論理的な性格を持つ感情を意味する。【梁承斗・上掲論文356頁；崔栻・上掲論文121頁；しかし、法感情（Rechtsgefühl）という概念の定義も学者により多様であるため、上記のような概念定義が必ずしも妥当であるとはいえない。法感情に関する詳しい論理は、M.Rehbinder（崔鍾庫訳）「法感情の社会科学的診断」『法学』第22巻4号（ソウル大法学研究所、1981）；M.Rehbinder, "Fragen an die Nachbarwissenschaften zum sog. Rechtsgefühl", (JZ, 1982)；K.Obermayer, "Über das Rechtsgefühl", (JZ, 1986)；M.Bihler, Rechtsgefühl, system und Wertung, (1979) 等の文献参照】。

英米の法社会学では、一般的に法文化を「法および法体系と関連する態度・価値観および見解」と定義して、広義で理解しており【R.M.Friedman, Law and Society (1977), p.121；ロレンス M. フリードマン（朴南圭訳）『法と社会』（法文社、1990）、125頁；梁建『法社会学』（民音社、1989）、207頁】、

この場合、法意識という用語は、法文化という用語のもう一つの表現にすぎない【Setsue Miyazawa, "Taking Kawashima Seriously ; A Review of Japanese Resharch on Japanese Legal Consciousness and Disputing Behavior", Law and Society Review, Vol. 21, No. 2, (1987), p. 221.】法文化すなわち法意識をこのように定義する時、いつ・なぜ・どこで、法または法的過程を使用するかを決定することが法文化であり、ここではどのような場合に法以外のシステムを使うか（または何もしないか）等の形態も含まれる。【ドイツの場合も、法文化という用語を使う学者がいる。しかし、この場合の法文化は「社会に存在している法と関連する価値観、規範、制度、手続規定と行動様式等の総体概念」として理解され、法と法生活（Rechtsleben）のすべての現象を含む包括的概念とみなされている。この場合、法意識は法文化の一つの要素、特に法現象の心理的側面を表現する概念としてみなされる (Raiser, Rechtssoziologie, (1987), S. 316】。

　日本の場合も法意識の概念に関して争いがあるが【六本佳平「日本人の法意識研究概観」『法意識の研究』『法社会学』第35号（有斐閣、1983）14〜23頁；広中教授は、法意識というときの法が実定法であるか法体系全般であるかにより、前者を法意識、後者を法観念であると区別する立場を取っている。広中俊雄「現代の法意識」『法社会学論集』（東京大学出版会、1976）】、通説的な見解は、法意識を法体制自体に関する理解の仕方ないし態度として理解する広義説の立場から定義している。

(4) この立場によると、法意識という用語は、法文化・法感情等の概念と区別される狭義のものとして理解される。これによると、法意識は、何が法であり、法であるべきであり、法として提供されるべきであるかと関連する行動様式をいい【T. Wurtenberger, "Schwankungen und Wandlungen im Rechtsbewußtsein der Bevolkerung", NJW (1986), S. 2281.】、この場合、法現象の中、認知的要素が支配するときには法意識、認知的要素が情緒的要素のうしろに隠れているときには法感情として両者を区別している【M. Rehvinder,（李ヨンヒ・崔鍾庫共訳）『法社会学』（法文社、1984）172頁】。法意識においては合理的精神現象が優勢であり、法感情においては非合理的な精神現象が支配的である。

　法感情が個別的事態に対する人間の直接的・主観的反応であることに対し

て、法意識は人間が社会全体に関して持つ包括的観念であり、ある程度の思考を経た反省的意識に対する名称である【崔鍾庫『法と人間と宗教』(三英社、1989) 288頁】。

(5) 時には、法意識は法知識・法的価値判断・法精神として、法感情は法的直観・法的良心、法性向等として表現することができる。しかし、法感情と法意識の間に根本的な質的差異があるわけではなく、言語のニュアンスにおいて、法意識というと、法的世界観が前面にあらわれるため倫理性と局面性が強調され直接的色彩が濃く現われるにすぎない。両者は相互依存的な関係にあるため、法意識の形成過程には、常に法感情の作用が浸透するのである。Von András Sajó, "Rechtsbewußtsein oder Meinungen vom Recht?", *Rechtstheorie 12* (1981), S. 30 f.

(6) K. Obermayer, a. a. O., S. 4 ; T. Würtenberger, a. a. O., S. 2282.

(7) イギリスのダイシー (A. V. Dicey) によると、法の支配 (rule of law) とは、普通法の絶対的優位と法の前の平等を意味し、憲法も国家の普通法の結果であるという (A. V. Dicey, *An Introduction to the Study of the Law of the Constitution* (1885), 10th ed. (1971), pp. 202〜203)。イギリスで発達した法の支配原理は、アメリカでは裁判所による違憲法律審査制ないし司法府優位として展開された。

ドイツのオットー・マイヤー (O. Mayer) やカール・シュミット (C. Schmitt) の法治国家論は、法の内容や目的を問題としない形式的法治主義であったが、第2次大戦以後、形式的法治主義はその姿を消し、実質的法治主義が登場するにいたる。実質的法治主義とは、法的安定性の維持とともに人間の尊厳性尊重や実質的平等のような正義の実現を内容とする法による統治原理を意味する。

(8) 許営『韓国憲法論』(博英社、2000) 144頁。

(9) このような現象を、規範的・法治国家的法律の政治的・決断主義的法律による駆逐状況と説明することができるが (C. Schmitt, Verfassungslehre ; Belin, 1928, S. 146f)、これに対して「法の支配」には政治的な法 (political law) の支配と実質的な法 (material law) の支配という二重的な概念が内在されている点を強調する見解もある (F. Neumann, The Rule of Law ; Berg Publishers Ltd., 1986, p. 45)。

(10) 梁承斗「韓国人の法意識」『韓国社会科学論集』第9集（1968）；李太載「我が国の法意識に関する小考」『崔ヘテ博士華甲記念論文集』（社会科学1、1969）；イムヒソブ「韓国人の法意識」『韓国法律文化』（国際文化財団、1975）；梁承斗「我が国の伝統的法意識とその変化に関する研究」『法律研究』第2集（延世大学校、1982）；李根グンシク外3人「韓国人の法意識と違法意識の提高方案に関する研究」『セマウル運動研究論叢』（セマウル研究会、1982）；車庸碩外2人「韓国人の法意識に関する調査研究および違法意識の提高方案」『法学論叢』第6集（漢陽大学校法学研究所、1989）；魚インウィ外6人「法の民主化と生活化方案に関する研究」『法学論叢』第5集（清州大学校法学研究所、1990）；金ヨンチョル「農民の法意識に関する調査研究」『法曹』（1973）、その他の文献は91年調査報告書の「参考文献」を参照すること。

(11) 法曹人の法意識に関連する既存調査としては、次のようなものが挙げられる。これらは、法関係者の社会的背景と属性に関する研究を主要内容とするもので、Yi Chang-Hyon, "Sociological Approaches on Lawyers in Korea", Korea Journal (October, 1972)；ユソンホ「韓国判事に関する形態的研究」『司法行政』（1971. 3～5）；李ソクジン「韓国法官の実態調査」『司法研究資料』第3集（1976. 2）。

(12) 法専門家に対する批判的な見解に関しては、Roger Cotterrel, The Sociology of Law, Butterworths, 1984. p. 189 以下参照。

(13) これに関しては、Niklas Luhmann, Ausdiffrenzierung des Rechts, Suhrkamp. S. 173 以下参照。

Ⅲ　法意識調査の国際的な比較

　91年調査にあたって、資料収集および分析作業においてもっとも難しかった点は、既存調査では断片的な側面だけが対象になっていたため、それを踏まえた比較研究はほとんど不可能に近かったという点と、外国の法意識調査に関する資料は全無に近い状態であった点である。法意識の比較研究が国際的なレベルで行われる時、それまでの比較法研究は一層高い水準に発展し、

法系間の法継受の実態が明確になると同時に、法制度運営の全般をより正確に診断することができ、窮極的には、各国の国内法の国際化と国際秩序における真正な意味での「法の支配」を実現することに寄与することができる。今後の国際間において同一レベルでの比較分析を可能にする。基礎資料および統計数値の確保にさらに努めるべきであり、このような作業を、韓国法学界におけるもう一つの課題として受けとめるべきである。

本章では、田中成明教授による日本人の法意識調査に関する論文[14]と、加藤雅信教授の報告書[15]を通して、外国の法意識調査を紹介することによって、法意識調査における国際的比較の有用性を強調しようとする。前者は、94年調査とは調査領域を異にしているが、今後の韓国法意識調査で考慮すべき幾つかの特徴的な内容を含んでおり、後者は、アメリカと日本における法と法律家の役割を中心に国際的な比較を試みたものである。

田中教授は、日本人の権利主張が以前より積極的に行われているが、しかしその権利の内容には多くの問題点が内包されている、と指摘している。彼は、権利を「法律学的な権利概念」と「通念的な権利感覚」と分けて考察を進め、通念的な権利感覚がかなり曖昧で漠然な利益要求までを包含しているため、相互の権利調整においてそもそもその基準が不明確であるのみならず、意見の相違と対立が生じやすく、また、単純な利益主張と比較してみれば、やや非妥協的で情緒的になりやすい点を強調している。

田中教授による以上の主張は、次の法意識調査資料に基づいている。

ⅰ）最近の日本人は自分の権利を積極的に主張する（そう思う 75.4％）
ⅱ）この風潮をどう思いますか（利己的な主張が多い 42.8％、皆が積極的に権利主張を行うべきだ 36.9％）
ⅲ）権利のみ主張して、他人への迷惑を考慮しない人が増えたという意見についてどう思いますか（そう思う 76％）
ⅳ）「公共の利益のためには、個人の権利は多少犠牲になることがあってもしかたがない」という見解に同意しますか（同意する 57.9％）

2 韓国人の法意識 [朴 相哲]

そのほか、田中教授は、日本人の権利主張が積極的になってきたが、訴訟回避心理は変わっていないと指摘する。それにも拘らず、司法府に対する信頼度が高いのは、訴訟を他の方法が利用できない場合に使用する最後の手段とみなす日本人の法意識の特性のためだとする。このような田中教授の評価は、次の法意識調査の結果に基づいている。

ⅰ）自分の権利が侵害されたと感じた時、裁判所に訴えることを考えますか（よほどのことがない限り考えない 60.6％）

ⅱ）納得のいく裁判が行われていますか（行われている 37.7％、行われていない 11.5％）

ⅲ）国政を動かしている機関・組織の中、信頼できる機関・組織は？（裁判所 46.0％、地方自治体 7.0％、マスメディア 4.0％、中央官庁 3.6％、国会 3.6％、企業 0.9％、わからない 34.9％）

以上から、田中教授が指摘する権利主張の「法律学的な権利概念」と「通念的な権利感覚」の区分は、我が法意識調査でも充分に考慮すべき点である。特に、高まった権利意識のなか、「法的に確認できる権利観念の拡散」ではない「通念の権利感覚」的な性格を帯びた部分はどの程度か、を確認することに重点をおく必要がある。法治社会の実現は、自分の権利主張と他人の権利尊重意識の両立から可能になるからである。また、日本人の訴訟回避心理は、極めて日本的な現象であって、韓国人のそれとは本質的に異なる。韓国の場合は、逆に、過渡な訴訟利用が憂慮される時が来ると予見される。

一方、アメリカと日本における法と法律家の役割の差異点を比較した加藤教授は、その差異の理由を、両国の文化的な要因よりは、司法制度および弁護士制度の差異と効率性にあるとみている。米・日両国における法と法律家の役割の相違の淵源を探るべく、法曹人の人口数・訴訟提起率の多少・司法制度の効率性と法官人事政策・弁護士の業務領域・法学教育の差異等を実証的に比較している。日本の場合、法教育が、講義式に行われ、また、法理論を重視して法規解釈に置重する点、法官人事政策が官僚的で社会との隔離を

助長する点、日本の会社では、法務担当・司法書士・行政書士・弁理士・税理士等が法律文書を作成し、弁護士との法律相談が極小である点、アメリカに比べて弁護士の主業務が起訴に限定されている点、また、訴訟提起に関して、日本では平和的な解決可能性のない場合の戦争宣布（declaration of war）と看做されるが、アメリカでは、深刻な場合でない限り最後通牒（an ultimatum）で最後まで至る比率は高くない点、などを指摘している。以上は、我々の司法現実においても非常に示唆的である。加藤教授の報告書と94年調査を比較検討してみれば、法意識の変化と特性を、合理的な行動様式よりは伝統的な文化要因にみようとするのは、科学的な態度でないとの両方に対して同じく指摘できるが、しかしその接近方法においては、前者が異質的な法制度と運営に焦点を合わせており、後者が価値観の変化に焦点を合わせている点で差を示している。

以上から窺えるように、法意識調査の国際的な比較は、各国の法制度および運営実態、法文化はもちろん社会運営原理を同時に考察することを可能にするため、ある意味では、国際間理解と交流発展にも画期的な役割を果たすことになる。法意識調査は、国際的なレベルで行われるべきである。

(14) 田中成明「日本人の法意識とその研究の現況について」『法意識の現状をめぐって』（有斐閣、1985）25～38頁。
(15) Masanobu Kato, "The Role of Law and Lawyers in Japan and the United States", Bringham Young University Law Review, (1987, N.2) pp. 627～698.

Ⅳ 1994年法意識調査と韓国人法意識の変化

1 韓国人の法意識の変化環境

韓国法制の近代化[16]は、その起点を甲午改革にみれば、およそ100年の歴史をもつことになる。しかし、この場合の近代化は、西欧法制度の形式的な

2　韓国人の法意識　[朴 相哲]

導入を意味するだけで、西欧の近代法制のもつ法精神および法意識の導入までを意味しているわけではない。韓国法制の近代化は、伝統的な法意識との葛藤から始まる。伝統的な法意識では、特に儒教的な規範文化の影響で、「法の支配」よりは、法と道徳の中間領域に位置する「礼の支配」が過剰に発達・形成されていた。このような側面が、近代法制の導入に対応できる伝統法制の基盤を脆弱にし、以後の韓国法の現実おいて、法意識と法制度の間の乖離を助長する土壌を産み出す要因となる。

　伝統的な法意識は、社会の価値観の変化に対応して、大きく修正されなければならない状況に直面している。西欧法制度の移入は、朝鮮王朝が日帝統治下に置かれていた間、朝鮮総督府によって、西欧法を模倣して制定した日本法が勅令の形式で適用される過程で、不完全な形ではじまった。当時の社会は、西欧の法制度を誕生させた西欧社会とは社会構造自体が全く異なっている上、日帝植民地下であったため、市民社会として発展することができず、近代西欧社会にみられる市民意識も発達する余地がなかった。日帝植民統治は、韓国伝統思想が自ら近代的な自覚に至る機会を源泉的に封鎖していたのである。解放以降も、西欧的な法意識と封建的な法思想ないし法意識が、内在的に調和することはなかった。また、60年代以後の近代化および西欧化過程のなかでは、法制度と伝統的な法意識間の摩擦はさらに深化していき、権威主義体制の形成とあいまって、国民の自発的な法意識の提高努力は後退するばかりであった。

　国民の価値観が大きく変化し始めるのは、80年代末の民主化過程における、参与的な市民文化の形成をきっかけとする。社会的な身分上昇の努力は、以前に比べて消極的になり、義務感や秩序への服従意識が減少し、政治的な参与要求が多様化した。そのなか、秩序への服従意識の低下、法と秩序に対する遵法意識の欠如など、法軽視の風土が蔓延する副作用もあったものの、「大衆民主主義」から「参与型民主主義」への変化を遂げることによって、国民の参与意識と権利意識は上昇した。参与意識および権利意識の伸長は、市民の批判精神を高揚することによって、昨今の遵法精神の不在状態を一時

的な現象として止めることができる、と期待される。

　国民の法意識の変化と動揺は、常に存在する。短期間の眺望では変化とみられる事柄も、長時間にわたって観察すれば法意識の変化ではなく動揺に過ぎないと判明される場合もあろう。国民法意識の変化推移を正確に指摘する作業は、法治主義の実現の実効性確保に大きく寄与できると思われる。

2　1994年法意識調査と韓国人の法意識

　94年調査の実施目的は、文民政府という新しい政治体制の形成によって予想される、91年調査以後の法意識の変化様相の検討と、91年調査で示された韓国人法意識の全般に対する再検証によって、今後の国民法意識の再定立を図ることにあった。80年代後半以後の民主化過程は、韓国社会の構造と価値観に大きな変革をもたらしており、これによって、過去の韓国人法意識に対する一般的な評価が完全に否定されるくらいであった。ところで、社会変革が特定契機で始まることはあっても、法制度の着根は構造調整の段階を経ることによって形成されるものである。それゆえ、91年調査で国民法意識の変化とみなされたのが、実は単純な動揺に過ぎなかったケースである可能性も高い。これに対する実証的な再検討が、94年調査の主要任務の一つである。

　国民法意識に関する正確な把握は、国民法生活の先進化と国家社会の安定的発展を図った立法および法執行政策の樹立方向に寄与し、ひいては法治社会実現の実効性の確保に大きく寄与する。主権在民の近代的な実現形態である三権分立は、分力分立の社会制度的な装置として法治主義原理に依拠し、国家のすべての運営は国民の意思を代表する議会が制定する法律に従うことを中刻とする。ここから、法治社会の実現程度は、その社会の民主化および制度化段階（総体的な発展段階）を計る尺度になる。法意識は、法制度の合法性と正当性を保つ意慾・精神・力であり、法治主義の実質的な実現のための一つの座標になるため、法意識の現住所と変化に対する正確な診断は重大であると言わざるを得ない。

　94年調査の結果からは、全般的に、韓国社会に法治主義の定着する可能性

が確認された。

　第1に、社会変動と価値観の変化に関して、時代の価値観は法意識に投影されて現れるものである。94年調査の結果からは、91年調査に比べて、家族構造や職場秩序の民主化および合理化がいっそう成熟し、女性の社会参与欲求がより高まることによって、法意識提高と法生活の先進化に安定的な基盤が構築された、と評価することができる。

　第2に、国民の法に関する認識と情緒に関して、その機能の多様化傾向、法の価値に対する認定、そして違法行為者に対して厳格になった態度等は、韓国社会に「法の支配」が着根する余地を窺わせる。

　第3に、国民の法生活と法的経験を調査・分析した結果、国民の法生活は相当先進化していることが分かり、行政官庁の業務処理において原則主義の思考が定着し、大義名分の明確である新しい法制（金融実名制）に対する適応度が高く、断片的ではあれ法知識の程度も高まっていた。

　第4に、遵法精神と権利意識そして告発精神は、法治社会を実現する法意識のなかでもっとも重要な部分として、強い相互関連性を維持しているが、遵法精神の不在現象と利己的な権利主張に対しては、強い告発精神がこれらを牽制することによって均衡が保たれていた。

　第5に、法的問題が発生し得る状況に関して、実際的に様々な法的手続きを発生する用意と能力は多分にあるが、法手続上の紛争解決手段の動員に躊躇するのは従来と変わらず、韓国人の法意識の特徴として残されていた。ただし、弁護士との法律相談を重要視する法行動様式の現れは、紛争解決方式の先進化に端緒を提供するものとして、非常に望ましい現象とみることができる。

　第6に、法定立および法執行機関に対する態度に関して、91年調査当時に深化していた国家機関に対する否定的な認識が改善され、行政官庁・検察・法院等の法執行機関に対して相当高い信頼感を示している。これは、国家機関と国民との一体感が形成される可能性を示唆するものとして、韓国社会に法治主義の原理が定着できる、という青信号といえよう。

最後に、現行法令に対する態度に関して、応答者の大部分が、法の規範力の強化と確保に焦点を当てたあるべき法よりは、守ることのできる法の制定を求めた。現実に符合しない法に対しては、法制化過程自体に起因する遵法不能な立法行態を批判し、特に政治関連法に関して、応答者自身の法意識提高と遵法精神の昂揚の必要を強調した。

　以上の調査結果から、様々な側面から法意識の提高の様相を確認することができる。特に、脱・違法行為を受け容れない態度・高い告発精神・国家機関との一体感形成等は、法治社会の実現可能性を予告している。

　しかしながら、韓国人の法意識には、法治主義の基本原理さえを危うくする要素も含まれている。紛争解決方法としての法の選択において、法的に確認できる権利意識の拡散ではなく、不明確で非妥協的で漠然な利益要求までを含む権利主張の傾向の強い点、社会指導層人士や高学歴・高所得層に法軽視風潮があって罪意識が稀薄している点、立法過程に対する不信等は、法に対する否定的な認識を拡散する主要原因として指摘できる。そのほか、高い権利意識に比べて、法を理解するための具体的な努力がなされていない点、法条文や法律用語の難解性等を指摘することができる。このような現象は、本質的に法的手続きを合理的な解決手段として受け入れることに障害となる。

　これらを改善するためには、初・中・高等教育の段階での教育課程の拡大および改善、法令広報の強化、立法参与制度の拡大と司法制度の改善、弁護士受任料の下向調整など、多様な代案を提示することが可能であるが、法意識とは、法に対する社会構成員の意識のみならず無意識的な心理状態までを含むものであるため、法意識提高のための根本的な代案は、結局、意識改革のレベルで求めるしかない。そのためには、大きく、社会指導者層の率先垂範と一般国民の努力が要求される。

　第1に、社会指導者層が一般国民から信任されず、高学歴・高所得層が基本秩序違反のような軽微な犯法行為に対する自省と罪意識の稀薄している現象は、我が社会に法治主義が定着するにあたって深刻な障碍要因として作用するため、なによりまず、社会指導層の率先垂範が要求される。彼らの脱・

違法行為のもたらす副作用は、社会全般に大きく影響するからである。法制定・適用・施行の諸過程が、政治権の党利党略などを目的とする人物によって左右されるとすれば、社会全体の秩序が不安定になりやすく、社会統制制度としての法規範力が弱くなる恐れがある。法定立および法執行機関は、この点に注目して、公正な立法と公平な法執行にさらに務めるべきである。

　第２に、韓国人は未だに、法を合理的な解決過程の一つとみるより、紛争解決の手段として選択し、最終的な戦争宣布とみる傾向が強く、生活法律・法令用語等の法知識の涵養のための具体的な努力が不足している。さらに、権利主張において、法的に確認される権利意識の表現ではなく、不明確で曖昧模糊として非妥協的な利己的な権利意識、ひいては不合理な自己利益要求を含んだ権利主張がしばしばみられる。したがって、自分の権利主張は他人の権利尊重から保障されることを自覚し、法治国家において法に対する無関心は、最終的に集団生活のなかの個人間に衝突をもたらし平和を脅かすことを心に銘じた上、個々人と法との一体感形成のための最善の努力が要請される。これに加えて、純粋な民間団体の次元での法生活化運動が拡散されれば、より効果的な結実を結ぶことができよう。国民法意識の提高は、窮極的に「法の支配」という手段を通して、国家社会の安定的発展はもちろん、その構成員の各自に平和と幸福をもたらすからである。

(16)　近代化の概念は、人間化・工業化・西欧化・脱封建化等、極めて多様な意味で使用されており、一律的に定義するのは困難である。ここでの近代化は、西欧化の意味で用いた。

V 韓国人の法意識調査と2000年日本人の法意識調査の比較

1 韓国人の法意識の特徴

　91年調査と94年調査の間にみられる単純な統計数値の変化をもって、3年間の国民法意識の変化の様相と言うことはできないだろう。また、2回の調査をもって、韓国人の法意識の特徴を結論づけるのも無理といえよう。単純な動揺と変化の着根現象を認知・区別しなければならない。そのためには、断片的とはいえ、外国の法意識調査の分析結果を参考するのも、韓国人の法意識の特徴を究明するにあたって有用だと思う。

　このような点に注目して、韓国人の法意識の大体的な特徴を検討してみると、次のようである。

　第1に、社会秩序維持のために、法の絶対的な必要性を認定しながらも、法に対する親近感が不足している。

　第2に、法に関する知識を持とうという観念は強いが、具体的な努力はあまりなされていない。

　第3に、権利主張が強い方で、時間と費用さえ許せば訴訟という手段を利用する意向はあるが、法に訴えることは最後の手段とみている。

　第4に、他人の脱法行為に対しては厳しいが、他人の権利を尊重する意識は脆弱である。

　第5に、自然法的な思考よりは実定法的な思考が強くなっている。

　第6に、金銭関係に関わらない事件には寛容的な態度を取る。

　第7に、国家機関との一体感が形成されつつある。

　第8に、立法過程に対する信頼が低いほうである。

　第9に、望ましい法よりは現実的に守ることのできる法の制定を望む。

2　2000年日本人の法意識調査との比較

　2000年3月の日本法意識国際比較研究会による「日本人の法意識」調査基本報告書を土台として、日本人の法意識と大体的な特徴を、韓国人のそれと比較してみれば次の通りである。
　韓国人と日本人の法意識の最も大きい相違点は、法に対する印象が異なることにある。
　「法」という言葉を聞いて連想される単語や感じをたずねた設問で、韓国の応答者の大部分が権威的（30.3％）、偏頗的（24.9％）と答え、応答者の過半数以上が法に対して否定的な印象をもっていることが分かった。それに比べて、日本の調査結果では、大部分（63.3％）の応答者が法を「自由守護・公平・民主的」と考えていた。これは、法を守る理由に関する質問で、権利維持→法律の正当性→法専門家の論理認定→国家強制の順で答えている日本人の法意識に起因するようにみえる。
　一方、2000年日本人の法意識調査と1994年の韓国人の法意識調査の結果は、多くの共通点も示している。
　第1に、法の必要性は、社会改革と弱者保護よりは、犯罪防止・社会秩序維持・国家統治にある、と応答している点、立法機関よりは裁判所・検察・警察・行政機関の法執行を信頼している点である。また、法曹の専門性を認めている点でも同様であった。
　第2に、生活において普通は常識にしたがうが、法的問題に関しては積極的に臨んでいた。特に、申告精神に象徴される市民精神が徹底しており、権利意識もまた両国共に非常に高い水準を示していた。しかしながら、訴訟は法生活において最終的手段とみなす傾向を示していた。
　また、「法的解決」に関しては、「合理的で望ましい」と考える応答者と、「人情味がなく不快」とする応答者の割合が、両国共に両分していることから、類似した法感情をもっていることが分かった。
　以上の大略的な比較・分析の結果、日本人と韓国人の法に対する認識と情

緒そして法生活においては、大きな相違点がないが、立法過程に対する信頼度は日本が優位にあると評価できる。しかしながら、両国の比較調査は6年という調査時期の差、設問紙構成の相違[17]、日本の調査結果のなかの交差分析表の不在等によって、客観的な比較・分析ができたとはいいがたい。

[17] 2000年日本人法意識調査は、韓国の1991年調査の設問を多く参照したものではあったが、項目数と質においては差があった。

Ⅵ　おわりに

1　韓国の立法現実の問題点：遵守可能な法と理想的な法

　数年間の研究結果、法治社会とは、法をよく守る人が優遇される社会である、と簡略に定義づけることができるようになった。無論、韓国の政治・経済・社会・文化の土壌が少しでも分かるようになれば、このような定義はただの「道徳律の闡明」に過ぎないといわれるかも知れないが、より大きい問題は、韓国の法令の多くが遵守し難い条件と内容を含んでいる点である。現実に合わない法は、理害当事者の法意識にかかわらず遵守が難しいため、法治社会の具現に正面から背馳するものである。この問題の解決無しに法治主義の定着可能性を希求することは、まるで梯子なしに高い屋根に登ろうとするのと同じである。

　筆者は以前、脈絡を説明することなしに、いきなり、「遵守可能な法がいいですか、それとも望ましい法がいいですか」と人に訊いたことがあるが、質問の意図を敷衍説明する前には大多数の人々が「望ましい法」を選好する。このような傾向は、韓国社会に深く根差している名分論的な規範論と東洋的な法思考に基因するもので、法治主義原理の定着に障碍になっている。
例えば、「公職選挙および選挙不正防止法」の場合、望ましい「低費用の政治現場」を願って、法定選挙費用を低く策定した立法が推進されたが、現実

的には当選可能性のある立候補者の大部分が脱法者または違法行為者に該当してしまう結果を招来した。また、改正前の「家庭儀礼に関する法律」（1994年7月改正）は、結婚式招待状の差出や喪中における飲食の提供を規制することによって、虚礼虚飾の一掃と健全な美風良俗を助成しようとした。しかし、喪主の落心と健康を慰めに行く弔問客がお酒とお弁当を持っていくはずもなく、この法律は誰も守らなくなった。

　韓国の立法態度は、遵守可能な法よりは理想的な法を制定しようとする強い欲求に由来するもので、このような姿勢は、法の先導的・改革的機能を強調する側面では非常に有用かも知れないが、社会現実と法規範との間の乖離が大きくなり法条文の死文化現象を招く恐れがある。さらに、禁止事項の違反が黙認されている法現実は、一般国民の間に法という規範が「必ずしも守らなくてもいい」という反法治主義的な思考を助長する恐れもある。

　法律名を定めるにあたっても、これと似たような現象がみえる。数年前に「国民健康増進法」が制定された時、筆者は、「国家から人蔘、鹿茸などを安値で提供すること」だと、とんでもない想像をした事があるが、法律名を見た目良く作ろうとする名分論的な立法姿勢もまた今後必ず一掃されるべきである。単に「禁煙法」とすれば、数多いチェイン・スモーカーたちの注目を一回でも多く引くことができたのではないだろうか。

　今日、政治改革の低迷する理由も、政治関連法に遵守しがたいかそれとも遵守しなくても処罰されない立法事項が多すぎることにある。特に、様々な分野の法律のなか唯一、利害当事者（国会議員）が自ら立法する政治法に、そのような現象が多くあることからは、韓国の立法過程の乱脈象が如実にみえる。結局、現行の立法過程に対する改善の要請は、国民法意識調査の研究領域の拡張をとおして解決され得るだろう。

2　国民法意識調査の拡張方向

　法意識調査研究は、国民法意識の実態を調査・分析した91年・94年調査のような類型の他にも新しい領域の探索を取り入れることができ、その代表的

なものとして、特定の法令に対する国民の反応調査、法関係者の法意識および立法意見調査、主要法令の制定時における非公式的なレベルでの事前世論調査等をあげることができる。

1）特定法令に対する国民の反応調査

既に施行されている特定法令に対して改正要求が沸騰する時、その法令をそのまま存置したり、拙速改正をする姿勢は望ましくない。批判の対象となっている特定の法令の問題点は、法令立案過程の時から内包されていたものなのか（立法技術上の問題を含めて）、法適用および施行過程のなかで生じたものなのか、それとも時代的な状況に適応できなくなった結果なのか、に対する診断を先に下すのが、その試行錯誤を最小化する作業となるだろう。そのためには、本研究の調査技法を修正・補完して援用するのが有用だと思われる[18]。

2）法関係者の法意識および立法意見調査

国民の法意識のみならず、法関係者（判事、検事、弁護士、法学者、各省庁の法制担当者、法学部の学生、その他の法律従事者）の法意識もまた、社会における法治主義の実現の鍵になるだろう。ある意味で、立法・法適用・法解釈の方向は、主に彼らによって左右されるとも言える。彼らの法意識を正確に把握してはじめて、国民法意識の調査は完結する。それに際して、法関係者の範囲を確定して、立法過程および法執行過程における彼らの影響力を把握すべきであり、一般国民に対する法関係者の要望事項と立法意見を集約することが緊要の課題になる。設問の構成が主に閉鎖型質問方式でなされた本研究の調査技法では、多少の限界があったことをみとめ、新しい調査方法を開発しなければならない[19]。

3）主要法令制定時における非公式的なレベルでの事前世論調査

立法を推進すべく、法令案の内容を事前に国民に予告して、それに関する

国民の意見を立法に反映することによって、国民の立法参与機会の拡大および立法の民主化を図り、法令の実効性を高めて国家政策遂行の効率化を図る趣旨で、1983年5月1日「法令案立法予告に関する規定」が大統領令で制定された。ただし、議員立法の場合は、この対象から除外されていたが、1995年6月28日改正された国会法第82条の2に依拠して、議員立法の場合も立法予告制を活用できるようになった。立法予告制の活用は、施行初期に12件（83年）、72件（84年）等にとどまっていたが、最近は毎年の総法令件数の80％[20]に至るなど、非常に活性化している。

　法令を制定する場合は、公聴会等をもって立法に関わる利害関係者、または一般国民および専門家の意見を聴取することもあったが、これだけでは本格的な事前世論調査機能を充足することはできず、またこのような聴取は一般的なものではなかった。国民の権利・義務関係に重大な影響を及ぼす法令を制定する時は、立法予告制とは異なる非公式的な次元での事前世論調査が要請される。積極的に国民の世論を調査して、予想される実際的な問題点を把握するのは[21]、立法の民主化と法令の実効性確保に大きく寄与することになるだろう。無論、非公式的次元での事前世論調査は、多様な側面で誤解の余地を生じさせる事もあり得るが、調査の結果に客観性が維持される限り、法治国家実現に大いに役立つことができよう。

　このほかにも、国民法意識調査は国際化の趨勢に沿って、国際的次元での法意識調査・比較研究の実施、また、未来に備えての南北の住民間の法意識の比較調査や海外同胞の法生活または法意識に関する調査も視野に入れることができよう。

　と言っても、国民法意識調査の本質は、なにより、国民の法感情や法生活または国家機関に対する態度等、全般的な法意識の動向を正確に把握することにある。法意識の動向を把握するためには、一定期間を確保し、週期的に調査する方法と、重大な政治的・社会的変革以後の変化した法意識を研究する方法が考えられる。韓国の場合は、後者の例にならって、南北統一の時期を前後として予想される法意識の変化様相をその対象にすることができる。

最後に、国民法意識調査研究の最終的な目標は、客観的な現象調査自体にあるのではなく、一国の法治主義と立法過程の機能提高にあることを、もう一度強調しよう。

(18) 1992年に筆者が実施した「選挙関係法制と国民法意識調査研究」は、その典型的な例である。
(19) 法意識調査は、本論文における1996年法専門家の法意識調査が初めてであった。
(20) 90年269件、91年258件、92年239件、93年393件、94年400余件を超えて、95年584件（総法令件数の58％）、96年440件（56％）、97年610件（69％）、98年1,086件（78％）、99年1,058件（79％）、2000年801件（80％）、2001年12月3日現在633件（78％）の件数を記録している。
(21) 日本の場合、行政手続法の制定の前に、数回の事前世論調査を実施している（飽戸弘ほか『現代日本人の法意識』（第一法規出版、1982）103～105頁；金ウォンジュ「日本の行政手続法」『現代公法論―金イヨル教授華甲記念論文集』（三英社、1989）116～117頁から再引用）。

3　日本法における兄弟姉妹

大　村　敦　志

Ⅰ　はじめに　　　　Ⅲ　三者関係
Ⅱ　二者関係　　　　　1　実定法
　1　実定法　　　　　　(1)　共同の権利者・義務者としての兄弟姉妹
　　(1)　相　続　　　　(2)　民法にもとづく事後的調整
　　(2)　扶　養　　　　(3)　約定による対応
　　(3)　親　族　　　2　原　理
　2　原　理　　　　Ⅳ　おわりに
　　　　　　　　　　　(1)　ネットワークとしての兄弟姉妹
　　　　　　　　　　　(2)　韓国法との対比

Ⅰ　はじめに

　1947年の大改正[1]によって、日本の家族法からは「家」制度が除去された。このことは、改正法制定前に改正の大綱を示しつつ応急的な措置を講じていた「日本国憲法の施行に伴う民法の応急的措置に関する法律」からも明らかである。この法律には、「戸主、家族その他家に関する規定は、これを適用しない」とする規定（3条）が置かれていた。
　それでは、「家」に代わって「新民法」が規律の対象とした（廃止された民法旧732条ではなく憲法24条2項のいう）「家族」とはいかなるものか。この点は規定上は明らかではない。確かに「家」に関する諸規定は削除されたのではあるが、これに代わる「家族」概念は、少なくとも法文上は、積極的には提示されていないのである。そもそも、現行民法典には「家族」という用語さえ見いだすことはできない。

しかし、このことは、「新民法」が、理想とする、少なくとも典型として想定する家族像を持っていなかったということを意味するわけではない。改正草案の起草者であった我妻栄・中川善之助は、明らかにある種の家族像を念頭に置いていた。「夫婦と未婚の子からなる核家族」が、それであった。そして、「家」に関する諸規定が除かれた結果、婚姻に関する諸規定、親子に関する諸規定などが、上位概念によって統括されずに並置されることとなった現行の実定家族法は、この新たな家族像によって統一性を付与されたのである。戦後50年を通じて、「新民法」の家族法は、核家族を念頭に置いたものであると理解されてきたのである。

そして、今日では、このような家族像が社会一般にも浸透することによって、国民の意識においても核家族こそが典型的な家族であると考えられるになっている。同時に、核家族の範囲をはみ出す親族のつながりは、地域や職業などによって差はあるものの、次第に希薄になりつつあるというのが現状であろう。

その中で、最後の親族関係としてなお重要性を保っているのは、兄弟姉妹の関係ではないかと思われる。確かに、核家族の普及によって、共同の生活体験を持たない親族との関係は希薄化しつつある。成年に達した兄弟姉妹の関係も例外ではない。しかし、彼らの関係は、他の親族関係とは一線を画するものではないか。兄弟姉妹の関係は、夫婦関係や親子関係（親と未成年の子の関係）と同じように強固なものではないが、その他の単なる親族関係とも同視しがたい特殊な関係なのではないかと思うのである。

本稿は、このような兄弟姉妹の関係につき、日本法がどのような処遇を与えているかを確認し、その根拠を明らかにしようとするものである[2]。具体的には、固有の意味での兄弟姉妹の関係（二者関係あるいは水平的関係）につき検討した上で（Ⅱ）、やや対象を広くとって、親との関係から派生的に生ずる関係（三者関係あるいは垂直的関係）についても考えてみたい（Ⅲ）。そこでの考察をふまえて、最後に、兄弟姉妹関係の将来について触れるとともに、韓国法との関連についても一言することとする（Ⅳ）。

3　日本法における兄弟姉妹　[大村敦志]

(1) 1947年改正については、大村敦志・消費者・家族と法（東京大学出版会、1999）の第3章第1節「民法典後2編（親族編相続編）の改正」を参照（なお、同154～155頁における「民法典後2編は合計12回の改正を受けている」という記述は誤りで、改正の回数は合計14回である。この点については、初出論文（民法研究第1巻第1号）の記述が正しい。おわびして訂正する）。

(2) 核家族の外の親族関係につき、戦後日本の家族法学は敵対的なスタンスをとってきた。そのため、兄弟姉妹の法律関係については、これまでのところ必ずしも十分に検討がなされていない。なお、フランスには、CORNU (G.), De la fraternitè ou le bel ou sobre lien de frères et soeurs dans la loi civile, in Ecrits en l'honneur de Jean Savatier, 1992. がある。

II　二者関係

まず、兄弟姉妹の間に生ずる固有の法律関係につき、民法の定めるところを概観し（**1**）、続いて、若干の考察を行うことにする（**2**）。

1　実定法

(1) 相続　まず、最も重要な法律関係として指摘すべきは、兄弟姉妹は相互に他を相続する可能性を有しているということである。日本法では、法定相続人は配偶者相続人と血族相続人という二つのカテゴリーに大別されるが、兄弟姉妹は、子、直系尊属に続く第3順位の血族相続人として位置づけられている（民889条1項）。また、子、直系尊属が相続人となる場合に比べて、配偶者に対する兄弟姉妹の相続分の割合は少ない（配偶者が4分の3、兄弟姉妹が4分の1である。これに対して、子が相続人の場合には、配偶者、子ともに2分の1、直系尊属が相続人の場合には、配偶者が3分の2、直系尊属が3分の1である。民900条1～3号）。

このように、兄弟姉妹の相続人としての地位は、その順位から見ても相続分から見ても、高いものではない。しかし、同時に、日本法の下では、兄弟姉妹が最後の血族相続人であり、これよりも血縁の薄いものは相続人たりえ

ないことに注意すべきである。その意味では、兄弟姉妹は、他の血族とは異なる処遇を受けているのである。なお、正確に言えば、兄弟姉妹がすでに死亡しているが、その子が生存している場合には、この子は兄弟姉妹に代わって（代襲して）相続人となる（民889条2項により民887条2項が準用されている）(3)。とはいえ、兄弟姉妹の子（被相続人のおい・めい）はその親を代襲せずに独立に相続人となることはない。

　旧法（1898年の原始規定）では、家督相続の場合には、まず家督相続人が、法定または指定の家督相続人がない場合には、（家女である）配偶者、兄弟、姉妹、（家女でない）配偶者、兄弟姉妹の直系卑属が（民旧970条、979条、982条）、そして、遺産相続の場合には、直系卑属、配偶者、直系尊属、戸主が（民994条、996条）、それぞれこの順序で相続人となった。これと比べると、現行法における血族相続人の範囲は、兄弟姉妹の直系卑属が除かれた点でやや狭まっている。いずれにせよ、その範囲は、広い範囲で傍系血族に相続権を認めるフランス法（仏民753条）などに比べると、明らかに狭い。こうして見ると、現行日本法においては、被相続人の核家族の外にある傍系血族としては、兄弟姉妹のみが相続権を持ちうるという独特の制度がとられていることが理解されるだろう。

　(2)　扶　養　次に、扶養義務について見てみよう。現行の日本法においては、夫婦相互の間の、また、親の子に対する扶養義務に比べて、その他の親族間に生ずる扶養義務（親族扶養）は低い程度のものであると解されている。その他の親族間においては、被扶養者が要扶養状態にあり、かつ、扶養義務者が扶養可能状態にあるときに限って、義務が発生する。一般に、前者の義務を「生活保持義務」、後者の義務を「生活扶助義務」と呼んでいる(4)。

　このように、親族扶養の程度は低いものと解されているのであるが、それだけではなく、扶養義務が認められる親族の範囲もかなり限定されている。当然に扶養義務を負うのは、直系血族相互間と兄弟姉妹相互間に限られ（民877条1項）、特別の事情がある場合に限って、家庭裁判所は3親等内の親族に扶養義務を課すことができるにとどまる（同2項）。ここでいう直系血族

間の扶養義務で最も重要なのは、成年に達した子が親に対して負う扶養義務である。兄弟姉妹間の扶養義務は、これと並ぶものとして位置づけられているわけである。

　ここでも、相続の場合と同様に、フランス法との比較をしてみよう。次のような興味深い事実を見いだすことができる。すなわち、フランス法においては、夫婦間、直系血族間の扶拳義務を除外して考えると、直系姻族間に扶養義務が認められるものの、傍系の血族間には、兄弟姉妹の間でさえ扶養義務が生ずる余地はない。相続の場合とは逆の意味で、兄弟姉妹であることには特別な意味は与えられていないのである。

　(3)　親　族　これまでに見てきたように、相続権の発生と扶養義務の発生が、兄弟姉妹であることの主要な効果であるが、このほかにも、兄弟姉妹であることによって生ずる法的効果はないわけではない。ただし、それらは兄弟姉妹に限って認められた効果ではなく、兄弟姉妹を含む親族に与えられた効果である。具体的には、次のようなものを挙げることができる。

　まず、ある意味で最も重要なのは、兄弟姉妹間の婚姻は禁止されているということである。民法は「3親等内の傍系血族間の間」における婚姻（近親婚）を禁止しているので、兄弟姉妹はこれに含まれることになる（民734条）。

　次に、兄弟姉妹には、いくつかの親族的な義務が課されている（権限が与えられている）ことを指摘しておく必要がある。たとえば、子の親権者の変更（民819条6項）や親権・管理権の喪失（民834、835条）、後見人・後見監督人・保佐監督人・補助監督人の選任（民840、849条）などを、兄弟姉妹は子または被後見人の親族として申し立てることができる。また、後見開始・保佐開始・補助開始の審判（民7、11、14条）の申し立てを、4親等内の親族として行うこともできる。なお、旧法に存在した（フランス法には今日でも存在する）後見監督機関としての親族会は、現行法では廃止されている。そのため、後見が親族の義務（権限）であるという観念は希薄化しつつあるのは確かである。しかし、今日でも、実際には近親者の中から後見人を選ぶことが多いだろう。

さらに、現行法には「直系血族及び同居の親族は、互いに扶け合わなければならない」という規定（民730条）が挿入されている。民法730条は、「家」制度の残存につながりうるとされる悪名高い規定である。また、この規定に対しては、訓示規定であり存在意義に乏しいという法技術論的な批判もなされている。確かに、いずれの批判もあたっている面を持っている。しかし、これを「拡大された親子関係とこれに付帯する近親からなる緊密な親族集団を法的にとらえようとするもの」として理解することも不可能ではない[5]。もちろん、このような意義を認めうるとしても、現行規定がその趣旨を適切に表現しているかどうかは、また別の問題である。とはいえ、親族集団一般とは別の「緊密な親族集団」を抽出するという発想には、見るべきものが含まれていると言えるのではなかろうか。とりわけ、そのような「緊密な親族集団」として、兄弟姉妹を特にとりだす余地はあるのではないか。

そこで、項を改めて、これまでに紹介した実定法を説明するための原理について検討することにしよう。

2　原理

1で見たように、兄弟姉妹は、核家族の構成員ではないにもかかわらず、相続や扶養の局面で他の親族とは異なる特別な処遇を受けている。また、兄弟姉妹は、親族（場合によっては4親等内の親族）として相互に、一定の親族的義務（法的な意味での義務ではない）を負っている。具体的には、後見にかかわる諸権限を有するのに加えて、「互いに扶け合わなければならない」とされている。

このような兄弟姉妹相互の関係は、これまでのところ、まとまった形で検討の対象とされることはなかった。なぜ、兄弟姉妹であるがゆえに相続人となり扶養義務を負うのかは、十分には論じられていないし、親族としての権限や扶助義務については、むしろ否定的な文脈で論じられることの方が多い。

しかし、**1**の末尾で一言したように、民法典の定める親族一般（6親等内の血族、配偶者、3親等内の姻族。民725参照）とは別に、より「緊密な親族集

団」として、兄弟姉妹を位置づけることは可能なのではなかろうか。これが本稿の基本的な問題意識であった。それでは、核家族をとりまく「緊密な親族集団」として兄弟姉妹を位置づけるという考え方は、どのようにして正当化されるのだろうか。これがここでの問題である。

ここで着目すべきは、兄弟姉妹は、共通の親の下で、同一の核家族の構成員であったことが多いという事実である。やや分析的に言い換えれば、兄弟姉妹は、共通の親を持つという点で、①血族の中でも親子に次ぐ近い関係（2親等）にあり、同一の核家族に所属していたという点で、②長く親密な共同生活の経験を持っていた、ということである。

この二つの要素は、必ずしも兄弟姉妹に固有のものではない。①②による説明は、親と成年に達した子の関係についてもあてはまる。むしろ、より強い理由で妥当すると習うこともできる。彼らは、血族としては最も近い関係（1親等）にあり、しかも、核家族の中では兄弟姉妹以上に親密な共同生活者であった。それゆえ、親と成年に達した子の間には相続・扶養の権利義務が認められ、しかも、親や（成年に達した）子の相続権は兄弟姉妹の相続権に優先するのである。

このような見方に対しては、①こそが本質的な要素であり、②はその帰結にすぎないという見方を対置することが可能である。血縁の濃い者の間に相続権や扶養義務は発生するというわけである。むしろ、これが伝統的な・正統的な見方であると言うべきだろう。しかし、本稿ではあえて、①に加え、さらには①以上に、②を重視する見方を提示したい。一つの家庭の中で、同じ親によってともに育てられてきたという点に、兄弟姉妹の法律関係の基礎を求めたい。親は未成年の子に対し親権者として密接な関係に立つ。通常は、自らの住居に子を居住させ、その監護教育を行う。そして、複数の子がある場合には、その子らは同じ場所で同じように養育される[6]。その結果として、兄弟姉妹の間に、一定の法律関係が発生すると考えるのである。

このように考えれば、単に血縁が近いということによってではなく、核家族との関連によって、「緊密な親族関係」は規定されることになる。血縁の

みを基礎とするのでは、兄弟姉妹だけが特別視されることを説明するのは困難であるが、共同生活の経験を加えることによって、兄弟姉妹の特殊性が明らかになるのである。成年に達した兄弟姉妹は、もはや核家族の構成員ではない。しかし、かつては同じ核家族の構成員であった彼らは、単なる親族一般とは異なる中間的・境界的な存在なのである。

ところで、①②をともに満たす兄弟姉妹は典型的な兄弟姉妹であるが、兄弟姉妹の中には、これらの一方のみを満たすものも存在する。まず、一方に、血縁上は兄弟姉妹であるが共同生活の経験を全く持たない者たちが存在する。同一の親を持つ婚内子と婚外子などにその例は多い。他方、血縁上のつながりはないが、兄弟姉妹として共同生活をした者たちも存在する。夫婦がそれぞれ「連れ子」をして再婚した場合の子ども同士がその例である[7]。前者の場合には、②の要素が欠けていることを十分に考慮した上で、相続や扶養の法律関係を調整する必要がある。これに対しては、後者の場合には、①の面では兄弟姉妹とは言えないが、②が存在するということも考慮に入れて、場合により相続権（特別縁故者とはなりうる。民958条の3）や扶養義務（2親等の親族としての義務を課しうる。民877条2項）を認めることも考えてよい。

(3) ただし、子の場合とは異なり、再代襲が生ずることはない（民887条3項は準用されていない）。
(4) 中川善之助に由来する用語法（中川・新訂親族法（青林書院新社、1965）596頁。なお、はじめてこの議論が展開されたのは、中川「親族的扶養義務の本質」法学新報38巻6、7号（1928）においてである）。ただし、条文上の説明には困難がある。
(5) 我妻栄・親族法（有斐閣、1961）400頁。
(6) フランスでは、事実のレベルだけでなく法のレベルでも（未成年の）子相互の間の絆を保べきことを示すために、兄弟不分離の原則（principe de non sèparation des fratries）が宣言されるに至っている。具体的には、1996年12月30日法律によって民法に次のような規定が加えられた。「子は兄弟姉妹から離されてはならない。ただし、それが不可能なときまたは子の利益がこれ

と異なる解決を命ずるときはこの限りではない。必要な場合には、判事は兄弟姉妹間の人格的な関係について定める」（371―5条）。この法律については、大村敦志「立法紹介」日仏法学22号（1999）を参照。日本でも、このような立法が必要か否かは検討に値する。その際には、夫婦別姓に伴う子の氏の問題をも視野に入れるべきかもしれない。

(7) 再婚による家族（再構成家族）にかかわる法律問題については、大村敦志「『再構成家族』に関する一考察」みんけん500号（1998）で簡単な検討を加えた。

Ⅲ 三者関係

次に、それぞれが親との間に法律関係を有する者として、兄弟姉妹が有することになる法律関係に目を転じよう。ここでも、はじめに実定法から出発し（1）、続いて、若干の検討を加えることにしよう（2）。

1 実定法

(1) 共同の権利者・義務者としての兄弟姉妹　子が成年に達した親子の関係においても重要なのは、相続と扶養である。そして、そのそれぞれが、兄弟姉妹の法律関係に影響を及ぼしうる。順に見ていこう。

子は第1順位の血族相続人として、親を相続する（民887条1項）。子が一人の場合には、血族相続人としての相続分はその子によって独占されることになる。しかし、子が複数ある場合には事情が異なってくる。それぞれの子は、等しい割合で、相続分を分け合うことになるのである（民900条4項）。

この均分相続の原則の導入は、兄弟姉妹の間に、親の相続財産をめぐる法律関係を生じさせる。かつて旧法の下での家督相続においては、家督相続人による単独相続が行われたため、家督相続人たる子とそれ以外の子との間で、遺産の分割をめぐる争いが生じることは少なかった。しかし、現行法の下では、どの子も等しい相続分を持つがゆえに、遺産分割の過程において、この

点が顕在化することになった。兄弟姉妹は対等な権利を持つ相続人として、親の遺産の帰属を争うこととなったのである。

　扶養についても、同様の事情が存在する。子は親に対して扶養義務を負う（民877条1項）。この扶養義務はいわゆる「生活扶助義務」であり、その程度は低い。親が要扶養状態にあり、子が扶養可能状態にある場合にはじめて具体化する義務にすぎない。ところで、複数の子があり、そのいずれもが扶養可能状態にあるという場合には、扶養義務はどのようにして負担されることになるだろうか。この点につき、民法典は「扶養をすべき者の順序」を原則として当事者の協議に委ねているが（民878条）、協議の基準は全く示されていない。

　とはいえ、おそらくは、同順位にある者は同等の義務を負うというのが原則となるという点に異論はあるまい。もちろん、協議においては、何が「同等の義務」であるかが問題となりうる。実際には、様々な条件を考慮して、誰がどれだけの扶養義務を負うかが決定されることになろう。しかし、それにしても、複数の同順位者のうち、ある者だけが義務を負い、他の者は全く義務を負わないということにはならない。

　その結果、兄弟姉妹は、親の扶養に関しても、一定の法律関係を持たざるをえなくなる。ここでも、旧法と比較すると、状況はより明らかになる。旧法の下でも、兄弟姉妹は親に対して扶養義務を負っていた（民旧954条）。そして、その義務者としての順位は同じであるとされ（民旧955条1項第2号、2項）、同順位者はその資力に応じて義務を分担することとされていた（民旧956条本文）。しかし、この原則には重要な例外が存在した。「但家ニ在ル者ト家ニ在ラサル者トノ間ニ於テハ家ニ在ル者先ツ扶養ヲ為スコトヲ要ス」（民旧956条但書）とされていたのである。それゆえ、親と家を同じくする子の扶養義務は家を同じくしない子の扶養義務に優先することになる。したがって、婚姻などによって他家に入った子（多くの場合には女の子）や分家をした子（多くの場合には二三男）の扶養義務は、本家の子（多くの場合には長男）がある限り、その義務に劣後する。しかし、現行法の下では、「家」制

度に由来するこのような区別は廃止されている。それゆえ、兄弟姉妹は子として、親の扶養につき応分の負担をすることになるわけである。その結果として、相続の場合と同様に、親の扶養をめぐっても兄弟姉妹の間で紛争が生じうることとなったのである。

(2) 民法にもとづく事後的調整　ところで、相続と扶養とは密接な関係にある[8]。あるいは、親の生前における兄弟姉妹の法律関係と死後におけるそれは密接に関連していると言った方が正確かもしれない。民法典もこの点を考慮している。

一方で、親の生前に、その子たる兄弟姉妹のうちのある者が受けた贈与は、相続時に相続財産の先渡しとしての評価を受ける。特別受益の持戻し（民904条）である。もちろん、持戻し免除の意図が主張立証されれば持戻しの対象からは外れるが、特別受益を受けた者がこの点の立証に成功しないかぎり、持戻しを免れることはできない。つまり、生前贈与による均分相続の原則の空洞化には、特別受益ルールによって歯止めがかけられているのである。他方、親のために、その子たる兄弟姉妹のうちの特定の者が行った貢献は、相続時に相続人たる兄弟姉妹の間で、一定の限度で清算の対象となる。具体的には、「事業に関する労務の提供又は財産上の給付」「療養看護」などによって、被相続人たる親の「財産の維持又は増加」につき特別の寄与をした者には、共同相続人の協議によって、寄与分（民904条の2）が認められる。このようにして、生前に事実上なされた過分の負担は、「（相続）財産の維持又は増加」「共同相続人の協議」という二重のフィルターをかけられた上ではあるが、償還の対象とされているのである。

このように、民法典は、親の共同相続人としての兄弟姉妹の関係、そして、親の共同扶養義務者としての兄弟姉妹の関係を調整するための制度を相続法の中に組み込んでいる。これらの制度がうまく作動すれば、兄弟姉妹の法律関係は、ある程度までは適切な形で調整されるだろう。しかし、事後的に特別受益や寄与分を算出するのには、困難が伴う。そのため、実際には、これらの制度が存在するがゆえにかえって紛争が生ずるということもないわけで

はない。また、寄与分に見られるように、これらの制度において考慮されるのは、一定の事情に限定されているので、特定の者による貢献が完全に評価の対象となるわけではない。そうだとすれば、特別受益・寄与分にのみ頼って、兄弟姉妹の法律関係を調整するのには限界があると言わなければならない。

もちろん、相続が発生するのを待つのではなく、親の生前に清算を行うということも考えられないわけではない。具体的には、兄弟姉妹の間で親の扶養義務の履行につき求償を行う余地がある。かつては、複数の義務者の間での求償の可能性については、否定的な学説もあった[9]。しかし、それは、扶養義務について事前に協議または審判がなされるという前提での議論であった。ところが、実際には、必ずしも十分な協議を経ることなく、兄弟姉妹のうちのある者が親を扶養しているということは少なくないものと思われる。そのような場合には、求償は可能であると考えるべきだろう。ただし、そのためには、具体的な額を決定するために協議ないし審判が必要になろう。この手続を経ずに、訴えによって求償を行うのは難しいと言わざるをえない。

なお、（時期的にはではなく論理的な意味で）遺産分割に先だって、共同相続人たる兄弟姉妹の一人が、自己のなした過分な出捐につき相続財産に対して償還請求をするという余地もないわけではない。しかし、そのためには、親が不当利得をしていたと構成する必要があるが、扶養義務の履行としたなされた給付や現実贈与としてなされた給付を不当利得と評価するのは困難なことも多い。ある意味で、寄与分の制度は、この困難を克服するために創設されたのだとも言いうる。

以上のように、不当利得法による事後処理にも多くは期待できない。

(3) 約定による対応　そこで、子としてその親を、共同で扶養し共同で相続する兄弟姉妹にとっては、事前に、親の扶養・相続にかかわる約定を行うことによって、将来、生じるであろう紛争を回避することができれば、これは一つの有力な選択肢となりうることになる[10]。もちろん、この場合にも、このような約定をめぐって、兄弟姉妹の間の利害が対立し、かえって紛

争が前倒しになって現れるということもないわけではない。しかし、このことによって、各種の既成事実や感情的な軋轢が生じる前に、兄弟姉妹の間で合理的・友好的な協議を行って、親の扶養・相続という共通利害にかかわる問題を処理するという可能性がなくなるわけではない。

2　原理

1で見たように、兄弟姉妹はそれぞれ、親との関係で相続権を持ち、扶養義務を負う。そして、その権利義務は抽象的には平等なものであるとされている。ところが、実際には、兄弟姉妹のうちのある者が、過大な利益を受けたり負担を負うということも生じうる。民法はこのような事態に対処するために、若干の調整規定をおいてはいるが、それらは必ずしも十分なものではない。制度の基本は親とそれぞれの子の権利義務関係であって、調整は例外に過ぎないからである。

しかし、これも1で見たように、実際には、親の相続・扶養をめぐって兄弟姉妹は密接な関係に立つ。親と子の二者関係の集積と考えて、兄弟姉妹の関係を調整するのには限界がある。むしろ、親を含む兄弟姉妹の三者関係としてとらえて、兄弟姉妹の間に生ずる権利義務を直視することが必要なのではなかろうか。すなわち、親を共同で相続し共同で扶養する義務を負っている兄弟姉妹の関係を、より合理的に規律するという姿勢が望まれるのではないか。

このような認識が確立されるならば、1(3)でも触れた親の相続・扶養に関する子たる兄弟姉妹相互間における事前の約定に対する考え方も変わってくるだろう。たまたま生じたアンバランスを、求償や特別受益・寄与分によって事後的に処理するのではなく、自分たちの法律関係を事前に規律すべきだという考え方、少なくとも、そうしてもよいという考え方は、正当なものとして受け入れられることになるだろう。

ただし、次の2点については確認しておく必要がある。一つは、このように言ったとしても、子たる兄弟姉妹の老親に対する扶養義務を強化すべきだ

ということにはならないということである。親族扶養と社会福祉との役割分担をどうするかという問題は、ここでの問題とは別の問題である。扶養義務をどの程度の義務として措定するかにかかわらず、当該義務は兄弟姉妹が共同で負う義務であることを明確にすべきだろうというのが、本稿の主張である。

また、子たる兄弟姉妹のあり方は、現実には多種多様であろう。なかには、老親の処遇につき事前に協議できるだけの人間関係を維持し、かつ適切な合意に達する能力を持っている兄弟姉妹もあるだろう。しかし、問題が発生してはじめて協議を始める兄弟姉妹、そもそも、協議ができるような関係にはない兄弟姉妹も少なくなかろう。そうだとすれば、事前の合意が可能であるとするだけではなく、いかなる合意が望ましいのかを示すとともに、合意が成立しなかった場合の処理についてもルールを充実させることが必要となろう[11]。前者は公証実務における標準契約書という形で、後者は家裁における調停の基準という形で、それぞれ検討されるべきだろうが、両者が密接な関係に立つことは言うまでもない。以上が、確認すべきもう一つの点である。

(8) 様々な問題につき、外国との比較も含めて、奥山恭子・田中真砂子・義江明子編・扶養と相続（早稲田大学出版部、1998）がある。

(9) 我妻・前出注(5)414頁。

(10) このような契約については、上野雅和「扶養契約――老親扶養をめぐって」現代契約法大系7（1984）、右近健男「相続ないし持分の法規契約はどのように考えるべきか」講座現代債権と現代契約の展望6（1991）などを参照。

(11) 夫婦財産制についても同様の問題があることにつき、大村敦志・典型契約と性質決定（1997）119頁以下参照。

Ⅳ　おわりに

　(1)　ネットワークとしての兄弟姉妹　　現代日本においては、核家族はかなりの程度まで普及しており、老親と成年に達した子の関係はかつてに比べると希薄になっている。同様の観察は、成年に達した子相互の関係についてもあてはまる。しかし、このことは、老親と複数の子の間に、また子相互の間には何らの法律関係をも生じさせるべきではないということを、必ずしも含意するわけではなかろう。成年に達した子が老親を共同で扶養する（相続もする）、また、自分たちが老いたときには、相互に助け合う。このようなことは、現行法の下でも起こりうることであるし、起こってもよいことであろう。そうだとすれば、このような兄弟姉妹の関係をいかに規律するかについて、法はもう少し関心を寄せてしかるべきではないか。

　さらに進んで、兄弟姉妹の関係をより積極的に位置づけることも考えられてよい。個人化の進行によって、今日、われわれの有する社会的な関係は脆弱化しつつある。われわれは他人との関係を絶って、ただ一人で生きることを望んでいるかのごとくである。しかし、本当にそうなのだろうか。確かに、一方で、親族関係（血縁）だけでなく、近隣関係（地縁）や企業・学校など所属団体に由来する人間関係（社縁？）を、拘束的なものとして感じ、このような人間関係を切り捨てたいと思っている人々は少なくないかもしれない。しかし、人は、自己の領分を確保したいと思うと同時に、他者との関係を築きたいとも思う両義的な存在なのではなかろうか[12]。今日、われわれが拒絶しているのは、古い「しがらみ」としての人間関係なのであり、人間関係そのものに対する欲求は失われていないのではないか。

　実際のところ、世の中には新しい「きずな」を結び直すための様々な試みが満ちあふれているとも言える。たとえば、1998年の NPO 法成立は、新しいタイプの結社が求められていること、すなわち、新しい「社縁」が求められていることの証左であったと言える[13]。また、阪神大震災の復興事業に

典型的に見られるような、マンション再築・改築のための様々な計画も、新しいタイプの共同住宅が求められているということの現れと見ることができよう。そこでは、新しい「地縁」が求められていると言ってもよかろう。

そうだとすれば、本稿が見てきた兄弟姉妹の関係に代表されるような親族的な絆が新たな形で結び直されるならば、それは新しい「血縁」として、われわれの共同性への要求に応えるものとなりうるのではないか。たとえば、高齢者が一人暮らしで生活をしていく場合、あるいは、離婚後の母子が生活していくという場合、社会保障によるバックアップはもちろん重要であるが、自発的に形成された親族のネットワークは、友人や近隣のネットワークと並んで、有力な支援となりうるのではないか。兄弟姉妹の法律関係は、このような観点からも考えられるべきであろう[14]。

(2)　韓国法との対比　本稿は、高翔龍先生の還暦を記念して企画された日韓民事法の比較のための論集に掲載される。そこで、最後に、「日本法における兄弟姉妹」というテーマから見た日韓民法の比較につき、一言したい。

韓国における親族の結びつきは、日本に比べればずっと強固であるとように思われる。民法上、戸主制度が存在するのも、その一つの徴表であろう。1990年の民法改正作業の過程においては、戸主制度の廃止も検討されたということだが、結局、廃止にはいたらなかったという。戸主制度は変更を被りつつもなお存続しているのである。

それにしても、韓国でもまた、近年、親族間の人間関係が希薄化しつつあるということも確かなようである。1990年民法改正をめぐる論争はその証左でもある。そして、この傾向は今後も基本的には変わらないだろう。日本のように、敗戦によって家族法の大改正が行われるということがないだけに、変化は漸進的なものとなろうが、社会が変化すれば民法もまたこれに対応せざるをえないだろう。その場合、拡大家族の法律関係を非常に希薄なもの・周辺的なものとしてしまった日本法のあり方は、参照対象としての意味を持つに違いない。

逆に日本から見た場合には、韓国のこれからの経験は、親族関係のあり方

を、「家」に対する敵意というイデオロギーから脱して、社会の将来像との関連で慎重に考えるとどうなるのかという観点から見て、興味深い。いったい韓国は親族関係をいかなるものとして位置づけるのか。韓国の社会と法を鏡として、われわれは自国の社会や法のあり方の偏差を分析できるはずである。

⑿　このような人間観については、大村敦志「人─総論」ジュリスト1126号（1998）12頁で一言した。

⒀　同様の観点から、消費者団体の活動をとらえようとするものとして、大村敦志「消費者団体の活動」ジュリスト1139号（1998）がある。

⒁　このように考えた場合、現代の親族関係の規定が、われわれの生活感覚にあっているかどうかは検討を要するところである。たとえば、現行法の下では、再婚による「連れ子」同士の関係が婚姻2親等であり、その間には原則として相続権や扶養義務は生じない。しかし、このままでよいかどうかは検討を要するところである。また、兄弟姉妹の配偶者同士は親族ではない。しかし、5親等、6親等の血族との間とは全く交流はないが、兄弟姉妹とはその配偶者を含めて親戚づきあいをしているという例は、非常に多いはずである。そうだとすれば、この点も再検討が必要だろう。

4　韓国家族法上の戸主制度

李　　勝　　雨

　　Ⅰ　序
　　Ⅱ　戸主制度の成立と変遷
　　Ⅲ　現行法上の戸主制度
　　Ⅳ　結　語

Ⅰ　序

　1　婚姻と血縁を基礎にして成立する家族は、社会でもっとも基礎になる原初的集団であり、社会のすべての人間関係のなかでもっとも持続的で堅固なものである。さらに、家族関係は、個人の尊厳性の維持と人性の形成に大きな影響を与えるのみならず、社会関係に直結しているものであるため、家族内の民主化・合理化は、一人の人間の家族内での自由な人格の発現と尊厳性の維持という次元に止まるものではない。

　家族関係は、社会と国家の道義・風教・社会秩序と密接に関連しているため、国家は国民の家族生活に介入し、強制的に規律している。憲法第36条第1項は「婚姻と家族生活は、個人の尊厳と両性の平等を基礎に成立し維持されるべきで、国家はこれを保障する」として、民主的な婚姻と家族制度を憲法上に保障している。従って、夫婦関係・親子関係・相続関係等は、各自の人格を尊重するものでなくてはならず、また男女の平等に違反してはならない。しかし一方、家族関係法は、夫婦・親子関係と同時に、生来的な性的・血縁的関係を規律する法であり、財産法に比較する時、相対的に非打算性と非合理性を伴っている。また、財産法・経済取引法が社会経済の進化に敏感

で、世界的に普遍性・進歩性を持っているのに対して、家族関係法は、慣習・伝統により支配される傾向が強く、保守的で進歩性が欠如している[1]。家族関係法のこのような非合理的・保守的・慣習的特性は、日本植民地時代初期に、家族法に限って、他の法領域と違い、韓国慣習法を適用した事実に起因し、その後の民法制定および家族法改正の過程で踏襲されている。

2 現行民法は、1958年2月22日に公布され、1960年1月1日から施行されたが、財産編の場合とは違い、家族編の審議過程には、極端な見解の対立がみられた。これは慣習尊重論と憲法尊重論に大きく分けられる。前者は、古来の慣習の中には淳風美俗が多く、新しい時代を迎えたとしてもできる限りこれを尊重しなくてはならないという主張で、後者は、古来の慣習は中国の宗法制の影響を強く受けた男系血統中心の家父長的家族制度をもとに、男女を差別し、父系または夫系中心、長男中心の体系を持つもので、憲法の民主化情神（前文）および「法の前の平等原則」に反するため、親族相続法の制定にあたって、このような憲法精神を尊重し、これに反する古来の慣習は思い切って捨てようとする主張であった[2]。

しかし、民法が制定された1950年代の社会的事情、国民および立法府構成員達の法意識は、長い間守られて来た古来の慣習を完全に切り捨て、憲法精神に忠実な家族法を作るには力不足であった。国会は審議過程で相当な陣痛を経た末、結局家父長制を根幹におきつつ、これを憲法と新しい時代思想に応じて部分的に修正する、いわゆる漸進的改革論の立場から家族法を制定するに至った。

制定当時の家族法は、慣習尊重論と憲法尊重論の間での妥協的立法であったが、慣習尊重により傾倒したもので、宗法制度を基本原理とする家父長的な性格が強かった。このような家族法の家父長的性格は、戸主制度、戸主相続、婚姻、養子、親権、家族関係等、家族法全篇にわたってみとめられるが、そのなかでも制定過程と後日において、もっとも激しい論議の的になったのは、戸主制度と同姓同本不婚姻制度であった。この2つの制度は、韓国家族

法を他の国のそれと区別するもので、淳風美俗であるとする肯定的評価と、憲法精神に反する落後したもので、廃止すべきであるという相反する評価を同時に受けながら、常に家族法改正の核心的争点として登場してきた。その間、何回かにわたって、これらの廃止を内容とする民法中改正法律案が国会に提出されたが、一回も立法までにはいたらなかった。そのなかで戸主制度に関しては、1990年の民法第7次改正で、これを存置しつつもその内容をほとんど削除する大幅な改正を行い、戸主制度は現在、事実上名目だけが残っている形式的存在になった。一方、民法第809条第1項の同姓同本禁婚規定は、1997年7月16日に憲法裁判所によって憲法不合致決定が下され、その効力を失い、新しい立法を待つことになった[3]。

　本稿では、今後の家族法改正論議において、その中心的素材になっている戸主制度の沿革・性格を検討して合理的解釈基準を提示した後、立法論に関して簡単に言及することにする。

(1)　朴秉濠『家族法』(韓国放送通信大学出版部、1991) 2-4頁
(2)　崔柄煜「憲法に照らして見た家族法」民事判例研究Ⅷ (博英社、1991) 420頁
(3)　1998.11.13政府案で国会に提出された民法中改正法律案第809条第1項は、同姓同本不婚の原則を捨て8親等以内の婚姻を禁ずる近親婚禁止に転換しているが、これについては大体賛成する見解が一般的であるが、一方では、韓国人の親族観念および婚姻感情から見て近親間の婚姻許容範囲が広すぎるとか、8親等以内の近親などの可否を戸籍公務員が実質的に審査するのは不可能で、結果的に8親等以内の血族間の婚姻が止めれない場合もあり得る等の理由を上げ、これに反対する見解もある。

Ⅱ　戸主制度の成立と変遷

1　旧民法上の戸主制度
(1)　朝鮮朝時代には、子女に対する父権、妻妾に対する夫権があるのみで、

父または夫としての資格外に特別に家長としての地位また権利は認められなかった(4)。

父権・夫権以外に、統一的支配権としての家長・家長権制度が韓国に初めて登場したのは日本植民地時代であった。

日本は、1912年3月18日、植民地時代を通して韓国の民事基本法となる朝鮮民事令（制令第7号）を制定し、4月1日から施行したが、この朝鮮民事令によって日本民法中の一部が依用され始めた。

日本は、植民地時代初期には家族法関係に日本民法を依用せず、原則として韓国の慣習法を適用した。日本が初期に家族関係に日本民法を依用せず韓国慣習法を原則的に適用したのは、韓国国民の感情と固有の生活様式を尊重したためというよりは、保守性・慣習性が強い家族法の特質上、日本民法（家族法）の適用を強要することは、韓国人の民族的抵抗を引き立てる恐れがあり、植民地支配政策上得策でないという判断に基づいた、効率的な植民支配戦略の一環であったといえよう。

日本は1920年代以後、植民地同化政策に従った朝鮮民事令の改正を通して、日本民法（家族法）の適用範囲を拡大し始めた(5)。1939年に行われた朝鮮民事令の改正（制令第19号）は、特に重要な内容を多く含むが、同改正令は日本の氏に関する規定を適用して、いわゆる創氏改名を強要し、それ以外に婿養子制度を依用すると同時に異姓不養の原則を廃棄することで、日本式養子制度を移植した(6)。

韓国家族法の日本法への同化は、制令による日本民法の適用による一方、家族慣習法の歪曲、つまり官製家族慣習法の形成を通しても行われた。

親族相続法の中で、慣習法が支配する事項に関しては『慣習調査報告書』があったが、特に裁判の前提になっている慣習法が不明な場合には、司法府長官、調査局長官の通牒・回答、法院長・判事の通牒・回答、政府総監・中枢院議長・中枢院書記長官の通牒・回答、司法協会民事審査会の決議、回答、質疑応答、判例調査会決議、旧慣及制度調査委員会決議等が、慣習法を宣明する資料として使用され、高等法院判決は判例法として存在していた(7)。日

4　韓国家族法上の戸主制度 ［李　勝雨］

本は、韓国固有の家族慣習法を尊重する外様を見せる裏側で、慣習法の確認過程で上記の決議・回答・通牒等を通して家族慣習法を歪曲し、韓国家族法を日本家族制度に同化させる政策を取って来た[8]。我々が検討しようとする戸主制度ないし家族制度も、後でみるように、日本のこのような家族慣習法の歪曲に依って浸透した日本式家族制度の一つにほかならないのである。

　(2)　日本は明治維新後、天皇制政治体制の確立を家族政策の側面から図るため、戸主によって統率される家と戸主権及び戸主の超世代的な継承を保障する家督相続を中核にする家族法（民法）を制定・公布した。つまり、家を天皇制国家の階層的社会の低辺に措定し、国家における天皇の大権と家における家長権の戸主権を原理的に同一視し、家族の戸主に対する恭順関係をそのまま国民の天皇に対する服従の観念に拡大し昇華させたのである[9]。このような日本の家族政策がそのまま植民地朝鮮に適用され、日本式家族制度が移植されることになった。

　明治民法上の家族制度は、戸籍上に形式化された家を措定して、その長を戸主にし、戸主には家の他の構成員の家族とは違う地位―所謂、戸主権を付与し、その戸主の地位はその財産とともに、家の戸主になるべき者に承継され（原則的に1人で、通常長男にその地位が承継される「法推定家督相続人」になる所謂「家督相続」）、そして「家」は代々無限に維持・継続されるものとして観念ないし構成された[10]。しかし、既に見たように、韓国では朝鮮朝以来、父または夫としての資格以外に、家長としての地位や権利が認められていなかったため、明治民法に倣ったその地位の承継も独自的な発展をとげず、祭祀相続に吸収され、承重子の地位に代置された[11]。つまり、韓国には、日本の明治民法が創案した戸籍上の家族団体の家や戸主または戸主権の観念がなかったが、後に日本が朝鮮民事令の改正に関して図った日本民法適用範囲の拡大、朝鮮戸籍令の制定や慣習調査時の歪曲等を通じて、日本式家制度や戸主制度を移植したのである。

　このような事実は、当時朝鮮高等法院判事として韓国の相続慣習に関して

多くの論文を発表した野村調太郎の著書と、崔丙柱判事の論文によく表わされている。つまり、野村調太郎は「宗孫の家は特に之を宗家と称する。之に対して、支孫の家を支孫と称すへきなれど、特に之を以て呼ふの必要もなかったようである。朝鮮には元と課税の標準たる戸口の観念は有つたれとも、吾人の所謂家の観念なく従つて戸主若は戸主権の観念も無かつたようである。是れ即ち朝鮮に我が家督相続の観念の存せさる所以である……一族即ち一家てあつたのてある。故に今でも俗に一族を一家と呼ひ、広く血族を指して一家の者といふのである。晩近に至りて民法に於けると同一の家及戸主の観念確立し、戸主相続を認め本家分家の詞をも用うるに至たつたのてある」(12)として、戸主相続が日本によって朝鮮に移植されたことを明らかにしている。また、崔丙柱判事も「朝鮮に於ても一家に首長があるのではあるが、その地位は家督相続に依つて取得するのではなくして最高尊親なるが故に取得するのである、民法上の家、戸籍法上の戸籍が存在するが為めに取得するのではなくして血縁上父祖の地位にあるか、父たる地位にあるか若は婚姻関係上尊親の地位にあるが為めに取得するのである、即ち朝鮮人の親族的共同生活の統率の中心力は戸主にあるのではなくして尊親若は父にあるのである。朝鮮人は民法上の家の観念に付今尚染み慣れず、戸主権の存在に付之を信ずるに達せず未だ白紙であらう、高等法院の判例其の他輓近朝鮮関係の資料には朝鮮人間の如上法信とは異り戸主権なる語辞を絶へず使用してみるが、それが民法上の戸主権と同名同質だとの保障は判例資料自体に於ても未だ明白に之を与へるに至つていない」(13)としている。

(3) 戸主制度は戸籍を前提として戸主の地位を設定するため、戸籍を離れてはありえず、日本は1914年に改正した日本の戸籍法にならって、韓国でも1921年12月18日に朝鮮戸籍令を公布し1923年7月1日から施行した(14)。朝鮮戸籍令は当時の日本戸籍法と同様に、長の「戸主」と「その家族」によって一つの戸籍（つまり、家）を編成するようにし(15)、戸籍の記載事項も本貫を除けば、当時の日本戸籍法のそれとあまり変らなかった(16)。

また、日本は、植民地朝鮮の慣習法規範の主要な法源や資料になった『慣習調査報告書』[17]の慣習調査問項設定を、日本民法の内容基準によって、「戸主」と「家族」間の関係を特に「戸主権」の観点からみて、日本式家制度下の家長権に類似する慣習の有無を調査しており、ここから戸主権は法の次元で本格的に登場するようになった[18]。日本は慣習調査報告書以外にも、各種の回答・通牒・決議等をもって、日本民法上の戸主・家の観念を朝鮮の慣習法に移植する作業を継続していたため、旧慣習法上の戸主権の内容で確認・宣言された戸主権の内容は、日本の旧民法上のそれとそれほど変わりないものになっていた[19]。

　(4)　朝鮮時代の相続制度には祭祀相続と財産相続の2つがあった。韓国の伝統的な相続制度は、家系継承としての祭祀相続と財産相続の2つがあるだけで、戸主権やその地位の承継としての戸主相続制度を持っていなかった。つまり、祭祀相続のための承重子の地位以外に、戸主権承継制度を知らなかったのである[20]。しかし、日本は戸主制度とともに、戸主の地位ないし戸主権の相続である戸主相続制度を、朝鮮に移植・定着させるために、慣習調査において、朝鮮における相続は、上の2つ以外に戸主相続を加えて3つ存在するとした（第158項）。これはいうまでもなく、日本式家督相続制度を朝鮮に強制移植するためのもので、慣習調査報告書が取った上のような相続三分説の態度は以後、旧慣及制度調査委員会決議、中枢院回答、司法協会質疑応答等のなかでも同じく堅持された。そのなか、1933年3月3日朝鮮高等法院が「祭祀相続の観念は先代を奉祀し、先祖の祭祀を奉行する道義上の地位を承継するにすぎない」として、祭祀相続を法律上の制度から除外し、以後、法律上の相続は戸主相続と財産相続の2つだけが残ることになった。このことによって、それまで植民地同化政策として推進された家族主義国家理念（明治家族法の家族制度）の韓国における強制移入が、体系化したと言える。

2 制定当時（1960年）家族法上の戸主制度

(1) 韓国は、1945年8月15日、日本の支配から解放され、同年9月7日からは米軍政が始まった。米軍政当局は、同年10月9日軍政法令第11号を発布して38度線以南に施行していた従来の法令の中、朝鮮人に民族的差別と圧迫を加えようとする政策と主義を持った、政治犯処罰法、治安維持法、予備検束法、出版法、政治犯保護観察令等を廃止した。そして、1945年11月2日には軍政法令第21号を発布して、1945年8月9日現在施行中の法律的効果を持つ規則、命令、告示、其他文書は、それまで廃止したものを除外しては軍政庁で特別命令としてこれを廃止するまで完全に効力があると宣言した。これは、日本植民地時代に韓国で効力を持った法令のほとんどが、米軍政下でもそのまま効力を維持することを意味し、これによって、日本民法は、それが朝鮮民事令に依用されている限りは、そのまま韓国で効力を持つようになった。

大韓民国政府が樹立した後にも、一挙に日本や米軍政時の法令を整理することはできなかった。そのため制憲憲法は第100条に「現行法令はこの憲法に抵触しない限り効力を持つ」と制定し、日本および米軍政時の法令のほとんどがそのまま効力を持続するようになった。このような憲法的根拠に基づいて、家族法の法源として米軍政当時に効力を持っていた諸法令は、韓国政府樹立後にも憲法に抵触しない限り現行法として効力を維持した。

(2) 現行民法は、1958年2月22日法律第471号として制定・公布され、1960年1月1日から施行されはじめ、戸籍法は1960年1月1日法律第535号として公布・施行された。民法典は、財産編の制定にあっては、ドイツ民法・日本民法・スイス民法等外国の民法典を多く参照していたが、親族・相続編の場合にはその保守的・慣習的特性を考慮して、主に韓国の伝統的慣習に基礎を置いて制定した。その結果、親族・相続編は、宗法制度の基本法理を骨格にすることによって、憲法や民主主義理念に相反する規定を多く含むようになった。また、解放以後、1960年新民法施行までは日帝下の旧民法と

朝鮮戸籍令が現行法として施行されていたため、新しい民法と戸籍法の制定にあたって、旧民法と朝鮮戸籍令の影響を全面的に排除するのは現実的に難しかったと言える。

　新民法は旧民法と同様、親族関係の基本形態として夫婦、親子、親族以外に戸主家族関係を認めている。つまり、現実的な家族共同生活と遊離した観念的な「法律上の家」を設定し、その家の統率者としての戸主と家の構成員である家族間の権利義務関係を、戸主権から構成すると同時に、戸主の地位ないし戸主権の承継を保障する戸主相続制度を置いている（民法第4編親族第2障「戸主と家族」と第5編第1障「戸主相続」）。戸主制度は、民法審議過程でその導入可否をめぐっての激論となったが、慣習尊重論によって上のようにこれを採用することで落着した。

　新民法が取っている家・戸主・戸主相続の家族法体系ないし構造は、天皇制家族国家主義に基づく1898年明治家族法体系をそのまま適用したものであったため[21]、日帝の家族国家イデオロギーはそのままそこに投影されざるをえなかった。法制史家の田鳳徳弁護士は、戸主制度の立法経緯・背景とその導入の不当性を次のように指摘している。「我が民法の戸主制度は、立法を迅速に進めたあまり、戸主と戸主権成立の由来を検討せず、日本の旧民法起草者達が創作して作った戸主や家督相続制を名前だけ変えて承継したことになったのは遺憾である。戸主制度は日本民法にしかなかったものであり、世界各国民法にその類例をみるものはなく、日本自身も敗戦直後に民法の親族相続編を改正し、親族法第2章『戸主と家族』、相続法第1章『家督相続』を削除した」[22]。

（3）　制定当時の民法上の戸主制度に関して簡略に見ると次のようである。
　1）民法は形式的で観念的な戸籍上の家族団体の家を置いて、国民は誰でも家の戸主または家族の身分として所属するようになっている。戸主は一家の系統を承継した者、分家した者、その他の事由によって一家を創立した者、家を復興した者で（第778条）、一家の家長として家族を統率する権利を持っ

ている。家には必ず戸主があり、戸主は一人であり原則的に男である。そして戸主の地位は戸主相続によってその継承が保障されるなど、その他にも戸主制度の維持のための多くの規定がある[23]。

　２）戸主は、旧慣習法時代のように強力ではないが[24]、家族の入籍・去家に対する同意権、強制分家権、帰属不明財産の戸主所有推定、居所指定権、家族に対する扶養義務、家族の限定治産・禁治産宣言の請求権とその取消請求権、家族の後見人になる権利、親族会に関する諸権利、相続分加給の特権等を持っていた。戸主権は形式的には家族に対する後見的支配権として規定されているが、その権利を戸主の地位から行使する機会は実際にほとんどないため、戸主権は名目上の空虚な権利になっていたと言える。但し、実効性のない名目的なものではあるが、戸主には戸主権が付与されている点から戸主は家長であり、したがって戸主権は家長権と見ることができる[25]。

　３）戸主は以上で見たように、戸主権者、つまり家長としての地位を持っていると同時に、また、祖先祭祀者としての地位も持つ。これに関する民法上の明文の規定は存在しないが、第877条第２項は戸主に祭祀主宰者としての地位を付与することを前提としたものと言える。つまり、第877条第２項は「養子として養父と同姓同本でない者は養家の戸主相続ができない」と規定していたが、これは戸主を祖先祭祀の主宰者として把握し、同姓同本の同一男系血統でない者は祭祀主宰者の地位になれないことを意味すると言える[26]。また、祖先祭祀主宰者のないことを最大の不幸と考える認識に呼応して、死後養子（第867条）と遺言養子（第880条）を認めていた[27]。

　そして戸主相続人つまり戸主は、祭祀用財産を承継して所有する特権を持っていたが（第996条）、これも戸主が祭祀承継者の地位を持っていたことを意味していると言えよう。法律上、祭祀者（宗子・宗孫）、祭祀権（宗孫権）の紛争発生時、祭祀者としての地位または祭祀権の存否確認は、民法上、訴の利益がないことを理由に戸主相続権の存否確認の訴として争われたが、この場合、その実質は祭祀相続権の争いであったのである[28]。

　戸主の祭祀主宰者としての地位を直接言及している民法規定はないが、上

で考察した様々な規定から、戸主は戸主権者であると同時に祭祀主宰者としての地位を持っていたと言える。戸主相続順位に関する規定が、伝統的な家統または祖先の祭祀権の承継原理にその基礎を置いていた点を考慮すると、戸主の地位の承継の核心は名目的権利にとどまる戸主権よりもむしろ、祖先祭祀主宰者の地位の承継にあると見る方が適切ではないかと考えられる[29]。このようにみれば、戸主制度は制度的に日本の明治民法を導入したものであったが、その以前から韓国に存在していた祖先祭祀の観念がこれに深く結びつき[30]、韓国民法上の戸主は日本民法上の戸主とは違う意味で認識されて来たのである[31]。

　祭祀相続の法慣習は、日本が祭祀相続制度を法律上の相続から除外した後にも、日本が強制移植した戸主相続制に収容され、我々の慣習と意識のなかで戸主相続は、戸主権・家長権の相続でなく祭祀相続として受け入れられていた。このような慣行と意識は、新民法施行の後にも続き、戸主権の確認・戸主相続の回復は、その実質が宗孫権の確認であり祭祀相続の回復であった。生前養子縁組・死後養子縁組・遺言養子縁組も、祭祀承継者にするという目的から利用されただけで、戸主権を保有・行使・承継する者を得るためではなかった[32]。戸主の祭祀承継者としての地位は、このように伝統的な祭祀相続の概念が戸主相続に移入・収容された点で、明治民法の戸主と区別されると言える。

　戸主制度は家の永続性を追求し、その実現のための様々な装置を備えていたが、この点は日本明治家族法でも韓国民法でも同様である。しかし、その内容をみると両者の間には次のような差がある。

　民法上家の維持は、第877条第2項によると、同一男系血統を承継する者によって行われるとされるが、これは厳密にいえば「家」の永続性の追求よりも「血統」の永続性の追求であり、その根幹は宗法制にほかならない[33]。明治家族法も原則として家は男系血統の存続を目標にし成立するとしているが、家産の維持や分散の防止という目的のため相当程度の融通性を持ち[34]、血統の承継を特に強調する韓国民法上の戸主制度や戸主相続とは大きな差が

ある。

　多くの場合、韓国の戸主制度は、外来の制度つまり日本明治民法を模倣して定立した制度といわれるが、これは形式的・制度的な側面からいえば正しい指摘である。しかし、外来のものといわれるこの制度の存置について、多くの国民が強い執着を見せるのは、日本によって戸主制度が強制移植された後、植民地統治の間、家父長制意識が根づいて、日本式の家族制度を韓国固有のものと誤認した点も作用しただろうが、それよりも重要な理由は、戸主制度の中に内包された祖先奉祀ないし男系血統承継観念のためであると考えられる。この点は、日本が敗戦後すぐに戸主制度を廃止したのに対して、韓国はこの制度の存置可否を巡りこれまで多くの論議をしながらも、今だにこの制度を固守していることからよく分かる。韓国民法の戸主制度が持つこのような特質は、これからこの制度の存廃に関連した論議を展開するにあたって重要な示唆を与えるだろう。

　4）その他、戸主は戸籍の筆頭者ないし戸籍編制の中心者・基準者としての地位を持つ。戸籍は戸主を基準に家別に編制し、戸籍内の記載順位は戸主を先順位にし戸主との関係如何によって定められている。

(4)　朴秉濠「韓国の伝統家族と家長権」韓国学報第2輯（一志社、1976）92頁
(5)　1912年朝鮮民事令公布当時の第11条の内容と、解放当時のそれを比較してみると、親族相続関係に関する日本民法の適用範囲がどのくらい拡大されていて、それによって韓国の家族制度または家族慣習法がどの位破壊されたのかがよくわかるだろう。1912年制定当時の朝鮮民事令第11条は、「第1条の法律中能力、親族及相続に関する規定は朝鮮人に之を適用しない。朝鮮人に関する前項の事項に付ては慣習に依る」という単純なものであった。何回もの改正を経て、1945年解放を迎えた当時の第11条は次のようであった。

　　朝鮮人の親族また相続に関しては別段の規定があるのを除いた外、第1条の法律に依るのではなく慣習に依る。但し、氏、婚姻年齢、裁判上の離婚、認知、裁判上の離縁、婿養子縁組の場合には、婚姻または縁組が無効な時または取消された場合の縁組または婚姻の取消、親権、後見人、保佐人、親族

4 韓国家族法上の戸主制度 [李 勝雨]

会、相続の承認および財産の分離に関する規定は此限に不在する。

　分家、絶家再興、婚姻、協議上の離婚、縁組および協議上の離婚は、これを府尹または邑面長に届出ることによってその効力が発生する。但し、遺言に依る縁組に関してはその届出は養親の死亡時に遡及しその効力を発生する。

　氏は戸主（法定代理人がある時には法定代理人）がこれを定める。

　第11条の2：朝鮮人の養子縁組では養子が養親と姓を一緒にすることを要しない。但し、死後養子の場合には此限に不在する。婿養子縁組は養子縁組の届出と同時に婚姻を届出ることによってその効力を発生する。婿養子は妻の家に入る。婿養子離縁または縁組の取消によってその家を離れても、家女の直系卑属はその家を離れず、胎児が出生した時にはその家に入る。

(6)　鄭光鉉『家族法研究』（ソウル大学校出版部、1967）22頁
(7)　鄭光鉉・前掲書23-24頁
(8)　朴秉濠『家族法論集』（1996）22頁
(9)　全鳳徳「戸主制度の歴史と展望」大韓弁護士協会誌（1982）32頁
(10)　太田武男『親族法概説』（有斐閣、1990）5頁
(11)　李相旭「日帝下戸主相続慣習法の定立」法史学研究第9号（韓国法史学会、1988）55頁
(12)　野村調太郎「日帝下戸主相続慣習法の定立」法史学研究第9号（韓国法史学会、1988）55頁
(13)　崔丙柱「民事令第十一条の慣習宗孫権及遺妻の相続権(2)」司法協会雑誌第17巻3号（1938）35-36頁
(14)　この前に1909年4月1日から施行された民籍法によって、戸口調査規則が廃止されることによって、伝統的戸主制度に日帝式家制度、戸主家族制度を根幹とする日帝式戸籍制度が移植・強制されると同時に、戸主が家父長として私法上、家の主宰者に登場し始めた。（朴秉濠『家族法論集』98頁）
(15)　当時の日本戸籍法と朝鮮戸籍令は、個人単位の身分編製原理によるのではなく、戸主と家族または夫婦およびその氏を一緒にする子女の集団を単位として編製されており、このような編製方式は実質的に家制度、家父長制家族制度存続の土台になった。（朴秉濠『家族法論集』96頁）
(16)　青木清「韓国の戸主制度——その系譜的検討」衿山法学創刊号（世昌出版社、1998）238頁

⒄　慣習調査報告書は初版が1910に出て、その後1912年と1913年に各々補訂版が出版された。

⒅　朴秉濠『家族法論集』103頁

⒆　日本旧民法上の戸主権と日帝時旧慣習法上の戸主権の内容およびその比較に関しては、李凞培、"民法上の戸主・家制度改善論"、外法論集第3輯（韓国外国語大学校外国学綜合研究センター法学研究所、1996）314頁参照

⒇　李相旭、前掲論文31頁

(21)　韓琫熙「韓国の家族法における日帝残滓」家族法研究第9号（韓国家族法学会、1995年）39頁

(22)　田鳳德、前掲論文32頁

(23)　1960年家族法における戸主制度の維持のための諸規定については、韓琫熙、前掲論文39-40頁参照

(24)　新民法上、戸主には、旧慣習法上認められていた家族の婚姻・養子縁組に対する同意権、家族の教育・監護・懲戒権、家族の分家に対する同意権、家族の庶子入籍に対する同意権、家族の財産に対する管理・受益権や家族の財産処分に対する許諾権は付与されなかった。

(25)　朴秉濠『家族法論集』199-200頁

(26)　青木清、前掲論文240-241頁

(27)　青木清、前掲論文241頁

(28)　朴秉濠『家族法論集』200頁

(29)　朴秉濠『家族法論集』200頁：青木清教授は、韓国の家族法（1990年改正前の家族法）が戸主相続に関して強制相続主義を取っている点、祖先祭祀主宰者は同族でなくてはならず、その上、その確保を至上命令と考える韓国社会の意識、特に養子縁組が祭祀相続を前提に制度化されている点等を考え合わせると、戸主相続に祭祀相続の思想が内包されていることは明らかであるとする。（前掲論文243頁）

(30)　李熙培教授は、このような意味から、民法上の戸主制度を宗法制と明治民法上の戸主制度が接木されたものだとする。（李熙培「民法上の戸主制度の違憲性・非歴史性考察」『現代家族法と家族政策』（三英社、1988）548頁）

(31)　青木清、前掲論文242頁

(32)　朴秉濠『家族法論集』206頁

⑶ 青木清、前掲論文244-245頁
⑷ 明治民法は家の承継のための養子に対して、同一男系血統を要求していない。

Ⅲ　現行法上の戸主制度

1　これまで、戸主制度に関しては、この制度が個人の尊厳及び両性平等の理念を規定した憲法規定に反するだけでなく、民主的家族制度を阻害し、また、実効性がないため、これを廃止すべきであるとする主張が提起されて来た。1988年に国会に提出された家族法の改正原案にも、戸主相続制度の廃止が含まれていた。しかし、1990年の第7次改正でも、戸主制度は家族法の根幹になる制度で、これを廃止する場合、法律体系と家族関係を中心とする社会全般に及ぶ影響が大きいとして、これを存置するが、戸主の権利義務として規定されているが実効性のない規定と、男女平等の精神に反する規定、そして戸主承継を目的とする様々な制度を削除して、戸主相続を戸主承継に転換した。

改正法上、戸主は、家族に対する支配権・統制権をほとんど失い、単に家族の去家に対する同意権（784条2項）、直系尊属や直系卑属を入籍させる権利（785条）、そして親族会に関する何種類かの権利（966条、968条、969条、972条）を持つだけで、家長としての地位を失ったまま、戸籍上の筆頭者ないし基準者として存在するようになった。

2　それでは改正法上、戸主は戸籍の筆頭者としてだけ存在し、その他の地位は持たないのか。これについては見解が対立している。一説は、第778条が規定している一家の系統を承継した者、一家創立者、復興者としての戸主は、単純な一戸籍の系統を承継した者、分籍者、戸籍創立者、戸籍復興者として見てはいけないという。戸主承継制度がある以上、戸主の地位承継は単純な戸籍の代表者としての地位の承継ではなく、いわゆる家統、つまり祭

祀の系統や宗統の承継であり、従って分家というのは分宗、一家創立は新しい宗統の創立、復興は宗統の復興を意味するものとみるべきであるとする。つまり第778条は、戸主権（家長権）の内容が完全に除去された意味の戸主を定義するが、しかしそれと同時に、戸主とは韓国固有の慣習上の継宗思想に復帰した宗的実体を表象するもので、戸主承継とはすなわち宗の承継、つまり継宗であるという[35]。このような立場では、戸主は単純に戸籍の筆頭者の地位に止まらず、改正前と同じく家統承継者つまり祭祀承継者の地位を持っていると見る。

これに対し他の一説は、戸主承継者の抛棄許容（第991条）、代襲相続規定（旧第990条）の削除、養父と同姓同本の者だけが戸主相続できるようにした規定（旧第877条第2項）と死後養子（旧867条）、遺言養子（旧第880条）、養戸主の罷養禁止（旧第898条第2項）規定の削除、戸主相続の効果として戸主相続人に認められた祭祀用財産の承継権（旧第996条）が祭祀主宰者に移った点（第1008条3）等を挙げ、改正法上、戸主は家統承継者としての地位を失い、単に戸籍上の筆頭者としてのみ残っているという[36]。

戸主承継人が家統承継者ないし祭祀承継者としての地位を持つか否かは、異姓養子の戸主承継可否の問題、そして祭祀用財産の承継権者の問題と直接関連する重要な問題である。

改正法の立法の過程を考慮に入れると、改正法の態度は、戸主制度の廃止による一時的社会の衝撃を防ぐため、その過渡期的措置として、一旦戸主権および祭祀承継者としての地位を戸主から剥奪し、形式的には戸主制度を残しながら、その内容は空虚な、有名無実なものとし、この後の完全廃止にいたる架け橋の役割を期待したのではないかと考えられる。戸主の家統継承者としての地位を確保する諸制度ないし規定がすべて削除され変更された改正法上、戸主に祭祀継承者としての地位を認めることは、改正法の情神に反する無理な解釈だと考えられる。このように見ると、改正法上、戸主制度は、形式的には残っているが、家父長的・宗法的要素がほとんど除去され、戸主の地位は単純な戸籍上の筆頭者に形骸化していると言えよう[37]。

3 以下では、改正法上の戸主制度と関連して論議されるいくつかの問題に関してみてみよう。

(1) 戸主承継の任意化

改正前の法は、家系承継を確保するために戸主相続権の放棄を禁止したが、改正法は戸主承継権の放棄を認めている（第991条）。従って、推定の戸主承継人が戸主承継を放棄すると、次順位の承継人がその地位を承継するが、後順位者達がみな戸主承継を放棄すれば、その家は無後家になり消滅することになる。戸主承継が任意化されたとは言え、長い間の戸主強制相続制の施行で戸主承継を当り前のことと意識したり、または戸主承継に関する無知・無関心等によって、戸主承継放棄の事例は多く現われるとは思えない。しかし、戸主承継の任意化は、強制的家統承継と長子承継伝統の廃棄を意味するもので、従来の戸主相続と改正法上の戸主承継を区別する主要な要素になっている。

(2) 代襲承継の廃止

改正前の法は、戸主相続において代襲承継を認めていたため〔旧第990条〕、戸主の地位は長子孫によって承継された（長子孫承継の原則）。しかし、改正法は戸主代襲相続に関する第990条を削除することによって、戸主承継における一切の代襲承継を認めなくなった。従って、長子が戸主より先に死亡した場合には、長子に直系卑属がいるとしても戸主の次男が戸主承継をする。このような承重制度の廃棄は、家統承継の慣行や感情に相反するもので、戸主承継が伝統的家統承継ないし祭祀承継としての性格から大きく離れることを意味するといえよう。

(3) 異姓養子の戸主承継

改正前の法において、養子は養父と同姓同本の血族の場合に限り戸主相続できることとなっていたが（旧第877条第2項）、改正法はこの規定を削除した。従って、これからは異姓養子も一応、戸主承継ができるようになった。

つまり、これによって戸主承継における血統主義は崩れたといえる。しかし、一方、改正法第993条が「女戸主の死亡又は移籍による戸主承継では、第984条の規定による直系卑属または直系尊属がいる場合にも、その直系卑属がその家の系統を承継する血族でなければ戸主承継人になれない」とし、戸主承継における家統、つまり祭祀相続の根本原理をそのまま収容・承継しているため、異姓養子は戸主承継ができないのではないかという疑問が生じうる。実際に、立法者が第877条第2項を削除しながら第993条を置いているのは、父系血統による家統承継（祭祀承継）を大原則として維持しようとする目的からであるとみえ、従って異姓養子は改正法下でも戸主承継ができないと主張する意見もある[38]。

もともと改正案は、戸主制度・戸主相続制度を廃止し、異姓養子は養親の姓と本に従わせたところ、このような前提から第877条第2項の削除が必要になり、改正案では第877条第2項を削除したが、実際の改正は、戸主制度と戸主承継制度をそのまま置いて異姓養子の姓本の変更も受け入れず、第877条第2項だけ削除したため、両条項の間に矛盾が生じた。従って、異姓養子の戸主承継の可否については、前記の2つの解釈はともに可能だと思われる。しかし、1990年の家族法改正の全過程を見ると、立法者がはたして、戸主承継に置いて父系血統による家統継承の理念と趣旨を固守しようとする意図から、第993条をそのまま残して置いたかは疑問である。確言はできないが、1990年の家族法改正の全体的基調が家父長的家族制度の弱化にあった点から見ると、むしろ立法の拙速による不注意[39]で異姓養子の戸主承継を許容しながら、第993条をそのまま存置したのではないかとも思われる。

以上で論議したことを総合してみると、改正法上は異姓養子も戸主承継ができるといえよう[40]。

(4) 祭祀用財産の承継

改正前の法は、祭祀用財産を戸主相続人が承継するように規定していたが（旧第996条）、改正法は祭祀を主宰する者がこれを承継するようにし、その規

定の位置を相続の効力の章に移した（第1008条の3）。

　第1008条の3所定の祭祀を主宰する者が誰かに関して、一説は、改正法においても、戸主は、家長権は喪失しているが、家統継承者（祭祀継承者）としての地位はそのまま保有していて、戸主制度も家統継承の性格をそのまま保っており、また祭祀用財産は祖先の祭祀を行う家統の象徴として存在する特別財産であるため、これについては特定の一人に承継させ、その権利関係を明確にすべきところ、その特定人は戸主承継届によって戸籍上に謄載され公示される戸主承継人であることが望ましいという点を挙げ、戸主承継人が祭祀用財産を承継するとみるべきだという[41]。

　しかし、改正法が祭祀用財産の承継権に関する規定を戸主相続の章から削除し、これを財産相続の効力の章に移す過程で、承継権者が「戸主相続人」から「祭祀を主宰する者」に明らかに変えられただけでなく、改正法上、戸主の本質が家統継承者から単純な戸籍編製上の技術上の中心者に変更された点からみて、事実上に祭祀を主宰する者が祭祀用財産を承継すると解釈すべきであろう[42]。

(35)　朴秉濠『家族法論集』203-204頁
(36)　金疇洙『親族相続法［第5全訂版］』（法文社、1998）376頁
(37)　金光年弁護士は、改正法上形骸化された戸主の地位を「戸籍簿という"紙でできている家"のワラの主人であり、戸主制度の廃止に反対する人達の郷愁を和らげる役割をしているだけ」と表現している。（金光年「改正親族相続法の諸問題」人権と定義第175号（1991、3）16頁）
(38)　朴秉濠『家族法論集』215-217頁
(39)　立法の拙速の一例で第1057条第1項の「第1056条」が挙げられる。これは第1057条の誤植である。
(40)　金疇洙、前掲書395-396頁；韓琫熙「戸主承継制度」考試界1992年2月号51頁；李熙培「戸主制度の改正」月刊考試、1990年3月号78頁；徐廷友「改正民法の問題点」考試界1990年4月号173頁；金光年、前掲論文、18頁；金性叔「改正家族法の内容」考試界1990年2月号182頁

⑷1） 朴秉濠『家族法論集』218-221頁；金光年、前掲論文19頁；申栄鎬「相続順位と相続分」家族法研究第4号（韓国家族法学会、1990）232-234頁
⑷2） 金疇洙、前掲書528-529頁；李熙培「戸主制度の改正」78-79頁；金性叔、前掲論文182頁

Ⅳ　結　語

1　以上から、戸主制度の沿革を通じて、これが形式的には日本の家族国家主義に基づいた明治民法上の戸主制度にその起源を置いているが、この戸主制度に韓国の伝統的家統ないし祭祀継承の観念が結合・受容することによって、日本のそれとは違う韓国特有の制度として慣行されて来たことがわかった。制定当時の家族法は宗法制家族原理を基本骨格にしたため、戸主は家長権者として家族に対する統率権を持っているだけでなく、家統継承者ないし祭祀継承者としての地位を持っていたが、1990年の家族法の大幅な改正で、戸主は上のような地位つまり家長権者および家統継承者としての地位を失い、単純に戸籍上の筆頭者として残ることになった。従って、戸主制度は実質がほとんどない名目的・形式的存在に形骸化したが、これは、これからの戸主制度の完全廃止に進む過渡期的措置であると思われる。

2　しかし、1990年改正法は、戸主制度の廃止にともなう一時的衝撃を防ぐため、形式的にはこれを存置しながら、その内容は空虚なものにし、存置論者には名分を、廃止論者には実利を与え妥協した結果[43]、その存在価値の所在が分からない奇形的存在になってしまった。また、立法の拙速で無原則な妥協が、異姓養子の戸主承継、祭祀用財産の承継等と関聯して、解釈上、難しい問題を惹起している。本稿では、上の問題に関して、1990年法改正によって変化した戸主の地位に応じて解釈論を展開してみた。

3　戸主制度に関しては、従来、この制度が憲法の保障する平等権の理念

と調和できない[44]、または実効性がなく現実の家族生活と遊離していることを理由に、その廃止を主張する見解と、淳風美俗を理由にこれを維持すべきという見解が長い間対立して来た[45]。このような対立の中でも、戸主制度は、少しずつ弛緩・解体の道を進んで来ており、現在はその時機だけが問題で、全面的廃止を目前にしているようにもみえる。違憲是非を離れ、立法政策的に見て、全く内容のない、伝統的家統継承とも遊離した戸主制度を置くということが、どのような意味があるか疑問である。また、法律が祭祀継承者の問題にまで介入する必要もないと思われる。

　論議し尽くされ、その論議自体が無益だと思われるまでになった戸主制度存廃論争に終止符をうって、そのエネルギーを、戸主制度の廃止に対備して、戸主制度廃止による諸般の法的問題、例えば、戸籍制度の改編、戸主制度を前提にする他の関連法令の整備及び祭祀用財産の承継に関する基準を明確にした方案等の検討[46]に、注ぎ込む段階に来ているのではないかと思われる。

(43)　徐廷友、前掲論文172頁
(44)　許営教授は、戸主制度に関して違憲と見ることは難しいという。(許営『憲法と家族法』法律研究第三輯（延世大法科大学法律問題研究所、1983）433-435頁
(45)　学説としては廃止論が圧倒的だが、国民の意識は、少しずつ弱化してはいるもののまだ支持する層が少なくない。韓国家庭法律相談所・女性特別委員会が共同で、1999年6月—8月実施した「戸主制に関する国民意識調査」によると、廃止論が41.6％、存置論が35.3％、よく知らないが23.1％で、廃止論が存置論を6.4％上廻っている（韓国家庭法律相談所・女性特別委員会「戸主制に関する国民意識調査」（韓国家庭法律相談所、1999.11））24頁
(46)　これに関する研究には、曺大鉉「戸主制度の廃止と戸籍の編製」法曹第44巻第10号（1995.10）、70頁以下や第44巻第11号（1995.11）22頁以下；張ヨンア「戸籍制度の改善方案に関する研究」（韓国女性開発院、1996）；文興安「戸籍制度の現状と課題」家族法研究第11号（韓国家族法学会、1997）435頁以下；鄭玹秀「戸籍制度の改善案に関する考察」家族法研究第13号（韓国家

族法学会、1999）463頁以下；韓国家庭法律相談所・女性特別委員会、上掲書28頁以下；李煕培・崔鎮渉「現行家族法の問題点と改善方案研究―戸主制度廃止を中心に」（大統領直属女性特別委員会、1999）55頁以下がある。

＊後記：本稿は高翔龍教授の還暦紀念論集に載せるため1999年に作成したもので、韓国民法上の戸主制度の沿革と変遷、そして執筆当時の民法上の戸主制度を検討し、その廃止を主張したのですが、同論集の発刊が遅延している間に戸主制度の廃止を核心とする民法改定案が去る2005年3月2日国会を通過し2005年3月31日法律第7427号で公布され（戸主制度の廃止は2008年1月1日から施行）同論集にこれを掲載する意味を失いました。しかし韓国家族法の立法論上大きな争点のひとつだった戸主制度に関する論争の記録として歴史的意味はあると考え、これをそのまま載せることにしました。

5　韓国民法における総有規定の当否に関する小考

李　徳　勝

Ⅰ　序　　　　　Ⅳ　検　　討
Ⅱ　立 法 例　　Ⅴ　結　　語
Ⅲ　学　　説

Ⅰ　序

　1つの物を複数の人が所有するのを共同所有という。一般的に、このような共同所有の形態としては、所有者間の結合関係がどのぐらい強いか、共同の所有物の管理権と使用・受益権はだれにどのように帰属されるか、また、持分の有無及び持分のある場合、その分割請求と譲渡はできるかなどによって、共有、合有、総有の3つがあるとされている。共同所有に関する各国の立法例をみると、この3つの類型をすべて認めるのではなくて、日本のように共有だけを認める場合、ドイツやスイスのように共有と合有だけを認める場合などがある。韓国の旧民法は現行の日本民法と同じく、共有だけを規定していたが、現行の韓国民法は、共有の他に合有と総有に関しても明文の規定をしている。ところが、韓国民法が合有の規定をもうけたことに対しては問題が提起される場合があまりないが、総有の規定を設けたことに対しては、立法論上、妥当であるかをめぐり学説が対立している。韓国民法第275条は、「法人でない社団の社員が集合体として物を所有するときは総有とする」と規定し、他の立法例には見られない独特の規定として総有に関する条文をおいている。この総有規定に関して、総有はゲルマンの共同体だけに見られる

前近代的な概念であるとして、現代の共同所有の概念には合わないという理由などで否定する見解と、団体結成の自由が認められる今日において、様々な種類の団体の中で、総有の概念で把握しなければならない共同所有形態がつねに創造されているという理由などで肯定する見解に分かれている。反対する見解によると、民法では総有規定を削除すべきだと主張しており、その妥当性について検討する必要性があるように思われる。

　本稿では、各国の共同所有の形態について簡単に見て、韓国民法における共同所有の一形態としての総有規定の妥当性に関して議論しよう。総有の概念に関する否定説・肯定説を中心に検討し、判例と立法者の意図を参照して筆者の見解を述べたい。

Ⅱ　立　法　例

　ドイツの中世までの共同所有形態は千差万別の様子を見せていた。各構成員は何の持分も持たず団体だけが所有権を持つ形態から、多数人の個別化した持分に分けられる共有に至る形態まで、そしてその間には数多い階層のGenossenschaft的な所有形態・合手的な所有形態が存在していた。一方、ローマ法は、その個人主義的な所有権概念に基づいてこのような中間的な形態を追い払って、共同所有の形態として、法人の単独所有と共有というふたつの形態だけを認めていた。このような態度は近代的法典編纂でも維持された。しかし、他方で、近代的法典は土着法に対して寛大であった。そのなか、だんだんゲルマンの固有法の研究は活気を帯びていき、これによって、ドイツの固有の共同所有形態に関する理論が発達した。そうすることにより、ゲルマンの法学者は共同所有に関するローマ法的な構成に反旗を翻して、総有という概念を作り出した。この新しい概念は18世紀の自然法学の助けもあり、ほとんど異議なく受け入れられた。というものの、その具体的な内容は依然として不明確であり疑問点も少なくなかった。このような状況で、ゲルマン法上のGenossenschaft観念を新しくすることによって、総有理論の基盤を

確固たるものにした学者がBeselerとBluntschliである。さらに、総有の具体的な内容を深く研究して、これを完結させた学者がGierkeである[1]。

　総有理論はこのように形成されたが、共同所有の一形態として認めるかどうかは各国の立法例によって異なる。各国の立法例を見ると、個人主義的な性格が強かったローマ法では、共同所有の形態として共有だけを認定しており、これを継受したフランス民法とドイツ民法の第1草案及びイタリアの民法は、共有に関する一般的規定をおいただけで、合有と総有に関する規定をしてない。また、スイス民法は、共有及び合有に関しては一般的な規定をしているが、総有に関しては規定をしておらず、ドイツ民法は一般的な規定を共有に関してだけして、合有に関しては組合財産・夫婦共同財産・共同相続に関する規定の中で個別的に規定し、総有に関しては規定していない。満洲国民法によると、共有と総有に関しては一般的な規定をしていて、合有に関しては規定をしてない。総有に関する規定をした最初の立法例である満洲民法の第252条によると、「地方の住民、親族団体などの慣習上の総合体を構成する多数人がこの関係に基づき、ひとつの物を所有するときはこれを総有者とする。総有者の権利及び義務に関しては、慣習による外に以下の2条の規定を適用する。」と規定していた。

　ドイツの影響を受けた日本では、ドイツの総有論が紹介されたが理論的には体系化されず[2]、民法で共有に関する規定をしただけで合有と総有に関しては一般的な規定をしておらず、日本民法と同一であった韓国旧民法にも、共有の規定だけがあった。しかし韓国旧民法下でも、判例上は合有と総有の概念を認めていた。韓国民法を制定する際に、共有の外に、旧民法上の判例で認められていた合有・総有を明文化した。総有に関する規定について、日本と韓国民法を比較、略述すると次のとおりである。

　日本民法には、総有が直接的には規定されていないが、実際には総有の性質を持っていると見られる「入会権」に関する規定がある。一定の地域の住民団体が一定の山林、原野等を共同で収益する慣習上の権利がある場合、これを入会権と言い、このような入会権をその性質によって二つの形態に分け

ている。日本民法の第263条によると「共有ノ性質ヲ有スル入会権ニ付テハ各地方ノ慣習ニ従フ外本節ノ規定ヲ適用ス。」と規定しており、同法の第294条によると「共有ノ性質ヲ有セサル入会権ニ付テハ各地方ノ慣習ニ従フ外本章ノ規定ヲ適用ス。」と規定している。換言すれば、住民団体が所有権と使用・収益権を同時に持つ場合を共有の性質を持つ入会権として、共有に関する規定を適用しており、住民団体が使用・収益権は持っているが、所有権は持っていない場合を共有の性質を持っていない入会権とし、地役権に関する規定を準用すると規定（同法第294条）しているのである。

韓国民法では、前者の性質をもつ入会権を「総有」と規定（民法第275条ないし277条）し、後者の性質をもつ入会権を「特殊地役権」[3]と規定（同法第302条）している。結局、日本と韓国民法は名称が違うだけで実質的な内容は同一であると言える。

日本の学説も前者の実質的な内容を総有と見ており、判例の内容も同じように解釈している。後者の法律的な性質も、実質的には権利能力のない住民団体が権利を共同所有するので準総有に該当する。

韓国民法と日本民法の相違点は、韓国民法が共同所有の形態として共有の外に合有と総有の概念を導入して、積極的に総有規定をしたのに対して、日本民法は共同所有の形態として共有だけを規定し、消極的に共有規定の一定の制限によって総有と同様な効力を持つようにした点である。

(1) 金学東「総有の本質と実際」私法研究第1巻（青林出版、1992）114頁。
(2) 日本民法制定において重要な役割をした梅謙次郎以後、ドイツの総有理論が紹介されて総有について議論され、末弘厳太郎、横田秀雄、石田文次郎等によってより深く議論され、我妻栄によって体系化されたが、民法に規定化するには至らなかった。（鄭鍾休「ドイツと日本の総有史理論」法史学研究第14号（1993）55-61頁参照）。
(3) 韓国民法（第302条）では、「ある地域の住民が集合体の関係で各自が他人の土地で草木、野生物及び土砂の採取、放牧其他の収益の権利がある場合…」

これを特殊地役権として慣習による外には地役権を準用すると規定している。しかし特殊地役権の本質的性質は地役権とは無関の準総有関係であるので、総有に関する規定を準用するのが妥当であろう（具体的な内容は、李徳勝「権利能力のない社団に関する研究」成均館大学校博士学位論文（1995）200―205頁参照）。

III 学　説

韓国民法で、共同所有の一形態として総有概念を認めて規定化したことに対する評価は、肯定的見解と否定的見解とに分れる。これらを検討すると、次のとおりである。

1　肯定説

韓国民法で総有の規定をもうけたことに賛成する諸見解は類似しているが、細分すれば、次のとおりである。

1）総有概念は、ゲルマンの団体法だけではなく、今日も要求されるという点で賛成する見解

(1)　総有・合有と言うと、中世のゲルマン法を連想して前近代的という印象を受ける法律家が大勢いるようである。総有・合有の概念が中世のゲルマンの団体法の研究を通して明らかになったことは事実である。しかしそれは総有・合有が中世のゲルマンの社会だけに、またそれと同じような発達段階にある社会だけに存在することを意味するのではない。今日においても、総有または合有の概念で把握しなければならない共同所有形態が絶えず創造されていることを忘れてはならない。今日多数人が集まって団体を結成する趨勢は増えているが、その団体が法人格を取得する場合を除外しては、その財産関係は必然的に総有または合有の概念で把握しなければならないのである[4]。

（2） 総有または合有という概念が、沿革的には中世のゲルマンの団体法に関する法史学的研究を通して定立されたことは事実だと言えども、そのような団体法的な理論の適用は、中世のゲルマン社会の独占物であるとはいえない。今日のように、高度に発達した経済社会においても、共同所有のための人的結合関係は無数に発生しており、そのような共同所有関係を共有だけで規律すべきだというのは不当で、不可能である。共有は、個人主義的な共同所有形態として、もっとも近代市民社会の共同所有に適応できるが、他方、私的自治の原則が伝統的に守られている市民法理論としては、やはり総有や合有の法律関係の成立も自由に認められなければならない。さらに広い観点で見れば、それは結社の自由を前提とする経済社会における人的結合関係の多様性を予定しているという意味で、むしろ近代的な面があるといえよう[5]。

2）様々な種類の団体に適合する所有形態が要求されているという点で賛成する見解

（1） 韓国民法が共有以外に合有・総有を規定することに対して、非難する見解が少なくない。しかし、現代の民法は個人の自由の理念の上に立脚しなければならないこと、個人活動の自由は必然的に結社の自由を包含すること、結社の自由は必然的に無数の種類の人的な結合体を産出すること、人的な結合体が多くなれば必然的にそれに合う共同所有形態がつくられることを忘れてはならない。したがって、国家以外にはどのような団体の成立もこれを禁圧するという近世初期の態度にもどらないかぎり、総有・合有の観念なしでは、団体の所有関係を適切に規律することができない[6]。

（2） 合有と総有を単純に分割の禁止された特別な共有形態として取り扱うことは、性質が異なるものを結びつけることで、妥当であるといえない[7]。

（3） 社会の多様化により共同所有の形態も、共有が原則的な形態ではあるが、共有だけでは共同所有関係を適切に規律することができないため、総有に関する判例も少なくない。ただ、民法上の総有規定だけで実在上の総有を規律することは難しく、総有に関する立法的な補完が必要である[8]。

3）人的結合形態と共同所有形態を連結させた民法の共同所有形態が理論上、優れているという見解

　民法が共同所有形態を共有・合有・総有と類型化して規定したことは稀ではあるが、たいへん論理的な立法例である。一方で、人的結合形態と共同所有形態を連結させ、他方で、管理・使用及び収益・処分の権能の分割を鋭く分析して人的結合関係に連結させることによって、総有・合有・共有の所有形態を類型化してこれを規定したのは理論的に優れている[9]。

4）韓国には総有の所有形態が実在し、判例も多いことから、総有を規定したのは妥当であったという見解

（1）韓国には総有の所有形態がずいぶん広範囲に実在しており、その結果、総有に関する判例が多いことから、民法に総有に関する原則的な規定をして、まず法的に取り扱う基準を表示することは妥当である[10]。

（2）合有・総有の現代社会における機能を疑うのは妥当ではない。というのも、合有・総有は、判例の集積により示されるとおり、現代においてもしばしば現れる所有形態であるからである[11]。

5）総有の規定化の当否は方法論上の問題であり、民法の総有規定は不当ではないという見解

　共有を基本として具体的な法律関係の特質によってそれがいかに修正されるかを検討するか（共有基本原則）、それとも、各共同所有の形態を予定して共有が修正される場合、その特徴を把握して前述した概念に適用することによって類型化するか、は方法論上の問題に帰着することであるが、民法は後者の立場を選択しており、民法の態度がこのように明らかである以上、総有を独立した共同所有の形態に規定する必要があったかどうかの問題は、論議に実益をもたらさない[12]。

2 否定説

民法の総有規定に反対する見解も類似した理由からであるが、便宜の上、主張の根拠を細分すれば、次のとおりである。

1）歴史的な観点から反対する見解

一部の農村ではまだみられるものの、ゲルマンの村落共同体と同じような土地の総有的な利用関係は、前近代的な遺物であり、近代的な所有権の概念では処理することができない異質的な分子を包含していて、社会的に絶滅する運命にあって、総有の規定は不必要であるという見解[13]、総有の規定で、ゲルマンの村落共同体とは全く異なる今日の非法人社団を規律することはむしろ逆効果であるという見解[14]、そして総有の概念はもともと権利能力のない法人に適用させるために構成されたことではないという点で反対する見解等がある。

2）団体主義に立脚した総有規定は近代民法の原則に背馳するという点で否定する見解

団体主義・全体主義に立脚した総有は、近代の民法の原則である個人主義・自由主義に合わないということを前提として、旧民法に合有・総有があったとしても新民法はこれを削除した方が正しく、なおそれがないのにあえて規定すべきではない。したがって、これを規定したのは時代を逆行することにほかならないという点で反対する見解[15]と、民法が特に総有を規定したのは、体系的な一貫性を壊すことであると同時に、現の社会構造を充分に反映させないことで、また同じような理由で、個人を中心にする近代法の体系的な一貫性を壊すという点で、反対する見解[16]等がある。

3）比較法的な立場で反対する見解

ドイツの場合も17世紀以来、ゲルマン法学者らが総有理論を構成していたが、成文化してはいなかった。韓国民法の制定当時には、総有規定をするこ

とを考慮しなかったため、もともと草案にはみえず、法司審議会の時もまったく問題視されなかったが、本会議審議の時、挿入されるようになった[17]。以上から、比較法的な側面で充分に検討されずに、規定されたことを理由で反対する。

4）総有規定が法的名称にすぎず、実質的な規律や法的処理に役立つことがないため、共同所有の形態として共有だけを認定して総有を否定しようとする見解

物権編上の統一的な合有規定は、組合財産の合有を規律することができず、かえって債権編の合有規定と衝突して混乱だけをもたらす結果になり、総有規定もまた、非法人社団の所有関係に総有という法的名称を賦与しただけで、それに対する実質的な規律や法的な処理に何の役にも立たないとすれば、結局、物権編で共有の外に合有・総有を別に規定している民法の態度は望ましくないという見解[18]と、総有は法人所有とし、合有は共有とするか、それとも、いずれ総有として規定するからには、これに包含させることによって総有・合有を整理するのが、近代の民法を形成する方法だと信じるとする見解[19]、総有規定は民法のひとつの装飾物にすぎないという見解[20]等がある。

5）権利能力なき法人の所有形態を法人単独所有とみることによって総有を否定する見解

韓国民法によると、総有は権利能力なき社団の財産の所有形態といえるが、権利能力なき社団の所有形態について、見解によっては、総有とみなさず共有とみる見解[21]、合有とみる見解[22]、単独所有とみる見解に分かれている。紙面の関係上、これらをすべて検討することはできないが、もっとも有力な見解である単独所有説を中心に検討したい。民事訴訟法上、権利能力なき社団に訴訟当事者能力を認定して、不動産登記法上、権利能力なき社団の名義で社団の財産の登記を認めていることは、権利能力なき社団に権利の主体性を認めることになり、権利能力なき社団の財産も社団自体に帰属することに

なる。したがって、財産の帰属形態は民法上総有といえども、実質的には単独所有の形態に帰属するにほかならないという主張である(23)。また、他の学説によると、このような理由の外にも、権利能力なき社団に権利能力、行為能力及び不法行為能力を認めている以上、権利能力を認めた当然な帰結として財産所有能力があることは明らかで、権利能力なき社団が負担した債務は、権利能力なき社団自体の財産だけで責任を持つことになり、社員の個人財産では責任を持たないことから、社団自体の単独所有説が妥当であると主張する(24)。

6）現在の総有規定は権利能力なき法人の所有関係を規律するには不充分であるという理由で反対する見解

民法の総有は、権利能力なき社団の所有関係を規律するにはとても不明確な法律構成をしていて、果してその規律に充分であるといえるかは疑わしい。強いて意義を求めるならば、そこまで親切にも配慮する、民法の一種の装飾物にすぎないと主張する見解(25)からであろう。

(4)　金曾漢＝金学東『物権法』（博英社、1997）302-303頁。
(5)　金容漢『物権法論』（博英社、1985）319-320頁。
(6)　金曾漢＝金学東・前掲書302-303頁。
(7)　李英俊『物権法』（博英社、1996）571-572頁。
(8)　金相容『物権法』（法文社、1993）450頁。
(9)　李英俊・前掲書571-572頁。
(10)　黄迪仁『現代民法論Ⅱ』（博英社、1987）251頁。
(11)　李英俊・前掲書571-572頁。
(12)　安春洙『註釈物権法』（代表執筆李英俊）（韓国司法行政学会、1991）671-672頁。
(13)　郭潤直『物権法』（博英社、1999）364-366頁。
(14)　李好珽「我が民法上の共同所有制度に関した疑問」法学24-2・3（1983）103-104頁。

⒂　金基善『韓国物権法』(法文社、1990) 248頁。
⒃　崔栻『新物権・担保物権法』(博英社、1960) 168頁。
⒄　張庚鶴『物権法』(法文社、1987) 501頁。
⒅　関日栄『民法注解Ⅴ』(博英社、1992) 545頁。
⒆　金基善・前掲書248頁。
⒇　郭潤直・前掲書366頁。
(21)　権利能力なき社団は組合に関する規定を準用するというドイツ法の影響を受けて、権利能力なき社団財産の所有形態は共有であるが、民法上の純粋な共有ではなく組合規定による共有であるという。この説は権利能力なき社団の所有形態に関して理論上初めて主張された学説で、韓国では権利能力なき社団の代表的な形態である宗中財産に関する朝鮮高等法院の判例があったが、学説上には主張されたことはなく、これは日本で主張された学説(菅原眷二「権利能力なき社団(1、2)」論叢9巻1号(1923) 6頁)であるが、今は主張する者はいない。
(22)　権利能力なき社団の財産帰属形態を総有としている民法の態度は疑いの余地があって、特に非営利社団よりは営利社団において問題があるところ、法律関係を明確にするためには合有とみたほうがもっと妥当であったという主張(郭潤直『民法総則』(博英社、1995) 231頁)と、権利能力なき社団には組合型のものもあるから民法の規定のように単純に総有であるとしてしまうことはできず、合有であるとみなければならない場合があるのも否定できないという主張(金疇洙『民法総則』(三英社、1986) 173頁)がある。
(23)　黄迪仁・前掲書102頁；森泉章「権利能力なき社団に関する研究」『団体法の諸問題』(一粒社、1971) 70頁以下；鍛冶良堅「いわゆる権利能力なき非社団法人について」法論第32巻5号(1959) 69頁；相本宏「権利能力なき社団、財団の財産関係」『民法の争点Ⅰ』(有斐閣、1985) 23頁；幾代通『民法総則』(1985) 148頁。
(24)　黄迪仁・前掲書102頁。
(25)　郭潤直・前掲書364-365頁。

Ⅳ　検　　討

　筆者は、結論的からいうと、韓国民法で総有の規定を置いたのは妥当であると考える。肯定説の主張根拠をもとに否定説に対して検討してみたい。

1　歴史的な観点からみた総有関係の絶滅の問題

　1）一部の農村で見られる土地の総有的な利用関係は、前近代的な遺物で社会的に絶滅する運命にあるため、総有の規定は不必要であるとするが、前述した肯定説[26]の主張と同じく、つぎのような理由で妥当ではないといえよう。

　総有的または準総有的な利用関係は、ゲルマンの共同体だけで見られる現象だといわれるが、総有的または準総有的な利用関係、或はこれに類似した利用関係は、ゲルマンの共同体だけで見られる現象ではなく、他の民族においても見られる普遍的な現象で[27]、このような現象は絶滅する運命にあるどころか、今日も総有の概念で把握しなければならない共同所有形態が存在しており、場合によっては発展的に存在する場合もある。韓国でも例外的な現象ではない。筆者が調査したところ、次のような漁村契（慶尚南道　統営市　ミスゥ漁村契等）の発展過程をみるとこのような現象がよくわかるだろう。

　一定の海を中心に形成されている漁村は、大部分が漁村契を結ぶことで、町の近海に対する漁業権を持っている。しかしこのような漁業権は、最初から住民たちに賦与されたものではなく、一定の過程を経て形成されたものである。すなわち、もともと海（海邊）は個人や漁村住民たちの所有ではないので、漁村の住民如何に関係なしにだれもが、何時でも、どこでも海産物を採取することができた。しかし、漁村の住民たちは海産物の採取の収益性のあることがわかって、自分の漁村の前の海邊に対しては自分の漁村で住んでいる住民だけが水産物を採取できると主張して、他の地域の住民が水産物を採取することを排斥した。初期には他の地域住民たちと多少の摩擦があった

ものの、だんだん地域の漁村の住民たちだけが水産物を採取および利用することができる権利を持っていることに定着してきたのである。

　このような漁村の住民たちの水産物採取権の法的性質は、漁村の海邊が国家の所有であり、其の地域の漁村の住民たちの所有ではないが、漁村の住民たちが自分の漁村のまえの海で排他的に収益の得られる権利を持つことから、わが民法第302条で述べられている特殊地役権であり、その実質的な内容は総有的な利用関係である。

　したがって、漁村の住民なら恒時でも村の前の海に出て海産物［しおふき・さざえ・あわび・はまぐり・ふのり（海草類）等］を採取できる収益権があったのである。しかし漁村の住民たちがお互いに競争的に採取して、海産物を幼い時濫獲する傾向があったので、住民たちは合意して一定以上成熟したものを一定の時期と方法によって採取することに決めた。その結果、例えば、7時から10時まで海産物の採取が可能であるが、一家口当りひとりだけ[28]、町で開始の信号（開始放送）が出たら、一斉に海に出て採取できるように規制することによって、村の前の海を効率的に利用できることになった。しかし開始放送をすると海に出て採取できるが、海にはすべての場所に一定の海産物が存在するわけではなく、ある場所は海産物がたくさんあるが、ある場所は海産物がすくない、またある場所は値段が高い海産物がある等、場所によって採取効果が違うため、もっとよい場所を先占する目的で、お互いに競って海に出ようとして、場合によっては住民たちの間でも場所を先占する問題で衝突が生じた。このような問題点を補完するために、あらためて住民総会を開いた結果、1年に一度、総会（大同会；陰暦1月15日）を開いて一定の金額の落札に依って落札された一定の住民だけが一定の期間に採取できるようにして、その他の住民たちの権利は認定せず、ただ、利用する場合は落札者に一定額の利用料を支払ってから利用できるように変更され、落札者から受けた落札金額は村の住民の全体のために使用することに決定された。しかし漁村の住民たちの収益権は慣習上の特殊地役権にすぎず、その権利行使の範囲と方法などが不完全で問題の原因は散在していた。

他方、国家では漁民たちの生産力の増強および生活向上の為めに、漁村の住民たちの自治団体を政策的に認定して、漁業組合員20名以上が漁村契を設立すれば、水産物を採取および養殖できる権利の漁業権を個人や他の団体より優先的に認定（水産業法第13条第4項）した。すなわち漁村住民たちの利用および収益の権利は、不完全な慣習上の特殊地役権から成文法上（水産業法）の漁業権に変更されたのである。

漁村契が持っている漁業権の法的な性質について、水産業法第15条第4項で総有と規定している。これは当然な規定であるが、漁村契の漁業権の法律的な性質に関するもっと正確な表現は、所有権以外の財産権が数人に帰属された法律関係であるため、総有というより準総有というのが適切である。

また漁村契は、さらに積極的に働きかけて、海産物の採取権からいろいろな種類の漁業権を獲得し、それから現在には漁業権の他にもいろいろな事業（有料のつり場の開発、海水浴場開発、宿泊施設設置など）を営み、その収益で村の共同利益の為めに使用している。

以上のように、漁村の住民の海に対する利用形態の発展過程をみても、共同所有の総有的な利用形態は前近代的な遺物として絶滅の運命にあるどころか、活用の方法によって共同体の利益のために必ず必要な形態として発展できることがわかる。すなわち、まちの住民団体等、一定の団体が共同で所有権を持っているが、持分とか個別的な処分権のない総有の形態と、所有権はないが排他的な使用・収益権が認定される準総有の形態[29]は、ゲルマン共同体だけでなく、今日でも世界各国に存在する必要な形態であるため、韓国民法が共同所有のひとつの形態として総有に関する規定を定めたのは正当でかつ必要であることがわかる。

2）総有の規定がゲルマン共同体から出発したからといって、前近代的で現代の所有権の概念には適合しない、ということもつぎのような理由で妥当であるとは言いがたい。

ゲルマン社会の共用地の収益団体乃至村落共同体の所有形態を研究したゲ

ルマン法学者たちに依って導出された総有は、その主要内容を、共用地等土地の管理・処分の権能は村落自体が持っていて、使用・収益の権能は村落住民に属するとし、また、住民の利用権に村落の統制は強く、利用権は住民としての身分を取得することによって自然に取得することになり、住民の資格を喪失することによってその権能も失う特徴をもっている。このような特徴をもっている共同所有形態は、必ずゲルマン村落共同体だけに存在するのではなく、肯定説で主張するように、多様な現代の団体所有権の概念としても適合であると認定できるのである。漁村の住民団体の漁村契の財産所有形態のような場合が、これに適合な形態である。例えば、漁村契において、漁村契の財産の管理・処分権は漁村契という団体にあり、海（漁業権の個別的な収益の場合）および漁村契財産の利用権（共同沐浴湯利用、共同会館利用、寄宿舎利用）は漁村契員たちにあり、また、このような利用権は漁村契の定款によって強く制限を受けながら、漁村へ移住することで取得でき、漁村からはなれると当然に資格が喪失される。宗中と教会等の権利能力のない社団の財産所有形態も、若干の差異はあるが、このような総有に属することとみることができる。

2 総有概念は近代民法原則に反するか

総有の規定は、団体主義・全体主義に立脚して設定されたものであるため、近代の民法の原則である個人主義・自由主義に逆行し不当である、という見解は次のような理由でその妥当性が問題になる。

第1に、総有が団体を中心にしたひとつの所有形態ということは否認できないが、そこから総有の概念が団体主義とか全体主義を指向するとみることはできない。社会の変化によって法も変化しなければならないのは当然のことである。韓国民法も制定当時に社会変化に合わせて制定されたはずである。民法制定において政府の提出した民法案の提案理由の基本原則と特色の二番目を見ると「極端な個人主義思想を止揚して個人と社会を調和することである。」すなわち個人主義を止揚して公共福利という国民の経済道義に適応さ

せるのがその目的である⁽³⁰⁾というのをみても、制定当時にすでに個人主義の社会的な矛盾を緩和するため、社会全体の公共福利を念頭においたことがわかる。

　身分制社会で身分によって自由を拘束されていた人々は、身分制社会が打破され個人主義に基づいた自由があれば、幸福な生活を過ごすことができると思って、自由を憲法上に保障することを渇求した。そこで、各国の憲法はこれを実現して近代憲法の特色を成したのである。このような時代状況にしたがい、民法においても個人主義と自由主義に基づいた所有権絶代の原則、契約自由の原則、過失責任の原則などの諸原則に基づき民法制定がなされたのである。ローマ法を継受したフランス民法、ドイツ民法の第1草案と、ドイツ民法の第1草案をモデルにした日本民法等、近代の民法が、個人主義・自由主義原則を根本にして制定されたこと、また、このような原則が資本主義の発展に多くの貢献をしたことは周知の事実である。しかし、個人主義・自由主義を原則にした社会制度が、国民たちに幸福な生活を保障するという期待とは違って、資本主義は社会のもう一つの病弊を招来した。すなわち個人主義・自由主義を基にした資本主義経済社会の高度の発展は、少数の資本家に依って莫大な富が独占され、資本を持たない大多数の国民たちは労働者として資本家の恣意に依って雇傭され、支配される、経済的な弱者として悲惨な生活を過ごすしかない等、所謂「富益富貧益貧」という社会的な病幣を招来したのである。その結果、19世紀末から、このような極端的な個人主義・自由主義をもとにした法原則に対する反省と共に、個人主義・自由主義を根幹にしながらもこれを修正して、全体としての社会共同生活の向上をめざす原則、すなわち、公共福利の原則が擡頭した。このような原則に基づいて制定した韓国民法に、共同所有のひとつの形態として総有規定を置いたことに対して、それを個人主義・自由主義に逆行して、団体主義や社会主義に立脚した規定とみることはできない。むしろ現代の健全な社会を成り立たせるためには、極端な個人主義・利己主義を警戒して、社会共同体の利益と調和をはかる範囲で個人主義と自由主義を保障すべきである。

したがって、総有の規定を置いたと言ってそれを個人主義・自由主義に逆行して全体主義とか社会主義を指向したと断定すべきではなく、個人主義・自由主義を補完するためのひとつの制度的な装置とみると、総有の規定を定めた韓国民法の態度は妥当だとみることができるのである。

第2に、実態調査を通して見た漁村の海に対する利用関係の発達過程を見ると、漁村の海が個人主義・自由主義に基づいて利用されていたのを、その効率的な利用の為に団体を作り、またこの団体は漁村で個人にはできない住民全体のために、事業（共同会館設立、船着場建設、共同沐浴湯建設、都市寄宿舎建設等）を経営することで、共同の利益、ひいては個人の利益を実現できたのである。したがって、この住民団体が財産を持っている場合、その所有形態を総有として規律しても不当なことではない。

3 総有規定は比較法的に不当であり装飾物にすぎないか

比較法的な立場で反対する見解と、総有規定が法的名称にすぎず、実質的な規律や法的処理に貢献することがないので、共同所有の形態で共有だけを認定して総有を否定する見解について検討してみよう。

これらの反対の見解を検討するために、韓国民法で総有規定を置いた立法理由、実例からみた各国の立法例の比較、そして韓国判例の変遷を検討して見ることにしよう。

1）立法理由[31]

第1に、外国の学説に依ると、何十年前から共同所有には共有・合有・総有の三つの類型が認められているが、ただ現在までどの国の民法もそれを法律として規定化したものはない。韓国民法では、各国の学者たちが学説だけで認めていた総有を、はじめて法文化した。他の国の民法典に先立って法文化するのは重大な意義があり、劃期的なことである。

第2に、（実際的な理由で）民法に関する政府案の草案によると、共同所有の形態を共有と合有だけに分け、合有に関して、第262条で「特定地域の住

民、親族団体、其他慣習上集合体として数人が物を所有する時には合有とする」と定義し、第264条で「合有者は全員の同意が無い場合は合有物を処分したり、変更してはいけない。ただし保存行為は各自できる」(現行民法第272条と同一)と規定しているが、この規定に依ると、宗中財産や同窓会の財産のような場合は、全員の同意を得るのは不可能で、その結果財産を処分できなくなるという結論に到達することになる。このように団体の財産が処分できないのは不当であるため、学説にしたがってこの場合の所有形態を「総有」と規定して、過半数の賛成があれば処分できるようにしようとするものである。すなわち団体には、構成員の全員の同意を得てから財産を処分できるという合有の規定の他に、構成員の全員の同意がなくても、例えば過半数の賛成だけでも財産を処分できる共同所有のひとつの形態として総有の規定が求められるのである。

第3に、宗中財産の場合は、過半数の賛成があれば財産処分できる総有というのがすでに判例に依って確認されている。これらの立法理由から分かるように、総有理論を完成したドイツでは規定されていないが、理論的に妥当なら韓国民法で規定することも可能で、名目的に総有規定を受容したのではなく、韓国社会には総有の理論に依らなければ解決できない共同所有の形態が存在する、という実質的な必要性によって、判例の態度をも参照して規定化したのである。

 2) 実例を通して見た各国の立法例の比較

前述した各国の立法例に見られるように、各国では共同所有の形態で共有だけを認定する場合、共有と合有を認定して総有は認定しない場合、共有と総有だけを認定して合有は認定しない場合、及び韓国のように共有・合有・総有を全部認定する場合がある。

権利能力なき団体において財産と関連した紛争が発生した場合、その紛争解決のためには関係規定がある場合にはその規定を適用して、関係規定のない場合は関連規定を準用しなければならない。例えば、共有だけの規定を

5 韓国民法における総有規定の当否に関する小考 ［李 徳勝］

持っている日本民法では、権利能力なき団体のひとつの形態である一定の住民団体が、山林・原野等に対して収益する権利がある場合、これを入会権というが、この入会権については共有と関連した第263条で「共有の性質を持っている入会権に対しては各地方の慣習による外には……共有に関する規定を準用する」と規定している。これは入会権に関して紛争が発生したら、原則的に各地方の慣習にしたがって問題を解決するが、もし慣習のない場合には共有の規定によって解決しなければならないことを意味している。また共有と合有の規定を持っているドイツ民法（第54条）によると、権利能力なき社団に対して、共有の規定を準用せずに組合に関する規定を適用[32]する、と規定することによって問題を解決している。共有とともに合有と総有の規定を持っている韓国民法の態度に依ると、その団体の性質が権利能力なき団体と決定されれば、迂廻的に共有と合有の規定を準用する必要なしに、直接的に総有の規定を適用することによって問題を解決することができる。

このような立法態度の中、どの立法態度がより妥当性があるかについて実例をあげて検討してみよう。例えば権利能力なき社団の代表的な類型のひとつの宗中や教会において、団体の構成員が財産の分割を請求する紛争が発生した場合、共有の規定だけを持っている日本のような場合には、原則的に共有の理論により問題を解決しなければならない。その結果、もし宗中員や信者が財産の分割を請求する場合、（宗中財産とか教会財産にたいして構成員たちは事実上持分がないため分割請求ができない故）純粋な共有の理論によっては問題解決が難しいため、分割できない性質の共有、あるいは慣習によって分割の請求が認められない共有という等の解釈によって問題を解決しなければならない。すなわち純粋な共有理論によって問題を解決することではなく、迂廻的な方法によって紛争が解決されるのである。

ドイツのような場合は、共有より合有の理論によって問題を解決することがより合理的である（宗中財産は構成員たちに持分がない点では純粋な合有理論とは異なる）。合有理論によると、宗中員や信者にとって持分はただ潜在的に存在するだけで、原則的に分割が請求できないことになる。その結果、共有

の場合のように迂廻的に問題を解決する必要がなく、直接的に財産分割を認定しないことで問題を解決できるのである。しかし合有理論によって問題は解決できるものの、理論的には妥当ではない。というのも、教会や宗中には構成員に事実上持分がないにもかかわらず、潜在的にある持分は分割できないと解釈しなければならないからである。もし韓国のように共有・合有と共に総有に関する規定を持っている場合は、宗中や教会の財産所有形態は総有であり、総有の理論によって、宗中財産や教会財産は宗中員や信者たちに持分がないため分割請求も認められない、と解釈して問題を解決することができるのである。即ち迂廻的な方法に依って問題を解決したり、理論上の妥当性はないが問題点だけ解決するのではなく、直接的な方法で、理論上でも矛盾なく問題を解決できるのである。このように、共有だけの規定を持っている場合より、合有の規定も持っている場合が問題解決により合理的で、共有と合有だけを持っている場合より、総有の規定も持っている場合がもっと明確で、合理的に問題を解決できるのである。結社の自由が保障されている現代社会には、多数多様な団体が存在しており、その団体の財産の所有形態が、団体の性質によって各々異なるにもかかわらず、一つの枠の中に嵌めて規定することはかなり無理のあることであり、合理的であるとは言えない。むしろその団体ごとの性格によって判断することがより妥当である。日本の場合は、共有の規定だけを持っているが、合理的な問題解決の為に学説・判例で総有の概念を認めている。

したがって、共同所有形態として共有だけを規定して諸問題を解決しようとするより、共有・合有と一緒に総有に関する規定を定め、団体の性格によって合理的に問題を解決しようとする韓国民法の態度は、比較法的にも妥当といえよう。

3）判例の変遷

旧民法（現行日本民法）において、権利能力なき団体の財産所有形態に関する判例の態度をみてみよう。

5 韓国民法における総有規定の当否に関する小考 ［李 德勝］

　朝鮮高等法院の判例によると、宗中のような権利能力なき社団の財産に関する紛争に対して「墓位土は当然に奉礼孫の専有に属するものではなく一門の共有に属する場合もある。」と判示[33]した後、共有の概念によって紛争を解決しており[34]、合有と総有の概念は見られない。1927年初めて、権利能力なき社団の財産の所有形態を合有と言い、合有理論によって問題を解決しようとした。それはすなわち「合有は所有権が単一不可分である故包括的な数人に属する。合有は、共有者全員の共同遂行の目的のために発生したもので持分権がなく権利を任意で処分できない。門中の位土は合有に属する」と判示[35]した以後のことで、その後特に宗中財産については合有[36]と判示して問題を解決しようとした。

　総有の概念が韓国の判例にあられたのは解放以後であり、洞会財産の所有形態について総有としている。すなわち「洞、里会は非法人の社団として独立して財産を所有することができず、その財産は結局住民全体の総有に属するが、各住民は何等これに対した持分権を主張できないことはもちろん、入住すると同時に当然に権利を取得して転出すると同時に権利を喪失し、権利者が常時流動変換されることから、たとえ洞住民の大部分だった日本人が8．15解放によって全人退去したとしても、何等洞会が解散されたり消滅されることはなく、存続するといえよう」と判示[37]した。本判決は、総有が、非法人社団の財産の所有形態であり、持分権がなく、構成員の住民たちがその町に居住することで当然に総有物に対する権利を取得し、他の所に引っ越しすると当然に総有物に対する権利が喪失される、という性質を持っていることを前提に、問題を解決しようとしたものである。

　洞、里の住民団体が権利能力なき社団であり、その財産の所有形態を総有とする判決があってから、洞の財産については総有[38]とする判決がひきつづき出たが、権利能力なき社団である教会については、その財産の所有形態を一貫して合有と判示[39]し、宗中財産については表現は合有[40]としているが、宗会の多数決によって財産を処分するのを慣習とし、各自に持分権がないとみなしていることから、その性質を総有と認定していることがわかる。

117

他方、新民法が制定されて総有の規定を置いたにもかかわらず、1970年まで代表的な権利能力なき社団の1つである教会の財産所有形態に対して、合有と判示[41]した場合と、総有と判示[42]した場合があった。しかし1971年からは、教会財産についても総有であるとするのが大法院において確立された判決の態度である。

判例を通してわかるように、旧民法上には共有に関する規定だけがあって、合有と総有に関する規定はなかったにもかかわらず、社会の一定の団体の財産関係に関して現実的に共有の理論だけでは解決できなかったため、学説によって両概念を導入したのである。また初めは、権利能力なき社団の財産の所有形態に関してこの両者のうち合有概念だけを用いていたが、合有の規定によっても理論上の問題解決の難しさを感じ、総有概念を改めて認めることになったのである。このような判例の変遷過程を見ても、韓国民法で総有に関する規定を定めた理由が、より合理的に問題を解決するための必要性からであったことがわかる。したがって、総有規定が非法人社団の所有関係に総有という法的な名称を賦与した他には、実質的な規律や法的な処理に貢献することがないとして、物権編で総有による統一的な規定を定めた民法の態度は不当である、という否定説の主張よりは、我が国では総有の所有形態が広範囲に実在しており、その結果、総有に関する判例が多いので民法で総有に関する原則的規定を定めて、法的に取り扱う基準を提示したのは正しい、という肯定説の主張[43]が、もっと妥当であることがわかる。

4　総有より単独所有が妥当であるとする見解の検討

権利能力のない社団の所有形態を単独所有とみるのが妥当であることを前提に、総有の規定が不必要であるという見解は、つぎのような点で問題があるように思われる。

権利能力なき社団である宗中や教会の場合、その構成員たちが事実上「我ら（構成員たち）の財産」という観念より「宗中財産」「教会財産」という観念を持っている点、権利能力のない社団も社団の実体を持っているという点

で、また、権利能力のない社団に訴訟能力と登記能力を認めた当然の帰結として（すでに権利の主体性を認定したことだから）、さらに、わが判例によると、宗中に取得時効による所有権取得を認めたり[44]、親睦団体に電話加入権[45]を認めることから、権利能力のない法人にも権利能力を認めて、その財産の所有形態を権利能力のない法人の単独所有と見なければならない、という主張は一応妥当性があると思われる。しかし、次のような理由で、総有説がより妥当であると思われる。

第1に、権利能力のない社団に訴訟能力と登記能力を認めた当然の帰結として、財産所有権の権利能力も認められるべき、といわれるが、民事訴訟法と不動産登記法で各々の訴訟能力と登記能力を認めたのは、訴訟の便宜、登記の便宜、団体の保護など、特別な理由があったからである。例えば、数千名の宗中員で構成されている宗中で、紛争が発生して訴訟が提起された場合、宗中は権利能力がないので、数千名の宗中員全員が原告あるいは被告にならなければならないとしたら、訴訟の経済・迅速という点から、事実上訴訟が不可能になる。また、宗中の不動産を宗中員数千名の名義で登記しなければならないなら、これも手続が複雑になり事実上不可能である。このような不便を解決しようとする政策的な配慮で、権利能力のない法人に訴訟能力と登記能力を認めたもので、これらの権利を認めたとして、すべての権利、とくに権利能力を認めて単独所有を認めるのは妥当な結論といえない。胎児は人間でないので原則的には権利能力が認められないが、胎児を保護するための政策的な配慮から、例外的に相続・損害賠償・遺贈等の権利は認められているが、このような例外的な権利が認められたといって、胎児にすべての権利が認められたわけではない。また、事実婚関係の夫婦を保護するために、軍人年金法、公務員年金法、住宅賃貸借保護法等の特別法と判例で、部分的に一部の権利を認めたといって、その他の権利である相続権、親権等の権利が認められるのではない。これと同様に、権利能力のない社団も、特別保護の必要性があって、特別規定を置いて訴訟能力と登記能力を例外的に認めたとしても、他の権利を持つ能力があるとはいえないであろう。

次のような判例でも、このような解釈がみられる。即ち、「非法人社団について、不動産登記法で登記能力を認め、または民事訴訟法で訴訟当事者能力を認めたといっても、そのような規定だけで、非法人社団に対して当然権利能力を認めなければならないとはいえない……」(46)、「権利能力のない社団または財団も、その実体においては、内部的には法人と類似した組織を持っているとはいえ、外部的には、民事訴訟法での訴訟能力と登記法上の登記能力を認めている場合のように特別な規定がある場合を除けば、一般的に法人格は認められないので、法人に関する本条（臨時理事の選任）の規定は準用できない」(47)とした。

第2に、権利能力のない社団を社団法人に準して認める場合、社団法人にとって単独所有を認める以上、権利能力のない社団の場合にもそれと同じように単独所有を認めなければならない、との主張は過度な形式論にすぎず、権利能力のない社団の社会的な実体を無視した見解であるといえる(48)。

第3に、権利能力のない社団が負担した債務を、権利能力のない社団自体の財産のみで責任を負い、構成員個人の財産では責任を負わないとして、その財産の所有形態を社団自体の単独所有と見るのが妥当であるとするが、構成員全体の総有という場合でも社団自体の財産で責任を負い(49)、構成員個人の財産では責任を負わない点から、単独所有とみなす理由にはなれない。

5　韓国民法で総有規定の不明確な法律構成について

民法の総有は、不明確な法律構成をしているので、権利能力のない社団の所有関係を規律するには不充分であり、総有の規定はなくすべきであるとの主張がある。前述したように、判例の変遷過程を見ると、共有の規定だけでは問題解決が困難であったため、合有の理論を導入したが、合有の理論でも問題解決に十分でなかったため、総有の理論を導入して、これを土台に総有規定を作ったのである。言い換えれば、より合理的で明確な法律構成をするために、総有規定を作ったのである。総有規定の必要性が認められた以上、その規定を積極的に補完して対処していくすべきで、民法の総有が不明確な

法律構成を持っているといって、総有規定を否定するのは絶対的な理由にはなれない。

⑶ 金曾漢＝金学東・前掲書302—303頁、金容漢・前掲書319—303頁。
⑶ 同旨、加藤雅信「総有論・合有論のミニ法人論的構造」『日本民法学の形成と課題上』（有斐閣、1996）189頁；川島武宜『所有権法の理論』（1971）202頁。
⑶ 漁村契が設立された後にも一家口当たり一人だけが漁村契員になれるのは、このような慣習に由来するようである。
⑶ 加藤雅信・前掲論文175頁以下参照。
⑶ 国会速記録によると、第一の特色は「いわゆる大陸法系の体系を採用した」ということで、第三の特色は「現行法制度を再検討してわれわれの現実にあわせて修正すると共に、従来学説上の問題になる点および明白な慣習等を解決し、惑は成文上の根拠を賦与したところ、これは法の発展の当然な処事である」と記述している。（「大韓民国国会速記録」1456—1458頁（第26回国会）。
⑶ 国会速記録、第26回—第47号：民法制定当時、総有規定を強調した金曾漢教授によると、ドイツ学者間だけではなく日本学者間でも通説になっている総有、合有の区別は、ドイツ、スイスの民法典が、ギールケの共同所有理論が広く普及される前に制定されたものであるため、それらの民法典に反映されることができなかった、と言う（民事法研究会編『民法案意見書』（一潮閣、1957）98頁）。
⑶ 独逸民法第54条で権利能力のない社団に対して、組合に関する規定を適用することにした理由はつぎの通りである。即ち、ドイツの民法の起草者は組合形態が権利能力のない社団に適切な形態ではないことを認めていたが、権利能力のない社団の法律関係を不完全な対外的な評価しか与えられない組合法理の下におくことによって、むしろ法人格取得の誘引が発生する、という政策的な理由からであった。また、ドイツ民法起草者が同民法第54条前段の文言を「準用」とせずに「適用」としたことは、「準用」とすることによって、組合規定が権利能力のない社団の目的に合致した場合だけ適用されるよ

うにするためであり、組合の強行規定が適用されることになると、むしろ不確実性が増大し、事実上自由設立を許容することになるのを憂慮したためであった。(鄭鍾休・前掲論文52—53頁)。

(33)　朝高判1912.12.3

(34)　朝高判1917.7.9；朝高判1919.1.31

(35)　朝高判1927.9.23

(36)　朝高判1931.3.31；朝高判1934.10.2.；朝高判1935.11.22

(37)　大判1953.4.21、4285民上162

(38)　大判1958.2.6、4289民上617

(39)　大判1957.12.13、4289民上182；大判1958.8.14、4289民上569；大判1959.8.27、4289民上323；大判1959.8.27、4290民上436

(40)　大判1956.10.13、4288民上435

(41)　大判1970.2.10、67ダ2892、28③民239；大判1970.2.24、68ダ615、集18①民101

(42)　大判1960.7.14、4291民上547；大判1968.11.19、67ダ2115；大判1971.2.9、70ダ2478

(43)　黄迪仁・前掲書251頁、金相容・前掲書450頁。

(44)　非法人社団または財団において、代表者および管理人がいる場合は、そのような社団乃至財団が当然権利能力の主体になることができるとは言えないとしても、当事者能力に関してはこれを肯定する民事訴訟法第48条の規定があり、また、登記能力に関しては不動産登記法第30条にこれを肯定する規定があり、さらには、本件の原告の宗中のように、財産と宗中員を中心として事実上社会生活上の一つの単位を成す場合には、法律上の特殊な社会的作用を担当する一つの独自的な存在になると言えるため、原審が原告宗中に対して、本件の不動産に関する取得時効完成による所有権を認めた措置に違法はない。」(大判1969.1.21、68ダ211)。

(45)　大判1981.1.27.80ダ2266

(46)　大判1969.1.21、68ダ211

(47)　大判1961.11.16、4293民再抗431

(48)　張庚鶴・前掲書298頁。

(49)　権利能力のない法人構成員の責任については、無限責任説と有限責任説の

対立があり、権利能力のない法人の財産だけで責任を負い、構成員の個人財産では責任を負わないというのが多数説である（高翔龍『民法総則』（法文社、1992）272—273頁；金基善・前掲書186頁；金曾漢・前掲書176頁；李英俊・前掲書856頁；張庚鶴・前掲書299頁。

V 結 語

　韓国民法で、共同所有の一つの形態として、総有に関する一般的な規定を置いたことに関して、肯定する見解と否定する見解に分かれているところ、次のような理由で否定説より肯定説が妥当である。

　第1に、総有は、ゲルマン村落共同体などで見られた所有形態で、歴史的には絶滅の運命にあり、不必要な規定であるといわれるが、総有が今日にもなお世界のどこでも見られる普遍的な所有形態であり、場合によっては発展的な形態で現れていることを見ると、絶滅の運命にあるとか不必要な規定であるとはいえない。第2に、総有の概念が団体主義に立脚しており、個人主義を原則とする近代民法の原則に背馳するという主張は、個人主義を根本にしつつも過度な個人主義を警戒し、むしろ共同体の利益のための公共福利を指向する現在では、説得力に欠けているように思われる。第3に、総有は、比較法的に総有理論を確立したドイツのみならず、世界のどこの国でも規定しておらず、現行民法の総有規定が実質的に法的な処理に貢献できない不必要な規定であるとして反対されている。しかし、総有理論を確立したドイツが総有規定を成文化しなかったとしても、団体設立の自由が認められる現代において、多様な団体の形態に適合する所有形態は、合理的な問題の解決のために必要であり、共有規定だけの場合よりは合有の規定もある場合が、共有・合有規定だけの場合より総有規定も持っている場合が、より合理的に問題解決ができるのであり、韓国で総有規定を成文化したことは妥当である。また、宗中・教会・自然部落のような権利能力のない社団で財産に関する紛争が発生した場合、総有規定がなかった旧民法の当時は勿論現在でも、法院

が総有規定に基づいて問題を解決しているのを見ると、総有規定が実質的に法的処理に貢献していないというのは妥当性がない。第4に、総有は権利能力のない社団の財産所有形態であるが、不動産登記法と民事訴訟法で権利能力のない社団に登記能力と訴訟当事者能力を認めており、これは権利能力を認めていることにほかならないので、その所有形態も総有ではなく権利能力のない社団の単独所有であるとみなければならないという主張は、政策的な立場から、胎児に例外的な相続権等の権利が認められてはいるものの、すべての権利が認定されているのではないのと同じく、政策的な立場で法人の胎児である権利能力のない社団に、登記能力と訴訟当事者能力が認められるのであり、すべての権利能力が認定されなければならないというのは、論理の飛躍である。第5に、現在の総有規定は、権利能力のない法人の所有関係を規律するには不充分である、という理由で反対する見解は一面妥当性がある。しかし、必要に応じて規定を補完していくべきで、それが総有に反対する積極的な理由にはなれない。

　このような検討結果を見ると、今日、総有の概念は必要で、韓国民法が総有規定をおいたのは正当であるといえよう。したがって、民法を改正するとしても総有規定が削除されることがあってはならない。但し、現在の総有規定では多少不充分な点があり、権利能力なき社団の規定化とともに補完する必要性はあるといえよう。

6 原始的不能と契約締結上の過失責任

李　　銀　　栄

Ⅰ　序　　言
Ⅱ　原始的不能の法理に関する論争
Ⅲ　契約締結上の過失責任の性格と注意義務
Ⅳ　契約締結上の過失責任の拡大適用
Ⅴ　交渉中事故に対する責任
Ⅵ　信頼損害の賠償
Ⅶ　結　　論

Ⅰ　序　　言

　韓国民法には、「契約締結上の過失」に関する規定が一ケ条設けられている。しかし、この規定の存在で、契約締結上の過失をめぐる法律問題がすべて解決されたわけではない。この規定が前提としている原始的不能の法理の当為性に関する問題をはじめ、契約締結上の過失責任の概念、性格、射程範囲などに関して、民法学者たちの議論は立法直後から現在まで活発に展開されてきた。韓国民法第535条は、「契約締結上の過失」という題目のもとで、第1項で「目的の不能である契約を締結する際にその不能を知っていたか知りえた者は相手方がその契約の有効を信じたことによって被った損害を賠償しなければならない」と規定し、第2項では「前項の規定は相手方がその不能を知っていたか知りえた場合にはその限りでない」と定めている。この規定は、日本の支配下で日本民法が強制的に適用されていた状況から脱して、独立後、韓国政府により自主的に制定された現行民法（1958年）に新しく設けられたものである。この規定は、その立法背景や趣旨からして、ドイツ民

法第307条の規定及び1950年代の日本民法学から強い影響を受けて設けられたと言える。

　現行民法の施行された直後には、民法規定の字句に忠実に従い、原始的不能による契約無効の場合に限定して契約締結上の過失責任が論じられた。韓国民法学が、契約締結上の過失責任に改めて注目しはじめたのは、経済成長で取引が活発になり契約法の重要性が改めて認識されはじめた1970年代後半からである。そして1980年代末に至り、契約責任体系の見直しを主張する理論が続々と登場し、契約締結上の過失責任に関する議論は新しい段階に入ることになった。浮上した争点としては次のようなものがあげられる。第１に、民法第535条は「原始的給付不能は当事者の合意如何を問わず契約を無効にする」という「原始的不能の法理」を前提にしているが、この原始的不能の法理、それ自体は妥当性があるのか。当事者の合意があれば、たとえ原始的不能であってもその合意に従い契約を有効なものと見なし、帰責事由のある当事者に契約責任を負わせるのが妥当ではないか。第２に、民法535条は原始的不能による契約不成立の場合だけを対象にしているが、同法理は「錯誤による契約取消」の場合にも認められるべきではないか。錯誤を理由で契約を取り消す者は、相手方に生じた信頼利益の損害を賠償する義務を負うべきではないか。第３に、民法535条が規定する「信頼利益の賠償責任」は、その本質上契約責任であると見るべきであるか、それとも不法行為責任であるととらえるべきか。両方どちらでもないとしたら第３の責任であるのか。定められている位置からして、契約法総則の中で「契約の成立」の款の最後にあり、変更の加えられた承諾（第534条）の次に出ていることからすると、契約責任の本質を持つことを意味するのか。第４に、ドイツの判例で認められている「契約交渉中の事故に対する店舗主の責任」も、契約締結上の過失責任に含めて議論すべきであるか、それともこのような事故責任を民法535条から切り離して、不法行為責任の一つの類型として捉えるべきであるのか。第５に、民法第535条が契約交渉の当事者に負わせる損害賠償責任は、無過失責任ではなく過失責任であるが、その際賠償義務者の違反した注意義務は

何であり、どのような根拠で課されるのであるか。第6に、民法第535条の規定は「契約交渉における自由と公正」という観点からしてどのような機能を担うのか。

II　原始的不能の法理に関する論争

　契約締結上の過失責任と関連して最初に出された疑問は、「目的達成の不能な契約は無効である」という原始的不能の法理が、当然のことと前提されている点であった。原始的不能の法理は、ローマ法の「問答契約における不能論」で「契約の目的物は外界に実存するものでなければならない」という原則から始まったという[1]。ドイツ普通法学のなかでこの不能論が展開され、後にプロイセン一般ラント法に規定が置かれることになった。サヴィニー（Savigny）とモムゼン（Momsen）により原始的不能の法理は精巧に完成された。モムゼンは、債務解放効果の認められる不能を「真正な不能」と捉え、「原始的に不能である給付を目的とする契約は無効である」という法理を立てた。彼は原始的不能に関しては、原則的に客観的不能だけを真正な不能として認めた反面、後発的不能に関しては、有責性という要素を追加することによって、客観的不能以外にも主観的不能を真正な不能として扱った。モムゼンの原始的不能論に対して、ブリンツ（Brintz）、ハルトマン（Hartmann）などの学者が批判を加えたが、その原始的不能論はドイツ民法第306条に「不能である給付を目的とする契約は無効である」（Ein auf unmögliche Leistung gerichteter Vertrag ist nichtig）という規定が明文化されることになった[2][3]。韓国民法はドイツ民法第306条の規定をそのまま取り入れたわけではないが、ドイツ民法第307条第1項の規定を導入することによって、その前提になる原始的不能の法理も取り入れる結果となった[4]。

　韓国民法が施行されてから、その解釈論の中で原始的不能の法理は当然のことと受け入れられてきた。民法総則編の概説書では、法律行為の有効要件の一つとして目的の可能が求められ、その要件が充たされない法律行為は無

効であると説明され(5)、債権総論では、給付の対象が原始的不能である場合、債権は成立しないと説明された(6)。民法学者たちがこのように説明をした理由は、原始的不能の法理が民法に間接的に表れているという実定法的根拠があることだけではなく、法理論上でも妥当かつ当然の命題であると考えたからである。初期の民法学では、原始的不能の給付を目的とする契約を無効とする理論に対してまったく問題提起がなされておらず、当然の法命題として受け入れられていた。原始的不能の法理が何故当然のこととして受け入れられるべきであるかについては、「そのような給付の実現を法律が助けるのは無意味である」とか(7)、「実現不可能な事項を内容とする法律行為は、国家機関の助けがあっても当該事項が将来実現される方法がなく、よって法的効果を認めても無意味であるから無効である」という(8)簡単な説明しか行われていなかった。そして契約締結上の過失責任は、原始的不能の法理を適用した結果生じる利益不均衡の状態を是正するための損害賠償請求権を発生させる制度として妥当である、と理解された。

原始的不能の法理に対する挑戦が行われたのは、瑕疵担保責任の本質に関して債務不履行責任説が主張されてからである。従来、原始的不能の法理に盲従していた民法学者たちは、原始的不能である部分に関して、契約債務が発生しえないという前提に立って「原始的瑕疵の部分に関しては債務が発生しないので債務不履行責任を問えない」という論理を展開し、韓国民法第580条（日本民法第570条に当たる）に定められた瑕疵担保責任は法律の規定により与えられた責任（法定責任）である、という議論を展開した(9)。このような法定責任説によると、原始的瑕疵のある部分と関連して買主が売主に損害賠償請求をする場合には信頼利益の賠償請求しかできない、とされていた。これに対して、瑕疵担保責任は契約債務の不履行に伴う責任で、韓国民法第390条（日本民法第415条に当たる）の債務不履行責任と本質を同じにするが、売買など有償契約の特則で、より豊かな内容で定められたという理論（債務不履行説）が主張され、この債務不履行責任説は1980年代以後、多数の学者によって支持されている(10)。債務不履行責任説によると、原始的瑕疵が

あっても売買契約は当事者の合意した部分全体に関して締結されているので、売主は契約に従い瑕疵のない完全な物を引き渡す債務を負い、その債務を履行しないことに対する責任が瑕疵担保責任であるとする。この学説によると、瑕疵による損害賠償には履行利益の賠償が含まれると解釈される。私見も債務不履行責任説に従い、原始的瑕疵の部分に関しても契約債務は発生し、その賠償範囲は通常の債務不履行責任のように履行利益の賠償であるとみる立場である[11]。その後、瑕疵担保責任に関する議論は本質論と効果論に分けられて展開された。最近、瑕疵担保責任の本質に関しては債務不履行責任説をとりながら、損害賠償の範囲に関しては部分的な信頼利益の賠償に限定すべきであるという見解（修正された債務不履行責任説）も主張された[12]。この見解が部分的な信頼利益の賠償を主張する理由は、原始的瑕疵の部分に関して契約が成立しなかったからではなく、「瑕疵担保責任は無過失責任であるからその賠償責任を少し縮小すべきである」ということからであった。判例は「売主に売買目的物の瑕疵により生じた拡大損害ないし2次損害に対する賠償責任を負わせるためには、売主に義務違反の事実だけではなくその義務違反に対する帰責事由が存在しなければならない」という立場を取り、過失を要件にしない瑕疵担保責任では拡大損害の賠償を命ずることができないと判示した（大判　1997．5．7、96ダ39455）。

瑕疵担保責任に関する論議では、韓国民法第462条（日本民法第483条に当たる）の「特定物の現状引渡」と関連して激しい論争が交わされた。韓国民法第462条は「特定物の引渡が債権の目的である場合には債務者は履行期の現状のまま引き渡さなければならない」と定めているが、この規定と瑕疵担保責任の本質論と関連して解釈に違いが生じたのである。法定責任説によると、特定物売買の場合に売主が善良な管理者の注意義務（韓国民法第374条、日本民法第400条）を尽くしたが履行期にその特定物に瑕疵が発生した場合に、売主はその瑕疵のある特定物を引き渡すことで債務を履行したことになるが、これとは別途瑕疵担保責任を負わせるのはその責任の性格が法定責任であるからだ、という説明がなされた。売主の現状引渡は債務不履行に当たらない

ということである。瑕疵が存在しても特定物の履行義務は現状引渡で足り、それ以上債務不履行の責任は問えない、という論理であった。これに対して、債務不履行責任説側では特定物の現状引渡規定を、債務者が履行期の現状のまま特定物を引き渡そうと弁済提供した場合、債権者はそれに瑕疵のあることを理由で受領それ自体を拒むことができない、という趣旨で理解した[13]。特定物の売買において売主は瑕疵のない物の給付義務を負っているのであり、民法第462条は特定物につき引渡しの方法だけを定めているだけで、原始的に瑕疵のある物をそのまま引渡したとして完全な履行の効果が生じるのではないという[14]。債権者がその瑕疵のある物を受け取った場合、債権者は債務者の善管義務違反を理由にして債務不履行責任を問えるし、瑕疵担保責任に基づいて損害賠償の請求が可能であるという解釈である[15]。無償契約の場合、債務者の過失によらない瑕疵に対する損害賠償の請求はできないが、有償契約の場合には、一応その部分に関して契約債務が成立している以上、瑕疵に対する損害賠償の請求が可能であると説く。有償契約の場合、瑕疵に対する損害賠償の請求が可能であるのは、「瑕疵のない特定物」を引き渡す債務を負うことにしたにもかかわらずその債務を履行しなかったからであり、その瑕疵が原始的であるか後発的であるかは問題ではないとする。有償契約で当事者は「瑕疵のない特定物とその代価との等価交換の合意」をしたため、その合意は尊重されるべきであるとのことである。さらに債務不履行責任説では、特定物の現状引渡に関する韓国民法第462条を廃止すべきであるという立法意見も示された[16]。結局、債務不履行責任説は、最初は「原始的不能の法理」を攻略し、続いて「特定物の現状引渡の法理」を批判する手順を踏んだが、このような批判的認識が「原始的不能のドグマ」、「特定物ドグマ」という冷笑的用語を普遍化させることになった[17]。

最近、原始的不能の法理、それ自体を否認する議論も活発に行われている。原始的不能論には説得力のある根拠がない、という批判から出発し、その批判は原始的不能法理の否定説へ発展した。原始的不能である給付の実現を法律が助けることは無意味であるから原始的不能の法理が妥当である、という

肯定説に対して、「このような主張は何故原始的不能の場合のみ、その契約を無効にするかが説明できない」という疑問が示されたことをきっかけに、その議論に火がついた[18]。否定説は、原始的不能論が韓国民法に実定化されていることは否認できないが、解釈を通してその不自然な点の緩和ないし解決が図られるとして、解釈論上の議論に実益があると主張した[19]。

「給付それ自体の実現が不可能なのは、後発的不能の場合にも同じである。例えば、特定物に付き売買契約が締結された後、その目的物が滅失されたならば、その給付の実現は不可能である。そうすると、この場合にもその給付に関する契約上の義務を認めるのは無意味であるのか。だれもこの問いに肯定的な答えは出さないであろう。そして、有効に存在する給付請求権が「履行に代わる損害賠償」(第395条)、すなわち填補賠償請求権に――同一性を維持しながら――代わって存続するので契約は有効である、と説明するであろう。そうであるとしたら、原始的不能の場合に対しても、給付請求権は有効に成立するが、ただ最初から填補賠償請求権の形態をとっているだけである、と言えない理由もない。このような主張も論理的に不可能ではなかろう。結局、不能である給付の実現を法律が助けるのは無意味であるという論拠は、原始的不能論を正当化させるに物足りないと考える」[20]。

このように否定説では、原始的不能の場合にも契約は成立していると見て、最初から給付請求権の代わりに損害賠償請求権を発生させればいいというのが第1の論拠であった[21]。その損害賠償請求権をわざわざ債務不履行責任として取り扱おうとする理由として「約束をなした者はそれを守るべきである」という法原理を以て独自の領域を構築している契約法はそれにふさわしい法原理を貫徹していると説明した。また、契約上の請求権と不法行為による損害賠償請求権の間には要件と効果の両面にわたって様々な違いがあるとして、不法行為の非正常的な肥大現状が指摘されている韓国民法の運用において、契約的規律の特性と効力の範囲を認識することは重要な前提作業であると付け加えた[22]。第2の論拠としては、原始的不能論が韓国民法の全体

的体系、前提となっている基本的論理からして、内在的に調和がとれるかについて次のような疑問を示す[23]。

「我が契約法では要物契約ではなく諾成契約がその基本的な形態として認められている。即ち、契約当事者の意思の合致が契約成立の必要要件であると同時に充分条件であり、当事者の合意以外に物の引渡しその他給付をしてはじめて契約が成立するのではない。従って、物の引渡しその他の給付が可能であるかどうかは契約の成立とは何ら関係がないと言えよう。……、給付の実現可能性を問わず、契約が有効であるとみるような解釈はできないであろうか。このような点で給付の実現可能性は、契約の他の効力発生要件、即ち内容の適法性や社会的妥当性などの要件と同じ次元で扱うことはできないと思われる。後者の要件は給付の実現可能性の問題とは異なり、契約成立の次元で議論される一定の前提的論理とは無関係である。」

この2番目の論拠については「契約締結という準拠点は、契約の成立有無に対する基準またはそれに伴う契約責任の認定の可否の基準にはなっても、契約の有効・無効を決める基準ではないのである」という意見が付け加えられた[24]。この論者は全く不可能である給付を目的とする契約が締結される場合は例外であり、その場合には契約の無意味の問題で冗談表示・反社会的行為などの法理によって解決されるべきであると主張した[25]。

「結局、民法第535条及びそれに結びついている「目的不能の契約は無効」という前提は論理上において必然的なものでも、法政策的に妥当なものではなく、むしろ立法者の誤った判断によるものであるという結論に至った。たとえ目的不能の契約であっても、その有効性を認めて、それに伴う履行利益の賠償を許容し、債権者に過失相殺の適用を認めるのが、当事者の利益により合致することが明らかになった。勿論、目的不能の契約に一律的に履行利益の賠償を認めるのが妥当でない場合もありうる。たとえば、全く不可能で考えられない給付を目的とする契約は、その履行利益を確定することができないから、むしろ契約を無効にして

信頼利益の賠償を認めるのがより妥当であるかも知れない。しかし、そのような場合は極めて稀な例であり、また、それを不能の問題であると考えるよりは、むしろ給付や契約の無意味性と関連する問題であると考えるほうがいいだろう。さらにそのような問題は、他の法制度、例えば、冗談表示、公序良俗違反などによる無効で解決できるので、結論には影響を及ぼさないと思われる。」

　私見では原始的不能の法理に例外を認めて、この法理を弾力的に運用するのが望ましいと考えており、この法理自体を否定するのは正しくないと思う。実定法上の原始的不能の法理が間接的であれ明文で定められているためその法理を完全に否定するのは不可能であるという点以外に、本稿の立場として以上のような制限的肯定説をとる理論的根拠は、次の通りである。

　第1に、原始的不能の法理は、たとえ部分的に不合理な点が存在するにせよ、それ自体従わざるをえない債権法の基本原理を示している。もし契約の際に客観的にかつ明らかにその目的達成の不可能な給付を履行することを合意したとすれば、契約の有効な成立を認めてその給付請求権を生じさせるのは無意味なことになるから、その契約を無効にして最初から債権を発生させないのが妥当である。民法の基本構造によると、契約の成立により債権が発生し、債権者は債務者に対する給付請求権を取得する。契約をめぐる法律関係の核心は債権の発生であり、給付請求権は債権の核心的内容をなしている。給付請求権は債権者が債務者に対して任意的履行請求及び強制履行を請求する基礎になる核心的権利である。給付請求権が認められない場合まで債権を認めて債権の基本原則を乱すのは望ましくない。例えば、火事で滅失した建物を贈与することを内容にする契約を締結した場合に、受贈者にその建物の所有権移転請求権を認めて、その権利実現のために判決手続及び強制執行手続に至るまでの法的救済手段を与えることは司法権をむやみに働かせることになってしまう。民事訴訟法においても訴訟を起こす実益のある場合に限って提訴を認める「訴えの利益の法理」があるように、民事実体法にも「権利を与える利益のある場合に限って権利を与える」という権利賦与の基本原則

が存在する。その基本原則の一つが「権利の実現可能性」という要件であり、債権と関連しては「給付の可能」が求められる。火事で滅失した建物に対して損害賠償請求権を賦与する問題について考えてみても、そのような損害賠償請求権を認めるために、無条件に債権の発生及び契約の成立を認めるのは困難である[26]。

　否定説は、給付請求権がなくても塡補賠償請求権を認めるために原始的不能の契約の有効性を認める必要があると主張しているが、たとえ契約成立を認め、債務を負わせてもその債務の不履行による損害賠償請求権が発生しない場合にはどうしようもない事態になってしまう。損害賠償請求権の発生しない契約を認めるのは理に適わないので、原始的不能の法理により、そのような矛盾は避けるべきである。塡補賠償請求権を認めるとしても、最初から不能な給付請求権の時価相当額（塡補賠償）を算定することは無意味であろう。先に挙げた例で、建物の火事が契約相手方の過失なく起こった場合まで契約の成立を認めることは、給付請求権も損害賠償請求権も発生しない債権を認めることになり、論理的に矛盾していることが分かる。民法は債務不履行責任に対して過失責任の原則をとっているので、給付の約束をなした者の過失なく生じた不能に対してはどうしようもない（無過失責任をとる場合には事情が変わることがある）。危険負担の法理によっても債務者の過失によらない不能は債務を消滅させるので、原始的不能の契約を認める実益はないと思われる。

　建物の火事が、契約を結ぶ前に贈与者の過失により起こった場合であれば、不能の契約も当事者の合意のある以上、有効な契約として扱おうとする否定説の主張は考慮に値する。しかし、この場合にも契約を結ぶ前に建物の所有者である贈与者が自分の所有物を管理する注意義務を他人に対して負うというのは認められないので、建物の滅失に対する過失は認められない。そもそも物の所有者は自分のものを自ら破壊しても他人に対して損害賠償責任を負わないのが原則である。もし贈与者に責めがあるとしたら、その建物の滅失の事実を知っていながら受贈者と贈与契約を締結することによって受贈者の

信頼を裏切ったということであろう。このような問題点は有償契約である売買契約にも当てはまる。結局、給付の不能で契約が無効になった場合に、当該契約当事者が負う責任の根拠は契約の相手方に対して契約目的達成の原始的不能を知らせることなく、相手方の信頼を裏切ったということにほかならなく、それに対応する形で韓国民法第535条の契約締結上の過失責任の規定が置かれることになったと思われる(27)。

　第2に、原始的不能は実際に不能契約締結を抑制する効果を持つ。客観的に不能の給付を目的とする契約が稀な理由は、原始的不能の法理のため、契約当事者がそのような契約を締結してもしようがないという認識を持っているからである。もし、原始的不能の法理がなければ、どんでもない内容の契約の履行または損害賠償を求める訴訟外・訴訟上の請求が多く出てくるであろう。法的救済に値する契約を実現可能な契約に限定することによって、とんでもない内容の契約を締結しようとする企てを防ぐことができる。もし、原始的不能の契約も有効であるとすると、一方当事者が相手方を騙すつもりで実現不可能な給付を約束する事例が増えるであろう。結局、原始的不能の法理は、裁判でこの法理を適用して契約が無効であることを宣言した判決は多くないが、潜在的な不能契約の効力を否定することによって、始めから不能契約の法律問題が起こらないようにする機能を果たしているといえよう。

　第3に、民法のとっている諾成契約の原則と原始的不能の法理は矛盾しない。諾成契約の原則は、当事者のあいだに真の債務負担の意思の交換があれば、履行に着手しなくても法的拘束力を認めるという旨で、原始的不能の法理は、債務を生じさせるに値しない債務負担の約束は無効にするという趣旨である。両者を合わせてみると、給付の可能な債務だけを生じさせ、その債務発生には債務負担の約束だけで充分である、というのが民法の趣旨であると捉えることができ、このような民法の趣旨は妥当であると思われる。

　第4に、原始的不能の法理は契約締結時を基準にして、その給付不能が客観的に明らかで契約成立を認める必要がない場合に限って適用されるべきであり、将来給付が可能になるかも知れない権利欠缺の場合には適用されない。

民法は、契約締結時に売主に譲渡の権利のない「他人の権利の売買」の場合に売買契約が有効に成立するとみて債権の発生を認める（韓国民法第569条、日本民法第560条に当たる）[28]。売買の規定によると、善意の買主は売主に対して損害賠償請求権を持つが（韓国民法第570条、日本民法第561条に当たる）、この損害賠償請求権は債務不履行責任に当たるから履行利益の賠償を意味すると解釈される[29]。従来、民法学で言われてきた主観的、原始的不能が何を意味するか明らかではないが、他人の権利を売買した場合には、たとえ主観的、原始的不能であると捉えられても、民法で明文規定を以て契約の有効性を認めているので原始的不能の法理をこの場合には適用する余地はない。他人の所有物を賃貸する賃貸借契約も有効に成立すると見るべきであり、現実には所有者でない賃貸人も多く、この場合、最初から無効と見る必要はないといえよう。契約を無効とする給付不能というのは、社会通念に従い客観的に判断すると、契約締結時には勿論将来にも永久に給付不能状態が続くであろうと認められる場合に限られる。

　第5に、売買契約により合意した目的物に買主の知らなかった原始的な瑕疵・一部滅失・数量不足があった場合に、売買契約は合意した目的物・数量を以て成立し、売主はその瑕疵・一部滅失・数量不足に対して瑕疵担保責任を負うことにより買主の履行利益を保障すべきである。民法は瑕疵担保責任規定で、原始的不能の法理に対する例外を認めていると解される。私見では瑕疵担保責任の本質を債務不履行責任の性格を持つことと解し、その内容として認められる損害賠償請求権は履行利益の賠償請求として解する立場を取っており、原始的不能の法理は瑕疵・一部滅失・数量不足の場合には適用されないと考える。そして贈与、使用貸借、賃貸借等の契約においても同じ趣旨で原始的不能の法理に対する例外が認められるべきであると思われる。このような契約でも原始的瑕疵・一部滅失・数量不足は合意した全てに関する契約の成立を妨げないと見ている。

Ⅲ　契約締結上の過失責任の性格と注意義務

　原始的不能による契約締結上の過失責任が契約責任に当たるか、不法行為責任に当たるか、それとも第3の責任であるかについては見解が分かれている。韓国民法第535条はその責任の発生についてのみ規定しているだけでその責任の性質については規定していないため、解釈如何によってその責任の性格が異なってくる余地がある。問題になるのは責任の基本的性質である。韓国民法第535条は責任の原因と責任の内容両方を規定しているため、契約締結上の過失責任の要件及び効果は、民法第535条により独自に決まり、契約責任説をとるか不法責任説をとるかによって異なってくるものではない。韓国民法では不法行為責任について債務不履行責任の損害賠償の範囲に関する規定（韓国民法第393条、日本民法第416条に当たる）を準用することによって（韓国民法第763条）、両責任の間に損害賠償の内容上の差はほとんどないが、消滅時効については大きな差が生じるため、議論する実益があるとしたら、それは消滅時効期間に関してであろう（韓国民法第162条、第766条）。

　民法施行以後、多くの韓国民法学者は契約締結上の過失責任は契約責任の性質を持つものであると考えた[30]。契約上の義務は、主たる給付義務がその全てではなく、その他に保護義務、誠実義務等のような信義則上の様々な付随義務を含むと見て、債務の内容的範囲を広く捉えたのみならず、その信義則上の義務は契約上の交渉段階で既に存在していると見て、債務の時間的範囲もまた広げた。このような前提の下で、契約締結上の過失責任は信義則上の付随義務に違反したことに対する責任として、契約責任に含まれると説明した。さらに、契約責任説は、契約締結上の過失責任の要件と効果について、履行補助者の故意・過失（韓国民法第391条）等債務不履行責任の規定を類推適用すべきであること、そして消滅時効期間（韓国民法第162条）を債務不履行の場合と同じく10年にすべきであると主張した[31]。契約締結上の責任を認めるための実質的根拠は、一方当事者が契約交渉を開始することに

よって他人に契約成立の信頼を呼び起こしたという点に見出した。契約責任と不法行為責任を生じさせる差は、当事者の間に強い信頼関係が存在するか否かにあり、契約締結のための接触ないし協議の段階にいる当事者の間には、まだ契約上の債権関係は発生していないが、不法行為の当事者の場合とは異なる特別な人的信頼関係は既に成立していると説く。この段階における当事者関係は、一種の法定債権関係とみることができ、その債権関係の内容をなす当事者の債務は、積極的な給付義務ではなく、債務違反時に相手方に対して損害賠償責任を負担する効果を発生させる根拠としての消極的意味をもつ義務であると説明した。

　以上の見解とは違って、契約締結上の過失責任を不法行為責任として捉える見解も以前から主張されていた。この見解は、契約締結時に特に注意をし、契約の無効により相手方に不測の損害を与えないようにすることは、だれにも求められる信義則上の注意義務であり、この注意義務に違反して過失で契約を締結して相手方に違法に損害を与えた者は、一定の不法行為責任を負うとした[32]。

　他方、契約締結上の過失責任は、契約責任でもなければ不法行為責任でもない第3の責任体系として理解する見解が出てきた[33]。この法定責任説は、過失責任は契約締結前段階における協議義務や取引関係の開始または法律行為を目的とする社会的接触に基づく行為義務（忠実義務、保護義務）違反の効果であり、その責任の法的性質は、契約責任にも不法行為責任にも該当しない、独自の法定責任であると説いた。契約成立の前段階における信義則上の行為義務は、契約の成立した後の段階での行為義務に近似するが、その本質が異なるため、契約の成立した後の段階での信義則上の行為義務が契約義務であるとしても、契約成立の前段階の行為義務も契約義務に該当するという結論にはならないとした。民法の契約締結上の過失規定（韓国民法第535条）は、ちょうど賃貸借規定（韓国民法第634条、日本民法第615条に当たる）によって賃貸人は賃借人に対して、賃借物に修理の必要であること、あるいは、賃借物に対して権利を主張する者がいるという事実を通知する義務を負うのと

同じ論理で設けられていると解した。契約前段階で契約を目的とする社会的接触があれば、当事者の間には不法行為における「他人」以上の信頼関係が築かれるが、この信頼関係は伝統的な意味での信頼関係として規律するには相応しくない独自の領域を形成しているとし、その信頼関係は不法行為責任で求める社会生活上の注意義務とは異なるものであると説明した。不法行為責任として捉えると、契約締結上の過失責任の内容が信頼利益の賠償に限られる理由が説明できなくなってしまうと主張した(34)。そして、法定責任説は、契約責任説の場合、契約成立の前後に分けて不法行為責任と契約責任に二分して規律する私法体系に正面から矛盾すると批判した。また、契約責任説の抱えている最大の問題点は、契約締結上の過失責任を契約責任であるとしながら、その責任の内容を信頼利益に限定する点にあるとした(35)。この問題と関連して、契約責任説側は法定責任説を批判して、契約締結の前段階で発生する行為義務は相手方の信頼を保護するための行為義務であるため、給付義務の外延である契約締結後の段階における行為義務と本質を異にするとしているが、契約締結の前段階で発生する信義則上の注意義務と、契約の成立した後の段階における主たる債務以外の付随的な注意義務の両者が、その本質において判然と区別できるかは疑問であるとし、法定責任説の主張は契約締結上の過失責任の発生根拠とその法的性質を区別せずに一律に説明しようとした結果から出た無理な結論であると論駁した(36)。

　私見では、原始的不能による契約締結上の過失責任を、「契約責任や不法行為責任でない第3の法定責任」であるが、「契約に近い法定責任」として捉えている（法定責任に属する）。第1に、履行の不可能な給付を約定した債務者は債権者に対して信義則上求められる注意義務を違反しているが、この注意義務は契約上の給付義務でもなければ不法行為の前提になる社会生活上の注意義務でもない。契約締結上の過失責任では、原始的不能であるという事実を知らせなかった当事者の不作為は当該当事者の責めになるが、その前提として、契約当事者は相手方に対して契約に関連した情報を告知すべき義務を負う(37)。第2に、契約成立に至らなかった場合、交渉中の過失責任を

不法行為責任として扱うのは妥当でない。契約交渉に臨む当事者が相手方の利益を配慮すべき義務は、市民であればだれもが負う社会生活上の注意義務とは性質を異にする。不法行為責任として扱われる社会生活上の注意義務は、取引関係のない者たちの間だけに課されるのではない。取引の相手方に対して欺罔・背任・横領による不法行為をすることも多く、また、診療契約や運送契約の履行過程で起こった事故に対する不法行為責任を問う場合も多い。しかしながら、原始的不能による契約締結上の過失責任（錯誤による取消の場合も含む）は、「相手方の契約成立に対する信頼」が破られることによって生じた損害を賠償させることであるから、契約関係があるとしても不法行為責任として扱われる場合とは性質を異にする。第3に、契約締結以後、契約責任を問うのは差し支えないが、契約が無効である場合や取消された場合にまで、契約責任を問うのは不当である。契約において中心をなす給付義務が発生する前に付随義務だけが発生するというのは説得に乏しい。当事者の外見上の契約締結行為以前において、一方当事者が相手方の信頼を呼び起こしたことに対する責任まで遡及して契約責任に含めることはできないであろう。第4に、何よりも、民法が契約締結上の過失責任の範囲を信頼利益に限定したのは、債務不履行責任との差別性を明らかにしようとする趣旨と解される。損害賠償範囲を信頼利益に限定する立法がなされている状況の下で、責任の性格を債務不履行責任として捉えるのは矛盾する。第5に、契約締結上の過失責任を契約責任でも不法行為責任でもない「第3の法定責任」として捉えるとしても、民法第391条の履行補助者の故意・過失規定を類推適用したり、その消滅時効について債務不履行責任に準じて扱うのは差し支えないであろう。この部分は立法上空白の状態であるから債務不履行責任であれ、不法行為責任であれ、どちらか一つの規定を類推適用するしかないが、できれば被害者に有利な債務不履行規定を類推適用する方が望ましい。第6に、現に韓国の民事訴訟手続が旧訴訟物論に従い原告の指定した請求権に関する判決が行われている点を鑑みると、契約責任と不法行為責任以外に第3の法定責任を認めるのは訴訟当事者を混乱させる恐れがあるが、たとえ当事者の損害賠

償の請求原因の記載に誤りがあるとしてもそれだけでその請求を棄却するのは不当であり、裁判官がその責任原因の訂正を呼びかけるべきであろう。

Ⅳ　契約締結上の過失責任の拡大適用

　契約締結が決裂した場合に、交渉当事者の間で契約締結上の過失責任を問うのが果して望ましいかという議論が「契約交渉における自由と公正に関する議論」として展開されている。交渉過程で両当事者は、多くの時間と努力、物的資源を投じ、交渉のための接触過程で様々な営業秘密が露顕したり、第3者との交渉の機会を失う場合もあるが、交渉が途中でつまづき有効な契約締結まで到らず一方当事者が少なくない損失を被った場合に、その損失を交渉の相手方に賠償させるべきであるかが問題になる。この問題については大陸法と英米法は立場を異にしてきた[38]。大陸法ではローマ法から由来する信義（bona fides）の影響を受け、契約関係を「合意」と「関係性」として捉えてきたので「信義による交渉義務」を広く認めることになる。その結果、大陸法では交渉段階での信義則や公正に交渉する義務等を認め[39]、このような思想的背景の下で契約締結上の過失責任の法理を発展させ実定法化した。契約締結上の過失責任理論の持つ長所としては、契約当事者に交渉での信義を促す機能を果たしていること、その責任法理が訴訟当事者や裁判所にとって分かりやすいということ、その責任法理により法の統一的適用が可能になり、司法の経済性が図られるということなどが挙げられた。他方、英米法では、契約を交換（bargain）の観点から捉え、契約締結の自由だけでなく、契約を締結しない交渉の自由を幅広く認める自由主義的伝統を受け継いできた。契約の締結で得られる利益のために交渉につく当事者は、相手方が交渉を破棄した際に損害を被る危険も負うという「契約の交渉段階での協商は射倖的（aleatory）である」というのがコモンローの伝統的立場である。このような観点からすると交渉の当事者に一般的な公正交渉義務等を課するのは、交渉の自由を制限し、当事者が交渉を忌諱する冷却効果をももたらし、よって自

由でかつ活発な取引活動を抑制し、また交渉に付く者に心理的負担をかけ、性急に結論を促すなど、多くの副作用を生み出す。従って、交渉段階での信義則や公正交渉義務などに対して極めて消極的で、契約が締結されていない以上、契約締結の前段階のいかなる責任も負わないことを原則としている。交渉での信義と言っても、相手方を欺かない、即ち正直であるべき義務以上のなにものでもなく、信義で交渉すべき義務というのは、当事者間の対立的な立場を考えると筋に合わないということである。韓国学者の立場では、現行民法が大陸法の信義則に基づいた規定を設けている以上、その規定を疎かにしてはいけないが、その法適用において英米法の契約交渉自由の原則のもつ長所を認めて、柔軟な法解釈をするのが望ましいと思われる[40]。

　韓国民法第535条は、原始的不能による契約無効の場合に損害賠償の責任が発生すると定めているだけで、その他の反社会性による契約の無効、錯誤・詐欺・強迫による契約の取消などの場合については何の規定も置いていない。学説はこの場合にも過失のある一方当事者に契約締結上の過失による損害賠償責任を負わせることを主張している。中でも錯誤による取消の場合については、取消の相手方が取消権者に信頼損害に対する賠償責任を負わせるべきであるという見解（信頼責任認定説）が長い間主張されてきた[41][42]。表意者が通常の過失（軽過失）で重要部分について錯誤に陥た場合には取消すことができるが、この取消で相手方が不測の損害を被ることになる場合は、その損害を賠償しなければならないという。しかし、それに反対する見解は、そのような信頼責任を立法論として主張することは差し支えないが、現行法の解釈として受け入れることはできないという立場をとっている[43]。私見としては、信頼責任認定説に賛同する。民法に錯誤による信頼責任の明文規定はないが、次のような理由で民法第535条を類推適用すべきであると考える。第1に、錯誤による取消で相手方が不測の損害を被った場合に、その錯誤に陥た原因が専ら錯誤表意者にあった場合には、取消した契約当事者がその損害賠償責任を負うのが妥当である。第2に、錯誤を理由に契約を取消す場合に、その取消自体は法律の認める適法行為であるが、契約締結において

求められる注意を払わなかったために慎重な契約締結に至らなかった場合には、過失が認められうる。このようなことを理由に取消す当事者に過失が認められる場合に、その当事者は契約締結の相手方に対して契約が有効に締結されると信じたことによって被った損害を賠償する責任を負うべきである。第3に、錯誤による契約取消は不能契約による契約不成立に類似した事例であり、民法第535条の立法趣旨に立って類推解釈をしても差し支えない。その規定の趣旨は「契約締結行為があってそれを信頼した相手方の不測の契約不成立により損害を被った場合にそれを塡補させてくれるところ」にあると解される。以上の根拠で錯誤取消に伴う契約締結上の過失責任を認める場合、その要件は、第1に、錯誤表意者が民法第109条により自分の意思を取消すこと、第2に、錯誤表意者に過失があること、第3に、取消により相手方が損害を被ること、第4に、相手方の善意・無過失などであろう。

善良な風俗その他の社会秩序に違反する事項を内容にする契約（韓国民法第103条、日本民法第90条に当たる）及び不公正な契約（韓国民法第104条）に該当して無効になる場合、そして詐欺・強迫による場合にも同じく契約締結上の過失責任を認めるべきであるという主張がなされている。私見では、これらの場合においては不法行為に基づく損害賠償請求権が認められるため、民法第535条の契約締結上の過失責任を認める実益は少ないと思われる。詐欺・強迫による取消の場合には錯誤取消の場合とは異なり、取消の相手方が損害賠償の義務を負い、また、その相手方の過失と違法性が普通認められるため、不法行為責任を問うには何ら問題はないであろう。民法第535条が反社会的行為及び詐欺・強迫の場合まで含む一般的要件をとるとしたら別であるが、その要件を原始的不能だけを定めている現行法の下で、わざわざ民法第535条を類推適用する必要はないと思われる。

そして、交渉当事者の注意義務を強化し、その違反には契約取消権を認めるなどの方法で契約解消を許すべきであるかの問題も最近議論されている(44)。日本では、事業家は契約交渉中に消費者に対して商品及び取引条件に関する重要な情報を誠実に知らせる義務を負い、事業家がこの義務を守ら

なかった場合に消費者は、一応締結された契約を取消す権利を有するという理論が展開されている(45)。他方、韓国では契約交渉中の情報提供義務の違反を契約解消に結び付けることなく、契約を存続させながら、消費者に不利な内容を削除する方法で消費者保護を図っている。特に約款の規制と関連しては事業家が顧客（消費者と商人を含む）に約款の内容を予想可能な方法で明示し、その中で重要な内容については顧客が履行できるよう説明する義務が課され、その明示・説明義務に違反して契約を締結した場合には「当該約款を契約の内容として主張することが出来ない」と定めている（韓国約款規制法第3条1項、2項、3項）。即ち、約款と関連して事業家が情報提供義務を果たさなかったとしても、そのことは契約の効力に影響を及ぼすことなく、契約の内容のなかで当該事項のみに影響を及ぼすのである。結局、韓国の約款規制法は契約拘束力を存続させるという立場をとっている。ただ、割賦売買、訪問販売の場合に消費者が衝動購買を避けられるよう契約撤回権が情報提供義務に関係なく認められる。

V 交渉中事故に対する責任

契約交渉中に起こった事故による損害賠償責任も契約締結上の過失責任のなかに含めるべきか、それとも不法行為責任として扱うべきかが議論になった時がある。ドイツの理論(46)が韓国民法学に影響を及ぼし、交渉当事者の間でも信義則に基づいて契約当事者の間で認められているような保護義務を認め、その注意義務に反して事故が起こった場合に、契約責任として捉え損害賠償義務を認めようという主張がなされた（契約責任説）(47)。契約の締結される前でも契約交渉の段階で既に交渉当事者は、信義則に基づいて注意義務・保護義務・誠実義務・基本義務以外に容態義務などを負うが、契約締結上の責任はこのような信義則上の付随義務に違反して契約交渉の相手方に損害を与えた場合、その賠償責任を主な内容にすると主張した。その損害賠償責任は契約を締結しようとする当事者のあいだで生じた問題であるため、た

とえ契約締結の前でも契約責任として理論構成されるべきであるという。この理論の核心は交渉相手の被った身体上・財産上の損害を不法行為責任ではなく契約責任で賠償させる点にあった。これに対する反対見解として、契約交渉の過程で注意義務の違反によって交渉の相手方に損害を与えた場合、賠償責任を負わせるために改めて締約上の過失責任という責任領域を設ける必要はなく、不法行為責任として扱うのが妥当であるという主張がなされた（不法行為責任説）[48]。第1に、契約交渉上の事故を契約責任の中で扱おうとする理論は、ドイツ民法の下でやむを得なく発展した締約上の過失責任の領域拡大であり、韓国民法は不法行為責任について一般条項を備えているため（韓国民法第750条）、契約交渉段階で相手方に与えた損害の賠償にあたって法適用上問題はない。不法行為責任法によって、誰に対しても社会生活において取引相手方やその他の人に損害を与えないよう注意する義務が課されていて、それを怠り損害を与えた場合には不法行為責任を負うことになっている。契約交渉上の不注意というのは、取引慣行上交渉に臨む者に課された社会生活上の注意義務を違反した場合を指す（例：顧客に商品を見せる過程で店員の不注意で顧客に怪我をさせた場合、映画のチケットを求めて並んでいる顧客を設置中の映画館の看板が襲った場合）。契約が締結され、債権・債務が発生したが、債務者がその債務を履行しない債務不履行責任の場合と交渉上の過失は本質において異なる。第2に、契約締結以後発生した事故であっても、契約の給付と直接関連しない保護義務違反による損害は、不法行為責任として扱うのが正しい。債務不履行は「主たる給付義務」及び「従たる給付義務」を違反した場合に認められ、給付義務と関連しない保護義務違反の場合は不法行為責任として扱われるべきであるという。保護義務編入説は理論上必然性や実利がないだけでなく、本来の給付とかけ離れた損害を無理に債務不履行責任へ編入させる結果、債務不履行責任と不法行為責任の体系を乱していると思われる。ドイツ民法学の給付義務と付随義務の二元的債務構造論は、ドイツ法学特有の過度の断絶的思考から由来する理論であり、韓国人の直観的・包括的思考体質には相応しくないように思われる[49]。以上の理由で、契約交

渉上の事故による責任は不法行為責任として扱われるべきであると考える。

VI 信頼損害の賠償

韓国民法では契約締結上の過失は「相手方がその契約の有効を信じることによって被った損害を賠償すべきである」こと、即ち、信頼損害の賠償であることを明文で定めており、また、「その賠償額は契約が有効であることによって得る利益額を越えてはならない」と定め、履行利益を越えてはならないと規定している[50]。民法は、契約が有効に成立した場合と、無効で成立しなかった場合を厳格に区別して、前者は債務不履行責任として扱うのに対して、後者は契約締結上の過失責任として扱い、さらに前者の損害賠償は給付の履行による利益を原則とし、後者は信頼が損なわれることによって生じた損害だけを賠償させることにしていると解釈すべきであろう。判例も「当事者一方の債務が原始的履行不能であれば契約は無効であり、相手方は契約締結における過失を理由で信頼利益の損害賠償を求められるだけで、履行に代わる塡補賠償を求めることはできない」と判示して、民法に充実した解釈を行っている（大判1975. 2. 10、74ダ584)[51]。

最近、契約締結上の過失責任の内容として、信頼利益の賠償に止まらず、履行利益を賠償させるべきであるという主張がなされている[52]。履行利益の賠償を主張する見解としては、第1に、原始的不能の場合にも契約の成立及び債務の発生を認め、一方当事者の過失を債務不履行責任として扱うべきであるという見解、第2に、原始的不能による契約不成立を妥当であるとするが、契約締結上の過失は履行利益の賠償として扱うべきであるとする見解、第3に、原始的不能の法理と関係なく、契約交渉上の過失による事故に対する債務不履行責任として扱おうとする見解などが見られる。第1の見解については、本稿で既に、原始的不能の法理が妥当であるかという議論を中心に言及するなかで、原始的不能の場合には契約の成立が認められず、従って債務不履行責任として扱うことができないという私見を明らかにした。第3の

6 原始的不能と契約締結上の過失責任 [李 銀栄]

契約交渉中の事故に対する責任は、不法行為責任として扱うのが妥当であることも既に述べた。第2の見解と関連して、最近契約交渉中に提供した「誤った情報」または「情報の隠蔽」に対して、契約責任として扱うべきであるという主張がなされているが、この主張は取引界の要請に照らしてみると、結果的に妥当であると思われる。ただ、法理の適用において、このような場合を契約締結上の過失責任として扱うのは不適切で、一般の契約責任として扱うのが妥当であろう。例えば、取引交渉中に一方当事者から提供された誤った情報（誇張広告）を信頼して契約を締結した後、その情報内容の通りに契約が履行されえないことを知り、相手方の責任を問う場合が考えられる。たとえ、契約交渉中に相手方が真の情報のみを提供すべきであるという信義則上の義務を負うとしても、その義務の不履行は債務不履行と直接的に関わるため、不履行に対する損害賠償及び担保責任の問題として扱うのが望ましい。誤った情報の提供は給付の内容を確定する資料になるほかにも、目的物の性能に対する保証にもなるなど、給付内容と直接的に関連しているからである。このように契約が成立してその契約責任が認められる場合には、たとえ契約交渉中に生じ得る過失行為でも契約責任で包括的に取り扱えばいい。問題は、契約は一応締結されたが錯誤を理由にその契約が取り消され、その契約交渉の中で行われた過失に対して損害賠償責任を問う場合に、その賠償範囲が信頼利益に限られるのか、それとも履行利益に拡張されるかにある。この場合には民法第535条の類推適用により契約締結上の過失責任を認め、その賠償範囲もその規定に従い信頼利益に限定するのが望ましい。結局、私見では、契約締結上の過失責任は、現行法の規定に従い信頼利益の賠償に限定するのが妥当であると考える。

　一方、信頼責任に対しても、韓国民法第393条以下の損害賠償の一般原則が適用されるのかという疑問があり得る。私見では信頼責任の性格と矛盾しない限り、損害賠償の一般原則が適用されると解したい。第393条以下の損害賠償の原則は、債務不履行責任だけでなく不法行為責任にも準用される、両責任の共通原則であり、その他自動車損害賠償保障法に定められた無過失

責任に近い運行者責任についても、第393条以下の損害賠償原則が準用される。このような点を考えると、信頼損害の賠償についても損害賠償の一般原則が適用されていいと思われる。例えば、過失相殺、違約金（賠償額予定）に関する原則は、信頼損害の賠償にも適用されるのが望ましい。信頼損害について「特別な事情による損害は債務者がその事情を知っていたか、知りえた時に限って賠償の責任を負う」とする第393条第2項を適用する場合に、たとえその予見可能性があったとしても、特別損害の賠償範囲は履行利益を越えることができない（第535条第1項後文は第393条の特則）。

　信頼損害の内容が何であるかは具体的な事例を通じて明らかになるだろう。通常、交渉の相手方が契約が締結されると確信し、交渉費用・締約費用を支出したとか、契約成立を信じて、予め履行の準備などのために支出した費用などが、この信頼損害に当たるであろう。ただ、契約交渉の当事者が契約締結が挫折することを覚悟した上で支出した費用は、信頼損害に含まれないと考えるべきである。例えば、競争入札に参加するために使った情報検索費用、提案書作成費用は、原始的不能により無効にならなくても競争で脱落すると無駄になる費用であるから、その費用まで契約締結上の過失責任として賠償請求するのは原則的に許されないと解される。判例は「買受人が店舗の売買契約が有効だと信じ、営業をするために一定の費用をかけて広告紙を配付したが、売買契約が欺罔を理由に取り消されることにより、広告紙配付費用に相当する損害を被った事実が認められる場合、買受人が広告紙の制作費を支出したことが認められるところ、このように損害発生事実が認められる場合には特段の事情のないかぎり、損害額を審理・確定すべきで、広告紙制作費に関する立証が不充分であるとしても、裁判所はその理由だけでその部分の損害賠償請求を退けるべきではなく、損害額について積極的に釈明権を行使し、立証を促してこれを明らかにすべきである」と判示した（大判1997.12. 26、97ダ42892）。この判決ではその損害賠償請求権の発生原因が何かについて詳らかに述べていないが、原告が被告の欺罔行為を理由に損害賠償請求を求めていることから、不法行為責任に基づいたものではないかと推測される。

しかし、この判決で認めた損害賠償の内容は、信頼利益の賠償に当たるものであった(53)。

Ⅶ 結 論

　契約が原始的不能により無効になった場合に、過失のある一方当事者が相手方に対して信頼損害を賠償すべきであると定めている韓国民法の規定（第535条）は、契約責任や不法行為責任とは別に、独自の要件に独自の効果を認める第3の法定責任であると解される。この規定が当然の如く前提としている「原始的不能の契約は無効である」という法理には若干理解しにくいところもあるが、その基本命題自体は妥当であると思われる。原始的不能の法理を現実に合わせて適用するためには、売主の担保責任の場合、将来実現可能性のある主観的、原始的不能の場合などにおいてその法理の適用を排除することによって、幅広くその例外を認めるべきである。ドイツで契約締結上の過失責任の一つの類型として認められている「契約交渉中の事故に対する責任」の問題は、韓国法では不法行為責任として扱うのが法理上および訴訟実務に照らして妥当であると考える。韓国民法は原始的不能による契約締結上の過失責任の範囲を信頼損害に限定し、履行利益を越えてはならないと定めているが、何が信頼利益に当たるかは判例を通して具体化されつつある。明文の規定はないが、錯誤による契約取消の場合にも原始的不能の場合のように、契約締結上の責任を認めようとする理論が優位を占めている。他方、契約が決裂した場合、一方当事者に信頼損害を賠償させることは、自由でかつ競争的な取引慣行を築くのに障害になるのではないかという疑問の声もある。韓国における契約締結上の過失責任に関する議論が始まった頃には、その理論の相当の部分をドイツの議論から借りてきたが、最近には原始的不能の法理の妥当性如何から信頼利益の妥当性如何まで、韓国法の独自の視角で議論が展開されている。最近の信頼利益の賠償に関する判例（大判1997.12.26、97ダ42892）もまた、契約締結上の過失責任に関する議論に新しい問題を

提起している。

　韓国における契約締結上の過失責任論は比較的活発であるにもかかわらず、その論点は以上で述べたいくつかの点に集中している。日本におけるこのテーマに関する議論と比べ、次のような点が欠けていると思われる。第1に、契約交渉の当事者が互いにどのような義務を負っているかについて、具体的な議論がなされるべきである。当事者が信義則に基づき様々な注意義務を負っていることは説明されているが、その注意義務の具体的な内容と、その注意義務賦課によって保護されるべき法益が何であるかについて充分議論されていない。特に、契約当事者が商人と消費者として互いに対等な交渉力を持っていない場合に、商人が消費者に対して商品や取引に関する情報を提供し、重要な事項について説明するなどの義務については議論されていない。第2に、契約交渉の一方当事者が信義に反する作為または不作為をなした場合、契約を取り消して損害賠償を求める問題についての議論が不充分である。民法総則に詐欺・強迫による法律行為の取消制度が設けられてはいるが、契約編で契約締結時の誠実義務、情報提供義務、警告義務など、相手方の利益を配慮すべき義務を課することによって、詐欺・強迫による被害を減らすための積極的な努力が行われるべきである。現行法では詐欺・強迫による交渉当事者の被害は、不法行為責任として賠償されることになる。第3に、契約交渉上の過失行為が介在したが契約は有効に締結された場合、その過失行為によって発生した履行利益の損害について、契約責任を認めるかに関する議論もなされていない。過失行為が契約締結前に行われたとしても、一応契約が有効に締結された以上、その過失責任は債務不履行責任として包容すべきである。以上でみたように、韓日両国の議論における論点の相違は、法律家の取引実態に関する関心の程度、比較法的研究の多様性の側面からくるものと考えられる。

　1990年代に入って、韓国民法第535条の規定について、立法政策的にみて望ましいものであるかについて懐疑論が相次いでいる。1999年2月に法務部に民法改正委員会が発足されてから、民法の財産法全般に関する立法論上の

検討が行われており、それを機に、第535条の規定に対する批判者たちは、新しい立法代案の模索が可能になった。

(1) Rabel, Die Unmöglichkeit der Leistung Eine kritische Studie zum Bürgerlichen Gesetzbuch, Gesamelte Aufsätz, Bd. I. 1965, S. 19：梁彰洙「原始的不能論」（同著『民法研究』3巻）181面以下で再引用。
(2) 詳しい内容については、梁彰洙・前掲書174-265頁。
(3) フランスでは契約前の責任の問題は不法行為責任で規律されてきており、ドイツでのような契約締結上の過失責任という独自的な法理の展開は見られなかった。林炳賢「契約締結上の過失」中央大（韓国）法学論文集第23集第1号（1998）159-171頁。
(4) 崔興燮「原始的不能論と民法第535条」財産法研究第9巻1号（韓国財産法学会、1992）103頁でも、「韓国民法は、ドイツ民法第306条を黙示的に、第307条を明示的に受け継がれていると言える。ドイツ民法第306条はケルスの命題である impossibilium nulla est obligato（不可能であるものを対象にする債務は成り立たない）から由来している」と言っている。
(5) 郭潤直『民法総則』（1985）344頁；金容漢『民法総則論』（1986）251頁；金曾漢『民法総則』226頁；張庚鶴『民法総則』（1985）432頁。
(6) 郭潤直『債権総論』（1983）40頁；金容漢『債権法総論』（1983）35頁以下；金曾漢『債権総論』（1979）15頁以下；金亨培『債権総論上』（1984）70頁。
(7) 郭潤直『民法総則』（1985）344頁。
(8) 金容漢『民法総則論』（1986）251頁；金曾漢『新稿・民法総則』（1983）226頁。
(9) 韓国民法には種類売買につき、売渡人の担保責任を定める第581条、582条が新しく設けられた。そして種類売買における瑕疵担保責任の本質は債務不履行責任の性質を持つということで学説は一致している。
(10) 金疇洙『債権各論（上）』182頁；黄迪仁『現代民法論（4巻）』238頁；金大貞『売渡人の担保責任に関する研究』成均館大博士学位論文（1990）；金亨培「瑕疵担保の性質」高大法律行政論集第19集（1981）143頁以下；曺圭

151

昌「物の瑕疵担保責任」高大法学論集第21集256頁以下；南孝淳「担保責任本質論Ⅱ」法学（ソウル大）第35巻第2号226頁以下。
(11)　拙著『債権各論』(1989) 210-211頁。
(12)　金亨培『債権各論』(1997) 348頁では、隠れた瑕疵について売渡人に過失がない場合に損害賠償は信頼利益に限られるが、売渡人が無瑕疵の保証をしたか瑕疵の存在を知りながら知らせなかった場合には、履行利益の賠償をすべきであると解釈している。部分的に同様な見解としては、安法栄「売買目的物の瑕疵による損害賠償」民事法学第11・12号（1995）218頁；徐光民「売渡人の瑕疵担保責任」民事法学第11・12号（1995）186頁。
(13)　拙著『債権各論』210頁。
(14)　金亨培「瑕疵担保の性質」同著『民法学研究』248頁。
(15)　債務者は自分の善管注意義務の違反で生じた瑕疵がある場合にも、履行期の現状のまま物件を引き渡しできるという。金亨培『債権総論』(1992) 62頁。
(16)　特定物の現状引渡に関する第462条は、第374条の善管注意義務の定めと矛盾するから廃止されるべきであると主張された。李銀栄『債権各論』(1989) 211頁の注1。安春洙「瑕疵担保法上の問題点」民事法学第11・12号（1995）423頁。
(17)　安法栄「売買目的物の瑕疵による損害賠償」民事法学第11・12号、201頁では、特定物についてのドグマティズムは現代の種類物中心の取引現実とは合わないと指摘している。
(18)　梁彰洙・前掲書162頁。
(19)　梁彰洙・前掲書167頁；崔興燮・前掲論文105頁では、「目的の不能である契約が無効という命題がこのように論理必然的でないとしたら、結局その命題は法政策的問題であるといえる。そこで右の命題が法政策的にみて妥当であるかというとそうでもない」としている。朴永馥「民法上原始的不能論の再検討」（韓国外大）外法論集3集（1966）240頁では、「ドイツでのように原始的不能論＝無効、という定めがない韓国では、原始不能ドグマティズムを否認することだけを目的にするとしたら法改正が絶対的であるとは言えない」とし、解釈論でも可能であるという立場をとっている。
(20)　梁彰洙・前掲書162-163頁。

(21) 崔興燮・前掲論文11頁では「契約が無効であるから信頼利益の賠償を認めるのではなく、当事者に信頼利益よりは履行利益の賠償を認める方が適切であるから契約は有効である」とし、信頼利益のみに賠償を認めるのは「無過失責任上の効果ならいざしらず過失責任の効果としては認められない」と批判する。

(22) 梁彰洙・前掲書164-167頁。

(23) 梁彰洙・前掲書163頁。

(24) 崔興燮「原始的不能論と民法第535条」財産法研究第9巻1号（1992）105頁。

(25) 崔興燮・前掲論文109頁。

(26) 例えば、全く存在していない建物や土地を売買目的物にして売買契約書を作り、契約金を渡した場合に、売買契約は原始的不能で始めから効力がなかったことになる。売渡人が買受人にして詐欺で不能の契約を結んだ場合、民法第110条の詐欺による契約の取り消しの問題にもなる。両者は無効と取消の二重効の法理に従い解決されるであろう。買受人の立場では詐欺による意思表示の要件を主張・立証するよりは原始的不能を主張・立証する方がやりやすいであろう。

(27) その他、両当事者がともに給付不能を知りながら契約を結ぶ行為は真の契約締結の意思のない通情による虚偽表示に当たる場合もあり得るし、契約債務を負担することになる者がその給付義務が不能であるという事実を知りながら相手方の無知を利用して契約を結びその反対給付をだまし取ろうとする場合、その契約は詐欺か錯誤を理由に取り消され得る。

(28) 大判1979. 4. 24、77ダ2290事件では「売買契約の目的になった権利がその売買契約前に法令により国有に帰属されたということだけで同売買契約が原始的不能に属する内容を目的にしたとは断定できない。人の権利を売買した者が権利移転が出来なくなった場合には、売渡人は善意の買受人に履行不能当時を標準にして履行利益に相当する賠償をすべきである」と判じして、原始的、主観的不能の場合には原始的不能の法理を適用しないことを明らかにした。

(29) 拙著『債権各論』208頁参照。

(30) 郭潤直『債権各論』（1988）83頁；金疇洙『債権各論』（1992）78頁；金曾

漢『債権各論』（1988）49頁；金顯泰『新債権各論』（1975）16頁。
(31) 徐敏「契約締結上の過失に関する研究」司法行政1994年10月号19-20頁。他方、徐敏教授は契約締結上の過失責任は債務不履行責任の性質をもつ法定責任であるという表現も使う。その責任は契約自体から出るものではなく、法律の定めによって認められた法定債権関係（契約交渉段階）を前提にしているからであるという。それから契約締結上の過失責任は贈与者・売渡人の担保責任のような性質であると捉える。法定責任という表現にもかかわらず徐敏教授の主張は債務不履行責任説と同じ脈略であると思われる。
(32) 崔栻『新債権法各論』（1961）52頁。最近、契約締結上の過失はその責任の性質が原則的に不法行為であり、民法第535条は契約締結上の過失責任の法的効果を意味するもので本質を捉えていないという批判もあった。崔興燮、「契約契約前段階での責任と民法第535条の意味」、ベ慶淑教授華甲記念論文集（1991）555頁以下；郭潤直編『民法注解Ⅶ』「第535条」280頁（崔興燮執筆部分）。
(33) 李英俊・前掲論文321頁；林炳賢・前掲論文181頁；南潤鳳「契約締結上の過失」漢陽大法学論叢12集（1995）12頁では、契約責任でも不法行為責任でもない法定責任であるとしながら、「契約的信頼責任」であると呼ぶ。
(34) 李英俊・前掲論文319頁。
(35) 李英俊「契約締結上の過失責任の法的性質に関する研究」『法思想と民事法』（玄勝鐘博士華甲記念、国民書館、1979）317-318頁。
(36) 權五乗「契約締結上の過失責任」月刊考試（1988）55頁。
(37) 朴永馥・前掲論文248頁では、法定責任説をとるという表現は用いなかったが、その注意義務違反と関連して「契約締結前自分の給付義務の履行を不可能にした者は相手方に負担する『契約上の給付義務』を違反したのではなく、履行できない給付を約定した債務者は債権者に対するいわゆる『注意義務』を違反したのである」と説明する。民法535条は契約当事者の告知・説明義務を前提にしたもので、目的が不能であるという事実を知らせなかった不作為について当事者は責任を負うべきであり、従って契約の締結を目的とする交渉行為を始めた者が目的の不能を知らせなかったというのは先行事実、即ち契約締結を目的とした交渉の開始行為との関係で信義則上の義務を尽くさなかったことと解する。

㊳　以下の説明は、金東勲「契約意向書（Letter of Intent）に関する研究」Justice 第31巻第1号（1998）56-58頁を参照。
㊴　イタリア民法は第1337条で交渉及び契約前の責任という題名下で「当事者は交渉の発展段階及び契約の形成過程において信義に基づいて行動しなければならない」と定めている。国際私法統一研究所（UNIDROIT）の国際商業契約の原則（Principles of International Commercial Contracts）第2～15条は、こう定めている。1）各当事者は自由に協商し、合意に至らなかったことについて責任を負わない。2）しかし、悪意を持って協商に臨むか、協商を破棄する者は相手方にもたらした損害に対して責任を負う。3）特に当事者が相手方と合意しようとする意思なしで協商を始めるとか、続ける場合は悪意があることと見なす。
㊵　金東勲教授は「当事者の協商の自由と、これにより保障される個人の私的自治の領域の保障が重要であることは分かるが、次第に複雑化されるだけではなく、多額の投資が行われる協商過程に対する一定の法的保障の欠如は取引の効率を下げる恐れがある。……中略……。契約協商において自由と公正性は現代契約法の抱えている大きな課題である」と言っている。金東勲・前掲論文59頁。
㊶　郭潤直『債権各論』89頁；黄迪仁『現代民法論Ⅰ』180頁；李英俊『民法総則』399-401頁。
㊷　ドイツ民法第122条は意思表示が非意思表示で無効であるか錯誤及び誤った意思伝達によって取り消された場合、表意者は相手方が第3者の信頼損害を賠償しなければならないと定めているが、韓国の学説はドイツ民法のこの規定を受け継がれたものである。
㊸　『注釈債権総則（Ⅰ）』193頁（全銀河執筆部分）。
㊹　この問題は契約締結上の過失責任とは観点を異にしている。契約取消権の問題は契約の拘束力を解消するかどうかという問題であるのに対して、契約締結上の過失責任は契約拘束力の解消されてから残される信頼損害の賠償問題であるからである。
㊺　日本の消費者契約法草案（1999年）では契約締結過程の適正化のためのルールとして「情報提供義務」と「不実告知」を定めている。「消費者契約において事業者が契約を締結する際、契約の基本的事項、その他の消費者の

判断に役立つ重要事項について、情報を提供しない場合または不実なものを知らせた場合には、当該情報があったならば、または当該不実告知がなかったならば契約締結の意思決定を行わなかった場合には、消費者は当該契約を取り消しうる」と定めている。日本経済企画庁国民生活局「消費者契約法（仮称）の具体的内容について」(1998) 38頁。

(46) 当事者がまだ契約を締結する前の契約交渉段階において一方当事者の不注意で相方に損害を与えた場合、ドイツ民法学では、これを締約上の過失 (culpa in contrahendo, Verschulden beim Vertragsschuluss) に含め、債務不履行責任として取り扱おうという見解が示された。Hans Toll, Tatbestaende und Funktion der Haftung fuer culpa in contrahendo, Festschrift fuer v. Caemmerer, 1978: Larenz, Schuldrecht 1, §9, S. 101ff, 等多数。しかし、ドイツでも契約締結前に契約責任の課される理由及び締約上の過失責任の認められる範囲については学者によって意見が異なる。その責任根拠については、契約協議関係 (Stroll)、信頼保障 (Ballerstedt)、法的特別結束 (Hildebrandt)、社会的接触 (Dolle)、取引関係開始の社会的接触 (Larenz)、法律行為を目的とする社会的接触 (Esser) など学者ごとに様々な説明をしている。責任の認定範囲も付随的注意違反による給付以外の身体的・財産的損害に重点を置いていて、この際、契約交渉を通して意図した通りに契約が成立したかどうかは問題にならない。契約成立後、生じた注意義務違反の損害は積極的債権侵害、それから交渉段階で生じた損害は締約上の過失として分けられるだけである。このように20世紀前半、ドイツで主流を占めた締約上の過失論は、むしろ不能契約や錯誤取消による信頼責任の問題は本質的なことではないとして締約上の過失の領域外にした。

(47) 郭潤直『債権各論』83頁；金基善『韓国債権各論』41頁；金錫宇『債権法各論』65頁；金曾漢『債権各論』49頁；金顯泰『債権法各論』14頁；金疇洙『債権各論（上）』78頁。

(48) 梁彰洙「契約締結上の過失」考試界 (1986年1月号) 52頁以下；李銀栄『債権各論』(1989) 197頁。

(49) 同旨；金俊鎬「債権法上の保護義務論の展開」月刊考試 (1990年6月号) 105頁；ゾ圭昌「民法第309条と積極的債権侵害」郭潤直教授華甲記念『民法学論叢』353頁。

⑸⓪ 韓国民法は信頼利益の賠償と履行利益の賠償の場合を厳格に区別しているので、両者の区別は要らないという見解は、民法第535条に当たる定めのない日本民法の解釈としては妥当かも知らないが、韓国では受け入れられない。

⑸① 事実関係：原告（建設業者）は被告（ソウル市）と道路工事契約を結び、工事代金約700万ウォン（填補賠償額）の代わりに林野使用権を与えることを約定し、工事を完了したが、その林野の所有権が契約締結の当時から被告になかったので使用権の賦与は契約締結際から給付不能であったことが明らかになった。私見では工事の完了された建設契約を逆上って消滅させるよりは、原始的不能の法理に対する例外を認めるのが望ましいと考えられる。大判　1971.6.22、71ダ792も同じ立場である。

⑸② 梁彰洙「原始的不能論」（同著『民法研究』（3巻）162頁；崔興燮「原始的不能論と民法第535条」財産法研究第9巻1号（1992）111頁。

⑸③ 事実関係：原審は、被告が1994.6.27. 訴外金クムテからこの事件の店舗を保証金1千万ウォンで賃借して家庭用ゲーム機販売店を経営していたが、1994.12.31. 原告にこの事件の店舗の賃借保証金が1千6百万ウォンであると騙し、原告に賃借権と施設などを含め、2千3百万ウォンで売り渡し、同日当該店舗を引き渡したが、その代金は1995.1.22. に全額受け取ることを約定した事実、売買契約の際、右の代金の支払期日まで被告が原告の当該店舗の経営を助け、原告は5百万ウォン相当の新商品を購入、設置して、収益金は2（被告）：1（原告）の割合で分けることにした事実、原告は当該売買契約後、約定に従い、4,963,000ウォン相当の新商品を購入し、店舗に設置し、また広告紙の配付費用で12万ウォンを支出した事実、原告は被告の求めに応じて、1995.1.7. 被告に売買代金の一部として7百万ウォンを支給した事実、ところが、原告は1995.1.20. 頃、当該店舗の賃借保証金が1千万ウォンである事実を知り、同月21日に被告の欺罔を理由に当該売買契約を取り消した事実、などを認めた。

　原審判決：原審は被告の欺罔行為によって原告の被った損害、合計5,083,000ウォンを支払う責任があると判断したが、その他にも広告紙の制作費用で390,000ウォン相当を支出したのでその中で280,000ウォンの支払を求めるという原告の主張に対して、原告が広告費用で390,000ウォン相当を支出したという点についてはそれを認める証拠が不充分であるという理由で

退いた。

　大法院判決：大法院は、原告がこの事件の店舗に対する売買契約が有効であると信じ、当該店舗で家庭用ゲーム機販売業を営むために120,000ウォンの費用をかけて広告紙を配ったが、この契約が欺罔で取り消され、原告が広告配付にかかった費用相当の損害を被った事実を認めているから、原審の集めた証拠と経験則によると、原告が広告紙制作費を支出した事実も認められると判示した。広告紙の制作費（28万ウォン）についての立証が不充分であっても裁判所はその理由だけでその部分の損害賠償請求を退くべきではなくその損害額について積極的に釈明権を行使して立証を促してそれを明らかにすべきであるから、大法院は原審のこの部分の認定・判断には損害賠償に関する法理誤解、審理未尽、採証法則違反などの違法があるとして破棄し差し戻した。

7　弁護士の専門家責任

下森　　定

はじめに
第1章　専門家責任の総論的考察
第2章　弁護士の専門家責任
むすび

はじめに

　1　本稿は、弁護士の専門家責任を対象とするものであるが、はじめに専門家の責任一般を総論的に検討し、次いで弁護士の責任の各論的検討に移りたい。
　ところで、専門家の法的責任が問われる場合、医師、弁護士、建築家などの専門家と、そのサービスの提供を受ける依頼者との間には通常一定の契約関係が存在するから、第三者に対する責任は別として、第一次的には依頼者から専門家に対する契約責任の追及が問題となるはずである。しかし、これまでの日本の判決例では、専門家の不法行為責任が追及されることが多く、この点は、諸外国でもそのようである（諸外国の問題状況については、後掲・川井健編『専門家の責任』ならびに専門家責任研究会編『専門家の民事責任』所収の諸学説参照）。その原因としては、いろいろのことが考えられるが、各国の契約責任制度と不法行為責任制度がもつ法技術的な諸制約に基づくことが最大の原因のように思われる。特に、無形の為す債務、そのうちでもとくに手段債務とされる為す債務の不履行に関する契約責任制度の法技術的な遅れ、不完全さが、各国共通の原因のように思われる。そこで、本稿では、まず、

近時の契約責任論あるいは債務構造論の新たな展開を踏まえ、この視点から、専門家の民事責任一般について、不法行為責任構成に対する契約責任構成の特色、有用性について、総論的に検討し、ついで弁護士の専門家責任について各論的に研究することとした次第である(1)。

2 本稿のテーマについての検討に入る前提として、若干の問題点を指摘しておきたい。周知のように、契約責任の基本構造として、コモンロー体系が、損害賠償請求権を第一次的保護手段とする損害担保の契約責任システムとなっているのに対して、わが民法は、大陸法体系を継受し、履行請求権の第一次的認容を媒介とする結果実現保証の契約責任システムをとっている。この両者のいずれがよりすぐれたシステムといえるかは、議論の別れるところであり、更なる検討を必要とする問題でもあるが、近時の国際統一売買法立法化の動向が示すところでは、後者の方向性が有力であることが注目される。さらにまた、わが民法の下で、不法行為責任システムが権利侵害（ないし違法性）と故意過失（一般的・客観的注意義務違反）を成立要件とし、損害賠償請求権を第一次的保護手段としているのに対して、契約責任システムは、債務の不本旨履行と帰責事由の存在を成立要件として損害賠償請求権を認容しているが、それはいわば第二次的な保護手段であって、履行請求権が第一次的であり、その行使には帰責事由は不要である。本稿の課題の検討にあたっては、わが民法の、この契約責任体系の基本構造の特色を十分に認識しておくことが必要である(2)。

つぎに、「与える債務」を中心に構築された現行契約責任システムは、履行内容が不完全あるいはそれに欠陥があった場合の救済措置としてとくに瑕疵担保責任制度を用意しているものの、専門家の契約責任の考察上必要不可欠といえる「為す債務」についての「履行内容の不完全履行」については、仕事の結果が有形であることの多い請負契約において、短期の期間制限を伴う瑕疵修補請求権を含む瑕疵担保責任制度を用意しているにとまり、無形のサービスの提供義務については、委任における善管注意義務（その違反の法

的効果は損害賠償）の規定以外にめぼしい規定を設けておらず、この点に関する、これまでの学説の解釈論的努力も十分でなかったように思われる。すなはち、この点は、民法415条の一般規定により、対処しうるはずであるのに、委任契約の不完全履行の法的保護につき、追完請求権についてふれられることはこれまであまりなかったようである。因みに、委任は、無償を原則とするので、有償契約に特有のものと考えられた瑕疵担保責任の規定が設けられることがなかったのであろうが、他方において、不特定物の遺贈義務者の担保責任として、民法は、遺贈義務者に追完義務を課していることから見て（998条）問題があり、学説もこの規定との関係に付き、注意が行き届かなかったのではあるまいか(3)。

3　かくて、専門家の契約責任に関する総論的検討の課題は、第一に、専門家のサービス提供契約の特色の分析が、ついで、それを基礎として、要件論上は、専門家の債務内容の分析とその不本旨履行・帰責事由及び証明責任の検討が、最後に効果論上は、損害賠償請求をめぐる諸問題とならんで、これまであまり触れられることのなかった追完請求権認容の検討が必要となる。以下これらの諸点について検討しよう。

(1)　本稿のテーマにつき、これまですでに次のような論文を発表している。本稿はこれらを受けて更に一歩を進めたものである。

下森定「日本法における専門家の契約責任」川井健編『専門家の責任』9頁以下（日本評論社、1993年）、「専門家の民事責任の法的構成と証明」専門家責任研究会編『専門家の民事責任』101頁以下（別冊 NBL 28号、1994年）、「専門家の民事責任の法的構成と証明」私法57号35頁以下、この他に座談会記事として「『専門家の責任』法理の課題」法律時報1995年2月号30頁以下がある。

(2)　近時の債務構造論の新たな展開については、多数の文献があるが、とりあえず潮見佳男『契約責任の体系』（有斐閣、2000年）を挙げておこう。筆者のものとしては「瑕疵担保責任論の新たな展開とその検討」山畠・五十嵐・

薮古希記念論集『民法学と比較法学の諸相』187頁以下（信山社、1998年）及びそこで引用した拙稿参照。
(3) 下森定「瑕疵担保責任に関する一つの覚書——いわゆる『特定物ドグマ』と民法起草者の見解」内山・黒木・石川古稀記念論集『続現代民法学の基本問題』195頁以下（第一法規、1993年）その他でこの点を指摘した。

第1章　専門家責任の総論的考察

一　専門家のサービス提供契約の特色

1　「専門家の責任」で問題となっている、「専門家」とは何かについては、議論のあるところであるが、要するに、一般の人が持っていない情報や技術さらには判断能力を持っている人が、それらを持たない人から依頼されて、其の人に代わって其の業務の執行につき判断したり、執行したり、あるいはその人の財産や生命・身体の管理・維持に介入する関係がある場合における、依頼を受けた人の法的責任が問題とされていることは、間違いの無いところであろう。かかる意味において、「専門家の責任」は、依頼者のベスト・インタレストを実現するという期待に反した責任ということとなろう[4]。そしてその責任の法的根拠を契約責任に求める場合には、専門家と依頼者との間の契約の種類・法的性質が問題となる。

ところで、専門家と依頼者との間に締結される契約は、為す債務であるのが通常であり、それはサービス提供契約である。その法的性質は、専門家の種類、専門性の程度などの如何により雇用、請負、委任あるいはそれらの混合契約などいろいろのタイプのものがあるが、医師、弁護士、建築家などの高度専門家の場合には、委任ないし準委任と見られるタイプの契約が通常であろう。かかるタイプの契約の特色として、これまでの学説によって挙げられているところを整理してみるとほぼ次のように整理できる[5]。

2 第一に、契約当事者の原則的否対等性があげられる。つまり委任者たる依頼者は一般に当該委任事項については知識の十分でないアマであり、受任者はプロである。専門家は、長期間にわたる特殊の教育または訓練によって高度な知識・技術を習得しており、さらに、国家による免許資格制の採用によって、この資格を有する者は、その専門領域に関する仕事について一定基準を満たす能力を有することが公的に保証されている。しかも、資格登録制による無資格者の参入排除あるいは職能団体による自立的・自治的規制の仕組みなどによって、社会一般から高度の信頼さらには尊敬を受けている存在である。依頼者はかかる公的資格への信頼、社会一般における当該専門家集団への信用を背景として契約関係に入って行くのである。そしてこのことから、依頼者と専門家との契約関係は、第一次的には、免許資格制に裏打ちされた当該専門家集団に対する客観的信頼関係、そして、第二次的には当該受任者に対する具体的信頼関係という二重の信頼関係に基づく高度の信頼関係を基盤として成立する契約だという特色を指摘できよう。

3 このことはまた必然的に、専門家のサービス提供債務の第三の特色として、大幅な裁量的判断が受任者たる専門家に委ねられているという事実の背景を明確にしてくれる。且つまたこのこととの関係で高度専門家の場合には、サービス給付の非代替性、創造性の程度が高まってくる。第四に、医師、弁護士、建築家といった古典的、高度プロフェッションの債務あるいは職務の特色として、利他性、公共性があげられる。医師は他人の生命・健康の保持という人類共通の利益に奉仕するものであり、弁護士は社会秩序の維持・社会正義の実現に奉仕するものであり、一般の建築士と異なる、より高度の専門家と見られる建築家は、都市ないし地域環境の整備・充実、文化的な公共空間の創造といった職務をも果たすものである。これらの専門家は、依頼者との間の契約上の債務の履行を通じて、あるいはそれらを媒介として同時にかかる公共的義務をも履行することになるのであるから、専門家個人の私的利益の追求には禁欲的であるべきだという高度の倫理性が要求され、さら

に依頼者の私的利益を優先的に図るといっても、常にかかる公共的利益との調和を考慮しつつその債務を履行すべき義務を負うものといえよう。

二 専門家の契約責任の要件論

かかる専門家のサービス提供契約の特色を前提として、次ぎにその契約責任の要件論、効果論上の問題点を整理し、検討してみよう。

1 専門家の債務不履行類型と責任の根拠について、近時、次ぎのような有力な見解が主張されている(6)。すなはち、専門家の債務不履行を高度注意義務違反型と、忠実義務違反型との2つの類型に分け、前者は、専門家として要求される基準以下の行為があったことが責任の根拠となるという。これは客観的基準による責任であり、一定以上の能力・技能があることへの信頼を基礎とする一種の保証責任という。後者は、依頼者から信頼されて裁量権の行使を委ねられた専門家が、依頼者の利益という観点から見て適切でない行為をした場合の責任である。忠実義務に関しては、判例・通説は、善管注意義務と基本的に同じであり、その内容を敷衍したものに過ぎないと見ているが、この説は、両者は区別さるべきだと主張する。すなはち、忠実義務違反型の内容をまず、(a)利益相反型、(b)不誠実型、(c)情報開示・説明義務違反の3つに分けて整理する。そして、

(a) 専門家は、信任を受けている依頼者の利益をもっぱら図るべきであり、これに反する行為は、利益相反行為として忠実義務違反となり、債務不履行責任を負う。もっとも、依頼者が十分な説明を受けたうえで専門家の当該行為に同意を与えた場合には（インフォームド・コンセント）、忠実義務違反とならない。(b) 利益相反的な関係がなくとも、依頼者の信頼を裏切るような行為があれば、忠実義務違反となる。ⅰ）専門家の適切な行為に対する依頼者の信頼・期待を裏切る行為、ⅱ）複数の治療方法、法的解決（和解等）がある場合に、その選択が専門家に委ねられたところ、依頼者の意図にそった適切な裁量権の行使が行われなかった場合（依頼者の自己決定権の侵害）など

がそうである。(c) 右の(a)(b)が専門家の裁量権を前提として、その不適切行使の責任を問うものであるのに対し、裁量的判断の適否そのもののレベルではなく、裁量性の範囲を制限する義務を設定したうえで、その義務違反を問うのが、情報開示・説明義務違反による債務不履行責任である。これは専門的な高度の技能・能力の違反を問うものではないから、高度注意義務違反型とは異なるものであり、忠実義務違反型に属するものと言う。

2 この説に対しては、これに基本的に賛意を示しつつも、高度注意義務につき、これが専門家に特有の注意義務といえるかにつき疑問を呈し、また、忠実義務につき、それに不誠実型まで含むことに反対して、それは高度注意義務違反として処理すれば良く、忠実義務は高度注意義務違反では処理できない利益相反的な行為についてのみ問題とすれば足りるとの批判がある[7]。また、後者の点は、本来の給付義務の不完全履行として処理すれば足りるとの、後述する私見に賛成するものがある[8]。さらには、専門家の事務処理遂行過程においては、とくにいわゆる行為債務・手段債務的なものについては善管注意義務と忠実義務とを区別することは困難であり、高度注意義務違反型と忠実義務違反型とを分けること自体にそれほどの意義がないどころか、こうした義務2分論は、委任事務処理契約における規範獲得面での相互作用に目を伏せてしまうことになりかねないとの批判もある[9]。

3 この問題につき、私は次のように考えている。まず、専門家の債務不履行責任が問題となる場合、通常は依頼者と当該専門家との間に一定の契約があるのだから、当該専門家が依頼者に対し、具体的に如何なる債務を負うかは、基本的にはこの契約の解釈によること、いうまでもあるまい。なお、契約の解釈という作業によっては認め得ない債務であるが、法律の規定あるいは信義則を媒介とした債務が認められるべき場合のあることは、安全配慮義務法理の展開を中心に近時の判例、学説の等しく認めるところである。これを付随的注意義務、保護義務として整理するか、規範的解釈による債務と

いうかは、議論の分かれるところであるが、これは用語の使い方の問題でさほど重要な問題ではあるまい。専門家のサービス提供契約においても当然かかる義務は認められるところであり、その注意義務の程度は、免許資格制に裏打ちされた専門家集団に対する第一次的信頼関係に基礎を置く、専門的知識、技能に応じた高度の注意義務といえよう。

　問題は契約上の本来的給付義務である。一般論としていうと、上記の第一次的抽象的信頼関係を背景に、サービス提供契約を締結することによって、依頼者との間に特別の社会的契約的接触関係に入った専門家は、この第2次的具体的信頼関係を基盤として、当該契約関係に入った事情、契約内容、契約関係存続中の諸事情さらには契約関係終了後も一定期間にわたって、当該契約関係の特殊の事情を踏まえ、契約の解釈から導き出されるところの具体的債務を、依頼者の信頼にこたえて、その利益の実現を自己や第三者の利益の実現に優先して、誠実かつ忠実に善良なる管理者の注意義務を尽くして履行すべき義務を負うものといえよう。その際、専門家の職務の公共性の故に、依頼者の利益と公共の利益とが矛盾対立する場合には、その調和に意を尽くすべき義務があるといえよう。例えば、依頼者から脱税の相談を受けた弁護士や税理士の場合などがそうである。依頼者に事態を良く説明してこれを説得する義務（説明・助言義務の一態様）があるものといえよう。このことは、後に依頼者が脱税といった公益違反の責任を問われることから彼を守るという意味において、依頼者の利益にもなり、忠実義務を果たしたことになる（本旨履行）といえよう。

　契約解釈による債務内容確定の上で注意すべきことは、前述したように、専門家には当該契約に基づき、大幅な裁量権が委ねられているという事実である。与える債務や結果債務といわれる為す債務の場合には、契約成立の時点で債務内容が具体的に確定し、あるいは確定し得べき基準が合意に基づいて明確に決まっているのに対し、専門家のサービス提供契約においては、その債務の裁量性の故に、契約成立の時点における債務内容は抽象的であって具体的に確定しておらず、確定し得べき基準も明確でないことが多い。しか

も、専門家のサービス提供契約は一回的給付で終わることは少なく、継続的あるいは回帰的給付によるべき場合が多い。この場合、専門家は、前述のごとく依頼者の信頼に応じ、その利益の実現を優先的な判断基準とし、他方、公共的利益との調整にも意を用いつつ、給付すべき履行内容を具体的に決定し、高度の注意義務を尽くしてその債務を誠実かつ忠実に履行すべきものである。能見説にいう忠実義務は本来の給付債務の履行義務に主として関わるものと私見は考える。

ところで、専門家の裁量権に対しては、近時、依頼者の自己決定権の尊重とインフォームド・コンセントの理論が強く主張されている。専門家に対する大幅な裁量権委譲の見返りとして、裁量権行使の際における、情報開示・提供義務、説明義務の負担という手続き的保証は、契約当事者間の非対等性から生ずる恐れのある諸問題を可及的に回避するための妥当な手段と言える。かかる負担は、裁量権の不当行使に対するチェックとして依頼者の利益になると同時に、他面において手続きを踏んだ専門家は、その法的責任を全部あるいは一部免れ得るという点で、専門家の活動の自由を保障するものであり、その公益的職務の遂行に安心して専念しうることにもなるという意義を持つ。

4 専門家のサービス提供契約が以上のようなものとすると、証明責任にも当然その影響が及ぶものと考えられる。契約責任を問う場合、債権者は「債務ノ本旨ニ従ヒタル履行」がなされなかったことの立証責任があるとされる。しかし、専門家のサービス提供債務の内容が先に見たような性質のものであり、とくに大幅な裁量権が委ねられているとき、債権者たる依頼者に、当該時点、当該局面において専門家がいかなる行為債務を負っていたか、その履行内容がいかに不完全であったかを、具体的に証明することを求めることは、不可能なことを強いるものといえよう。現に、医療過誤訴訟における裁判実務においては、医師がいかなる治療行為を行ったかを陳述させ、故意過失、違法性の有無を判定しているといわれている。債務の内容に関する証明責任の分配基準に関しては、不法行為責任か契約責任かで一律にこれを決

すべきではなく、契約責任においては、当該契約上の債務の種類・内容たとえば付随義務か保護義務か、あるいは履行義務の場合には、与える債務か為す債務か、または結果債務か手段債務かなどに従ってきめ細かに判断さるべきものではあるまいか。そして、専門家の責任の場合には、とくに裁量権の帰属主体に立証責任を課すことが考えられて良いと思われる。近時、証明責任の分配については、訴訟法学のなかで大変進んだ議論が展開されているところであるが、実体法上の債務内容にしたがって分配の基準を考えてみることも一つの基準とされてよいのではあるまいか。もっとも、この私見に対しては、情報量の格差を問題として決めればよく裁量権の帰属主体という基準をとくに持ち出す必要はないとの批判、いやそれもひとつの説明にはなるとの意見がある[10]。

5　因みに、不法行為責任構成による医療過誤訴訟において、医療水準につき、専門医、一般医、病院の規模等で格差を認め、過失判断に際してこれらの点が考慮されているが、契約責任構成の視点から見るときは、この問題は債務内容及びその不本旨履行の有無の問題として把握さるべき問題だといえる。そして、右のような実務の処理は、不法行為責任構成の名において、実質的には契約責任構成的判断が為されており、その結論を不法行為の成立要件に置き換えて法的構成している、ないしは説明しているものと見ることも出来る。なお、近時、行為債務においては、債務の不本旨履行と帰責性とは表裏一体の関係にあり、判例における帰責性の判断は故意過失というより違法性の判断とほぼ等しくなっていること、このことと関連して故意過失と違法性とを対置して二元的に把握することは疑問であるとの有力な主張がある。この事実も、視点を変えてみると、実務が契約責任構成上の判断問題を不法行為責任構成の名において行っていることの反射的効果に他ならないともいえよう。契約責任構成をとるときは、まず依頼者に契約の存在及び抽象的な債務内容と損害の発生とを主張・立証させ、次いで具体的な債務内容及びその本旨履行があったことについては原則として専門家の方に証明を求め、

依頼者の側でその不本旨履行についての反証を挙げえたときは、免責要件たる帰責事由について専門家にさらに証明を求めるといった形でいわば段階的に裁判は積み上げられて行くのであろうから（もっともこれは論理的な整理に過ぎず、実際にはいわば同時進行的に、あるいは相関的・総合的にこれらの作業が行われるのであろうが）、債務不履行と帰責性の二元構成は十分合理的な構成といえ、必ずしも両者を一元化する必要はあるまい。

なお、為す債務、とりわけ履行義務者の裁量権の幅が大きい場合には、契約責任構成をとるといっても具体的な債務内容ははつきりせず、不法行為責任構成をとっても専門家が具体的にどのような注意義務を負っているかを知ることは困難なので同じことであり、とくに契約責任構成がベターということはなかろうとの批判がある。また、実務では請求権競合なので、通常両方が主張されており、債務不履行だけだといったところであまり意味を持たない、せいぜいどちらの方が説得力のある、あるいはきめ細かい説明ができるかというレベルの問題だとの意見もある。確かにこれらの意見は正鵠を得ているが、専門家と依頼者との間には、契約関係が前提として存在しているという厳然たる事実がある以上これを無視することは出来ず、不法行為責任として法律構成するにしても、結局は、その高度注意義務内容の判断にあたっては当該契約関係の性質・内容（つまり債務内容、あるいは債務の不履行と帰責事由の総合判断）から判断することになるとだけ、ここではいっておこう。また、実際問題としても、例えば、虫歯の治療、盲腸の手術の失敗例とか、控訴を依頼された弁護士が控訴期間を徒過したために責任を問われるといった、比較的、定型的に事務処理内容が確定している受任行為事例では、その債務内容は、アマである依頼者には不明確でも、専門家同士の間では明確なことも多いであろう。両構成それぞれの特色を踏まえた要件論、効果論の検討が有用といえよう。

三　専門家の契約責任の効果論

1　不法行為責任と契約責任における効果の差異については、請求権競合

との関係で議論のあるところであるが、ここでは、とくに問題となる点に絞って、述べてみたい。損害賠償請求権を第一次的保護手段とする不法行為責任制度に対し、履行請求権を第一次的保護手段とするわが民法の契約責任制度の下においては、専門家のサービス提供契約において、債務の本旨に従った履行が為されなかった場合には、追完請求権の行使が認められること、いうまでもあるまい。裁判上、追完請求権の行使が為され、間接強制まで命じられることはまず稀であろうが、例えば、建築家の設計ミスにより完成建物に瑕疵が生じた場合など、任意の追完に応じない建築家に対しては、ごく例外的にではあるが、裁判上の追完請求権の行使、間接強制も考えられなくはあるまい。建築家の著作者人格権との関係で、第三者による代替的修補や設計変更が困難な場合などにその必要があるからである。

2 受任事務や請け負った仕事の追完は、裁判外では、日常的に行われているところであり、追完請求権の法的認容は、同時履行の抗弁権の行使その他で、事実上のものにとどまらず、法的にも意義がある。さらには、債務者たる専門家にとっても一種の「追完権」が認められることは、依頼者側から即時の損害賠償請求権や契約解除権の行使が為されることを防げることとなり、その保護ともなろう。この「追完権」の認容は、近時、瑕疵担保責任の領域で議論されている問題である[11]。

3 契約責任においても、効果論上、損害賠償が一番重要であることはいうまでもない。専門家の提供するサービスの欠陥から生ずる損害は、人的損害、物的損害を問わず巨額となることが多い。依頼者は専門家に多額の報酬を支払うので、過誤があった場合の責任が大きいことはやむをえないとしても、報酬に比べ損害額が極めて大きい場合も多く（とくにエコノミック・ロスの場合）、損害保険によるカバー、免責特約、責任制限特約の有効性等の問題が検討さるべきである[12]。

4 なお、損害賠償の請求に関して、若干の補足をしておくと、弁護士の控訴期間の徒過例などの場合において、因果関係や損害の証明の困難性があることから、これに対する方策として、忠実義務違反の場合には、因果関係や損害の証明度の軽減を考えてみるとか、慰謝料を利用する方法を考えるとか、かかる事例では、「民事裁判を受ける機会利益の喪失」による財産的損害の賠償を認める新たな法理論構成の可能性を検討すべし、といった提言が為されている[13]。また、損害賠償額の算定時期につき、不法行為責任では不法行為のときが基準時とされるが、契約責任の場合、追完の可能な不本旨履行の場合は、履行請求権の行使を第一次的保護手段と見る以上、債務不履行のときではなく、追完請求権行使のとき、あるいは賠償請求権への転化のときが基準時となり、賠償額の算定時期が変わってくることとなる(損害軽減義務の問題とも関連する)。

(4) 前掲注(1)座談会記事、法律時報67巻2号37頁(森島発言)。
(5) 西島梅治「プロフェッショナル・ライアビリティ・インシュアランスの基本問題」有泉亨編『現代損害賠償法講座(8)』141頁以下(日本評論社、1973年)、前掲注(1)川井健編『専門家の責任』、同専門家責任研究会編『専門家の民事責任』所収の諸学説参照)。
(6) 能見善久「専門家の責任」、前掲注(1)『専門家の民事責任』別冊NBL28号4頁以下。
(7) 森島昭夫・前掲注(1)座談会発言、法律時報67巻2号51頁。
(8) 浦川道太郎・同上座談会発言52頁。
(9) 潮見佳男・同上座談会発言52頁。
(10) 前掲法律時報の座談会における森島見解及び小林見解など、48頁以下参照。
(11) 私見の詳細は、「専門家の民事責任の法的構成と証明」、前掲注(1)『専門家の民事責任』101頁以下参照。
(12) 前掲注(1)『専門家の責任』同『専門家の民事責任』の諸論稿で論じられているところ参照。
(13) 前掲注(1)『専門家の民事責任』能見論文9頁、小林論文84頁。

第2章　弁護士の専門家責任

一　弁護士の専門家責任訴訟の現状と展望

1　弁護士の専門家責任は、依頼者に対する責任と依頼者以外の第三者に対する責任との2つに大別できるが、目下のところ、弁護士の責任を問う訴訟は、欧米に比べて圧倒的に少なく、国内的に見ても、弁護過誤訴訟は、医療過誤訴訟に比べて非常に少ない。その理由は、① 釈明権の行使等裁判所の後見的役割によって弁護士の訴訟活動の不手際がかなり補完されていること、② 弁護士会の綱紀委員会、懲戒委員会等の自律的活動で、ある程度紛争が解決されていること、③ 弁護士の職務遂行の不手際を、裁判所や依頼者に責任転嫁し、素人である依頼者がこれに反論できないこと、④ 弁護士の職務遂行は無形なことが多く過誤が明確に現れることが少ないうえ、過誤を補完する機会が少なくないこと、等の指摘がある[14]。しかし、社会全体として消費者の権利意識が高まりつつある現状の下、専門家責任法理の発達とあいまち、今後の弁護過誤訴訟の増大は確実に予想される[15]。

2　他面において、21世紀の社会は、IT革命の進展により、ハードよりソフトが重視され、法化社会の時代となることが予想される。かかる時代状況の下、今後の我が国の弁護士活動の領域は、司法改革、ロースクール構想の実現を背景に、飛躍的に拡大することが予想される。すなわち、伝統的な訴訟活動、裁判外の示談交渉、契約書の作成や法律相談に加えるに、弁護士業務の専門化も進み、契約書以外の各種書類の作成業務（遺言書、証券発行書類、官公庁への届出書類等）や総合的な会社業務のコンサルタント・指導（株主総会や取締役会の指導から日常業務の指導まで）、さらには国際的・渉外的活動にまで、その活動領域は拡大しつつある。弁護士の活動領域のこのような拡大は、すでに指摘されているように、弁護士の専門家責任法理にも影響

を及ぼすこととなる(16)。すなはち弁護士と依頼者との間の契約関係や契約の法的性質、さらには依頼者の法的保護の内容や方法に従来とは異なった問題が登場することが予想されるのである。

二　弁護士の依頼者に対する民事責任

1　責任訴訟の類型　弁護士の民事責任が問われる事例の多くは、依頼者との間の契約関係上のトラブルであり、その訴訟は、現在のところ、債務不履行訴訟によるものが多数である。医療過誤訴訟の場合と異なり、契約当事者や契約内容が比較的明確であることがその原因であると思われる。

弁護士の依頼者に対する契約責任については、前述した専門家の契約責任に関する総論的考察で述べたところがそのままあてはまるが、以下では、弁護士固有の契約責任についていま少し掘り下げた考察をしておこう。弁護士と依頼者との間のサービス提供契約は、前述したように一般に委任ないし準委任と解されており、この点はあまり異論を見ない。しかし、弁護士業務の拡大は、この間のサービス提供契約の種類や内容に影響を及ぼし、今後、委任や準委任契約のほかに、請負や雇用さらにはこれらの混合契約と見るべき場合も多くなろう。そのいずれであるかによって、弁護士の契約責任の具体的内容も当然異なってくる。

2　民事責任の判断基準　これまで弁護士の民事責任の判断基準として、善管注意義務と誠実義務の区別の必要性の有無、あるいは高度注意義務と忠実義務の区別の有用性の有無等について学説上議論があった。しかしこういった分類ないし区別は、別の機会に、あるいは本稿でも先に述べたごとく、あまり有用とは思われない。前述したように、弁護士の債務不履行責任（契約責任）を問題とする場合にまずなさるべきことは、他の専門家責任の場合と同様、依頼者と弁護士との間のサービス提供契約の内容を、当事者意思の解釈や法の解釈の手法を駆使して明らかにし、当該事件で弁護士が具体的に如何なる債務を依頼者に対して負うものかを確定することである(17)。また

その際、委任、請負、雇用のいずれの契約であるか、あるいは混合型の場合にはそのうちのどの要素が強いかによって、債務の内容したがってまた債務不履行特に不完全履行の内容、判断基準、依頼者の法的保護手段が異なってくることにも留意する必要がある（委任は結果債務、請負は手段債務といった議論に通ずる）。善管注意義務や誠実義務の問題は弁護士の帰責事由の有無の判断上問題となるに過ぎない。これまでの議論は、為す債務の不完全履行の研究が未発達の時代の産物であり、効果論として主として損害賠償請求を中心に考え、さらにそれらとの関係で不法行為責任的発想が強かった時代の産物といえよう。

近時の契約責任論の展開を踏まえて考察するときは、本来的契約責任、補充的契約責任の区別、あるいは本来的給付義務、付随的給付義務、付随的注意義務、保護義務といった、債務構造論的考察さらには債務不履行（違法性）と帰責性の二元的考察の方が、契約責任の要件論、効果論、証明責任問題等を考えるうえで有用と思われる（もっとも、かかる体系的考察方法については強い批判の有るところではあるが）。

なお前述したように、効果論としては損害賠償請求のほかに追完請求権の行使や追完権についても注意がむけらるべきであり、また即時無催告解除を原則とする委任の解除権（民651条）についても、再検討の余地があろう。信頼関係の重視、無償契約性の原則に基づくこの規定は、有償契約が原則となっている今日の専門家との契約の実情や、契約上の債務内容の如何によっては、専門家の追完権認容如何の問題とも関連して要催告解除の余地も認めて良いようにも思えるからである。

3　従来の裁判例の動向　　弁護過誤訴訟に関する従来の裁判例の動向について、近時次のような指摘がある[18]。

まず、我が国の弁護過誤訴訟をめぐる裁判例は、目下のところ、医療過誤訴訟に比較すると、高度の注意義務違反が問題となるような本来的な専門家責任の裁判例は数が少なく、単純な不注意あるいは不誠実な対応といった一

般人でも問題となるようなケースについて責任が肯定された場合がほとんどであるという。そして、裁判例をその数が多い事件類型で整理してみると、① 期日・期間懈怠型、② 独断処理型、③ 説明不十分型の3類型に分類できるという。

　期日・期間懈怠型とは、弁護士（あるいはその履行補助者）が上訴期間等の期日・期間をうっかり徒過したり、訴訟継続・保全処分申請を行わず、期間を徒過して依頼者に損害を与えたような場合である。多くは慰謝料の支払いを命ずるのみで事件が解決されており、損害発生との因果関係が明白な場合に財産損害の賠償まで認められているという。

　独断処理型とは、弁護士が依頼者の意見や希望を無視して事件を処理した類型であり、国選弁護人が被告人の死刑判決は相当である旨の控訴趣意書を提出したとか、依頼者の意思を確認することなく控訴を取り下げたといった事例である。前述したように、弁護士には一般に大幅な裁量権が与えられているから、裁量権の範囲内かどうかの判定基準がこの類型では問題となる。

　説明不十分型とは何かを特に説明する必要はあるまい。依頼者と弁護士との信頼関係からすれば、弁護士は依頼者に十分に説明し、その信頼にこたえる必要があるこというまでもないが、一審から最高裁まで一度も依頼者から事情の聴取をせず依頼者への報告もしなかったという極端な例があるほか、弁護士の責任は否定されたものの、その説明の不十分さを理由として訴訟が提起されている例がいくつかあり、我が国の弁護士は依頼者に対して十分に説明・報告することを得手としていないのでは、との指摘が為されている。

　4　裁判例のこのような分類視角のほかに、これまでの試みとして、義務内容の観点からの分類（例えば審判への機会・期待保護義務、依頼者の損害発生防止義務、助言義務、説明・報告義務など）、執務態度の観点からの分類（例えば、不誠実型、単純ミス型、技能不足型）、局面ないし事項の観点からの分類（例えば、訴訟、債権取立て・保全、その他）の試みがあり[19]、さらには、アメリカの裁判例を分析するにあたっての分析視角として、①書類関係、②依頼

人所有不動産の所有権検討の依頼、③法的手段準備の過失、④法律知識に関する問題、⑤訴訟追行、⑥上訴における過失、⑦代理権踰越、⑧金銭回収関係、⑨委託金の運用関係、⑩事務の終了といった分類の試みがある[20]。またドイツの裁判例の分析視角として弁護士契約から生じる職務義務を、①依頼者の指図の遵守義務、②事案解明義務、③権利関係調査義務、④助言・調査義務、⑤書類綴り作成・保管義務、⑥守秘義務といった分類もある[21]。

それぞれ特色のある分類方法であるが、今後の試み方としては、債務構造論の視角からの分類ないし分析の試みがあっても良かろう。債務不履行の種類・内容によって、要件・効果が異なるからである。例えば前述の三類型を債務構造論の視角から再整理してみると、期日・期間懈怠型は本来的給付義務の過失に基づく債務不履行であり、独断専行型は裁量権の不当行使による債務不履行（不完全履行）といえ、説明不十分型は付随的履行ないし注意義務、あるいは保護義務違反（もっとも、コンサルタント契約では本来的給付義務に入ることもある）と整理することも可能であり、効果論としては損害賠償や契約解除のほかに、追完可能な場合には追完請求権の行使も当然ありうるのでこの角度からの分類も考えられる。本稿では、こういった分析視角による裁判例の分析は後日に委ね、問題の提起に留める。

三　弁護士の第三者に対する民事責任

弁護士の第三者に対する民事責任が問題となった裁判例もかなりある。この場合は当然ながら弁護士の不法行為責任が問われることになるが、その類型としては、これまで名誉侵害型、不当訴訟型、その他の類型が見られる。後述するごとく、名誉侵害型や不当訴訟型の人的範囲は相手方ないし相手方弁護士であり、その他の類型もそれに準ずる人的範囲であることは、第三者に対する責任が基本的には一定の人的範囲に対するものと構成する方向を示唆するものと指摘されている[22]。

この点に関する我が国の裁判例の動向についてはすでにいくつかの研究があるので、それに譲り、ここでは、上記の3類型の内容について簡単に見て

おくに留めたい[23]。

(1) 名誉侵害型

訴訟追行時の弁護士の訴訟活動が相手方ないし相手方の弁護士との関係で名誉侵害となるかが争われる類型である。責任肯定例もいくつかあるが、否定されたケースが多数のようである。訴訟における主張・立証行為は、その中に相手方やその代理人の名誉を毀損する行為があったとしても、弁護士の職務は本来依頼者の立場を積極的に代弁するものであるから、それが訴訟における正当な弁論活動と認められる限り、違法性を阻却されるものと解され、名誉侵害の成立は合理的関連を欠く訴訟行為や単なる誹謗・中傷の場合に例外的に認められるのである。

(2) 不当訴訟型

依頼者主張の権利等が事実的・法律的根拠を欠く上、弁護士がそのことを認識しあるいは認識可能性があったにもかかわらず、不当な訴訟の提起に応じた場合にやはり例外的に責任が肯定され得よう。

(3) その他

遺言執行者に指定された弁護士が遺言が無効であった場合に、受遺者にその旨を告げず、そのため遺産に対する権利行使の機会を失わせた事例その他で弁護士の責任が認められている。なお、依頼者に対する誤った情報の提供で第三者が損害をこうむった場合に、第三者に対する情報提供者責任が問題となるケースも今後予想される。特に弁護士の活動領域の拡大化と共に、弁護士の依頼者に対する契約責任、第三者に対する不法行為責任の両面において今後問題となる局面が増大しよう。

[14] 小林秀之「弁護士の専門家責任」前掲注(1)『専門家の民事責任』76頁、下森定「日本法における『専門家の契約責任』」前掲注(1)『専門家の責任』40頁、加藤新太郎『弁護士役割論』50頁以下（弘文堂、1992年）他。

[15] 弁護士の民事責任については、これまでに引用した文献所収論文のほか、篠原弘志「不当訴訟」『注釈民法(19)』158頁以下（有斐閣、1965年）、斎藤秀

夫＝桜田勝義「弁護士の職務執行に伴う私法上の責任――アメリカにおけるmalpracticeの法理」『民事訴訟の法理』737頁（敬文堂、1965年）、鈴木重勝「弁護士の民事責任」篠原弘志編『取引と損害賠償』245頁（商事法務研究会、1989年）、長野益三「弁護過誤による弁護士の不法行為責任」山口和男編『裁判実務体系(16)不法行為訴訟法(2)』355頁（青林書院、1987年）などがある。

(16)　小林・前掲注(14)77頁。
(17)　潮見佳男、前掲注(1)法律時報座談会発言52頁。
(18)　小林・前掲注(14)79頁以下。なお、弁護士の民事責任についての主要判例の近時の分析として、工藤祐厳「『専門家の責任』と主要判例の分析（上）」法律時報1995年2月号18頁以下がある。
(19)　加藤・前掲注(14)78頁、126頁。
(20)　手嶋豊「アメリカにおける弁護士の依頼人に対する民事責任の展開」判例タイムズ613号26頁以下（1986年）。
(21)　前掲注(1)『専門家の民事責任』37頁（浦川道太郎担当、比較法(2)――ドイツ）。
(22)　小林・前掲注(14)84頁。
(23)　小林・前掲注(14)82頁以下による。その他、工藤・前掲注(18)参照。

む　す　び

以上見てきたように市民一般の権利意識の向上とともに、今後わが国でも専門家の責任が厳しく問われ、それにつれて弁護士の専門家責任の問われる機会も拡大してくることが予想される。その際、紙数の都合上本稿で触れる余裕のなかった損害賠償額の算定問題、特約による責任制限問題、保険による履行確保問題等、他の専門家責任と同様な法的問題が生じ、また弁護士の責任特有の問題についての考察も必要となろう。これらの点についての研究は今後の研究に委ね、本稿は以上をもって一応の終わりとしたい。

（2000年4月10日）

8　韓国における弁護士責任論の展開

　　　　　　　　　　　　　　　　　　　　　李　　　起　　勇

　　　Ⅰ　序
　　　Ⅱ　弁護士責任の法的性質
　　　Ⅲ　弁護士責任の成立要件
　　　Ⅳ　結　語

Ⅰ　序

　韓国で、専門家としての弁護士責任論の展開がみられるのは、90年代になってからであるように思われる。法学的観点からみた専門家の概念が明確でない状態が続いたが、近来ようやく、弁護士や医師などの職業群が、社会的に権威ある専門家集団として論議され始める段階になってきた。特に、弁護士という職業は、韓国社会では専門家としてより、少数のエリート集団(1)または一種の特権層として認識されて来たと見た方が妥当であるかもしれない。このような一般人からの敬畏感に加え、弁護士団体内部の浄化能力——例えば弁護士協会などによる規制または懲戒——の存在などで、従来は弁護士を相手に法的責任を問うことはほとんど見られなかった。
　しかし、これからは、弁護士や医師の業務上の責任が、社会的権威を理由に事実上免責される雰囲気から、むしろ専門家として一般人より重い責任を問われる状況が展開されていくと予想される。そのように考える理由は、韓国社会では伝統的に、士農工商の順序で職業の貴賤を認める儒教的価値観がまだ残っている一方で、他方では資本主義または自由民主主義という現代的価値観が混在し、所得を中心として職業に対する社会認識が再編成されてい

く状態であるからである。一例として、近来の韓国で、医療過誤訴訟における賠償責任が高くなっていること[2]があげられよう。弁護士の責任を認める判例はまだ多くはないが、今後増加することが予想される。学説においても、比較法的な紹介──主に日本、米国、ドイツの研究を中心に──と、実定法理研究に関心が高まっている状況である。以下では、本稿の目的上、比較法的な検討はさておき、韓国における弁護士責任に関する法理展開を整理、紹介することにしよう。

(1) 近来、韓国では法曹養成に関連し、資格試験制度と法学教育の改善についての論議が活溌である。全国的に司法試験準備生は、約7万人にのぼると推算されているが、合格者数は1995年まで300人、1996年には500人、そして毎年100人ずつ増員し、1999年には800人を予定している。近来に入り、司法試験合格者数を増員したにもかかわらず、1998年現在、法曹の数は判事1490名、検事1120名、弁護士3360名にすぎない。韓国の人口を4680万人と推算したら、弁護士一人あたり国民14000人の比率で、アメリカの場合(弁護士一人あたり国民271名──1999年推算値)とは大きな格差を示しており、日本と比較しても法曹が不足している状況である。

(2) 韓国でもすでに、医療過誤訴訟についての研究と判例が蓄積されている。特に大法院は、患者の立証責任を軽減して、医師の不法行為責任を比較的に簡単に認めており、医師たちから「医療行為をやめろと言うのか」という抗議性の発言が出る程である。孫容根「医療過誤訴訟における証明の軽減」比較私法第3巻1号(韓国比較私法学会、1996)9頁参照。医師の過失や因果関係を推定した例としては、大判1977.8.23、77ダ686；大判1992.12.8、92ダ29924；大判1993.7.27、92ダ15031など多い。

II 弁護士責任の法的性質

弁護士が専門家として負担する責任は、その原因によって、弁護士法を違反した場合または刑事事件で起訴された場合のような公法上の責任もあるが、

本稿では、訴訟依頼人または第三者との関係から生じる私法上の責任に検討の範囲を限定する。弁護士の民事責任を明らかにするためには、弁護士と依頼人または第三者間の法律関係の法的性質を検討することが必要である。

1 依頼人に対する責任
(1) 弁護士・依頼人関係の成立と終了

依頼人は、事務の処理および訴訟の代理のために、弁護士と一定の内容を契約する。実務慣行上、このような関係の設定を受任契約と言うが、弁護契約という議論[3]もある。このような依頼人と弁護士との関係は、通常は民法上の委任契約であるが、会社の定款を作成したりまたは約款を作成するような、一定の書類を作成をすることを目的とする場合は、請負と見るのが一般的である[4]。いわゆる成功報酬の特約を置く場合[5]も、委任契約の附款にすぎないとされている。一方、最近、英米法理論の影響を受け、特殊信頼義務（fiduciary duty）関係と見る理論[6]も提起されている。同理論は、弁護士と依頼人の関係は専門家と素人の関係であり、弁護士の説明を依頼人が明確に理解するのは難しい、ということを前提とする。すなわち、弁護人と依頼人の関係を、当事者の真正な意思の合致による契約関係として見るより、信頼関係と見て、弁護士の責任を契約責任または不法行為責任の中間責任、または独立した責任とみる見解である。

弁護士の依頼人に対する責任は、受任契約によるものと、事務管理、不法行為、不当利得など法定債権の発生によるものに分けられる。弁護士の契約責任の場合に主に問題になるのは、受任契約の成立与否とその責任の終期などであろう。

受任契約は、特別な形式が要求されるものではないが、受任契約書を作成して依頼人の署名捺印を受けるのが慣行である。問題は、依頼人の申込みがあったと見られるが弁護士の明示的承諾がない場合にも、弁護士の契約責任が認められるかである。米国の場合、Togstad v. Vesely、Otto、Miller & Keefe 事件[7]で、医療過誤訴訟提起可能性を相談した当事者が、弁護士がす

ぐ受任を拒まなかったため訴訟提起の機会を失ったことについて、弁護士の賠償責任を認めた。韓国では、契約締結上の過失責任（韓国民法第535条）の法理によって、弁護士の賠償責任が認められるという見解[8]と、契約の成立与否を重要な問題として、当事者が契約の成立を証明しなくてはならないという見解[9]がある。これは、弁護士の受任義務の有無[10]とは別個の問題で、たとえ受任しなかった場合でも、依頼人の立場を考慮しなければならない義務の法的な評価の問題だと思われる。

弁護士・依頼人関係は、その目的が達成した場合に終了し、委任契約の一般原則によって、当事者間の特約がない限りいつでも解止（解約）できる（民法第689条）[11]。ただし、訴訟代理の場合は、依頼人が死亡しても弁護士の訴訟代理権は消滅しない（民事訴訟法第86条）。学説の中には、英米法上の特殊信頼関係説に基づき、「依頼人が弁護士の助力なしで放置された時、その依頼人は危険な状態に置かれる可能性が高いため」、弁護士は、その結果に到達するまで解除できないという見解[12]もある。

(2) 国選弁護の場合

国選弁護などの場合は、民訴法第118条、刑訴法第33条、弁護士法第23条などによって、原則的に、当事者の契約締結の自由はない。ただし、依頼人が、法院の決定で選任された弁護士の変更を要求したり、その弁護を拒否できるかは、明文の規定がないため解釈上争いの余地がある。一旦、国選弁護士と依頼人の関係が成立したら、その法的性質についてはいわゆる命令された契約（diktierter Vertrag）が成立すると見る見解[13]と、第三者のための公法上の契約であると見る見解[14]などがあるが、弁護士の責任に関する法理はそのまま適用されるといえよう。

2 第三者に対する責任

弁護士が、具体的な受任関係など一定の関係のない第三者に対して責任を負う場合も少なくない。学説は、一般的に不法行為責任を問うことができる

とされているが、場合によっては、契約締結上の過失責任、またはドイツの「第三者保護効ある契約論」で理論構成することがある。

(1) 不法行為責任

判例は少ないが、弁護士の過失責任を認めた例がある。事案を見ると、依頼人（乙）が正当な権限なしに偽造文書などで不動産所有権移転登記事務を委任し、委任を受けた弁護士は不注意にその移転登記を代行した。その登記を信じた金融業者（甲）は、抵当権などを設定して乙に金員を貸し、損害を受けた。甲はこれの対し、弁護士を相手に、通常の注意を払ったならば真正な所有者の登記申請でない事実をわかったはずだが、登記業務について注意を払わず、その不注意により自分に損害が発生した、としてその賠償を請求した。大法院は、甲にも過失が50パーセントあるとした原審を維持したが、それと同時に弁護士の責任を認めた[15]。

学説で、弁護士の第三者に対する不法行為責任が発生する類型として挙げられるのは、不当提訴、虚偽弁論、名誉毀損、秘密維持義務の違反などがある。一般的に、不当提訴の場合は、「告訴が、権利の濫用だったと確定される故意または重大な過失によるものでない以上、不法行為とは言えない」[16]とするのが判例の立場[17]であるが、公益性を持つ弁護士の不当提訴の場合は、一般人の場合よりも不法行為の成立を簡単に認めるべきであると見る見解[18]がある。

(2) 第三者のための保護効ある契約

依頼人でない第三者に対する弁護士の責任は、韓国民法第539条（第三者のための契約）や、これに対応するドイツ民法上の第三者のための保護効ある契約[19]に基づき認められる、という見解[20]がある。この見解からすれば、例えば婚姻取消訴訟で、原告を代理した弁護士の責任ある事由で原告が敗訴し、その後原告が死亡することで相続人になった原告の娘が、被告と共同で相続する、つまり単独相続できないことによる損害を、上の理論を根拠にし

て弁護士に請求できるという[21]。

　しかし、韓国民法においては不法行為責任の領域が広いため、不法行為責任として扱う[22]のが妥当であろう。

(3)　姜熙遠「弁護士の責任」比較私法二巻一号（1995）130頁

(4)　姜熙遠「弁護士の責任」比較私法二巻一号（1995）133頁、金天秀「韓国の弁護士責任論」『弁護士責任論』（1998）394頁。

(5)　韓国でも、弁護士報酬の支給方法として、いわゆる成功報酬の約定が多く用いられている。判例も成功報酬を認めているが、ただし信義則に期する制限ができるという。つまり大判1991.12.13.宣告91ダ8722、91ダ8739でも「弁護士の訴訟委任事務処理に対する報酬について、当事者間に約定がある場合委任事務を終えた弁護士は約定報酬額全額の支給を請求することができる。ただし、事件受任の経緯、事件処理の経過と難易度、訴訟物価額、勝訴により当事者が得た具体的利益と、所属弁護士会報酬規定その他弁論に表わされた諸般事情に照らして、その約定報酬額が不当に過多で信義誠実の原則または衡平の原則に反する特段の事情がある時だけ例外として、この場合は、上のように諸般事情を考慮して適当と認める範囲を超える報酬額については、その支給を請求できないと見る」とする。思うに、弁護士の司法機関的地区が侵害されることを恐れて成功報酬を禁ずるドイツの場合を視野に入れ、また米国でも刑事事件または家事事件では成功報酬が制限されているのを見ると、我らの場合はあまりにも無制限的に成功報酬が許されているのではないか疑問である。（同旨、権五乗「弁護士の成功報酬」民事判例解説ⅩⅥ（博英社、1996）174頁）

(6)　李清助・鄭寅経「弁護士と依頼人関係の基本的法理」東亜法学第二十四号（東亜大　法学研究所、1998）217頁

(7)　291 N.W. 2d 686 (1980). 簡略な紹介は、金天秀・呉鍾根「米国の弁護士責任論」『弁護士責任論』（1998）17頁参照

(8)　姜熙遠・前掲論文135頁

(9)　金天秀・前掲論文394頁

(10)　通常、公益的職務を担当する者は、正当な理由がない限り、公法上締約義

務が認められる。例えば、医師の医療拒否禁止規定（医療法第16条）、執達官の職務拒絶禁止規定（執達官法第11条）など少なくない。しかし、弁護士に対して一般的な受任義務を規定した法律規定はないため、弁護士は一般的な受任義務がないといえよう。同旨、金天秀・前掲論文397頁。

⑾　大判　1970．9．29、70ダ1593「訴訟代理人が辞任書を法院に出しただけで、相手に通知しなかった場合は、訴訟代理権が消滅すると見ることはできない。」

⑿　李清助・鄭寅経・前掲論文229頁

⒀　郭潤直『債権各論』（博英社、1995）22頁

⒁　金天秀・前掲論文395頁

⒂　大判1990．12．7　90ダカ27396（公報　889、445）「弁護士が彼側の事務員を通して依頼人から所有権移転登記申請事務を受任するにあたっては、依頼人に対する印鑑証明書や住民登録証の提出または提示の要求、またはこれに準する方法で、依頼人が所有者本人、またはそれに適法な代理人かどうか確認してから受任すべきであるが、これを怠った上、印鑑証明書、住民登録証を通常の必要な注意を払って検討したならば上の書類が偽造された事実を容易に発見でき、依頼人が所有者本人またはそれに適する代理人でないことを容易に把握できた状況にもかかわらず、これを怠った結果、上のような事実を看過したなら、弁護士に過失があると見える」。

⒃　大判1965．2．16、64ダ1546

⒄　大判1991．2．26、90ダ6576「判決が確定したら、既判力によってその対象になる請求権の存在が確定する。その内容によって執行力が発生するので、それによる執行が不法行為を構成するためには、その訴訟当事者が相手の権利を害する意思で相手の訴訟関与を妨害したり、虚偽の主張で法院を欺罔するなど、不正な方法で実際と違う内容の確定判決を取得し、その執行をするような、特別な事情がなければならない。そのような事情がない限り、他の訴訟でその確定判決に反する内容の判決が宣告も確定されたとしても、そのことだけでその提訴執行行為が不法行為を構成するとはいえない。」

⒅　金天秀・前掲論文402頁

⒆　これに関する紹介は、張在玉「ドイツ法上の弁護士責任」比較私法第二巻一号96頁

(20) 姜熙遠・前掲論文137頁
(21) 上掲論文・125頁。BGH、NJW　1965、1955
(22) 同旨、金天秀401頁

III　弁護士責任の成立要件

弁護士の責任が成立するためには、弁護士としての義務違反があり、その義務違反と損害発生との間に因果関係があることを要す。

1　注意義務の違反

弁護士責任の前提としての弁護士の注意義務の基準をどう設定するのかが問題である。

(1)　注意義務の基準

弁護士が依頼人の事務を処理する際の注意義務は、委任契約における「善良な管理者の注意」（民法第681条）なのか、それともそれ以上の高度な注意義務を別に設定するのかが問題になる。判例[23]は「受任者である弁護士は、委任の本旨によって、善良な管理者の注意をもって委任事務を処理する義務」を設定するが、ここで弁護士としての善管注意義務の基準については具体的に言明していない。弁護士なら通常的に持っているはずの法律知識の水準はどの位か、特定分野についての専門的な知識をも一般的に要求できるか、そして分野別に専門弁護士と一般弁護士を区別してその注意義務の基準を定められるか、などが今後論議される必要がある。具体的な基準について言及するのは難しいが、弁護士に基本法から特別法、そして判例などにおよぶ法全般に関する完全な知識を要求することはできない[24]と思われる。

現在、韓国における弁護士の専門化は、少数の合同法律事務所所属弁護士を中心に、租税分野、国際取引分野など特定分野で始まったと見られるが、まだ初期的な段階にとどまっているように見える。そしてソウル地方弁護士

会に届けられた苦情件数を見ても、依頼人などの不満は、弁護士の専門性についてよりは、主に不誠実な弁論行為などに集中している(25)。弁護士の過誤も、法律知識よりは誠実性の不足に起因する場合が多いと考えられ、従って弁護士の注意義務の基準は、同じ状況下で通常の法律知識を持つ他の弁護士が誠実に職務を遂行できるレベルにすれば、弁護士に過重な負担を負わせることにはならないだろう。ただし、その時の通常の法律知識というものも明確に設定される必要があり、今後判例などを通して類型化による具体的基準の準備が要請される。

(2) 契約締結以前の義務

弁護士は、契約締結過程または準備段階の依頼人に対しても、一定の注意義務が認められるが、その根拠は信義則と解釈される。契約締結の有無、有償無償にかかわらず、弁護士の相談過程における諮問が法的に不正確であってはならない。弁護士が事案について法的知識が足りなくても、答えなければならない場合にはその旨を知らせなければならない。

勝訴の可能性や訴提起の実益のない訴訟を勧誘することが、法律知識の不足な弁護士の間違った判断による場合、その責任を問うことはできるのか。判例や法理が多少複雑になっている領域では、実際には勝訴の可能性が稀薄であるが、弁護士が勝訴を確信して訴訟を勧誘する場合がある。その結果、敗訴した依頼人は時間と費用の損害を負担しなければならないのか。実務家達はよく「裁判はやってみないとわからない」と言っており、訴訟の勝敗は意外に予想し難いものであるかもしれない。しかし、専門家であれば、論理的な範囲内でその結果を合理的に予測できなければならない。したがってこのような場合、弁護士の責任を認めることが正しいと思う。ただし、そうなると従来の判例法理論に挑戦する新しい見解の提起が難しくなる可能性も出てくる。その限界点を調節する基準はやはり医療過誤訴訟で発展された理論を類推して、弁護士の適切な説明に基づいた依頼人の自己決定によるものであれば、弁護士は結果に関係なく免責されると見る方がいいだろう。

一方、弁護士法第24条「受任制限」は、民法第124条の双方代理禁止をより拡大して事件受任時の利益衝突を回避している。しかし判例[26]は、1人の弁護士が原告と被告の訴訟代理人を兼任した場合に対して、訴訟行為の効力を認めている。もし、この受任禁止義務違反で損害が発生したならば、弁護士の賠償責任を認めるべきであろう。

(3) 契約存続中の義務

弁護士は依頼人から事件を受任したら、訴訟遂行過程で様々な義務を負担することになる。まず、非専門家の依頼人から事実を把握するために、積極的な質問義務が認められる。訴訟の進行過程を依頼人に説明して報告する義務がある。訴訟遂行上の技術的な問題は、弁護士の裁量に属すると理解されているが、依頼人の指示があればそれに従わなければならないかは問題である。特に依頼人の指示が依頼人に不利か、不法的なものと判断される場合は、これに従う義務はないという見解[27]が一般的である。また、弁護士は自分が処理する事件に関する法律知識を調査・習得する義務があるため、自分が処理する事務に関する法律、判例理論についての無知は免責されない。

(4) 契約終了以後の義務

弁護士は、委任関係などが終了した以降にも、依頼人の不利益を防止する義務がある。例えば、職務遂行中知った依頼人の秘密を維持する義務がある（弁護士法第22条）。違反すると、弁護士法により懲戒を受ける外に、不法行為責任を負担することになる。一方、民法第691条の委任終了時の緊急処理義務は、弁護士に当然認められる。実際には、弁護士審級代理の原則上、当該審級が終了した後、依頼人の上訴機会の保障が主に問題になるだろう。

(5) 立証責任

弁護士の過失に対する立証責任は、それが契約責任であれ不法行為責任であれ通常は依頼人にあると見るのが一般的である。訴訟を受任した弁護士は、

最善をつくしてその職務を遂行していたなら、敗訴に対する責任を負担しない意味で手段債務として見て、敗訴したとしてもその過失ないことの立証責任を負担することはない。つまり依頼人は、「弁護士の過失がなかったら実際の訴訟で得た結論より有利に終わったはず」という点を立証しなければならない。これはいわゆる「訴訟内の訴訟」（trial-within-a-trial）方式によるものである。しかし、この訴訟内訴訟は後訴訟から先訴訟を再現するという意味で、依頼人は先訴訟を再構成しなければならないが、これは非常に難しいことである[28]。これは過失行為のある弁護士を事実上免責する結果を招来し兼ねず、決定的な矛盾は、その弁護士が今度は、反対側当事者になって前に自分が擁護した主張に対して反論を展開し、さらに、弁護士がその主張の弱点を本来の被告達よりもよく把握していることにあると指摘される[29]。しかし、国内ではこれに対する改善策や代案が提示されていない。

ただし、法律専門家の弁護士を相手に、非専門家が弁護士の過失を訴訟上立証することは容易でなく、その立証の程度をある程度緩和する必要性は共感できる。その反面、契約責任の場合には、無過失であることを弁護士が立証しなければならないという見解[30]もある。

2　義務違反と損害との因果関係

弁護士責任が認められる条件は、弁護士の過誤のあること、依頼人に損害が発生すること、そしてその過誤と損害発生の間に因果関係が存在することなどが通常要求される。すなわち、もし弁護士の過誤がなかったとしても勝訴の可能性など依頼人の利益が望めなかったとみなされる場合は、弁護士がその過誤による責任を負担しないとするのが一般的な見解である。

(1) 勝訴可能性

しかし、問題は、予想することが非常に難しく不確実な（前）訴訟において、勝敗を責任を認めるための要件とするということである。これに関して、依頼人の勝訴または訴訟上和解などによる「利益の喪失という損害発生に関

して、依頼人は確実性ではなくその蓋然性だけ立証すればよい」「弁護士が敗訴の確実性を立証」すると見る見解[31]がある。判例は、依頼人が「勝訴しただろうという点に関する立証がない」[32]として、弁護士の責任を否認しているものがあるが、具体的な立証の程度に関しては明確に説示していない。

(2) 相手方の無資力

さらに、依頼人が勝訴したとしても、その訴訟の相手方が無資力で実際執行可能性がないことを弁護士が立証したら、その責任を免れられるかに関しては意見が分かれる。弁護士の過誤なしに発生する損失に対して、弁護士に賠償責任を負わせるのは不当だという見解[33]と、このような抗弁は認められないという見解[34]がある。

(3) 機会喪失による精神的損害

弁護士の過失によって―例えば、提訴期間または上訴期間の渡過や弁論期日不出席など― 裁判を受ける機会を喪失した場合、依頼人はその訴訟の勝訴可能性とは関係なく、その機会喪失による精神的損害に対する賠償を受けられるか。このような場合、下級審判決中に「訴訟の勝敗にかかわらず、依頼人としてはこれによる精神的苦痛を受けることが、経験則上明白である」として、精神的損害に対する弁護士の賠償責任を認めた例[35]がある。一方、大法院判決で、これを特別な事情による損害と見て、弁護士(被告)がこれを知っていたか知ることができた場合に限る[36]、と示したものがある。

3 損害賠償責任の範囲

弁護士の義務は、相当部分が法院の法解釈適用過程に関連しており、結局有権的な解釈は法院によって下されることになる。具体的な場合に弁護士の過失がある場合も、法院による適切な裁判進行によって、損失が発生しない場合も少なくないと予想される。従って、具体的な損失がない場合は、弁護士の賠償責任を認める必要はなかろう。

問題は、弁護士の過誤が、直接または間接の原因になり損害が発生した場合、その範囲を具体的に判断することである。判例[37]は「訴訟代理人の抗訴期間渡過による損害額の範囲は、適法に抗訴を提起したならば、ある程度有利に変更できたかを審理して決定するのが正しい」としている。一部勝訴の可能性のある場合が問題になるだろう。

　一方、依頼人が損害の発生または拡大に寄与した部分があれば、これは弁護士の責任負担から控除されるべきであろう。しかし、弁護士の事務処理に関連して、依頼人が積極的に照会して報告を要求する義務があるかは議論されている。義務を認めた下級審判決例[38]がある反面、専門家との関係からこういう義務を一般人に賦課するのは不当だという批判[39]がある。

(23)　大判1959.11.26、59ダ271（集7民317）
(24)　英米法でも「弁護士の法律知識の不知は許されない、という格言があるが、実際には弁護士の完璧な法律知識は要求しない」という。李清助・鄭寅経・前掲論文227頁　Lucal v. Humm、56 Cal. rptr. 821、364p. 2d 685（1961）
(25)　ソウル地方弁護士会「陳情事例集」（1995）14頁以下を見ると、過多受任料の返還要求と不誠実な弁論などについてほぼ真正である。参照　姜熙遠・前掲論文116頁。また、訴訟依頼人を対象としたアンケート調査でも、依頼人達は敗訴原因として弁護士の誠実不足を一番多く（応答者336名中215名—64％）あげているとの結果が出ている。参照。鄭照根・韓雄吉・李清助「弁護士過誤防止のための業務基準摸索に関する研究」（東亜法学第12号）135頁
(26)　大判1995.7.28、94ダ44903は「原告訴訟複代理人として、弁論期日に出席し訴訟行為をした弁護士が、被告訴訟複代理人としても出席し弁論した場合でも、当事者がこれについて何の異議を提起しなかったなら、その訴訟行為は訴訟法上完全な効力が生じる」という。
(27)　姜熙遠・前掲論文150頁、金天秀・前掲論文413頁
(28)　白潤基「法務過失訴訟における喪失機会の原則」裁判資料第47輯（法院行政処、1989）365頁
(29)　白潤基・前掲論文364頁

⑶0　金宗允「弁護士過誤責任」『人権と正義』第208号（1993.12）88頁

⑶1　金天秀・前掲論文418頁

⑶2　大判　1995.5.12、93ダ62508（公報994.2095）。この事件は、前訴訟の抗訴審で敗訴した原告から、上告事件を受任した弁護士（被告）が、受任事件を怠って上告理由書提出期間内に上告理由書を提出しなかったため、原告の上告が棄却されたことによって、依頼人だった原告が訴訟受任人だった弁護士を相手に、財産上損害賠償を請求した事件である。同趣旨　大判1973.1.16、72ダ2035（民判集183—76）

⑶3　金天秀・前掲論文419頁

⑶4　金宗允・前掲論文89頁

⑶5　ソウル地方1996.4.25、94ガ合55366判決。ところで、この判決でも、弁護士が誠実に訴訟を遂行したとしても、証拠上、依頼人の勝訴可能性があるとは見えないとして、敗訴による財産上の損害の賠償責任を認めなかった。

⑶6　財産権の侵害を内容にしていた訴訟の原告が訴訟代理人に選任した弁護士が、その訴訟を任意で取下げたケースであるが、その依頼人（原告）が弁護士（被告）に対して、それによる損害賠償を求める訴訟を提起した。これに対して大判1980.10.14宣告80ダ1449［公1980、13321］は、「この事件に置いて、その財産上損害を賠償する以外に、原告の精神的損害は特別事情による損害として被告がその特別事情を知ったか知ることができたと認められる場合に限り、これを引用すべきであるが、原告は、被告がすでに訴訟を取下してその事件が終結したことを知っていながら、誤った判断で同じ訴訟をもう一度提起、遂行することによって、損害が増えただけでなく、被告がその特別事情を知ったか知ることができたとみなす証拠もないとして、原告の慰藉料請求部分を排斥したところ、これを記録と対照して見てもそこに債増法則に違背する誤りはない」とした。また、大判　1996.12.10、96ダ36289も同様である。

⑶7　大判1972.4.25、72ダ56［集20(1)民247］

⑶8　ソウル民事地法1991.4.16、90ガ合46692判決

１．民事事件第一審訴訟代理を受任した弁護士は善良な管理者の注意義務があるところ、弁護士がその注意義務をはたせず、そのような弁護士の過失がなかったら、訴訟の結果が、実際に得られたところよりも有利であったことが

認められる場合には、依頼人が得られなかった経済的利益相当の損害賠償義務がある。
2．上記1項の依頼人が、訴訟委任契約の本質上、訴訟の遂行や処分について最終的な決定権限を持つ本人として、自ら第一審判決を検討し、弁護士に訴訟遂行について照会するなどの行動をすることなく、弁護士の誤りを放置していたなら、そのような依頼人の過失は弁護士の賠償する損害額を算定するにあたって参酌すべきである。
3．弁護士報酬金約定は、当該事件の請求金額及び勝訴金額、依頼人と弁護士の親疎関係及び受任の経緯、事案の難易度、訴訟を遂行する間の弁護士の努力と費用の程度、一般慣行上に認められる弁護士の通常の受任事務処理費用の程度、弁護士報酬の訴訟費用算入に関する大法院規則などに照らして、不当に過多だと認められる場合には、相当の報酬金を超える部分は、信義誠実の原則に反するため無効である。

(39) 金天秀424頁、一方、鄭照根・韓雄吉・李清助・前掲論文118頁は「弁護士の判断上過誤に依頼人が寄与したら、弁護過誤は成立しないが、これに対する立証責任は弁護士にある」としたアメリカの判例（Masters v. Dunstan、256 N.C. 520、124 S.E. 2d 574（1962）を紹介している。

Ⅳ　結　語

　以上でみたように、韓国における弁護士責任論の基礎的な枠組は、整理されているといえよう。しかし、どのレベルで弁護士の責任を認めるか、という基本的な価値観の定立は、もう少し論議されなければならないように思われる。医療界の場合を見ると、近来、医師達が患者からの医療過誤による責任追及に備えて、防禦診療ないし過剰診療をする傾向があるようである。結局は、費用を転嫁することになっていると言えよう。弁護過誤の場合にも、このような反射的結果も顧慮しながら、弁護士責任の領域を確立していく努力が必要であろう。
　専門家としての弁護士は、社会的に、自己の利益のために合理的・経済的

に活動する単純な契約当事者として取り扱うことはできない。弁護士は、依頼人のために、その事務を処理すると同時に、公正な裁判の進行のためにも協力しなければならない公人的地位を持つことには異論の余地がない。弁護士法でも、第1条（弁護士の使命）で「弁護士は基本的人権を擁護して社会正義を実現することを使命とする」と規定し、第2条（弁護士の地位）で「弁護士は公共性を持つ法律専門家として独立して自由にその職務を行う」として、公共性と独立性を宣言している。しかし、現実の弁護士像は、このような要求に必ず満足できるものではなかった。司法試験合格者数が300名に増員された1984年からは、研修課程を修了した後すぐに弁護士として開業するケースも多くなったが、その以前には、弁護士の多くが判事や検事の職を経た者で、退職後の弁護士開業にあたって、専門家としての社会的責任よりも経済的成功に執着する場合が少なくなかったという[40]。専門家としての社会的責任感を持つ弁護士像の定立を要求する時、その集団の良識だけに頼ることはできない。従って、諸般事情を考慮した適切な規範の定立が同時になされなくてはならない。紛争が生じた時の具体的価値規範としての予見可能な法原理と解釈論の展開は、まだきわめて不充分である。具体的な場合の解釈論は、今後、類型別に展開していくことになるだろう。

[40] 同旨、朴承緒「弁護士業務の現況と将来（上）」法律新聞（1986.8.25）6頁；鄭照根・韓雄吉・李清助・前掲論文80頁。

9 安全配慮義務論・再考

瀬 川 信 久

はじめに
第1章 短期消滅時効の回避――安全配慮義務の形成と編成
第2章 事故防止義務の拡大――安全配慮義務の拡散
第3章 義務違反の認定の容易化
おわりに

はじめに

1 問題と課題

　安全配慮義務は、1970年代初めに下級審裁判例に現れ、1975年に最高裁によって認められた（別表の［A1］）。その後、80年代半ばまで新たな論点につき判決が続き、それらを追いかけるようにして学界の議論も90年頃まで展開した[1]。しかし、主要な論点について最高裁の判断が出揃い、90年代初めまでにその判例が整理される[2]と、議論は急速に収束した。そして今日、安全配慮義務論の将来については、労災救済法理、契約責任の射程、不作為不法行為の構造など、民事責任理論に発展的に解消すべきだといわれている[3]。

　しかし、安全配慮義務を民事責任理論に発展的に解消させるとは、具体的にどうすることなのであろうか。これを考えるためには、安全配慮義務とは何であったかが明らかでなければならない。ところが、安全配慮義務については、その存在理由すら争われている状態である[4]。そこで、本稿では、裁判例をいま一度検討することによって、安全配慮義務の意味、特に不法行為

責任に対する意味を考えてみることにしたい。

ところで、上に述べたように、学説の議論は少なくなったけれども、安全配慮義務の裁判例は、下級審でコンスタントに続いている。そこには、判例理論を形成したかつての最高裁判決と比べると、公務災害・労働災害以外の多種多様な事案がある。労働関係でも、過労死・自殺・定期健康診断における疾病の看過（［C9］［C10］［C12］）など、職務外での負傷・死亡事故がみられる。また、安全配慮義務違反を理由としながら、債務不履行責任ではなくて不法行為責任を認めるものが少なくない（［A14］など）。これらの膨大な裁判例の中から、代表的なもの特徴のあるものを検討して、上記の考察を進めることにする。

2　問題の整理

不法行為の損害賠償請求に対する安全配慮義務違反の損害賠償請求の特質として、一般に次の5点が挙げられる(5)。①損害賠償請求権が、不法行為を理由とするときは3年で時効消滅する（724条）が、安全配慮義務違反を理由とするときはそれを回避できる。具体的には、一般の債権と同じく（167条1項）、消滅時効の期間を10年にできる。②不法行為では、因果関係と過失を被害者が立証しなければならないのに対し、安全配慮義務違反によれば、この立証責任を軽減できる。例えば、勤務中の死傷という事実があれば、原因を特定せずに、あるいは被告の過失を問題とせずに、被告の責任を認めることができる（義務範囲の拡大による因果関係の縮小）。あるいは、原因の特定や被告の過失の立証責任を被告に課すことができる。③不法行為では、損害の発生によって賠償義務が遅滞に陥り、そのときから遅延損害金がつくのに対し、安全配慮義務違反によるときは、期限の定めのない債務の不履行になり、賠償請求により遅滞になる（412条3項）。そして、例えば、訴え提起の翌日から遅延損害金が付けられる。④不法行為では、死者の一定の近親者が慰謝料請求権を持つ（711条）のに対し、安全配慮義務違反では、近親者は契約の当事者でないとの理由でこれを否定できる。⑤安全配慮義務によっ

て、不法行為の場合とは異なる者に賠償責任を課すことができる。すなわち、不法行為責任は、原則として、加害行為をした者しか責任を負わない（自己責任の原則）。例外的に加害行為者以外の者が負うことがある（民法714～719条）が、それは、直接の加害行為者を指揮・支配していた関係に基づき、それに限られる。これに対し、安全配慮義務は、被告と被害者との関係に基づいて、被告に、他者の侵害から被害者を保護する作為義務を課す（不作為による賠償責任）[6]。

　以上の5つの効果は、新たな最高裁判決が出るたびに、安全配慮義務の意義として付け加えられた。当初、安全配慮義務の主張は、①の3年の消滅時効の回避と②の立証責任の軽減を意図していた[7]が、判例は、このうち①は認め（［A1］）、②は斥けた（［A4］）。他方、③④の効果は、①を認めるために安全配慮義務違反の賠償責任を債務不履行責任としたことから導かれた（［A3］）[8]。最後の⑤事故防止義務は、最高裁が第三者加害事故で雇い主・国の安全配慮義務違反を認めた（［A10］［A11］）ことを契機に、安全配慮義務の効果とされた。こうして安全配慮義務の5つの効果のうち、判例が正面から認めたのは①と⑤だけである。〔そして、今日、判例は、この2つの効果についてやや異なる方向に動いている。安全配慮義務が、①については縮減し、⑤については拡散しているのである。〕ただ、判例は、②の立証責任の軽減は認めなかったが、別の点で安全配慮義務違反の認定を容易にした。以下では、①消滅時効の回避と、⑤事故防止義務の拡大と、安全配慮義務違反の認定の容易化の3つに分けて、裁判例を検討する。

　ところで、安全配慮義務の裁判例とみると、①の時効消滅の回避は、事故より3年以上後に提訴したときにのみ問題になる。これに対し、⑤の事故防止義務の有無・範囲は、常に問題になる。このように、①が問題になる場合は⑤よりも限られているが、裁判例をみると、安全配慮義務違反の認定が、①の消滅時効回避の場合に、⑤の事故防止義務の場合と比べて制限されているようにはみえない。換言すれば、⑤の事故防止義務の違反が認められる場合には常に3年の消滅時効期間を回避できる（この裁判例の態度は、724条前

段を制限する近時の裁判例と同じ考えに基づくのであろう。）が、ただ、3年の時効期間が経過していない場合には不法行為責任が追及されるために、事実上、①の消滅時効の回避を判断しないだけのようである。以上の認識に基づき、以下では、①の消滅時効回避の安全配慮義務の検討では、どのような場合に3年を過ぎて提訴がなされ消滅時効回避が必要になるか、時効回避の安全配慮義務はどのような事案に関するものかという、事実の問題を分析する。他方、⑤の事故防止義務の安全配慮義務の検討では、①の消滅時効回避の安全配慮義務の裁判例をも併せて分析する。

(1) 岡村親宜「『安全配慮義務』法理と法律実務」
(2) 下森定編・安全配慮義務法理の形成と展開（1988）、奥田昌道「安全配慮義務」石田喜久夫＝西原道雄＝高木多喜男還暦・損害賠償法の課題と展望（1990）1頁以下。最近の研究である新美育文「安全配慮義務」山田卓生編・新・現代損害賠償法講座第1巻　総論（1997）223頁以下、淡路剛久「日本民法の展開(3)判例の法形成──安全配慮義務」広中俊雄・星野英一編・民法典の百年Ⅰ（1998）447頁以下は、以前の判例と学説を整理・再検討している。
(3) 潮見佳男『債権総論』187頁、高橋眞「安全配慮義務の性質論について」奥田昌道先生還暦記念『民事法理論の諸問題　下巻』（1995）317頁以下。
(4) 新美・前出注(2)228頁以下、淡路・前出注(2)479頁以下。
(5) 新美育文「『安全配慮義務の存在意義』再論」法律論叢60巻4・5号（1988）592頁～611頁、平野裕之「安全配慮義務の観念は、これからどの方向に進むべきか」椿寿夫編『現代契約と現代債権の展望2』47～61頁。

　　新美「『安全配慮義務の存在意義』再論」611頁は、このほかに、弁護士費用が賠償されないこと、葬儀費用が賠償されないこと、過失相殺の内容を上げるが、これらに関する裁判例はない〔弁護士費用については裁判例がある。体系書の請求権競合のところ。〕。また、いくつかの学説（宮本健蔵『安全配慮義務の契約責任の拡張』364頁を参照）は、安全確保措置についての履行請求権あるいは安全確保措置が講じられるまでの反対給付の履行拒絶権を、安全配慮義務の意義として挙げるが、実際に履行請求権・履行拒絶権を認め

た裁判例はない（淡路・前出注(2)480頁注(59)。東京地判平2・2・3判時1342・16は、履行請求権を認める判示をするが、実際には、損害賠償請求を認めるにとどまる。そのほかの裁判所については、宮本健蔵『前掲』360頁以下を参照）。他方、下級審裁判例には、家主の従業員の軽過失による失火で借家人が死亡した事件で、家主の安全配慮義務違反の債務不履行責任とし、失火責任法の軽過失免責を回避したものがある（[H1]）。

(6) 平井宜雄『債権総論〔第2版〕』58～59頁。）もっとも、新美・前出注(2)234頁以下は、不作為の責任、その前提としての作為義務は、安全配慮義務の概念によらなくても、不法行為法において可能だとする。

(7) 岡村親宜「『安全配慮義務』法理と法律実務」日弁連研修叢書『現代法律実務の諸問題〈平成8年版〉』(1997) 179頁以下。

(8) [A3] は、Aが安全綱〔命綱〕を付けずに塗装作業をしていて転落死し、その遺族が1年後に、安全保証義務違背の債務不履行責任と不法行為責任を選択的に主張して提訴した事件である。原審判決は債務不履行責任を認め（不法行為責任については判断せず）、最高裁はそれを受けて、③遺族固有の慰謝料を否定し、④遅延損害金を賠償請求の翌日からとした。この事件では提訴が事故より3年だったので、原審が債務不履行責任を選択したのは、結果的に原告に不利になったようにみえる。しかし、転落の直接の原因がA自身の行為であり、Yの不法行為を認めにくい事案だったことに注意しなければならない。

第1章　短期消滅時効の回避
——安全配慮義務の形成と縮減

1　事故類型の偏在

安全配慮義務に関する最高裁判決は全部で16件ある（別表を参照）が、1980年代末までの11件をみると、8件が、事故より3年以上後に提訴した事案である。このように、安全配慮義務の判例理論を形成したのは、①の、消滅時効を回避するために債務不履行責任とするという要請であった。ところ

で、この消滅時効回避という要請は、一定の事故類型に偏在している。というのは、提訴は普通、事故から３年以内になされ、３年以上も経ってからなされるのは特殊な場合だからである。具体的には、消滅時効を回避する安全配慮義務は、まず、㋐自衛隊員の公務災害に集中している。すなわち、上に述べた８件のうち７件が、自衛隊の公務災害事件である。自衛隊の公務災害では、自衛隊が被害者・遺族に災害補償のほかに損害賠償を請求できないと説明していたために、提訴が遅れたことによる。この自衛隊の公務災害の事案は、すべて一回的な事故である。これに対し、㋑一般の労働災害で消滅時効を回避する安全配慮義が主張されるのは、頚肩腕症候・じん肺などの職業病である（80年代までの最高裁判決では［Ａ６］、90年代に入ってからでは［Ａ12］［Ａ14］［Ａ16］）。これらの職業病は、侵害が継続的で疾病が進行的であるために、時効期間内での提訴が難しいからである。以上の２つが、時効回避のための安全配慮義務が集中する類型である。しかし、㋒これら以外でも、時効を回避するために安全配慮義務の主張されることがある。以下では、裁判例を以上の３つに分けて検討する。

２　自衛隊の公務災害事件

上に述べたように、70年代から80年代末までの最高裁判決の素材は自衛隊の公務災害事件であった。したがって、この時期の安全配慮義務理論の形成と縮減は、この類型に関する。

まず、［Ａ１］が、自衛隊員が作業中に同僚の運転する大型車両にひかれて即死し、遺族が４年後に提訴した事件で、安全配慮義務を初めて認めた。３年未満であったら715条により賠償請求できた事案だから、この安全配慮義務は、まさに、時効消滅を回避するためのものであった。この安全配慮義務を、判決は、「ある法律関係に基づいて特別な社会的接触の関係に入った当事者間に」認め、その内容は、「公務遂行のために設置すべき場所、施設もしくは器具等の設置管理又は公務員が国もしくは上司の指示のもとに遂行する公務の管理にあたって、公務員の生命及び健康を危険から保護するよう

配慮すべき義務」だとし、安全配慮義務が認められる場合とその内容を制限しなかった。

しかし、次のような経緯を経て、最高裁はまもなくこれらを制限した。まず、右の［A1］が出ると、被告側（国）は、安全配慮義務違反は（管理業務に従事する）安全配慮義務の履行補助者についてのみありうるとか、運転ミス・操縦ミスのような運転者・操縦者の固有の義務違反は安全配慮義務違反でないと主張するようになった[(9)]。一部の下級審裁判例はこの主張を容れて賠償請求を斥けた（［B2］）。しかし、多くは、この主張を容れることはあっても、事案では安全配慮義務の履行補助者の義務違反を認めて国の賠償責任を肯定していた（［B3］～［B7］）。ところが、1980年頃から、安全配慮義務違反の責任を否定する裁判例が増えた（［B10］～［B16］）。そして、［A5］は、自衛隊の会計隊長が、滑りやすい道路で加速し後輪を滑走させて対向車と衝突し、運転教育準備のために同乗していた隊員を死亡させた事件で、運転者の道路交通法上の注意義務違反は、安全配慮義務の違反ではないとして、賠償請求を斥けた。その後は同様の判断が続いている（［A7］［A8］）。

このように一定の場合を安全配慮義務違反から排除するようになったが、排除された事案をみると、すべて、他の隊員の運転ミス・操縦ミスの事故である。このことは2つのことを意味する。第1に、それは、<u>特定の人の一回的な行為に着目して安全配慮義務違反を判断するもの</u>である。そもそも安全配慮義務違反の判断には、<u>公務遂行の物的・人的環境の危険性に着目するもの</u>と<u>特定の人の一回的な行為に着目する</u>ものとに区別できる（適任者の選任・安全教育・安全措置の指示など懈怠をどちらに入れるかは微妙であるが）が、前者の場合には、上記の責任制限は適用されない。第2に、特定の人の特定の行為について安全配慮義務違反を判断するときでも、上記の制限は、他の隊員が<u>積極的な作為</u>によって侵害した場合にのみ関する。これに対し、他の隊員の<u>不作為</u>について安全配慮義務違反が問われるとき――これには、第三者による侵害、災害、X自身の行為・疾病が侵害原因である場合（［B3］

［B4］［B7］）と、他の隊員の直接の侵害者についてその侵害を防止する立場にあった隊員の義務違反を問う場合（［B5］）とがある——には、責任の前提としての作為義務（安全配慮義務）が問題になり、上記の制限が適用される。例外は、［B9］のみである。それは、国は場所・施設等の安全配慮義務だけでなく、公務遂行者に注意義務を尽くさせる義務を負うとして、特定の隊員の特定の積極的な行為について国の安全配慮義務違反を認めた。

このように、履行補助者による安全配慮義務違反を制限する裁判例は、他の隊員の運転・操縦ミスによる積極的侵害に限られている(10)。他の隊員の不作為が問われた事件では、昭和55年以前も以後も、また、前掲の最判［A5］の以前も以後も、安全配慮義務違反を認めているのである。

3 労働災害

既に述べたように、労働災害で消滅時効回避のための安全配慮義務が主張されたのは、職業病の事例である（最高裁判決では、［A6］［A12］［A14］［A16］）。ここでは、安全配慮義務違反を理由とすることにより、賠償請求権の消滅時効期間を10年に延ばしたが、さらに、その10年の期間の起算点が問題になった。166条1項によると「権利ヲ行使スルコトヲ得ル時」から計算するが、例えば、じん肺の場合には、それが、①最初の行政上の決定を受けた日、②最終の行政上の決定を受けた日、③弁護士による訴訟説明会がなされた日、④退職日のいずれであるかが問題になった。最高裁は②を採用した（［A16］）。しかし、起算点の問題状況は、職業病ごとに異なる。安全配慮義務の意義にとって重要なのは、この安全配慮義務がどのような場合に認められるかである。しかし、この点については特別のことはない。雇用関係を理由に、後述する抽象的な安全配慮義務を認め、つぎに、雇主が被害を認識できたのに防止措置を採らなかった場合に、具体的な安全配慮義務違反を認めている。例えば、［A12］では、被害（白蠟病）を予見できなかったとして具体的な安全配慮義務違反を否定し、［A16］では、被害（じん肺）が認識可能であったのに撒水・噴霧、湿式削岩機の使用、マスク使用の徹底、予防

教育、検診実施などが不十分だったとして具体的な安全配慮義務違反を認めた。職業病の事件では、侵害が継続的であるために、違反の判断も、特定の人の特定の行為ではなくて、継続的な状態・環境についてなされる。そのために、安全配慮義務の履行補助者かといったことは問題にならない。

しかし、労働災害でも、単発的な侵害では安全配慮義務違反が主張されることがある。その場合の裁判例は、数は少ないが、自衛隊員の公務災害の場合と同じく、安全配慮義務違反を、履行補助者の義務違反に限定している。既に前掲昭58年の最判［A5］以前に、［C1］が、船荷の積み替え作業中にデッキマンAの誤った指示かウィンチマンBの誤った操作によってモッコが急に揺れ、作業員Xが負傷した事件で、ABの単なる仕事上のミスは不法行為であり、Y会社の債務不履行責任を認めることはできないとした。［A5］の後の裁判例では、［C4］が、クレーンによる荷役作業中に積み荷が滑り落ちデッキマンXが負傷した事件で、X自身が積荷落下を防止する義務を負っていたことを理由に会社Yの安全配慮義務違反を否定したが、その際に、クレーン操作の不適切は、作業員の通常の注意義務であり会社の安全配慮義務に含まれないと付言している。

もっとも、［C5］は、米軍基地内の発電所の電気工が点検作業中に感電した事件（9年後に提訴）で、整備班長が検電を確認しなかったことを、雇主Y（国）の安全配慮義務の履行補助者の義務違反だとしてYの責任を認めており、履行補助者の安全配慮義務違反を広く考えている。

4　公務災害、労働災害以外

公務災害・労働災害以外で安全配慮義務が主張されるのは、学校事故、幼稚園・保育園事故、病院事故、旅行事故などである。これらは単発的な事故であり、また、当事者間に提訴を躊躇させる関係もないので、提訴はほとんど3年内になされる。したがって、ここでの安全配慮義務は一般に時効消滅を回避するためではなく、被告の作為義務を根拠付けるためである。ただ、3年経過後に提訴された事案がないわけではない。しかし、そこにおける裁

判所の態度は、労働災害の場合と同じである。すなわち、事故が環境の継続的な危険に由来するときには、義務違反者を特定することなく安全配慮義務違反を認めている。例えば、［H８］は、運送会社の運転手Xが清涼飲料水を届け先Yに運送し、Yの従業員の指示に従いリフトで２階へ揚げようとしてリフトごと落下し負傷した事件で、ＸＹ間の「特別な社会的接触関係」を理由にYの（抽象的）安全配慮義務を認め、リフトを点検していなかったことを（具体的安全配慮）義務の違反として賠償責任を肯定した。これに対し、単発的な事故の場合には一応、履行補助者の安全配慮義務違反であることを要件としている。例えば、［E１］は、県立高校ラグビー部のXが社会人チームとの練習試合で受傷した事件で（10年後に提訴）、校長だけでなく顧問教諭も安全配慮義務の履行補助者だとし、フッカーの代替選手として未熟なXを急遽起用したのはその安全配慮義務の違反だとした。また、［E２］は、市立中学の野球部員Xが、マスクをせずに主審をしていてファウルチップを受け視力が低下した事件（10年後に提訴）で、安全配慮義務の履行補助者である監督教諭が、マスク着用を指導しなかったのはその義務違反だとした。しかし、ここでは、安全配慮義務違反を否定した裁判例はみあたらない。既に述べたように、判例が履行補助者による安全配慮義務違反を否定するのは、運転ミスのような積極的な行為による侵害の場合であるが、そのような場合には、３年以内に、715条あるいは国家賠償法１条に基づいて提訴するからであろう。

5 小 括

　安全配慮義務の縮減といわれるが、以上のように、履行補助者の通常の注意義務違反を安全配慮義務違反から排除するのは、他の公務員・従業員による積極的な侵害の場合に限定されている。このような侵害では、３年以内であれば、715条、国家賠償法１条により、被告の過失＝注意義務違反がなくても賠償責任を追及できるから、安全配慮義務は主張されない。３年経過後に提訴するときは、時効消滅を回避するために安全配慮義務が主張される。

履行補助者の通常の注意義務を排除する判例法理は、これを斥けるものである。結局、この判例理論は、715条、国家賠償法1条による代位責任・肩代わり責任は3年で時効消滅させ、10年間存続する賠償責任は、被告が被害者＝原告との関係に基づく事故防止義務に違反した場合に限るべきだという考えに基づくのであろう。しかし、その合理性については多くの批判がある(11)。なかでも、被告＝債務者自身が運転・操縦するときには、通常の注意義務違反が安全配慮義務違反となるのに、運転・操縦を被用者に委ねると、通常の注意義務違反が安全配慮義務違反にならないというのは、正当化することができない。

なお、上に述べたように、他の被用者の通常の注意義務違反は、3年以内であれば、715条、国家賠償法1条に基づいて、使用者（＝債務者）の責任を追及できる。このためであろう、この判例法理は、消滅時効回避の場合に限定され、次にみる事故防止義務のための安全配慮義務ではみられない。

(9) 以下の判例の変化については、中嶋士元也「自衛隊幹部の自動車運転行為と国の安全配慮義務の範囲」ジュリスト827号（1984）91頁、後藤勇『請負に関する実務上の諸問題』(1994) 314頁以下を参照。
(10) 自衛隊員の喧嘩などによる暴行傷害の事案では、事故が業務と相当因果関係にないという理由で、国の安全配慮義務を否定している（［Ｂ１］）。
(11) 例えば、新美育文「県立高校生のクラブ活動中の事故」私法判例リマークス1号（1990）58〜59頁

第2章　事故防止義務の拡大
　　　――安全配慮義務の拡散

1　問題の整理

以上で見たように、最高裁の判例理論を形成したのは、時効消滅を回避する要請であった。これと比べると後景に退くが、事故防止義務の拡大という

要請も、安全配慮義務論の推進力であった。

　事故防止義務の根拠として安全配慮義務が主張されるのは、3年の時効期間経過後に提訴された事案よりもむしろ、3年経過前に提訴された事案である。その結果、この安全配慮義務の事案は、時効回避のために安全配慮義務を論ずる事案よりも多様で拡散している。まず、自衛隊員の公務災害や蓄積型の労働災害といった提訴が遅れる特定の事故類型に集中していない。また、3年の時効期間内であるから、債務不履行責任だけでなく不法行為責任も主張される。

　このように広範な裁判例を、2つの問題について検討する。まず、どのような場合にどのような義務を負うかという事故防止義務の内容と範囲の問題を本章で検討し、次章で、この事故防止義務の違反を何に着目して判断・認定するかという問題を検討する。

　前者の問題について、裁判例は、被告が、(a) 原告を危険から保護する義務を負っていたかという問題（いわば抽象的な安全配慮義務）と、(b)当該状況において原告を危険から保護する義務に違反していなかったかという問題（いわば具体的な安全配慮義務違反）とに分け、まず(a)を判断し、それを肯定したうえで(b)を判断している[12]。この2段構えの判断構造は、公務災害・労働災害にかぎらず、学校事故・スポーツ事故ホテル・旅館での事故などすべての事故類型に共通している[13]。2段階構造が明確でない裁判例でも、よく見ると2段階構造を採っている[14]。

　もっとも、ごく少数であるが、具体的な安全配慮義務しか判断しない裁判例がある（［F5］（事故は医師ら病院の従業員にとって予見不可能であった）、［G3］（スキー場経営者はこのような滑降を予想できなかった）。しかし、これらは予見可能性がなかったことを理由に安全配慮義務違反を否定したものであり、抽象的安全配慮義務を判断する必要がなかっただけである。赤の他人（例えば、病院への見舞い訪問者、他のスキーヤー）がたとえ事故を予見できたとしても安全配慮義務を負うわけではないから、これらも抽象的な安全配慮義務の存在を前提にしていると思われる。

なお、(a)と(b)の区分境界は段階的である。誰に対しどのような状況でどのような義務を負うかは、より抽象的・広範なもの（例えば、他者の法益一般を危険一般から保護する義務）から、より具体的・限定されたもの（例えば、当該従業員の生命・健康を、労務遂行中に事業活動の危険から生じ使用者が予見しえた危険から保護する義務）まで、段階的に考えることができる。しかし、以下では、(a)(b)の区分から出発して、安全配慮義務の内容を整理してみよう。

2　具体的な安全配慮義務の判断構造

まず(b)の具体的な安全配慮義務に関する判断をみると、その構造は、709条の過失・注意義務に関する判断と同じである。ここで裁判例が最も重視するのは、結果の回避可能性（予見可能性と防止可能性）、とくに、被告が具体的な危険を予見できたか予見すべきであったかである。予見可能性については、例えば［A10］は、「Y会社の本件社屋には、昼夜高価な商品が多数かつ開放的に陳列、保管されていて、休日又は夜間には盗賊が侵入するおそれがあったのみならず、当時、Y会社では現に商品の紛失事故や盗難が発生したり、不審な電話がしばしばかかってきていたというのであり、しかも侵入した盗賊が宿直員に発見されたような場合には宿直員に危害を加えることも十分予見することができた」とし、［A11］は、「制服等の着用により幹部自衛官を装った過激派活動家が営門から不法侵入し、かつ、動哨勤務者の生命、身体に危害を及ぼす可能性も、客観的にこれを予想しえないものでなかった」として、安全配慮義務違反を認めた(15)。他方、［A12］は、「同年〔昭和40年〕に至ってはじめて、チェンソー等の使用による振動障害を予見しうるに至ったというべきである。したがって、昭和40年前は、……予見可能性を前提とする結果回避義務を問題にする余地はな〔い〕」、他方、「昭和40年に右予見可能性が生じたことを前提に、林野庁の行った施策等についてみるに」「振動障害発祥の結果を回避するための相当な措置を講じてきたものということができ〔る〕」として、被告（国）の安全配慮義務違反を否定した(16)。一般的な危険があるときには、この予見可能性の前提として、調査

義務（予見義務）が課される。例えば、［F７］は、精神病院は、患者の危険性のゆえに、患者の外出を把握し危険物の持ち込みを検査する義務があるとする。

以上は、後に述べる危険型の安全配慮義務の例であるが、予見可能性の有無によって具体的な安全配慮義務の違反を判断するのは、後に述べる引受型の安全配慮義務でも同じである。例えば、［C９］は、被害者の自殺を予見できなかったとして、［F２］は、園児の偶発的・瞬時な衝突によるから、教員が本件事故を予見し防止することは無理だったとして、安全配慮義務違反を否定している。

他方、防止可能性は、予見可能性を肯定した場合に判断している。例えば［A10］は、予見可能性を肯定した後で、「前記の事実からすると、Y会社において前記のような安全配慮義務を履行しておれば、本件のようなAの殺害という事故の発生を未然に防止しえたというべきである」とし、［A11］は、「前記事実関係からすると、Yにおいてこれ〔安全配慮義務〕を履行していれば、本件事故の発生を未然に防止しえたというべきである」としている。

以上のように、具体的な安全配慮義務違反の判断で最も重視されているのは予見可能性・防止可能性である。しかし、予見可能性・防止可能性の有無と併せて、あるいは、それに反する形で、他の事情も考慮している。

そのうち最も重要なのは、被害者の判断能力あるいは自主性の尊重である。［B９］は、被害隊員が、荒天下で甲板に出たら海に転落する危険を自らの判断と責任で回避するものと期待してよいとして責任を否定した。［C２］は、クレーンからつり下げた鉄製籠が落下し、従業員Xが負傷した事件で、Y会社ははずれ止めの安全装置、積み荷の下への立入の禁止、安全教育等の安全配慮義務を尽くしており、事故は積み荷の下へ入ったX自身の責任であることを理由に、安全配慮義務違反の責任を否定した。［E７］［E９］は、課外活動は学生の自主的な活動であり、また大学生は十分な判断力を有するから、大学は具体的な事故防止義務を負わないとする（これに対し、［E10］は、当該部活動は学生の自主性が小さく、また危険性が大きい――学生の判断能力

を超える――ことを理由に、大学の具体的な事故防止義務を認めた)。［Ｇ５］は、参加者が相当の水泳技能、注意力、判断力を有する競技会の主催者としては、参加者が低体温症・疲労によって救助の意思表示ができなくなるまで泳ぎ続けるなどという異常なことまでも予想する必要はないとした。［Ｇ６］は、当該衝突事故は、被害者＝原告が通常の注意を払っていれば予見でき回避できたものであるから、主催者に安全配慮義務違反はないとした。

このほかには、活動の目的の正当性、任務の分担である。例えば、［Ｆ４］は、精神病院内での患者間の暴行により失明した事件で、開放治療の理念を理由に病院の債務不履行責任を否定した。また、［Ｆ７］は、当該治療はアルコール離脱のための患者の自主的な努力や自己管理を援助するものであり、患者の危険性を前提として監視するものではないとしている（この点で、精神病院の場合とは違う）。［Ｈ７］では、予見可能性だけでなく、任務の分担を考えている。

もっとも裁判例の中には、ただ単に、それ以上の義務を負わないとして責任を否定するものもある（［Ｇ12］、［Ｇ13］)。

3　抽象的な安全配慮義務の判断構造
(1)　「特別の社会的接触」と、安全配慮義務違反事故の構造

ところで、(b)の予見可能性だけであれば、関係のない第三者でも、予見できたときには事故防止義務を負うことになってしまう。そこで裁判例は、(b)とは別に、(a)の抽象的な安全配慮義務を要件とする。不法行為法上の注意義務は誰もが負う一般的なものであるのに対し、安全配慮義務は、一定の関係・地位にある者に限られるのである。

ところが、この抽象的な安全配慮義務を負う基準は明確でない。最高裁をはじめ多くの判決例は、被告と原告の特別の社会的接触の有無を基準とする。再び最判［Ａ１］をあげると、「右のような〔抽象的な〕安全配慮義務は、ある法律関係に基づいて特別な社会的接触の関係に入った当事者間において、当該法律関係の付随義務として……信義則上負う義務として一般的に認めら

れるべきもの」だという。

　しかし、この「ある法律関係に基づく特別な社会的接触の関係」という判例理論は無限定で、安全配慮義務を負う者の範囲もそれを負う根拠も、明らかにしない。裁判例は、契約であればどのような契約でも、安全配慮義務を認めている。公務関係・雇用契約（別表のＡＢＣ）だけでなく、請負契約（Ｄ）、在学契約（Ｅ）、賃貸借、売買（Ｈ）、船舶の運航委託契約（［Ａ13］）、看護診療契約（Ｆ）、宿泊契約（［Ｇ９］～［Ｇ10］）、旅行契約（［Ｇ14］［Ｇ15］）、旅客運送契約（［Ｇ16］）などである。また、援助関係・無償の労務提供─受領関係（［Ｈ３］～［Ｈ５］）では、明確な契約を認め難い場合に契約関係を認定している。さらに、元請負人と下請負人の被用者の関係（［Ａ３］［Ｄ６］［Ｄ７］）や、運送業者の従業員と届け先の関係（［Ｈ８］）では、直接の契約関係がなくても、安全配慮義務を発生させる「特別な社会的接触の関係」を認めている。このうち、運送業者の従業員と届け先の関係は、安全配慮義務が認められる他の場合と違って、ごく一時的な接触関係でしかないにもかかわらずである。

　他方、下級審裁判例の一部には、安全配慮義務の根拠として、被告・原告間の「特別な社会的接触の関係」ではなくて、被告が事故の原因となった危険な活動・物を管理・利用していたことをあげるものがある。すなわち、［Ｇ２］は被告が高圧ガス取扱者であることをあげ、［Ｇ９］は被告ホテルが本件海岸を外部から遮断して管理しホテル利用客の海水浴場に供していたことをあげ、［Ｈ６］は、被告が管理する会館のセリ台の危険性をあげる。また、外国旅行中のバス転落事故につき旅行業者の損害賠償責任を判断した［Ｇ14］［Ｇ15］は、「特別な社会的接触の関係」の有無には言及せず、①旅行に内在する危険性と外国旅行の特殊性、②主催旅行契約締結における旅行業者の優位性、③旅行業者の専門的知識・経験とこれに対する旅行者の信頼を理由に、旅行業者の抽象的な安全確保義務を肯定している。

　このように、「ある法律関係に基づく特別な社会的接触の関係」というだけでは無内容である。そこで、安全配慮義務違反の事故の構造を踏まえて、

9 安全配慮義務論・再考 ［瀬川信久］

安全配慮義務の根拠とされる「社会的接触」の中身を明らかにしてみよう。

　安全配慮義務違反の事故の典型例は、プレス機械の操作ミス、建設中建物からの転落、クレーンの吊り荷の落下などによる死傷であるが、そこでは、被告の事業活動・施設設備の危険性が存在したところに、被害者あるいは同僚の過誤が働いて事故が発生している。一般的に言えば、安全配慮義務違反の事故は、被告が管理する間接的な危険原因があったところに何らかの直接の原因が作用して発生している。

　このうち、直接の原因には、㋐被告の行為による侵害（雇主による暴行）、㋑被告が所有・管理する物による侵害（チェーンソーによる白蠟病―［A12］、届け先のリフトの落下による負傷―［H8］）、㋒被告が指揮命令する者（例えば他の従業員）の行為による侵害（クレーンの吊り荷の落下―［C1］［C2］［C4］、他の隊員の運転・操縦のミス―［A5］［A7］［A8］など）、㋓被害者自身の行為や疾病による場合（プレス機械の操作ミスによる手指等の切断、建設中建物からの転落―［A3］、独身従業員の感冒による死亡―［C7］、スキーヤーの滑降転落―［G1］）、㋔第三者の行為による侵害（強盗による宿直員の殺害―［A10］、ラグビーの相手による負傷―［E1］［E3］、運転手のミスによる海外旅行バスの転落―［G14］［G15］）、㋕自然災害による場合（高波によるダイバーの溺死―［G7］）がある。

　この直接の侵害原因のうち、㋓㋔㋕は被告自身の行為でないので、不法行為責任は成立しない（自己責任の原則）。これに対し、㋐では709条によって、㋑では――物が土地の工作物のときだけであるが――716条によって、㋒では715条によって、不法行為責任が成立する。しかし、これらの不法行為責任は、被告の安全配慮義務違反の責任と構成されることはない。まず、㋑㋒の場合は、物・人との一定の関係を理由とする無過失責任であり、被告の注意義務違反を理由とする責任ではないからである[17]。これに対し、㋐の責任は被告の注意義務違反を理由とする。しかし、安全配慮義務は被害者を他の侵害原因から保護する義務であり、自らの侵害行為を中止する注意義務を含まないので、普通はこれも安全配慮義務違反にならない。医療過誤を安全

配慮義務違反として追及することがない[18]のは、このゆえであろう。
　(2)　危険型の安全配慮義務
　このように直接の侵害原因のみをみるときは、事故防止義務（＝安全配慮義務）違反の責任は成立しない。しかし、(ｱ)～(ｶ)の直接の侵害原因の背後ではしばしば、被告の危険な活動・施設が事故発生に間接的に寄与している。事故防止義務としての安全配慮義務が主張されるのは、まず、この場合、なかでも直接の原因について不法行為責任が成立しない(ｳ)(ｴ)(ｵ)の場合である[19]。この安全配慮義務は、被告の危険な事業活動・施設設備に(ｱ)～(ｶ)の直接原因が働いて事故が発生するのを防ぐ義務である。すなわち、「国が公務遂行に当たって支配管理する人的及び物的環境から生じうべき危険の防止」を目的とするものである[20]。

　このように、この安全配慮義務は、根拠と範囲の点で危険責任ないし危険責任的な過失責任（鉄道事故の責任、公害責任）と同じである（以下では、危険型の安全配慮義務と呼ぶことにする）。ただ、直接の侵害が被告自身の行為によらない点で、危険責任と異なる。そして、この違いのゆえに、危険責任は被害者が誰であっても負うのに対し、安全配慮義務は、被告が危険な活動・空間に引き入れた被害者に対してしか負わないのであろう。そして、この関係を、「特別の社会的接触」と呼んでいるように思われる。

　以上のように、この危険型の安全配慮義務では、義務の有無・内容・範囲を決める要素は、第一に被告の活動・施設の危険性であり、第二に被告が被害者をその危険に接近させたことである。しかし第三に、原告が当該活動の職業上の専門家であるか素人であるかという事情を、被告の指揮命令関係、被害者の自主性と併せて総合的に考慮している。すなわち、労務関係のように、被害者が当該活動の職業的専門家であり、当該危険性を判断しそれに対処する能力を持つ場合には、被告は被害者を指揮命令していたときにのみ、安全配慮義務を負う。例えば、請負関係[21]、元請負人と下請負の被用者の関係[22]、船舶の運航委託契約（［Ａ13］）では、「指揮監督」「使用従属の関係」を安全配慮義務を負う要件としている。また、大学での実験中に爆発事

故で助手が死亡した事件（[E8]）では、人的物的設備を研究者集団が支配的に管理してることを理由に大学の安全配慮義務違反を否定した。これに対し、被害者が素人の場合には、被告が被害者を指揮命令していないときも——言い換えると、被害者が危険へ接近するのを被告が許可・放任していただけのときにも——、安全配慮義務違反を認めている。例えば、ホテルの海水浴場での溺死に対しホテルの安全配慮義務違反を認めた［G9］、出演中セリに転落受傷した出演者に対し舞台装置を管理する地方公共団体の安全配慮義務違反を認めた［H6］、運送先のリフトとともに落下した［H8］である。

(3) 引受型の安全配慮義務

危険型の安全配慮義務では、被告の活動・施設の危険性が事故の発生に、間接的ではあるが、作用している。ところが、安全配慮義務の裁判例の中には、被告の活動・施設の危険性とは関係のない事故の場合がある。雇用関係では、職務外の原因により負傷・死亡した［C7］〜［C12］、入院関係では、アル中患者間の暴行に関する［F7］、在学関係では、小学生が急性脳炎で死亡した［E5］、そのほか、宿泊者が脳挫傷で死亡した［G10］、フェリーの乗客が喘息で死亡した［G16］などである。〔修学旅行中の暴力事件、外国旅行バス転落事件は(B)か(C)か？〕

これらの安全配慮義務の根拠は、被告の活動・施設の危険性ではなくて、被告が、①自己の業務のために、②保護を要する者を、③保護されていた従前の状態から離して自己の管理下に引き受けたことである。例えば、［C7］は、当該独身寮が工場敷地内にあり管理人が出勤を促していること〔①〕、被害者が親元を離れた未成年で独身であったこと〔②③〕、被告会社が採用者の生命身体の安全確保に十分努めると父兄に対し述べていたこと〔③〕から、看護をする配慮義務を導いている。［E7］は、商船大学における全寮制度の趣旨〔①〕から寮舎内での安全配慮義務を導く。また、［G10］は、「ホテル営業を営む者は、宿泊客の健康状態について、……不測の事態の発生があり得ることを当然の前提として人を宿泊させる営業を営む以上〔①〕、

その宿泊契約には、宿泊客が……事故や病気により事故の意思を的確に伝えることができない状態に陥った場合〔②〕には、客観的に判断して本人の生命身体の危険の増悪を回避抑制するために最も適切と考えられる措置を講ずることを宿泊施設側に委ねる合意が含まれている……ホテル営業を営む者は、宿泊契約上、宿泊客に対し、右のような安全配慮義務を負っている」と判示し、〔G16〕は、「人の身体について時間的・場所的支配を伴う〔②③〕旅客運送契約にあっては、旅客運送人には、乗客の生命・身体の安全を配慮するために人的・物的施設を備えるべき義務がある」と判示する。以上に対し〔C8〕は、職場からの帰寮途中で拾ったコーラを飲んだ行為は被告会社の勤務態勢・安全管理とは無関係であるとして〔①〕、被告の責任を否定した。この安全配慮義務を引受型と呼ぶことにする。

このように、この安全配慮義務は被告の活動・施設の危険性に基づかない。そのためであろう、「特別な社会的接触」だけで根拠付けるものはない。また、防止すべき危険は、被告が事業遂行に当たって「支配管理する人的及び物的環境から生じうべき危険」ではない。例えば、〔G10〕は、上記のようなホテル営業者の安全配慮義務の根拠付けから、〔A5〕の、安全配慮義務は「支配管理する人的及び物的環境から生じうべき危険の防止」であり、履行補助者の通常の注意義務違反（ホテル従業員が倒れた宿泊者を発見したときに救急車を要請しなかったこと）は安全配慮義務違反にならないという判例理論を斥けている。

⒀　最高裁判決では、〔A3〕〔A10〕〔A11〕などを参照。下級審判決では、〔E1〕〔E3〕〔E4〕〔E5〕（「一般的安全配慮義務」と「教諭の被害児童に対する具体的安全配慮義務」）、〔E7〕〔E9〕〔E10〕（大学生の課外活動中の事故に関する裁判例の抽象的安全配慮義務・具体的安全配慮義務の2段階構造については、拙稿「私立大学応援団の暴力行為と学校法人の責任」私法判例リマークス8号（1994）81〜82頁を参照）、〔F2〕（「園内での事故発生を未然に防止すべき安全配慮義務」と「教室内の園児の状況等から本件事故の発生を予見し未然に防止する」義務）、〔G2〕（高圧ガス取締法等によ

る注意義務と本件ボンベ充填時における過失）、［G5］［G6］（抽象的な安全配慮義務については争いなしとしている）、［G8］［G10］を参照。

(14)　例えば、［H6］［H7］も、明白ではないが、この区別をしている（それぞれ、判タ571・59頁の5段目の1と60頁の1段目の2、判時・173―4と174―1）。

(15)　このほか、具体的な危険を予見できた予見すべきだったとして安全配慮義務違反を認めた裁判例として、［D5］（墜落の危険を予見できたのに、墜落防止設備のないまま高所作業を黙認していた）、［E3］（めくれあがりの危険性の認識が甘かった）、［E4］（以前に転落事件があった）、［E5］（教諭は、当該児童に気管支系疾患の不安があり、ウイルス性の風邪に罹患して重篤な事態に至る可能性を予見することができた）、［F3］（加害患者が被害患者に攻撃を開始した時に夜勤勤務者らが物音に気づきえた、その時点で急行していれば被害者の死亡を避けることができた）、［G2］（錆のひどいボンベに充填すれば破裂することを予見できた）、［G4］（5、6歳の生徒同志が相手の水中メガネを引っ張ることはまったく予想できないことではない）、［G8］（水泳の習得者でも溺れて重大な事故に至ることは十分予見可能であった）、［G10］（Aがトイレで倒れていたのを発見したときには医師の診断の必要を予見できなかったが、廊下に裸足のまま座っているのを発見したときにはこの必要を予見できた）がある。［G7］では、1審が予見可能性がなかったとして責任を否定したのに対し、2審は、予見可能だったとして責任を認めた。

(16)　予見できなかったことを理由に安全配慮義務違反を否定したものとして、このほかに、［D4］（被害者が玉掛け資格のないことを秘匿していたから、被告は危険を具体的に認識できなかった。）、［F7］（看護婦らには本件事故の予見可能性があったとは言えない）、［G5］（「水温が22程度であればこのような突発的事故が生ずる可能性が高いとまではいえない」）、［G13］（ヨセミテ公園内の川が危険であることは一般に知られていなかった。）、［G15］（旅行業者は、特有の危険が予想されるときは合理的な措置をとるべきだが、原則としては日本国内で可能な調査・資料収集をすれば足りる。）がある。

(17)　工作物責任については、近時は判例を含めて、義務違反説が有力であるが、それは、工作物の抽象的な危険性に着目するからであって、伝統的には、建

215

物の崩壊など直接的な侵害についての無過失責任であった（この点について
は、窪田充美「　」法学論叢巻号（　）頁、瀬川信久「危険・リスク――総
論」ジュリスト1126号（1998）145頁を参照）。使用者責任は、わが国の判例
では代位責任（肩代わり責任）であり、被告の義務違反による責任でない。

(18)　星野雅紀「安全配慮義務とその適用領域について」下森定編『前掲』43頁。

(19)　(イ)の場合で直接の侵害原因につき工作物責任が成立するとき、あるいは、
(ウ)の場合で使用者責任が成立するときに安全配慮義務が主張されるのは、3
年の消滅時効を回避するためである（[H8][C6]）。

(20)　[A5]。[A1] も、明確ではないが、安全配慮義務を同様に限定してい
る（「場所、施設もしくは器具等の設置管理又は……公務の管理にあたって、
公務員の生命及び健康等を危険から保護するよう配慮すべき義務」）。

(21)　請負関係では、[D1][D3][D4][D5]はそれぞれ、指揮監督関係
があること、半ば専属的で雇用類似の関係であること、相当期間継続してい
るほぼ専属的な運送請負契約であること、実質的な使用従属関係があること
を理由に、注文者の安全配慮義務を肯定し、[D2]は、被害者が瓦葺替職
人として専門家であることを理由に安全配慮義務を否定した。

(22)　多くの裁判例は、「雇用契約に類似する指揮監督関係」「支配従属関係」が
あるときに安全配慮義務を肯定している（星野雅紀「安全配慮義務の適用範
囲」吉田秀文・塩崎勤『裁判実務体系8』(1985) 477頁以下）。最判 [A14]
の一審判決は「使用従属の関係」があるとして肯定したが、最高裁判決は、
「いわゆる社外工として、Yの管理する設備、工具等を用い、事実上Yの指
揮、監督を受けて稼働し、その作業内容もYの従業員であるいわゆる本工と
ほとんど同じであったというのであり、このような事実関係の下においては、
Yは、下請け企業の労働者との間に特別な社会的接触の関係に入った」とし
た。

第3章　義務違反の認定の容易化

既に見たように、判例は安全配慮義務違反の立証責任を原告・被害者が負
うものとしている。しかし、いわば概括的な立証を認めることによって、原

9 安全配慮義務論・再考 [瀬川信久]

告・被害者の証明の負担を軽減している。すなわち、安全配慮義務違反の判断は、(a)被告自身あるいはその履行補助者という、<u>特定の人の特定の行為</u>について行うものである。例えば、［A11］は、<u>駐屯地司令</u>が警衛勤務者に営門出入者・出入車両を点検するよう徹底しなかったこと、<u>警衛司令が</u>警衛勤務者を直接指揮し不審な車両の進入を防止しなかったことに、安全配慮義務違反を認めた。他方、［A5］は、車両の整備、運転者の選任については安全配慮義務違反がなかった場合に、<u>運転者</u>の運転行為に着目し、その過誤は安全配慮義務違反でないとしている。しかし、このほかに、(b)事故防止のための物的・人的な態勢に着目して安全配慮義務違反を判断するものがある。それは、物的施設・人員配置など、被告が管理する継続的な状態が事故発生の防止に不十分であるときに、そこに安全配慮義務違反を認める。例えば、［A10］は、盗賊侵入防止のためののぞき窓、インターホン、防犯チェーン、防犯ベル等の物的設備を施さず、休日又は夜間の宿直員を増員せず、宿直員に対し十分な安全教育をしなかったことから、安全配慮義務違反を認めた。また、［G8］は、監視員を常時配置しなかったことを安全配慮義務違反とした。

　第2章では、義務の根拠・範囲・内容といういわば実体法の観点から、安全配慮義務の2つの型を区別したが、ここでは、安全配慮義務違反の判断の仕方という訴訟法的な観点での2つの型である。

　民事責任理論では注意義務違反（過失）を人の行為についてみるのが原則だとすれば、(a)の方式によらなければならない。それなのに、(b)の方式が採られるのは、継続した状態に着目すると、注意義務違反を判断するときに人と行為を特定する必要がなく、証明の負担が軽いからであろう。そして、実際には、(b)の方式、特に<u>物的な体制の欠陥</u>に着目する方式は、先に見た危険責任型の安全配慮義務でしばしば採られている。活動や施設・設備の危険に対する安全対策としては、物的なものが多いからであろう（上記の［A10］を参照）。

　(b)の方式はこのような趣旨に基づくから、人と行為を特定できる場合には

(a)の方式による（［A11］）。また、(b)で安全配慮義務違反が認められないときには、(a)の方式によることになる。例えば、上記の［A5］のほか、［F3］は、精神病院内で患者が他の患者を殺害した事件で、看護人の数が一応法令の基準を満たしていることを理由に、看護単位・勤務体制の危険防止義務違反は否定した（つまり、(b)の方式では安全配慮義務違反を認めなかった）が、夜勤勤務者が事故発生時に物音で現場へ急行しなかったのを義務違反とした（(a)の方式により安全配慮義務を認めた。）。

このように、(b)の方式は、伝統的な考え方からは一歩抜き出た考え方である。しかし、類似の考え方が既にないわけではない。

まず、716条の工作物責任は工作物の瑕疵に基づくが、これは事故防止のための物的な態勢の欠如に着目した責任であり、(b)の考え方と連続している。我妻博士は、かつて、716条の工作物を広く解し、土地を基礎とする企業施設でなくても、一の企業組織をなすもの、さらに、企業に従事する被用者の行動に起因する損害にも、716条を類推適用することを提案された[23]。物的・人的態勢の未整備に着目する安全配慮義務の責任は、人と行為を特定しないで責任追及することを認める点で、この構想の一部を実現していることになる。

また、(b)の方式は、近時提唱されている「法人自体の過失」とも通じている[24]。これは、組織体をトータルにみてそれ自体の故意過失を判断するものであるが、その実際上の意義は、加害行為者を特定せず、したがって、組織体の機構や意思決定の仕組みを問題にせずに、過失＝義務違反を認定できる点にある。このように、「法人自体の過失」は、事故を防止するための物的・人的態勢をととのえる義務に着目し、(b)の方式と同じ考えに立っているのである[25]。この考えは、かつて労働災害民事訴訟でしばしば採られた。労災の被害者は、使用者が法人（会社）の場合、加害行為者とその行為を特定する負担を避けるために、715条ではなくて709条によって追及し、裁判所もこれを認めていたのである[26]。この必要は、1975年に最高裁が安全配慮義務を認めた（［A1］）後は、安全配慮義務によるようになった。「法人自

体の過失」については、下級審裁判所が、公害、製造物事故、名誉侵害、債権侵害などの事実的不法行為、取引的不法行為、医療事故で広く認めているが、最高裁は認めていないといわれる[27]。しかし、(b)方式による安全配慮義務違反の認定は、実質的には、「法人自体の過失」の考え方とみることができる。

(23) 我妻栄『事務管理・不当利得・不法行為』181頁。
(24) 田上富信「組織体の過失理論と現実（1〜3・完）」NBL 505〜507号、幾代通『不法行為法』（1993）218頁以下。なお、福田清明「組織義務の発展における普遍的要素」法学研究60号（1996）301頁以下を参照。
(25) なお、田上富信「前掲」NBL 506・35—2、505・43は、行為者を特定しないだけでは組織体の過失にはならないと考えられるようであるが、行為者と行為を特定しないで注意義務違反を認定すれば、それを法人の過失というか、特定しない被用者の過失というかは、ことばの違いだけであるように思われる。
(26) 新川晴美『判例にみる企業の労災賠償責任』（1983）59頁以下。
(27) 田上富信「前掲(24)」NBL 507・44以下。

おわりに

　安全配慮義務を民事責任理論として再構成するために、その存在意義を3つに分けて検討した。その検討によると、第2の事故防止義務の拡大と、第3の義務違反の認定の容易化は、責任要件論のより一般的な動きの中に位置づけることができた。これに対し、第1の消滅時効の回避は、これらと性格が異なる問題である。ここでは、債務不履行責任の消滅時効期間が長いという点を利用するために、責任の前提となる注意義務を契約上の義務としたが、本来は、消滅時効の回避という効果の問題であって、責任要件論の問題ではない。不法行為の損害賠償請求権について、近年、裁判例は、時効消滅を回

避する様々な理論を展開しているが、第1の安全配慮義務の裁判例は、それと同じ動きに属するものと解するべきであろう。時効回避の問題が安全配慮義務論を歪めている（例えば、履行補助者による安全配慮義務違反を制限する判例理論によると、同じ履行補助者の注意義務でも、積極的な侵害だと3年で時効消滅し、不作為の不法行為だと3年の時効消滅にかからない）ことを考えると[28]、この時効回避の問題は、できる限り、724条の解釈論の中で受けとめるべきである。例えば、自衛隊の公務災害の事案では、事故原因に関する自衛隊側の不十分な説明では、遺族が「損害及ヒ加害者ヲ知」（724条1文）らなかったとか[29]、被害者の権利行使を加害者が抑止したことを理由とする時効消滅の援用制限と考えるべきであろう。

　以上のように言うことは、安全配慮義務による不法行為責任、契約上の義務違反による不法行為責任を考えることになる。これに対して違和感を示す学説がある[30]が、安全配慮義務による不法行為責任、あるいは不法行為上の安全配慮義務という考え方は、既に多くの下級審裁判例が、また、最高裁判決［A13］も、採用しているものである[31]。問題は、安全配慮義務違反・契約上の義務違反による責任のうち、どのようなものが債務不履行責任となり、どのようなものが不法行為責任となるのかを、あらためて考えなければならないことである。

[28]　奥田昌道「請求権競合問題について」法教159号（1993）28頁は、安全配慮義務は時効・証明困難を回避することから出発したが、本来は、消極的な義務を課すだけの不法行為規範では手の届かないところをカバーするものだという。

[29]　［B16］は、機長の安全運行義務懈怠につき安全配慮義務違反を認めなかった（前述第1章2）が、被告（国）の事故説明では原告（遺族）は事故原因が機長の操縦ミスであることを認識しなかったとして、3年の時効消滅を否定し、国賠法1条1項の責任を認めた。

[30]　奥田昌道「判批」私法判例リマークス4号（1992）32頁

[31]　不法行為上の安全配慮義務という考え方については、拙稿・前出注（　）

83頁を参照。

表　安全配慮義務の裁判例

末尾の期間は、事故・侵害から提訴までの年月である。
○は賠償請求を認容。×は棄却。

A　最高裁判決
[A 1] 最判昭50・2・25民集29・2・143…自衛隊の車両整備工場で、隊員が同僚の運転する車両にひかれて死亡。4年3ヶ月後。
[A 2] 最判昭54・5・31労判カード324号15頁…警察官が急性心臓衰弱により死亡。Yの安全配慮義務不履行によるものではないとした。1年後。
[A 3] 最判昭55・12・18民集34・7・888…Y1大石塗装がY2鹿島建設から下請けした工場建設現場で、Y1の従業員が転落死。1年後。
[A 4] 最判昭56・2・16民集35・1・56…自衛隊のヘリコプターの後部回転翼が突然飛散し、乗員が死亡。9年後。
[A 5] 最判昭58・5・27民集37・4・477…自衛隊の会計隊長が運転するジープが対向車と衝突し、同乗隊員が死亡。8年後。
[A 6] 最判昭58・11・11労判カード421・21…大阪地裁職員の頚肩腕症候群。業務起因性を否定。1～7年後。
[A 7] 最判昭58・12・6訟務月報30・6・930…自衛隊車両が運転ミスと降雨により転落し、荷台の隊員が投げ出され死亡。請求を認めた原判決を破棄差戻し。10年後。
[A 8] 最判昭58・12・9裁判集民事140・643…自衛隊機の操縦士の操縦ミスによる墜落で、同乗隊員が死亡。年数不明。
[A 9] 最判昭59・3・27交通民集17・2・289…合図のため身を乗り出した自衛隊車両の同乗隊員が、対向車に当てられ死亡。減速しても回避できず運転者に過失がない。10年後。
[A10] 最判昭59・4・10民集38・6・557…商店の従業員が宿直中に強盗により殺害。1年内。
[A11] 最判昭61・12・19判時1224・13…朝霞基地で自衛官が、自衛官を装って侵入した過激派活動家により殺害。4年後。
[A12] 最判平2・4・20労判561・6…高知営林局の職員がチェンソーにより白蝋

病に罹患。5年～16年後。
［A13］最判平2・11・8判時1370・52…特殊タンク船の船長が、タンク洗浄作業中に窒息死。船主との定期傭船契約・運行委託契約により運行を手配していたY海運会社の安全配慮義務を肯定。1年後。
［A14］最判平3・4・11判時1391・3…三菱重工神戸造船所の社外工（下請労働者）が、ハンマー打ち等により難聴障害に罹患。
［A15］最判平4・10・6判時1454・87…私大応援団の新入団員が暴行により死亡。大学の安全配慮義務違反の責任でなく使用者責任を肯定。2年後。
［A16］最判平6・2・22民集48・2・441…炭坑労務に従事しじん肺に罹患（長崎じん肺訴訟）。

下級審判決
B　自衛隊（防衛庁）の公務災害事件
［B1］東京高判昭52・10・27判時881・112…自衛隊員同士の喧嘩による死亡。
［B2］東京地判昭53・7・20判タ71・143…隊員の運転ミスによりトラックが横転し、荷台の隊員が死亡。運転者は安全配慮義務の履行補助者でない。
［B3］東京地判昭53・7・27判時912・77、判タ371・141…自衛隊員が行進中、後方から自動車に追突され死亡。指揮していた小隊長の安全配慮義務違反を認めた。
［B4］東京地判昭53・8・22判時920・146、判タ381・139…自衛隊員輸送車が踏切で一時停止せず列車と衝突し、隊員が死亡。車長の安全配慮義務違反を認めた。
［B5］東京地判昭53・8・29判タ375・119…地雷の調査試験中に防衛庁職員がローラーに牽かれて死亡。試験を主催していた室長の安全配慮義務違反を認めた。
［B6］東京地判昭53・9・5判時920・156…［A5］の第一審
［B7］東京地判昭53・11・27判時938・57、判タ378・116…編隊飛行中の自衛隊機が、編隊長の指示により雲中を低空飛行中に山林に激突し、操縦士が死亡。
［B8］［C2］東京地判昭54・1・29判タ387・78…民間フェリーで移動中の自衛隊員が、荒天下の甲板に出て海中に転落死。
［B9］東京高判昭55・2・27判時961・80、判タ413・94…隊員の運転ミスにより、同乗隊員が死亡。
［B10］東京高判昭55・2・28判時961・75、判タ414・66…［A5］の原審

9 安全配慮義務論・再考［瀬川信久］

［B11］東京高判昭55・12・15判時判タ438・117…［A8］の原審
［B12］東京高判昭56・4・30判時1005・105、判タ449・126…隊員の居眠り運転により、同乗隊員が死亡。
［B13］東京地判昭56・9・30判時1029・83、判タ466・120…機長たる操縦士の操縦ミスにより墜落し、搭乗隊員が死亡。
［B14］東京地判昭57・3・23判タ475・112…自衛隊機が、搭乗員の照明弾取扱の過誤により炎上墜落し、搭乗員が死亡。
［B15］東京地判昭57・3・29判時1055・84…機長たる操縦士の前方確認義務の懈怠により空中衝突し、同乗隊員が死亡。
［B16］東京高判昭57・5・31訟月28・12・2274…機長が操縦中にきりもみ状態になり墜落し、同乗隊員が死亡。

C　雇用関係
　職務中の事故
［C1］京都地判昭48・2・2判タ292・295…船荷の積み替え中の負傷。4年3ヶ月　×
［C2］大阪地判昭57・2・5判時1055・104…クレーンから鉄製籠が落下し負傷。3年後。×
［C3］東京高判昭57・7・15判時1055・51…ダンプの荷台と車台に挟まれ負傷。○
［C4］神戸地判昭58・9・30判時1113・123…荷役作業の積み荷が滑り落ち負傷。4年　×
［C5］横浜地裁横須賀支判平6・3・14判時1522・117…発電所の電気工が感電。○
［C6］大分地判昭60・12・9判時1198・136、判タ593・105…パチンコ店の他の従業員の暴行による負傷。○

　職務外の原因による死傷
［C7］東京地判昭51・4・19判時822・3…独身寮の従業員が感冒により死亡。○
［C8］大阪地判昭56・2・20判時1021・124…アルバイト学生が、拾った毒コーラで死亡。×
［C9］東京地判昭61・7・8判時1249・71…新聞販売店の予備校生従業員が自殺。×

［C10］富山地判平 6・6・1 判時1539・118…定期健康診断で肺ガンを看過され死亡。○
［C11］大阪地判平 9・5・12判時1626・102…料亭未成年従業員が入口施錠後に 3 階の窓から入室しようとして転落死。○
［C12］東京高判平10・2・26労判732・14（1 審は東京地判平 7・11・30判時1568・70、判タ911・200）…従業員が定期健康診断で肺ガンを看過され死亡。×　医師の注意義務違反がない。

D　請負関係
［D1］山口地下関支判昭50・5・26判時806・76…船舶塗装工事の請負人が火傷。○
［D2］岐阜地判昭56・8・31判時1036・98…寺の屋根葺替の請負人が墜落して負傷。×
［D3］名古屋地判昭57・12・20判時1077・105…急に依頼されたクレーン修理工事の請負人が感電死。○
［D4］大阪地判昭60・5・24判時1161・149、判タ565・180…玉掛け資格を持たないトラック運転手が玉掛け作業中に事故死。×
［D5］浦和地判平 8・3・22判タ914・162…屋根工事に従事していた大工が墜落重傷。○

E　学校関係
　体育・運動
［E1］福岡高判平元・2・27判時1320・104（1 審は福岡地判昭62・10・23判時1267・122）…高校のラグビー部員が練習試合で受傷。10年後。○
［E2］京都地判平 5・5・28判時1472・100…マスクを着けなかった中学野球部員がファウルチップで負傷し視力低下。10年後。○
［E3］大阪地判平 5・12・3 判タ868・234…高校のラグビー部員が、スクラム中の「めくれあがり」で受傷。○
　その他
［E4］東京地判平 2・6・25判時1366・72…高校 3 年生が、文化祭のぬいぐるみを着て校舎屋上から転落死。○
［E5］横浜地裁川崎支判平10・4・9 判タ980・227…厳冬期に、病弱な小学生に短パンでの下校・体育をさせたために急性脳炎により死亡。○

［E6］修学旅行中の暴力事件
　大　学
［E7］東京地判昭55・3・25判時958・41、判タ414・83…歓迎コンパで新入生が飲酒により死亡。×
［E8］仙台地判昭61・5・8判タ599・81…研究所助手が実験中に爆発事故で死亡。×
［E9］大阪地判昭61・5・14判時1217・88、判タ617・105…国立大ヨット部員がヨット転覆により死亡。×
［E10］東京地判平4・4・28判時1436・48、判タ796・107…防衛大のパラシュート部員が水中に落ち溺死。○

F　保育園・幼稚園・治療入院関係
　保育園・幼稚園
［F1］東京高判平7・2・3判時1591・37…無認可保育所で乳幼児が死亡。×
［F2］松山地判平9・4・23判タ967・203…私立幼稚園で園児が右目を負傷。×
　治療入院関係
［F3］神戸地判昭55・2・6判時971・91…精神病院内で患者が他の患者を殺害。○
［F4］浦和地判昭60・3・29判時1177・92…精神病院内での患者間の暴行により失明。×
［F5］東京地判昭62・6・24判タ660・180…痴呆の老人患者が窓をこじ開けて転落死。×
［F6］福岡高判平3・3・5判時1387・72…精神病院入院患者が持ち込んだナイフで他の入院患者を殺害。○
［F7］大阪地判平4・12・18判タ841・223…アルコール治療病院での患者間の暴行により視力低下。×　1年内

G　スポーツ・旅行関係
　スポーツ
［G1］東京高判昭60・1・31判時1143・80…スキー場で滑降中にクレバスに転落して負傷。○
［G2］東京地判昭63・2・1判時1261・28…ダイビングツアーで、ボンベが爆発し参加者が負傷。○

［G3］横浜地裁川崎支判平2・12・6判時1382・112…スキーヤーがゲレンデ下方のテニスコートに激突し死亡。×

［G4］〔東京地判平3・3・5判タ758・206…水泳教室で、他の子が水中メガネを引っ張って離したため失明。○

［G5］大阪高判平3・10・16判時1419・69、判タ777・146…トライアスロン大会参加者が心臓停止により溺死。×

［G6］宮崎地判平4・9・28判時1448・162、判タ801・190…県職員バレー大会で観戦中の補欠選手が、ボールを追った選手に衝突され負傷。○

［G7］〔東京高判平7・8・31判時1571・74…スキューバダイビングツアーの参加者が、用足し中に外洋へ転落し水死。×○

［G8］富山地判平6・10・6判時1544・104…水泳クラブで30歳の男子が溺死。○

旅館・ホテル

［G9］大阪地判昭61・5・9判タ620・115…ホテル客が、ホテルに接する海水浴場で溺死。○

［G10］東京地判平7・9・27判タ900・229…ホテル客がトイレで転倒し脳挫傷で死亡。○

［G11］東京地判平8・9・27判時1601・149…宿泊客が豪雨で浸水した便所で転倒し負傷。○

旅　行

［G12］大阪地判昭57・11・25判タ491・104…小学6年生がハワイ旅行のホテル15階から転落死。×

［G13］大阪高判昭60・4・18判タ559・133…高校生が、ホームステイ旅行中にヨセミテ公園の川に落ち水死。×

［G14］東京地判昭63・12・27判時1341・20…パキスタン旅行でのバス転落事故で死傷。×

［G15］東京地判平元・6・20判時1341・20…台湾旅行でのバス転落事故で死傷。×

［G16］大阪地判平5・3・24判時1477・81…フェリーの乗客が喘息発作により死亡。○

［G17］高知地判平6・10・17判時1514・40…高校生の中国修学旅行中に列車事故で死傷。×

9 安全配慮義務論・再考〔瀬川信久〕

H　その他
　売買・賃貸借
［H1］山形地裁米沢支判昭54・2・28判時937・93…家主の失火により借家人が死亡。○
［H2］大阪高判昭54・9・21判時952・69（1審は神戸地判昭53・8・30判タ371・128）…欠陥バドミントン事件。○　ただし、上告審判決（最判昭58・10・20民集37・8・1148）は、安全配慮義務違反ではなくて過失の有無を論じ、破棄差し戻した。
　援助関係・無償の労務提供関係
［H3］盛岡地裁花巻支判昭52・10・17判時884・98…鮎梁の倒壊防止作業を、設置者とのよしみから手伝っていた者が転落水死。○
［H4］高知地判昭57・9・3判タ486・137…チャリティゴルフ大会で運営補助者が打球により負傷。企画者の責任。○
［H5］横浜地判昭58・2・3判時1081・107…町内会草刈り中に自動芝刈り機で負傷。町内会長の責任。×
　雑
［H6］東京地判昭60・10・15判タ571・61…歌謡ショーでタレントがセリに転落し負傷。会館運営者・ショーの主役・そのプロダクションの責任。○
［H7］東京地判平7・6・26判タ904・166…ロックコンサートで出演者がセリ穴に転落し負傷。×
［H8］東京地判平8・2・13判タ916・167…運送会社の運転手が届け先のリフトに乗り落下。13年後。○

10　2003年の民事訴訟法の改正について

高　橋　宏　志

1　2003年（平成15年）改正
2　証拠法——提訴前の証拠収集、鑑定その他
3　専門家の関与——専門委員制度の創設
4　計画審理
5　特許事件管轄の専属化
6　人事訴訟手続法の改正

1　2003年（平成15年）改正

　日本民事訴訟法は、1996年（平成8年）に改正され（厳密には、「改正」かどうか議論があるが、深入りしない）、1998年（平成10年）から施行されたばかりである。しかるに、このたび、司法制度改革の一環として、充実および迅速化をさらに図るべく、改正法案が2003年（平成15年）第156国会に提出され、成立した。2004年（平成16年）4月1日から施行される。
　改正法案提出の背景には、いろいろな動機があるのであろう。しかし、私の目からすると、今次改正は、第1審の裁判を2年以内に終結させようとする「裁判の迅速化に関する法律」（同じく2003年成立。略称、迅速化法）の思想に押されて、迅速化を特に志向しているように思われてならない[1]。訴訟手続の計画的進行を義務づけ（改正法147条の2。以下、改正法は省略する）、審理計画を規定し、それに反する攻撃防御方法の却下を定めるのが、まず、その現われである（147条の3）。しかし、早期に計画を立てるためには、訴訟代理人が早くから事件の実態を把握していなければならない。そこで、提

訴予告通知という制度を設け、訴えの提起前にも証拠収集のための処分を可能とした（132条の2以下）。訴えの提起前にも、文書送付の嘱託、調査の嘱託、専門家の意見陳述、執行官による物の現況調査が可能とされたのである。また、迅速でない民事裁判の多くは、専門的知見を必要とする医療過誤訴訟や建築瑕疵訴訟であるから、専門家を「専門委員」として裁判所の中に取り込み、争点証拠整理手続等の迅速化・効率化を図ることとした（92条の2以下）。知的財産権関係訴訟を東京地裁、大阪地裁に集め、さらに控訴審を東京高裁に一元化するのも、この文脈においてのみ、よく理解することができる（6条）。簡易裁判所において和解に代わる決定を導入すること（275条の2）、少額訴訟の訴額の上限を60万円に引き上げること（368条）も、これらの流れの中に位置付けることができる。ちなみに、簡易裁判所の事物管轄は、90万円から140万円に引き上げられた（裁判所法33条）。

(1) 座談会「民事訴訟法の改正に向けて」ジュリ1229号（平成14）129頁以下、特に131頁の私（高橋宏志）の発言は、1996年（平成8年）改正の結果がまだ判然としない段階で、とにもかくにも審理期間を半分に短縮せよという司法制度改革審議会意見書の考え方は性急すぎるのではないか、と批判的である。
　今次民事手続法改正については、法律時報74巻11号（平成14）にも特集があり、NBL740号33頁、741号38頁（平成14）にも日本民事訴訟法学会臨時大会の報告原稿が掲載されている。

2　証拠法──提訴前の証拠収集、鑑定その他

訴えを提起しようとする者が、被告となるべき者に対して訴えの提起を予告する通知（法文では、予告通知と呼ぶ）をすることによって、4ヶ月以内に限り、当事者照会と文書の送付嘱託、調査嘱託、専門家の意見陳述、執行官の現況調査を、提訴前に求めることができることとなった（132条の2以下）。被告と予定された者も、予告通知に対して答弁の要旨を記載した書面で返答

したときは、反対方向で当事者照会と文書送付の嘱託等々を求めることができる（132条の3）。これらは、提訴前の証拠収集の拡充と位置付けることができる。証拠に限定されない情報一般の収集を規定したいというのが私の発想であるが、改正法もまだ証拠収集という段階にとどまっている[2]。

　予告通知の書面には、提訴しようとしている訴えの請求の「要旨」、および「紛争の要点」を記載しなければならない。訴状における「請求の趣旨及び原因」（133条2項）ではなく、請求の要旨と紛争の要点なのであるから、訴状よりも概括的で足りるはずであるが、しかし、どの程度の概括さでよいのかは運用次第、解釈論次第である。訴状の精密さに近づければ近づけるほど、相手方の保護には資するが、提訴前という意味が失われるという緊張関係にある。

　ともあれ、予告通知を出すと、第1に、訴えを提起した場合の主張または立証を準備するために必要であることが明らかな事項について、書面で回答するよう照会することができることとなった。提訴後の当事者照会（163条）を、提訴前に前倒しで実施できるようにしたものである。照会できない事項の規定が相手方等のプライバシー、営業秘密を含むというように、提訴後のものより法文上は拡大されているが、これは提訴前であることを考慮して慎重に規定したからであろう。しかし、提訴後の当事者照会と実質が変わるものでもないはずである（提訴後では、解釈論として限定されるべきである）[3]。ところで、私のまわりの弁護士には結構利用しているという人が少なくないのであるが、提訴後の当事者照会はあまり利用されていないと一般的には言われている。その原因は、提訴後であれば釈明を裁判所に求めた方が早いからだという。そうだとすると、提訴前には裁判所の釈明はありえないから、提訴前の当事者照会は使われることになろう。また、現在でも、内容証明郵便を使っての弁護士同士の事実上の情報交換がなされることはあるから、それがこの提訴前の当事者照会に移行するとすれば、かなり利用されることとなろう。それを契機にして、提訴後にも当事者照会が盛んになるとすれば、日本の弁護士業務もかなり変わることとなる。他方、弁護士業務の変革を迫

ると予測された弁護士報酬の敗訴者負担は、司法制度改革審議会意見書からやや後退し、提訴後に両当事者が敗訴者負担とすると合意した場合にのみ敗訴者負担となるが、合意がない場合には従来通り各自負担ということとなりそうである（この改正案は、立法されないこととなった）。韓国では、敗訴者負担となっていることからすると、日本の弁護士業務の１つの特色だということができる。

　ところで、提訴前の当事者照会を利用できる者は、弁護士に限定されていない。これは立法過程では議論のあったところであるが、当事者本人にはできず訴訟代理人たる弁護士だけができるというのは、訴訟法理論上、正当化が困難だという理由で、弁護士に限定はされなかったのである。弁護士法23条の２に規定する弁護士会照会と同様に弁護士法で規定すれば可能だったかもしれないが、それも否定された。かくして、遺憾ながら、訴訟マニアが濫用的に利用することへの対応がまったくない立法となった。当事者照会には、次の文書送付の嘱託等と異なり裁判所の事前チェックがないから、濫用がありうる。送り付けられる人は、迷惑この上ないであろう。逆に、当事者照会の利用資格を弁護士に限定すると、望ましい副次効果として、原告予定者はもちろん、被告予定者側も、どう回答するか、あるいは反対予告通知を出すべきか等の相談のため早期に弁護士に事件を委任し、その結果、当事者双方に弁護士が付くということになりやすい。双方に弁護士が付けば、弁護士間での提訴前の交渉、争点整理、和解等がなされることが期待できるのである。しかし、今次改正法ではこれを期待できないこととなった。予告通知の利用資格を弁護士に限定しなかったことは、訴訟の充実・迅速化のため、画竜点睛を欠いたと評価されるのではあるまいか。

　次に、予告通知を出すことにより、裁判所に証拠収集の処分、すなわち文書の送付嘱託（226条）、調査嘱託（186条）、専門家の意見陳述、執行官の現況調査を求めることができることとなった（132条の４）。ただし、要件は、提訴前であるから多少厳しく、訴えが提起された場合の立証に必要であることが明らかな証拠となるべきものについて、申立人がこれを自ら収集するこ

とが困難であると認められるとき、となっている。とはいえ、文書送付の嘱託により、提訴後には定型的に認められているものが、提訴前に手に入るようになろう。刑事の不起訴記録等のように弁護士会照会ではなかなか手に入らなかったようなものも、手に入るようになる効用がある。専門家の意見陳述は、ドイツの独立証拠調べにヒントを得たものであり、簡易な鑑定と言うべきものである[4]。もっとも、ドイツでは独立証拠調べをすると提訴後に鑑定申立をすることができなくなるが、日本の専門家の意見陳述は、提訴後の鑑定申立を許容する点で大きく異なる。逆に言えば、鑑定代替物にならないように設計されたということである。ドイツの独立証拠調べは、建築瑕疵紛争と交通事故でよく利用されているという。日本でもそういう紛争での利用が予測されるが、専門知識が激しく争われる医療過誤訴訟で提訴前にこれを利用するのは、あまり期待できないかもしれない。執行官の現況調査は、フランスのコンスタにヒントを得たものである。検証代替物として、役に立つであろう[5]。

　以上により、提訴前にも当事者は証拠を集めることができることとなった。それは訴状の記載を正確にするであろうし、争点・証拠整理を充実させるはずである。結果として、訴え提起後の審理期間は短縮されることなり、迅速化法からの悪影響はそれなりに回避できるであろう。

　提訴前ではなく、提訴後の証拠調べに関しても改正がある。鑑定人質問は、まずは裁判所から質問するものとなった（215条の2）。当事者すなわち弁護士からの質問は、その次とされ、交互尋問制が否定されたのである。迅速化の要素もあろうけれども、弁護士からの鑑定人に対する「侮辱、誹謗」から裁判所が鑑定人を守るというのが、その本来の目的ではなかろうか。次に、弁論準備手続を実施するのが受命裁判官であっても、書証を実施できることとなった（171条）。ということは、合議体の裁判官全員が証拠文書を読んでいなくとも判決をしてよいと、規範上はなったということである。実際には、重要な証拠文書を合議体の裁判官が読まないことは稀有だと思われ、立法過程ではそう説明されたが、規範上は読まなくてよいこととなったのである。

これは、証拠における直接主義からの離反を意味する。しかし、受託裁判官による証拠調べ（185条、195条）、大規模訴訟における特則（268条）で、直接主義からの離反はすでに許容されている以上、立法としては半歩を進めたに過ぎないのであろう。そもそも、比較法・立法史からすれば、証拠における直接主義の方が反省を迫られることになるのかもしれない。が、私見では、証拠における直接主義は維持するに値するものと考える。

(2)　前掲ジュリ1229号154頁。高橋宏志「米国ディスカバリー序説」法協百年論集第3巻（昭和58、有斐閣）527頁。
(3)　当事者照会については、高橋宏志『重点講義　民事訴訟法（下）』（2004年、有斐閣）62頁参照。
(4)　春日偉知郎『民事証拠法論集』（平成7、有斐閣）111頁参照。
(5)　提訴前の証拠収集処分については、132条の5で管轄裁判所が定められ、費用は、132条の9で申立人の負担と定められている。訴訟費用に組み入れて敗訴者負担とすることは、見送られた。当事者の一方の証拠収集の費用は、現行訴訟費用法では訴訟費用とされていないのに合わせたのであろう。しかし将来は、訴訟費用化も検討に値するのではなかろうか。

3　専門家の関与——専門委員制度の創設

　裁判所は、争点もしくは証拠の整理または訴訟の進行に関し必要な事項を協議するに当たり、訴訟関係を明瞭にし、または訴訟手続の円滑な進行を図るため必要があると認めるときは、当事者の意見を聴いて、決定で、専門的な知見に基づく説明を聴くために専門委員を手続に関与させることができることとなった（92条の2）。専門的知見を必要とする訴訟の充実・迅速化のための切り札的な制度を創設しようとしたのである。専門委員の関与は、しかし、争点証拠整理手続に限定されていない。証拠調べ期日にも関与させることができるし、和解期日にも関与させることができる。専門委員の関与は、

電話会議システムによることも可能である。

　専門委員の関与が、専門的知見を必要とする訴訟の充実・迅速化に資することは、まず間違いのないところである。しかし、知的財産権や租税関係の裁判所調査官（裁判所法57条）が、当事者から見えないところで働いているため活動実態が分からず当事者は反論ができないという不満、また、裁判官の判断よりも調査官の判断の方が優越しているのではないかとの疑心を生んだことを反省したのであろう、専門委員からの説明は、書面でなされる、または口頭であれば期日に当事者の面前でなされることとし、専門委員の発言は必ず当事者に伝わるように設計された。この透明化は、すぐれたものと評価できるが、しかし、裁判官室や廊下等での私的会話から調査官の心証が裁判官に影響を与える懸念を払拭はできない。そのため、専門委員の関与を、「当事者の意見を聴いて」という要件で規律するか「当事者の同意を得て」という要件で厳しく規律するかは立法過程で大いに争われた。けれども、結局、争点証拠整理手続と証拠調べ期日への関与自体は「意見を聴いて」という要件となり、証拠調べ期日での発問と和解期日への関与は「同意を得て」という要件となっている。立法における妥協というものであろう。

　専門委員は、1人以上付くことができる（92条の5）。除斥、忌避が規定され（92条の6）、専門委員を関与させる決定の取り消しも定められた。当事者双方が申し立てれば、裁判所は、専門委員を関与させる決定を当然に取り消さなければならない（92条の4）。当然取消しは、弁論準備手続でも規定されているが（172条）、利用されているとの声は聞こえてこない。当事者双方が一致して取消しを申立てるというのは、専門委員の関与でも稀であろう。当事者の一方からは専門委員の意見は有利だとみられるだろうからである。

　専門委員制度の創設に対しては、医療過誤訴訟の原告患者側から強い反対論が展開された。医療過誤訴訟の専門委員は、当然、医療関係者となるが、そうだとすると医師仲間の論理・情実を裁判官の判断の中に持ち込み被告医療側を過度に優遇することにならないか。あるいは、専門委員がいるから不要だとして、原告患者側からの鑑定申請に対して裁判所が消極的とならない

235

か(6)、等を危惧して原告患者側は反対したのであろう。この危惧が現実化するかどうかは、今後の運用次第である(7)。

> (6) 前掲ジュリ177頁の林発言は、専門委員の関与によって必要な鑑定事項が絞られていく、その絞られた鑑定事項に鑑定人がかかわる、というイメージを語っている。専門委員と鑑定人は役割が違うのであり、それぞれが活用されるべきだという趣旨であろう。本来は、そうあるべきものである。
> 　なお、知的財産法関係の専門訴訟を含め、専門訴訟については伊藤眞「専門訴訟の行方」判タ1124号（2003年）4頁が有益である。
> (7) 専門委員の制度は、調停委員に事実上の争点証拠整理を委ねるという現行実務の運用を、合理化し透明化したという側面もある。では、調停委員がたとえば建築現場に赴き建築瑕疵の有無を判定することがあるのと同様に、専門委員が裁判所を離れ建築現場に赴くことは可能か。規定上は明示されていない。禁止されていない以上、可能だということであろう（民事訴訟規則36条の6参照）。建築現場に赴くとき、両当事者に立会いをさせるのかも明示されていない。常識的には当事者を立ち会わせるであろうが、厳密には運用にかかる。法文上で当事者に透明化されているのは、専門委員からの意見提供は、書面または期日で口頭によってなされなければならないということのみであるから、意見提供以外の局面は運用によると理解されるからである。

4　計 画 審 理

　裁判所および当事者は、訴訟手続においては、適正かつ迅速な審理の実現のため、その計画的な進行を図らなければならないと規定された（147条の2）。これ自体は、精神規定であろうが、審理計画の制度が、これに基づき、具体的に導入された（147条の3）。
　すなわち、裁判所は、事件が複雑であることその他の事情により適正かつ迅速な審理を行うため必要があると認められるときは、当事者双方と協議し、その結果を踏まえて審理の計画を定めなければならない。審理計画では、争

点および証拠の整理を行う期間、証人および当事者本人の尋問を行う期間、口頭弁論の終結および判決の言渡しの予定時期を、定めなければならない。その他の事項を定めることも、むろん、可能であり、また裁判長は、当事者の意見を聴いて、特定の事項についての攻撃防御方法の提出期間を定めることができる（156条の2）。審理計画の変更は、可能である。審理計画が定められたときの効果であるが、特定の事項について攻撃防御方法の提出期間が定められた場合において、当事者が期間経過後に提出した攻撃防御方法は、これにより審理の計画に従った訴訟手続の進行に著しい支障を生ずるおそれがあるときは、裁判所は、申立または職権で、却下の決定をすることができるものとされた。ただし、当事者が当該期間内にその提出をすることができなかったことについて相当の理由があることを疎明したときは、この限りでない（157条の2）。

　要するに、審理計画に外れた攻撃防御方法に対する失権効が強化されたということである。1996年改正では攻撃防御方法の失権効は規定できず、当事者からの詰問権（167条）にとどまったが、その失権効が規定されたということである。しかし、条文表現は、立法過程での対立を体現して、晦渋なところがある。裁判所と弁護士会の対立の中での、立法の綾とでもいうべきものなのであろう。とはいえ、審理計画を定めるときは、2年以内に判決言渡し時期を予定するよう裁判官に圧力がかかり、裁判官は審理計画を断固遂行するよう誘導されるであろう。しかも、当事者との協議の結果を踏まえて審理計画を定めると規定されているが、あくまで「結果を踏まえて」にとどまるから、協議が整わないときにも審理計画を定めることができるというのが、争いのない解釈である。日本の裁判官と弁護士の力量・見識が問われる立法となるかもしれない。なお、審理計画の導入は、他方では刑事裁判員制度の導入もあり、日本の弁護士の執務態度・執務慣行を変える可能性を秘めているというべきである。

5　特許事件管轄の専属化

　特許権等に関する訴えは、簡裁事件を除き第1審では、東日本の事件は東京地裁の、西日本の事件は大阪地裁の専属管轄となる。そして、控訴審は東京高裁の専属管轄となる（6条）。訴訟の迅速化の極とでもいうべき規律であるが、大阪地裁からの控訴を東京高裁の専属とすることは、訴訟法理論上、納得することが困難である。将来、特許裁判所を創設するための布石だと説明されて始めて合点がいく規律であったが、現時点では、特許関係の特別裁判所ではなく、知的財産法専門の高等裁判所を東京に1つ創設するか否かが論議されるに至っている（2005年4月に、東京高裁の特別の支部として知的財産高等裁判所が設置された）。韓国では特別裁判所が創設されたが、日本では後退した。私見では、特別裁判所までは不要だと考える。なお、特許権等に関する訴えでは、地裁でも高裁でも5人の合議体で裁判することができることとなった（269条の2）。

　意匠権等に関する訴えの管轄も、東日本の事件は東京地裁の、西日本の事件は大阪地裁の競合管轄となった（6条の2）。知財立国ということであろう。

6　人事訴訟手続法の改正

　民事訴訟法のみならず、人事訴訟手続法も改正された。名称も、人事訴訟法となる。1998年（明治31年）制定であるから、改正は遅きに失したのかもしれない。

　骨子は、人事訴訟事件の地方裁判所から家庭裁判所への移管、家裁調査官制度の拡充、参与員制度の導入、手続の公開停止、離婚訴訟での和解許容、条文の平仮名化等である。

　民訴理論一般からみても興味があるのは、まず、成年被後見人の訴訟能力である。成年被後見人にも、いわゆる残存能力があるというのが建前であり、

また、人訴事件では本人の意向が重要だということから、人訴事件では成年被後見人にも訴訟能力ありとすべきではないかが立法過程で論ぜられた。結果的には、民訴31条が適用されないと規定されることにより（人訴法13条）、規定上は、成年被後見人にも訴訟能力があるという説に有利となった。しかし、訴訟行為をする成年被後見人に能力があるかないかの具体的判定は困難であり、学説上は訴訟能力なしとする有力説が残るであろう[8]。

　次に、強制参加が規定された。死後認知訴訟が典型であるが、検察官を被告とする人事訴訟において、訴訟の結果により相続権を害される第三者は、みずから補助参加していくことが無論できるけれども、自ら参加しなくとも、裁判所が強制参加させることができることとなった（人訴法15条）。検察官にあれこれ言うが後ろにいて訴訟には出てこない関係者を、訴訟に登場させる方途を開いたのであり、理論的には興味深い規定である。なお、補助参加した者または強制参加させられた者も、訴訟費用を負担することがあることが明定された（人訴法16条2項）。父親とされる者が生存中であればその者が負担する訴訟費用を、死亡後は形式的に検察官が当事者となることにより、国庫が負担する（人訴法16条1項）というのは奇妙と言えば奇妙であり、実質的には父親とされる者の遺産が負担すべきであるが、その手続をうまく仕組むことができない以上、強制参加による負担ということも有用であろう。しかし、強制参加が訴訟費用の国庫負担回避のためのみを理由として規定されたと見るのは、うがちすぎというべきではなかろうか。

　職権探知は、現行法の婚姻の維持の方向でのみの片面的職権探知という片面性が削除された（人訴法20条）。しかし、職権探知も、不必要に私人の生活圏に国家の裁判所が踏み行ってよいということを意味するわけではない。立法過程では、条文表現について色々と検討されたが、適切な表現を発見できなかったため無条件の職権探知主義の規定となったという経緯がある。そうだとすると、裁判所は職権探知を謙抑的に行使すべきである。また、離婚の訴えにおいては、訴訟上の和解は許されないというのが通説であり、実務でもあった。そこで、実務は、離婚への同意ができたときには、協議離婚届け

に判を押させ、離婚の訴えは取り下げさせるという便法を用いてきたのである。しかし、迂遠であるし、一方当事者が届出までに翻意したときは離婚ができないという欠陥もあった。そこで、新法は、訴訟上の和解を正面から肯定したのである。しかし、裁判離婚と協議離婚の二本立てであり、しかも裁判離婚では職権探知主義を採る日本法の下では、裁判離婚請求権の処分（和解）というのは理論上は説明が困難なのではなかろうか。私見は、協議離婚に近づけて理解すべきものと考える。請求の認諾も、附帯処分等が不要のときは、肯定された（人訴法37条）。和解を認める以上、請求の認諾は禁止するとは言い難いからである。これも、私見では協議離婚に近づけて理解することになる。

　手続保障も重要な問題であった。離婚訴訟において、裁判所は、申立てがあれば、本来は家事審判事項であるところの監護者の指定その他の監護に関する処分、財産の分与に関する処分をすることができる（人訴法32条）。そして、親権者の指定に関する裁判を含めて、事実の調査をすることができる（人訴法33条）。この事実の調査は、裁判所が審問期日を開いて行なうこともできるし、調査官に命じて行なわせることもできる。子供に家族に関する絵を描かせるとか、幼稚園の保育士に日頃の言動を聞くとかが調査官調査の典型である。これらは、旧法下では、当事者に対しても、部分的にしか開示されなかったといってよい（家事審判規則12条は、家庭裁判所は、事件の関係人の申立により、これを相当と認めるときは、記録の閲覧若しくは謄写を許可し……と規定している）。その結果、監護者を自分にしてほしいと主張立証する際、当事者は、どういう事実を裁判官が念頭においているかが分からずに主張立証をすることになる危険が存在した。的を射た弁論ができないということである。弁論権の観点からは問題となる。さらに、たとえば子への虐待が原因で妻が離婚を決意した事案で考えると、婚姻を継続し難い重大な事由（民法770条1項5号）としての子への虐待の有無・程度は、訴訟事項であるから当事者公開が確保される。けれども、親権者や監護者の指定の関係で調査官が行なう事実の調査の過程でも、父親の子への虐待の有無・程度が明らかとな

ることがありうる。子への虐待の有無・程度という事実の調査のこの結果は、裁判官には報告される。むろん、それは、建前としては、離婚原因の有無の判断に使うことはできないが、影響がまったくないと言いきることができるか。影響が多少ともあるとなれば、当事者は自己に知らされていない事実に基づき判決をされることになるのであり、当然、反論権はその限りで骨抜きとなる。かくして、当事者に対して閲覧・謄写をほぼ全面的に認めるべきだと弁護士界は、立法過程で強く主張したのである。しかしながら、人事訴訟の領域では、人が合理的に行動するとは限らない。日頃、ほかのことでは冷静であり合理的な人も、自己の家庭に関する事柄では非合理的になることは珍しいことではない。となると、調査官の調査で、子が父親の監護を求めていないという事実が判明したとき、それを正直に父親に伝えた場合、父親が冷静でいられるか、父子関係の将来にひびが入ることはないかは大いに疑問だといわざるを得ない。また、子の幼稚園の保育士からの聞き取り調査の結果を冷静さを欠いた父親が知らされたとき、幼稚園に押しかけて乱暴を働くことがないか。ないと言い切ることはできない。となると、子その他の利益のために、当事者への手続保障が後退することもやむを得ないのではないか、と考えることもできる。人訴法35条は、訴訟記録中の事実調査部分につき閲覧等の申立てがあった場合においては、その閲覧等を許可しなければならない、ただし、次ぎに掲げるおそれがあると認められる部分については、相当と認めるときに限り、その閲覧を許可することができる、ということでこの両者の考え方を調整した。次ぎに掲げるおそれとは、一号　当事者間に成年に達しない子がある場合におけるその子の利益を害するおそれ、二号　当事者又は第三者の私生活又は業務の平穏を害するおそれ、三号　当事者又は第三者の私生活についての重大な秘密が明らかにされることにより、その者が社会生活と営むのに著しい支障を生じ、又はその者の名誉を著しく害するおそれ、の3つである。読み方によるが、原則は閲覧等許可なのであるから、当事者の手続保障のほうに傾斜した立法だというべきであろう。手続保障の観点からは、進歩した立法だということができる。しかし、この立法の結果、

調査官調査の現場では、従来のような深く丁寧な調査は困難になるかもしれない。たとえば、これまでも、幼稚園の保育士や小学校の教員からは、父親に知らせない、裁判官にしか報告しないという固い約束のもとでのみ話を聞くことができたと言われることがあるが、今後は、調査官はこういう約束をすることはできないことになる。私は、角を矯めて牛を殺すことにならなければよいが、と評したことがある（ジュリスト1259号101頁）。

非公開審理の是非も大きな論点であった。人事訴訟は、個人のプライバシーにかかわることが多い。離婚訴訟しかりであり、嫡出否認の訴えしかりである。それを公開法廷で審理されることに、当事者は耐えられるであろうか。諸外国でも、人事訴訟は非公開審理であることが珍しくはないようである。しかし、諸外国の多くが、公開審理の規定は法律にあるのに対して、我が国では憲法にある（憲法82条）。法律で憲法の規定に制限を加えることはできない。それをすれば、違憲の立法となる。できるのは、憲法の趣旨を確認的に明らかにする規定を置くことに限定される。審議会の最後の段階になって出てきたのは、憲法82条の公の秩序、善良の風俗による例外（非公開審理の許容）のうち、公の秩序のほうを用いての条文化であり、これが立法に結実した。人訴法22条は、当事者尋問または証人尋問において、自己の私生活上の重大な秘密にかかるものについて尋問を受けたとき、……当該事項について十分な陳述をすることができず、かつ、当該陳述を欠くことにより他の証拠のみによっては当該身分関係の形成または存否の確認のための適正な裁判をすることができないと認めるときは、決定で、尋問を公開しないで行なうことができる、と規定したのである。最終的には、適正な裁判を行なうことができないということを要件の中心としており、それは裁判という公の秩序が中核に置かれたと理解されるであろう。立案当局の補足説明も、そういうものであった。しかし、公の秩序という観点から非公開審理を認めるというのは、憲法学界でも民事訴訟法学界でもほとんど聞いたことのない「独創的な」立論である。今後、解釈で議論を呼ぶであろう。

総じて、なぜ身分関係の形成または存否の確認のための裁判は、人事訴訟

法で特別に規定されるのであろうか。人事訴訟の範囲が定義され（人訴法2条）、姻族関係の存否確認訴訟も人事訴訟とされた。しかし、ある学者は次のような疑念を表明する。姻族関係は詰めて考えれば扶養義務の存否に還元されるところ、扶養義務の存否からすれば、元配偶者の父親との関係では姻族だが、母親との関係では姻族でないという相対的処理で困ることはないのではないか、従って、対世効はいらないのではないか、というのである。問題は、姻族関係を扶養義務だけに還元してしまってよいか、それに還元できない身分関係上の地位・利益をなお観念するか、ということであるが、広く捉えれば、家制度がなくなり裁判離婚だけでなく協議離婚も認めている日本現行家族法下で、なぜ職権探知主義が取られ、対世効が規定され、検察官が関与するのであろうか。これは、人事訴訟法の根本問題である。判例が説くように、人の身分はそれ自体で、公の秩序、社会の根本秩序なのであろうか。私見は、そうだと答えたいのだが、正当化は難しいところがある。

　このように今次の人事訴訟法制定は、時間の制約もあり根本問題については討議が十分だとは言うことができない。しかし、これは単に手続法だけの問題ではなく、親族法全体の問題であろう。

(8)　高橋宏志『重点講義　民事訴訟法（新版）』（平成12、有斐閣）168頁。残存能力は、行為能力に関しては認めるが、訴訟能力に関しては認めないということとなる。28条からは出て来にくいが、この程度の解釈論は可能なのではなかろうか。人事訴訟法については、ジュリ臨時増刊1259号に「新しい人事訴訟法と家庭裁判所実務」（高橋宏志・高田裕成編）という特集号があるが、その46頁以下の討議参照。

11　韓国民事訴訟法改正試案
——判決手続を中心に——

李　　時　　潤

Ⅰ　序　　　　　Ⅲ　私　見
Ⅱ　主な内容　　Ⅳ　結　論

Ⅰ　序

　1990年、法務部の主導で民事訴訟法の大幅な改正が行われた。民事訴訟における信義則の導入、必要的共同訴訟の追加と被告の更正、訴訟救助要件の緩和、双方欠席取下げ制度の改善、弁論集中の宣言的規定の新設、公正証書による証言制、支払命令制度の単純化と既判力の排除、弁護士報酬への訴訟費用の算入、ドイツの開示宣言制度の導入など、注目に値する内容の法改正であった。
　このような改正にもかかわらず、今度の改正でも、民事訴訟法の運営の主体である裁判所側は、法廷の弁論前段階で弁論集中方策の模索が世界的な趨勢であること、例えば、1976年 ZPO 改正で Haupttermin 制を前提にした書面的先行手続（schriftliches Vorverfahren）が定着したこと、それに日本の1996年新民事訴訟法で争点及び証拠審理手続が新設されたことなどに刺激を受け、1998年、現行準備手続の改善を主な内容とする改正試案の作成に取りかかった。改正試案の作成にあたっては民事訴訟法学会が研究委託を受け、案を作り、続いて専門家を委員にする民事訴訟法改正委員会が構成され2年間、審議活動を行った。今は、法務部が各界の意見を照会して審議検討を行っている段階である。近いうちに法務部がこの案を国会へ提出する予定で

ある。今度の改正も判決手続だけではなく強制執行、仮差押、仮処分手続も含む幅広い改正であるが、本稿では前者だけを考察対象にする。

Ⅱ 主な内容

1 弁論集中方策の強化
立案当局はこれを新訴訟手続という。

(1) 答弁書提出制度の新設
現行法は、原告の訴状提出→訴状副本の送達→弁論期日へ直ちに入る進行手続になっている。ところが改正案では、訴状副本を送達する際に、被告が原告の請求を争うとしたら3週内に答弁書を出すよう被告に催告することになっている。もし3週内に被告の答弁書提出が無い場合には弁論なしで原告勝訴の判決を言い渡し、被告の答弁書の提出があれば弁論期日を開く前に弁論準備手続に回すということである。少額事件の場合、現行法は、被告に、訴状副本を送達する際、送達があった日から10日以内に答弁書を提出させる義務だけを課している。

(2) 弁論準備手続
これは従来の準備手続の活性化を図ることを内容にしているもので、まず用語を「準備手続」から「弁論準備手続」へ変えている。両者を比較してみると、

第1に、回付するか否かの選択が任意であった従来の準備手続とは異なり、公示送達の進行事件を除いて、弁論に先たって必ず経なければならない前置手続にしている。

第2に、合意事件に限られた従来の準備手続とは異なり、合意・単独事件を問わず少額事件以外の全ての事件に対して回付することにし、受命裁判官に任せた従来の準備手続とは異なり、裁判長が当該手続を主導することを原

則にし、必要に応じて受命裁判官に任せるということである。
　第3に、従来の準備手続では証拠申請を受理はするが、その採択の可否に対する決定権、調査権はなかった。反面、弁論準備手続ではその権限を強化し、その証拠採択の可否に対する決定権は勿論のこと、証人訊問、それに証拠調査権まで与え、より徹底した争点及び証拠整理を可能にし、この段階でこれらを土台にして和解勧告ができるようにした。
　第4に、従来の準備手続では書面方式、期日方式の区別や準備手続期間の制限もなかったが、弁論準備手続では準備書面、答弁書などをやりとりする書面方式は2か月を期限にしてまずやり、その段階で争点、証拠整理がまだできていない場合には、当事者の出席と第3者の同伴出席も許し、徹底した争点及び証拠整理のための期日方式（弁論準備期日）が続く。弁論準備手続の期間は合わせて3か月を越えられない。
　第5に、従来には準備手続の意味を強調することなく、ただ弁論を集中させるべきであるという一般的な宣言規定を置くだけに止まったが、改正案では弁論準備手続を終えた後に弁論期日に関する規定をおき、その手続が終わった後には出来れば1回の弁論期日で手続を終結させる規定を新設して、3か月限りの弁論準備手続に加えて1回の弁論期日を以て審理を終える構造であることを明らかにした。
　以上のように、両者の間には大きな違いが見られるが、現行の準備手続で、手続終了後、原則的に新しい攻撃防御方法の提出を許さない失権的効果は、改正弁論準備手続でも認められている。

(3)　適時提出主義と裁定期間制度
　攻撃防御方法の提出については、随時提出主義を止揚し、ドイツや日本でのように訴訟の程度を考慮し、適切な時期に提出させる適時提出主義を採択し、裁判長は一定の事項に対して準備書面の提出または証拠申請期間を定められることにし、その期間内に提出しない場合には正当な事由の疎明がある場合を除き、その攻撃防御方法を却下するいわゆる裁定期間制度を新しく設

けた。現行の随時提出主義が攻撃防御方法の提出を散漫にするだけではなく、審理の集中を難しくし、随時提出の自由を悪用して訴訟遅延の道具として濫用される点を考慮して改正することにしたのである。

(4) 控訴理由書提出の強制

控訴審では訴訟記録の通知をもらった日から20日以内に控訴理由書を出すことになっており、出さなかった場合には決定で控訴棄却をする。また控訴理由書に含まれていない攻撃防御方法は弁論で主張できない失権効を採用した。ただ、重大な過失なしに控訴理由書に記載しなかったことを疎明しなかった場合、理由記載省略の少額事件判決と理由記載簡素化の第1審判決の場合には失権効の例外にした。控訴審の弁論集中による訴訟を促す趣旨である。

2 弁護士強制主義と国選代理人制度

(1) 現行民事訴訟法は、弁護士強制主義を取っているドイツなどとは異なり、非強制主義をとり、審級を問わず、本人訴訟主義をとっている。しかし、改正案は、弁論準備手続の活性化による集中審理方式と適時提出主義の採択で法律専門家の役割が大きくなる可能性があること、また弁護士数の大幅増が予想される現実を考慮に入れて、これ以上本人訴訟主義に執着することなく、弁護士強制主義を段階的に導入することにしている。即ち、まず2003年3月からは高等裁判所・最高裁判所事件のなかで積極的当事者に対しては弁護士を訴訟代理人に選任しなくては本案訴訟を提起出来なくして、部分的な弁護士強制主義をとっている。

(2) 右のような部分的弁護士強制主義が導入される場合、弁護士の選任ができない者に対する対策として、無資力者ではあるがその権利の主張に相当性がある場合には、刑事訴訟と憲法訴願でのように裁判所が国選代理人を選任するようにしている。改正案は、さらに弁論無能力者で現行法第134条に

よる弁護士選任命令が出された場合、その当事者が無資力者である場合にも国選代理人を職権で選任することにしている。

3　和解勧告決定

民事紛争については、判決による一途両断的な解決だけではなく、裁判官がcase managerの立場から両当事者に少しずつ譲り合うようにし、当事者の利益など諸盤事情を考慮して、和解を勧めることも望ましい解決である。従って、改正案は裁判上の和解制度の活性化のために裁判所の和解案を意味する和解勧告決定を職権でなしうるようにし、当事者が勧告送達を受けてから2週間以内に異議申し立てをしないと和解が成立することとみなす。米国のcourt-annexed ADRと類似な側面がある。

4　証拠調査の充実化

従来限られていた文書提出の義務を、証人拒絶の事由と同じ事由があるか公務員の職務上の保管文書を除き、全ての書類を提出することを原則とし、文書提出命令申請の前提として相手の持っている文書に対する情報の公開を求めうるようにした。一方、日本の新法の取り入れた当事者照会制度は採択しなかったが、調査嘱託の範囲を個人の業務に属する事項にまで拡大し、当事者の異議申し立てがなければ、受命裁判官による証人迅問を可能にし、必要があれば、迅問の順番を変えて交互迅問制度を修正出来るようにし、さらに当事者迅問の補充性を廃止した。

5　その他の改正事項

注目に値するものとして、(1)書面による和解、請求の放棄、認諾制度、(2)定期金判決における変更判決の導入、(3)証人不出席に対する監置制裁、(4)送達料の国庫負担、(5)主観的予備的併合、共同訴訟の補助参加及び片面的独立当事者参加制度の明文化、(6)大法院の自律性の尊重の見地から、新しい証拠手続、調書の省略、第1審判決理由記載の簡素化、訴訟救助手続などの、最

高裁判所規則への委任、(7)送達箱設置などの送達事務の改善、(8)上告人手続における参考人陳述制、などがある。

Ⅲ　私　見

1　いわゆる新訴訟手続の問題点

　民事訴訟法改正案の核心は弁論に先だって弁論準備手続を必ず経ることにし、審理を弁論準備手続と弁論に二分化して、弁論準備手続を3か月以内に済ませ、その後できれば1回の法廷弁論の審理を以て終わらせようとする構図であることは既に述べたとおりである。

　第1に、すべての事件も弁論準備手続を3か月以内に制限していることが問題である。手続の時限を設けている点で日本の争点及び証拠整理手続、ドイツのVorverfahren、米国のpretrialと異なる。韓国の場合、法律で判決宣告期間を提訴後5か月以内と定められているため、それに合わせるために3か月の短期間にしているようである。前に述べたように適時提出主義と裁定期間の採択で当事者と代理人が訴訟資料の収集・提出に、より気をつけることになるであろう。しかし、複雑な事件や本人訴訟などの場合、いくら気をつけるとしても当事者が3か月という短い期間内にまとまった主張と証拠を提出し、裁判所が、それを最終的な争点及び証拠の整理と和解勧告の土台にすることが出来るかは疑問である。事件の数は増える一方で一つの合議部に300～400件が繋留中であるほか、本人訴訟の割合も大きくなる傾向や、またこれまでの随時提出主義がとられてきたことから、訴訟資料の集中的収集・提出になれていない慣行も問題である。従って、重要な事件や本人訴訟で3か月の弁論準備手続期間だけでは、中途半端な準備になってしまう可能性もある。

　第2に、弁論準備手続の終結の効果として、この手続で提出しなかった攻撃防御方法は現行法の規定と同じく、原則的に弁論で提出できないという失権効の制裁を加えるという点である。短い期間にして、その期間内に提出し

なかった攻撃防御方法を失権させること自体が問題であるだけではなく、特に複雑な事件や本人訴訟において失権の制裁を加えることは難しい。結局、失権的制裁の例外規定（職権調査事項、調査しても著しく遅延させない事項、重大な過失なしで準備手続きの段階で提出しなかったことを疎明した事項など）を拡大解釈して制裁を見送るであろう。また、失権効を厳しく適用すると、訴訟手続は早く進むが、実体的真実が犠牲になる、訴訟代理人の怠慢で提出しなかった場合、その不利益を当事者に回すことは酷である、という見地からこれまでこの制度があまり使われていなかった経緯があるだけに、また死文化される恐れもある。こうなると、弁論準備手続で全ての攻撃防御方法を出させて、その後には提出の機会を封鎖して弁論期日には証人迅問をして、1回で終わらせようという構図は崩れる可能性が大きい。結局、失権的制裁規定の死文化により審理の主戦場は従来と同じく公開法廷の弁論期日になる可能性が高く、弁論準備と弁論の二分法という先進国型の審理方式は実現されにくくなる。第1審の審理を急いで終わらせてしまうと、第1審中心主義は破綻し、上訴率だけを上げてしまう副作用も予想される。

従って、3か月以内という時間的制限と失権的制裁のなかで、どちらかを一つ廃止した方が望ましいと思われる。失権的制裁を無くす場合、弁論準備手続が終わった後に提出する新しい攻撃防御の方法は、職権または相手方の申し立てにより遅延提出に対する説明義務を賦課し、その提出の適時性がなければ、それを却下する方法も一つの代案になるであろう。

2　裁判理由の簡素化の問題

最高裁判所の試案は、第1審の判決において請求を特定する際に必要な事項と相殺抗弁の判断に関する事項を除き、理由記載の省略範囲を最高裁判所規則に委任することになっている。韓国の法制は外国の法制に比べ、裁判理由の記載省略の特例を広く認めている。少額事件の判決書、決定、命令、審理不続行の上告棄却の判決で理由を全く書かなくても差し支えない。改正案はもう一歩進み、判決書も理由記載をできるだけ簡素化して裁判に対する負

担を軽くすることによって訴訟の終結を図るということである。しかし、ドイツの判例（BVerg、NJW82、925）は不服出来る決定と申請を排斥する決定は法治国家（Rechtsstaat）の原理上、書面ですべきであると同時に理由記載をしなければならないとしている。理由記載は情報化時代に法適用の根拠を透明にして当事者の「知る権利」を充たすためであるから訴訟促進の命題だけで済む問題ではない。考えてみると訴訟の促進の問題を理由記載の簡素化により解決しようとするより、世界で稀に見る裁判官の不足を解消するなど、より根本的な解決策を模索すべきであろう。

3　その他の手続特例法の整備

新しい制度につき、それが、初期実験段階では民事訴訟法とは独立して、手続特例法の形で運営されることはあり得ることだが、それが既に根を下ろしている段階であるならば民事訴訟法に吸収するのが立法の正しい筋であろう。従って、既に定着された制度で、条文も多くない、少額審判法、上告審手続に関する特例法などは民事訴訟法典に吸収して再整備すべきである。特例法をそのまま併置しておくと、体系の混乱、理解の困難を招くだけではなく、いざとすると単行法の特例の存在を忘れるなど法適用に大きな混乱を招きかねない。ドイツ、日本は両方とも二つの手続を民事訴訟法に納めている。家事訴訟手続、仲裁手続につき、韓国が家事訴訟法、仲裁法として独立の立法をしているのに対して、ドイツは民事法典に統合して規定していることに注目すべきである。市民が利用しやすく、法を単純化すべきであるという命題は民事訴訟法にも当てはまる。民事訴訟法においても単一の統合法典で集大成して、一つの法典で済ませる、いわゆる one stop-service system にすべきである。

また訴訟促進に関する特例法上の訴訟遅延利子（年25％）に関する規定も民法典か、民事訴訟法典に速やかに納められるべきである。

4　その他の問題点

　補助参加の参加理由を職権調査事項にしていることも改正案の問題点である。補助参加の理由は私益に関する事項で相手当事者の異議があってはじめて調査すべき事項である。それにもかかわらず、職権調査事項にしていることは当事者主義を原則とする民事訴訟の基本体系とは符合しない。勿論、訴訟遅延のための補助参加申請を防ごうとする趣旨が理解できなくもない。

　また定期金形態の判決がそれほど多くない現状からして、変更判決は実践的意味は大きくないであろう。それから、今度の改正では管轄違反による移送の場合に当事者に移送申請権を与えるのが望ましいであろう。

　任意的当事者の変更制度を補い、現在第1審弁論終結時までとなっているのを事実審弁論終結時までに、その許容の範囲を広げるほうがいいであろう。

　第1審判決理由記載は簡素化しながら、控訴理由書提出主義を採択することは不自然で少額事件など理由記載の省略事件においては控訴理由書作成に難点があろう（これは、失権効の排除で解決される問題ではない）。

　死後、認知請求の訴えで被告適格者である検事が、既判力の及ぼす利害関係人の利益を充実に代弁できるかという問題があるので、ZPO640e条や日本の人事訴訟手続法33条のように、相続権者など一定範囲の利害関係人を職権召喚して訴訟参加機会を保障する立法を模索すべきである。

5　民事訴訟法の純化問題

　民事訴訟法条文の文章構造を韓国語にあった文章構造にし、また漢字の純化を図るということである。文章構造と用語などに対する革新的な変化の企てである。しかし、あまり急進的で急ぎすぎているという気がしてならない。例えば、「同一の」を「同じ」、「返還する」を「返す」、「相当の」を「ふさわしい」、「現金」を「金銭」に、変えるということである。語源が漢字であっても、我々の日常生活のなかで広く使われていて、使うのにそれほど不便でない用語であれば、わざわざ変える必要があろうか。漢字文化圏でそれなりに積んできた伝統的な言語基盤を崩す運きになぜ民事訴訟法が音頭をと

ろうとしているのか。

　専門分野にふさわしく専門用語は尊重されるべきである。それにもかかわらず、例えば、訴状の必要記載事項である「請求原因」を「請求理由」へ変えた。こうなると請求原因をめぐって対立していた識別説と理由記載説のなかで後説を立法論で取り入れた結果になる。これに対して後にそのような意図はなく、用語をやさしくするためであったといくら弁明しても、騒ぎを起こしかねないということに注意すべきであろう。米国の連邦最高裁判官Cardozoは「法は安定的であり得ないが、安定的な方が望ましい」といった。変革が常に発展・前進ではなく場合には混乱に陥ることもある。国語純化問題はもう少し腰を入れて考える事項である。温故而知新が望ましい。

Ⅳ　結　論

　総括していうと、世界の趨勢に歩調を揃えた前進的な立案であることには違いない。今度の法務部での検討、国会での審議過程のなかで、これまで指摘した事項を慎重に考慮し立派な立法に出来上がればと願っている。余裕をもって急ぐ（Eile mit Weile）知恵を発揮してほしい。

［後記］

　本原稿は1998年に叙述したものである。当時は民事訴訟法改正試案に過ぎなかったが、その後6年が過ぎた今日においては事情が変り法案ではなく法として成立され、現在施行中である。すなわち、当時の法案は2002年1月26日全面改正法律第6626号として国会で議決され、同年7月1日から施行され今日に至っている。現在の民事訴訟法は、当時の試案の大幅な修正なしに改正された。

　2002年新民事訴訟法の改正以後注目すべき変化は、英米法の典型的な形態であるclass actionを証券分野に導入して「証券関連集団訴訟法」が新らしい単行法として制定された点である。この法律は、およそ60ケ個の条文に達

するものであり、大陸法系に属する韓国の現行民事訴訟法体系からみた場合には、大きな変革であると思われる。それは、今後民事法分野において大きな研究課題が登場したことを物語っていると思われる。

12　民法176条・177条の意義

滝　沢　聿　代

1　はじめに
2　フランス法継受の過程
3　意思主義・対抗要件主義の課題
4　結　び

1　はじめに

　不動産物権変動における日韓法の相違は、日本民法176条・177条が意思主義・対抗要件主義を採用しているのに対し、韓国民法186条は登記を効力要件であると規定するというかたちで典型的に示されている。高翔龍教授の還暦を祝する論文集において、不動産物権変動をテーマとすることになったわたくしとしては、必然的にこの相違に着目することになり、その結果、現行の民法176条・177条の将来に改めて思いをいたし、それとともに過去を振り返って、フランス法に由来するこれらの規定の成立過程の中に現行法の存在意義を確認するという考察に導かれる。こうした考察は、実はすでに旧稿[1]においても試みてきたのであるが、さらにその後の新たな資料[2]を加味しつつ、付け加え得るものがあるかを探りながら、若干の議論の発展を目ざしたいと考える。

　ところで、韓国民法典の施行は1960年1月1日であって、それ以前には占領時代の日本民法が行われた時期があり、民法176条・177条の適用による対抗要件主義が韓国法でもあったと高教授は記しておられる[3]。このような事情であれば、新たに民法典の編纂が目ざされた際には、過去との決別とい

う意味でも、異なる方式であるドイツ法主義が選択されることは極めて自然であろう。立法過程における議論を知るための資料もとりあえずは見い出し得ないのであるが、右の選択が韓国不動産法にもたらした若干の混乱は十分予想できる。恐らく、日本法の下におけると同様に未登記不動産は少なからず見られたであろうし、登記の真正を手続的に担保する手段を早急に準備することも困難であったに違いないからである。不動産登記に公信力が認められていないという事実[4]が背後の事情を物語っていると見ることもできる。それにもかかわらず、韓国法の選択を、政治的な意味ではなくもっぱら民法学的な意味で支持したいと考えるのは、日本法における物権変動論の無用とも言うべき複雑さを回避し得るからである。遠からず、韓国法がドイツ法的な登記主義の完成に達していることを羨むことになっても不思議ではないであろう。

日本法の下でも、登記の公信力への期待は根強く見られ[5]、他方現行の不動産登記法の問題点を克服するべく、登記のコンピュータ化が全く新しい登記法の可能性をもたらすかもしれないという期待も顕著である[6]。新たな立法の可能性を含めて、韓国法の改革の経緯をわたくしどもが学ぶことはもちろん有意義であるにちがいない。しかし、いずれにしても歴史的事実としてフランス法主義は日本の現行法であり、その中には民法典の思想として評価すべき何物かがあると言うべきではなかろうか。このような観点から民法176条・177条の過去、現在、未来に法学的思索をめぐらせることがここでの課題である（2）。

加えて、物権変動論はわたくしの研究の中心的なテーマであり、現在なお盛んに議論がなされている領域である。このテーマに立ち戻る度に、前稿以後の学説の展開を検討して必要な応接を試みるという考察を避けるわけには行かない。このような意味で、後半においては解釈論の観点からも、日本法における物権変動論の最近の状況を紹介できると考えられる（3）。これにより、フランス法主義に対する理解を深めていただくことができれば幸いである。

2　フランス法継受の過程

　民法176条・177条が規定する意思主義・対抗要件主義の歴史はフランス法に遡るのであるから、その形成過程はフランス法の歴史の中に辿られなければならない。それはさらに、ローマ法、ゲルマン法における所有権移転行為に注目することに繋がり、不動産公示制度の原始的形態が、フランス法独自の要素である意思主義と絡み合いつつ発展する過程を探ることにもなる[7]。とは言え、こうした考察は本来法史的、実証的な性質のものであるから、わたくしとしても幾つかの優れたフランス法制史研究の記述するところに従って自分なりの整理を試みているにすぎない。それ故、フランス法主義の形成過程にまで遡る再検討はここでは控えることにしたい[8]。

　日本法が継受したのは、1804年のフランス民法典によって確立された意思主義と、その後フランス法に導入された1855年3月23日の法律[9]による対抗要件主義のシステムであり、言うまでもなく旧民法典の起草者ボアソナードによる草案を経て、旧民法財産篇296条、331条（意思主義）、同350条（対抗要件主義）にまず取り込まれたものである。しかしながら現行の日本民法は、物権変動の基本原則をこのような系譜に依りつつ規定するとともに、他方でドイツ民法典の第1草案をも参照し、多くの規定をこれに倣ったかたちで作成している。すなわち、日本民法典には、典型的な意味で独仏法の混淆が見られ、当然のことながら民法典の解釈を極めて複雑なものにしている。また、不動産登記法の側においても、明治19年法律第1号である旧登記法は、プロイセン土地登記条例に倣った物的編成主義の登記簿を想定しつつ、登記の効力としては「第三者ニ対シテ法律上ソノ効ナキモノトス」という対抗要件主義に近い規定を置いていた。ここにも独仏法の混淆は顕著である。

　このような特徴を持つ日本の不動産法の形成過程については、すでに旧稿において、川島武宜、福島正夫教授等の研究によりつつ、わたくしなりの跡づけを行っているのであるが、その後発表された新たな研究として松尾弘助

教授の大部の論稿(10)が見られ、これとのすり合わせを試みることがとりあえず興味深い課題となっている。史的研究に関しては、方法論や研究の視点の相違によって導かれる結論が異なることはもちろんありうるので、その点を十分踏まえた上でわたくしの考察を深める手がかりとさせていただきたいと考える。

＊

　さて、松尾助教授は「グロチウスの所有権論」を研究の出発点とされ、ローマ法の引渡主義が克服されて意思のみによる所有権移転の理論が形成される過程を辿られた(11)そこから、意思主義に視点を置いて、民法176条・177条の形成過程と構造を明らかにするという試みを示しておられる。テーマ自体はわたくしの研究と同じかそれに近いものであり(12)、フランス法との比較法を試みておられない点、日本法におけるフランス法主義の形成過程に重点が置かれている点が異なる。しかし、後者の側面においても、たとえばわたくしの議論に何を付け加えようとされるのか、新たにどのような結論を導かれたのかについては、必ずしも自覚的な指摘はなされていない。学説史の展開に的確にコミットするという研究のディシプリンが重んじられなくなっている現象を看取できるのであり、このようなある種の混迷を経て日本の民法学がどのような方向に飛躍を見せるかは、今後興味深く注目すべきところである。

　とは言え、わたくしの側からの評価はもちろん可能である。松尾論文は豊富な文献を渉猟して、明治維新以前の不動産譲渡法から旧登記法の制定、そして旧民法から現行民法へという不動産登記および物権変動の規定の成立を史的に跡づけており、読み物として刺激に富んでいる。多彩な引用と紹介を通して、たとえばボアソナード草案の概要を窺うことができ、たとえばそこでは所有権移転の債権的合意と物権的合意が区別されていない、二重譲渡のプロセスをボアソナードは、所有権が譲渡人→第一譲受人→第二譲受人と移転すると説明している等の指摘(13)に触れることができる。また、現行民法典の起草者が、土地と建物を一体的不動産と構成することを目指した事実、

ボアソナードが導入しようとした公正証書主義が挫折し、自由主義的な意思主義が採用された事情等[14]も史実として興味深い。

しかし、歴史的研究に深く立ち入れば立ち入るほど、法制史の側からの評価に耐えうるかが問われることになる。とりわけこの領域は福島教授の優れた論稿によって定説が形成されているとも言うべき状況であり[15]、そこに新たに何かを付け加えるためにはよほど緻密な手法による論証が必要であろう。いずれにしても、松尾論文は極めて詳細にまた幅広く資料を紹介されることによって、細かな史的事実を炙り出すという効果を挙げておられる[16]。反面散漫を免れず、解釈法学の前提として何かの史実を明らかにしたいのであれば、それに必要なかぎりでの対象範囲に議論を絞ることが望ましいとの印象を与える。また、松尾助教授の考察方法に関しては、全般に起草者の意見、とりわけ法典調査会議事速記録等の発言を立法者意思としてそのまま重視されるのではないかとの疑問も感じる。起草者の発言には、法的思考の未熟さや政策的な便宜、外国法理論の影響などが渾然と入り交じっており、その意義を歴史的背景の中で再構成する作業が必要ではないかと考えるからである。テーマとなる民法176条の意思主義の性格づけも、私的自治とするに止まっておられるのは、論述全体が民法177条の側面に傾いた結果であるかもしれない。そのこと自体が日本民法における意思主義の弱体故であることを、自覚的に指摘されるべきではなかったかと考える[17]いずれにしても、論文全体を通して私見の理解を修正するまでの内容は引き出し得ないと見た[18]。

*

次に注目したいのは、ボアソナード研究の進展である。旧登記法施行、旧民法公布100周年、さらに現行民法典施行100周年というそれぞれの節目の時期に当たって、日本民法典の生みの親とも言うべきボアソナードへの関心が高まったことは当然であろうが、それとは別にも、近年における民法研究者の層の厚さが必然的に旧民法やその起草者であるボアソナード草案の研究を豊かにしている傾向はあると見られる。ここに取り上げるのは共同研究の成

果として最近発表されたいくつかの論文である[19]。

　まず、大久保論文は、最近のフランスにおけるボアソナードの評価に関して、より正確に言えば最近のスリウ論文[20]におけるボアソナードの評価に関して、わたくしとややニュアンスを異にする読み方をされている点が極めて興味深い。と言うのも、わたくしは近時の拙稿の中で同じスリウ論文に言及し、ボアソナードはフランスの大学人としてそれほど輝かしいキャリアの人ではなかったと指摘されており、彼に対してクールな見方をすべきであると論じた[21]。他方、大久保論文では、スリウ教授はボアソナードを「大僧正」ではないが「予言者」であると言っているとし、後者に対する賛辞を述べた部分が紹介されている[22]。いずれもスリウ論文の一部を捉えて自己の論じたいところに結びつけているのであるが、旧民法典公布100周年記念講演として論文が書かれたという事情に鑑みれば、スリウ論文が全体としてボアソナードに好意的な論述となっていることは当然であろう。

　わたくしが指摘したいのは、日本民法の解釈論にとってボアソナードはいかなる意味を持つ存在であるかを正確に把握すべきではないかということである。ボアソナードは現行民法典にとっては言わば歴史そのものであり、それ故に過大な期待が寄せられ、そこから得られる指針にしばしば必要以上のウェイトが置かれがちである。また、解釈法学の立場からさまざまな分野の研究者が各自の目的意識に応じた取り組みをすることによって、ボアソナードへの読込みがなされ、その実像を増幅する危険がないとは言えないであろう。こうした状況の中で、彼の自然法論やその倫理性、経験論的、目的論的と言われる思考のすべてをその背景や限界とともに明確に整理する仕事は、優れて法史学的なものである。ボアソナード理論であるという理由でそれが日本民法の解釈論となり得るためには、右のような基礎研究の前提を踏まえて、その理論的特性に共通の理解ができ、さらにそれを選択することの意味が積極的に肯定される必要がある[23]。

　しかし、ボアソナードは本当に「予言者」であろうか。わたくしの知る予言の唯一の例は、二重譲渡の処理に彼が不法行為の理論とそれに伴う悪意者

排除の解決を持ち込んだ点であり(24)、それは今日のフランス破毀院による理論構成の先駆をなしているという事情である。問題の論文(25)は来日の直前に書かれているため、彼の関心が必ずしも日本民法典の立法という仕事に触発されたものではないことを認め得る。にもかかわらず、この論文は今日の日本民法における不動産譲渡の理論への異常なほどの関心を見事に先取りしているという意味でも予言者的であった。わたくしの理解によれば、それは単なる偶然でしかなく、逆にボアソナード論文の存在がこのテーマに関する議論をいっそう複雑にしていると見受けられる。とは言え、これと異なる見方の可能性を否定するものではなく、ボアソナードの資質の中に本来的にこうした緻密な理論志向があったとしても、それはそれとして頷けるはずである。

　ただ、ボアソナード法学の特質の多くは、彼が運命的に非西欧国家におけるはじめての民法典の起草者であったという特殊事情に由来すると見ることが、恐らくは素直な理解なのではなかろうか。自然法への傾斜も異国に対してフランスの実定法をそのまま教授しにくいという事情を考えれば容易に納得が行く(26)経験的手法、目的論的考察も立法のために不可欠の要素ではなかったかと考えられる。このようにしてボアソナードが自ら選び取った教育者、立法者としての任務が彼の思索を深め、しばしば予言者たりうるような信念を培ったのではなかろうか(27)とりあえずの私見であり、当否はもちろん今後のボアソナード研究に委ねたいと考える。

　物権変動論に戻るならば、フランスでほとんど議論されることのなかった2重譲渡の理論構成にボアソナードが関心をよせていること、当初から彼が悪意者排除の立場を採っていること等が、直接われわれの解釈理論を左右する理由はないとしなければならない(28)しかし、ボアソナード研究の隆盛は当然のことながら、彼を介して導入されたフランス法の諸制度、なかんずくその中心とも言うべき意思主義・対抗要件主義の存在意義に光を当てることにはなる。すなわち、ボアソナードとともに、民法176条・177条のフランス法主義は日本法の歴史そのものであると捉えることができよう。民法典100

周年を刻んだ今日、それよりもさらに古い旧登記法以来の伝統を捨てて、仮にわが国が登記効力要件主義に乗り換えるとするならば、その政治的、法学的意義はどう説明されることになるであろうか。昨今の研究の進展は、ドイツ法主義自体も必ずしも万能ではなく、相応の問題を孕んだ歴史的な一制度にすぎないことを明らかにしている[29]一世紀の経験と研究の蓄積とにより、現行の意思主義・対抗要件主義のシステムを改良しつつ運用し続けることは十分可能と見るべきであろう。

*

その他には、法典調査会議事速記録の整理を試みた史料[30]が発表されており、起草委貞等の議論を容易に再読できるようになっているが、そこから追加として私見に加えるべきものはない。速記録では意思主義が合意主義という用語で語られているのであるが、本質的な相違はないと考える。また、ボアソナード草案、旧民法典の規定が登記しなければ対抗しえない第三者を善意者に限っているのに対し、現行民法177条の起草者は、「公示法は絶対的のものでなければならない」という理由で第三者に善意の要件を加えなかった。その経緯は興味深く、背後にはやはり登記中心のドイツ法の影響を見るべきであろうと旧稿でも指摘した。悪意者包含は明らかに立法者意思であったのであり、このことは先行する意思主義の規定である民法176条の意義が相対的に低い評価を得ていた事情を示唆するはずである。日本法の意思主義・対抗要件主義の独自性がより自覚的に論じられてもよいかもしれない。

3　意思主義・対抗要件主義の課題

民法176条・177条によって規定されるフランス法主義のシステムは、意思表示（合意）の効果のみによって所有権が移転することを原則としつつ、他方で公示の義務を併存させる。これを矛盾なく説明するために、意思主義は契約当事者間でのみ効力を生じ、その効果を第三者に対抗するためには公示が必要であるというように、所有権移転の効果を分裂させることが伝統的な

理解となっている。しかし、それで疑問が残らないわけではもちろんない。二重譲渡の理論構成は典型的な難問であり、第一譲渡の効果として無権利となったはずの譲渡人になぜ第二譲渡をなす権限があるのか、また第二譲受人が登記すれば所有権を取得し得るのはなぜかをめぐって、さまざまな学説の試みがなされ、議論の焦点となってきた。その他にも、登記によって対抗すべき第三者の範囲如何、第三者は善意者に限られるべきか、登記に公信力を与えることは可能か等々問題は尽きない。ここではこれらの理論的問題に対応しながら、わたくしの前稿で取り上げ得なかったかあるいはそれ以後に発表された研究について、私見の立場からどう見るかを明らかにしつつ、学説の発展に寄与したいと考えている。

＊

　具体的には、以下に取り上げる3つの論文ということになるが[31]、民法典が抱えるはずの無数の問題点を考えるならば、この分野が常に新たな関心を呼んでいるということは、その重要性とともにこれが法学的に見て極めて興味深いテーマであることを物語っていると言えよう。

　まず、時期的に最も新しい小川論文は、私見への3点の批判を述べておられ、端的な対応ができそうである[32]わたくしの法定取得—失権説に対して出された疑問の第1点は、法定取得—失権が抵当権には当てはまらないという指摘であり、抵当権は複数が併存しうるため必ずしも常に失権を生じないという趣旨である。この点は既に半田正夫教授の疑問に答えるかたちで釈明を尽くしており[33]、法定取得—失権は物権の競合的取得を調整する理論であるとした。また、否認権を認めるべきであるとの主張は、否認権説の問題点を克服するための拙稿の議論[34]を踏まえておられないので、有益な論争は無理である。最後に、二重譲受人双方が未登記の場合に第三者の不法行為に対する損害賠償請求権はいずれが取得するかに関しては、私見の採る解決は「いささか問題であろう」とのみ述べておられる。何が問題であるのかを論じなければ批判になり得ないわけである。このように小川論文は、ドイツ法、フラジス法および立法事情にわたって問題の広がりを捉えようと試みて

おられるが、そのためにかえって十分な考察の深さを欠く結果となっていると見受けられる。

＊

共同研究による「物権変動の最前線」[35]は、わたくしの前稿に少し先立つ成果であるが、わたくしの執筆の視野には入らなかったため、ここに改めて取り上げさていただくことになった。当面のテーマに関する限り、実質的には松岡教授と七戸教授による自説の展開と見ることができ、松岡教授が判例分析をされた第三者の悪意の問題に多くのスペースが割かれている。この点を含め両教授の研究には前稿でたびたび言及しているため、紙幅の都合もあって、ここでは必要な補充をなすことで足りるとしなければならない。

まず、松岡説は、ａ二重譲渡において共に未登記である２人の譲受人の所有権は併存しうる、ｂ第二譲受人の取得は公信力の効果ではなく、民法177条の効果として譲渡人の処分権限の擬制がなされる（ただし、第二譲受人は善意無過失でなければならない）、Ｃ先登記の結果、排他性と抵触する限りで第一譲受人の所有権は失権する、という主張であった[36]。判例のとっているａの結論に合わせることと第三者を善意無過失とされる点を除けば、私見にかなり近いのであるが、排他性ない所有権の性質を説明することは難しいであろう。ａ、ｂについては、わたくしの前稿での議論をもって替えたい[37]。

七戸説も、法定取得―失権という私見の法的構成をかなり承継されると見受けられる[38]。しかし、七戸教授はその上で、ボアソナード理論を支持され、他方今日のフランス破毀院の採っている不法行為理論には依らずに、悪意者排除の結論を肯定しようと試みられるようである。「Ｂの登記の存在からＣの悪意過失を擬制する、Ｂの登記の欠缺からＣの善意無過失を推定する」[39]、「権利者であるＢが先に登記を備えて、Ｃを177条で排斥する」[40]というような議論を整合的に理解することは難しい。恐らく、第一譲受人と善意の第二譲受人の間では、登記が効力要件となるかたちにならざるを得ないのではなかろうか。ここでは七戸説にこれ以上立ち入る余裕がないので、本論文の末尾でわたくしの立場にコメントされた追記[41]への反論をもって、

問題の所在を理解していただくことが適当であろうと考える。

極めて総体的に述べざるを得ないが、フランスに対抗要件主義に関する学説というものがあるかどうかは疑問としなければならない。不法行為理論はそれにあたるが、その名のとおり不法行為に当てはめているにすぎない。また、確かに対抗理論は注目を浴びているけれども、あくまでも対抗一般の問題としてであり、日本法におけるような二重譲渡の法的構成の問題状況は、多くの場合周辺の議論として断片的に言及されているところから、当方の問題意識に合わせて読み取ることができるだけである。わたくしが検討したと言えるのは、七戸教授が挙げられた文献の中では、バスティアン、デュタロ、レヴィの３つのテーズにすぎないが、少なくともそれらにおける直接の関心はもっと別のところにある。フランス法の下では、対抗要件主義の長い伝統があるとともに、1955年登記法の関連の規定が詳細であることによって、このフランス法主義のシステムの矛盾や問題点がそれほど自覚されてこなかったのであり、日仏の問題状況を直接比較考察できるとは考えられない。ただし、このような事情にもかかわらず、恐らくはフォート理論を採用した1968年の破毀院判決以来、フランス法にこの分野の議論の進展が見られることは確かであり、日仏法の接点を捉え易くなっているとは言えよう。

わたくしが参照していないフランスの文献については、七戸教授が指摘されるような前畑、野沢、横山、武川論文等からその内容を十分吸収し得ていると考えるし、主要な学説の展開はフランスの体系書に当然取り込まれているわけであり、議論の全体の枠組みに重要な欠落が生じていることはないはずである。また、契約の対抗等の議論に関しては、次に取り上げる吉井論文を通して若干の私見を述べ得ると考える。

フランス法との比較考察における焦点は、民法177条の第三者から悪意者を排除するかどうかである。1968年以来フランス判例が採ってきた方向に倣って、七戸教授のみならずわが国の多数の学説が、これを肯定したいと考えられるのは極めて自然である。これに対して私見は悪意者包含説である。要するに、対立ないし批判はこの点に帰すると言えるのではなかろうか。

あえて言うならば、わたくしも悪意者排除を採用できないとは考えない。しかし、その場合には、契約のみによる物権の取得、すなわち意思主義の原則がはるかに重要性を帯びてくるはずであり、またフランスの公証人制度の機能に準ずる役割をたとえば司法書士が果たすことによって、物権を取得する契約を事実上そして手続的に登記簿に直結させて行くような配慮が不可欠となるであろう。日本法の体制は、伝統的にそれよりはるかに登記依存、というよりは民法177条の制裁機能に依存している。この意味では、対抗要件主義が「絶対的ノモノデナケレバ公示法ノ効ヲ奏スルコトハ出来ヌ」と考えた立法者意思[42]は、一貫して日本法独自の登記のシステムの中に生きてきたと言うことができるかもしれない。前述したように、この背後にはドイツ法の影響を見ることが適当であろう。

フランス法は確かに初期の悪意者包含から1968年以後の悪意者排除へという転換を見た。これが右のような理由で日本法の現状には通しないとしても、あるべき将来の必然の方向であるかという問題は残る。これを見極めるには、フランス法についても未だ必ずしも機は熟さないとわたくしは考えている。フランス破毀院の採る不法行為理論は何と言っても不動産登記法本来の理論ではないし、それが背信的悪意者からの転得者を保護する目的で導入されてい．ることは明らかである[43]そうであるならば、右の目的は立法的に解決すべきものであろうとわたくしは当初から指摘している[44]悪意者排除のメリットを全く否定するわけではないが[45]、今は私見の立場に依っておきたい。

いずれにしても、フランス法そのものへの関心と理解はますます深まっている。それが日本法をフランス法へと直結させたいという期待によるものであるならば、比較法という視点は、それが短絡的に過ぎることを示唆するのではなかろうか。私見に対しても、フランス法に依存し過ぎるという批判はたびたび出されてきたが、わたくしから言えば、七戸教授の当面のコメントの方にむしろその嫌いがあるのではないかと見うる。同じことは、次の吉井論文についても当てはまるであろう。

　　　　　　　　　＊

　1995年に発表されている吉井論文も、わたくしの前稿において参照し得たはずであり、手が及ばず見落としたことになる。しかし、同論文は日本法の解釈論を扱うものではなく、もっぱらフランス法の紹介に止まっている。その結果、フランス法の議論の実態をより深く、またより分かり易く伝えるものとなった。フランスの不動産公示においては、公示（登記）は第三者に対して不動産譲渡の「認識」を与えるものと論じられており、その結果、公示の欠如は第三者の「不知」を推定させる。したがって、もし第三者が未公示の譲渡について事実上悪意であるならば、「不知」の推定は覆り、この者に対しては公示が不要となるであろう。フランス法における悪意者排除の論理は、一般にこのように説かれている[(46)-1]。その上に、対抗可能性の理論があり、契約や権利自体を第三者に対抗するためには第三者の認識が必要であるといういわゆる「認識と対抗の理論」[(46)-2]が形成されているわけである。フランスの学説の関心は主としてこの対抗可能性の理論にあり、これが民法ないし私法一般の中でどのような発現を見せているかを独自の切り口で分析するテーズが相次いで発表されている。わたくしが未だ参照し得ていないバリュウーサロウ、ヴィラサミイ等のテーズもこの系列にあると推測される。

　日本法においても、不動産公示を悪意の立証ないし推定を与える制度として説明する立場がないわけではないが[(47)]、今日では純粋に実体規定として論じることが定着している。ボアソナードに遡る推定の理論が脈々と生きているフランス法との間に、議論の接点を捉えることは容易ではないと言えよう。しかし、吉井論文の紹介を通して、その後も破毀院の不法行為理論に少なからぬ批判があること、不動産公示制度固有の実体的解決がますます求められていること等を知りうる[(48)]悪意者排除の結論への反対はあまり見られないようであるが、抵当権登記に関して善意悪意不問説を採った比較的最近の破毀院判決が紹介されているのは、興味深いところである[(49)]今後、日仏法の比較法的考察がなされるに際しては、吉井論文がよい手掛かりとなるであろうし、わたくしもまたそのような再考察を期したいと考えている。

4 結　び

　始めるに当たって、本稿ではフランス法継受の過程にもう少し深い再検討ができるかと期待したのであるが、あまり明確な議論はできなかった。しかし、考えて見れば、ボアソナード草案から旧民法へ、さらに現行民法典へという歴史の流れは今や公知のプロセスであり、不動産取引が早くからフランス法の影響下に置かれた必然の事情についても、特に争いはないはずである。強いて付け加えるとすれば、登記法よりむしろ意思主義の側面で日本法独自の展開をどう捉えるかに、新たな議論の余地があるかと考えられる。しかし、現実には、近代法の枠組みを欠く日本の旧慣習法をベースとして、フランス法的な意味での意思主義が育つことは極めて難しかったはずである。日本法における意思主義の確立を法史のどの時点で捉えることが可能であろうか[50]前出の松尾論文にはそのような観点からの考察こそが期待され得たであろう。

　日本法の意思主義に注目することは、前述のように、フランス法とパラレルに悪意者排除を原則として行く場合の不可欠の前提ともなる。それはまさに契約のみの効果を尊重する考え方であり、約束の重視という近代法の精神を裏付けとする制度となるはずだからである。悪意者排除のこのような意味を十分踏まえた上で、しかし、それにもかかわらず悪意の第三者に対しても失権の制裁を拡大することによって、登記の実効性を確保する必要があると論じるわたくしの議論が、諸説に必ずしもよく理解されていないと見うる点は残念である。

　意思主義・対抗要件主義の課題を取り上げた部分は、この領域における長い論争の経緯に馴染んでおられないと分かり難いかもしれない。わたくしとしては止むを得ずこのような論述の方法となったが、韓国の方にもご理解いただけるようには配慮したつもりである。問題の有り様とその広がりは掴んでいただけるであろう。日本の学説にとって、またとりわけ私見の展開のた

めには、これらの議論が不可欠であった。

　二重譲渡の理論以外では、日韓法に共通の関心となり得る登記の公信力の問題を取り上げることが望ましかったであろう。日本法の対抗要件主義の下でも、一般的に登記に公信力を認めることは可能であり、またそうすべきであるという主張が見られるけれども、その検討は別個の課題としなければならない。ここでは、少なくとも二重譲渡における背信的悪意者からの転得者を保護する手段としては、登記の公信力による必要があるとわたくしが考えていることをもう一度確認しておきたい[51]。言うまでもなく、ドイツ法の公信力制度への関心は大きいため、その研究も近時ますます詳細になっている。それによれば、日本法が理想と考えてきたドイツ法の登記主義と登記の公信力も必ずしも万能ではなく、それなりの問題を含むことは先にも触れた。こうした点の十分な検討は、韓国法にとっても有益であろうし、われわれが対抗要件主義の将来を考える場合にも必要であるにちがいない。

(1)　滝沢聿代「物権変動における意思主義・対抗要件主義の継受――不動産法を中心に（1）〜（5完）」法協93巻9、11、12号、94巻4、7号（1976〜1977年）参照。この論文は後に拙著・物権変動の理論（1987年・有斐閣）に収録したので、以下ではそれに依って引用する。

(2)　その後、滝沢聿代「物権変動論のその後の展開（1）（2完）」成城法学50号、52号（1995、1996年）を執筆し、拙著以後に発表されたこの領域における主要な研究の発展をフォローした。本文中の前稿とはこの論文を指すものである。本稿ではさらにそれへの追加を試みたいと考えているが、新たな文献というより、多くはわたくしが見落としたものを補充する結果となった。

(3)　高翔龍・現代韓国法入門109頁参照。

(4)　高・前掲書111頁参照。

(5)　半田正夫「不動産登記と公信力」民法講座2物権（1）230頁以下参照。

(6)　日本司法書士連合会が活発にこの方面の研究に取り組んでおられ、不動産登記法改正案の提案も近く纏められるようである。登記効力要件主義、登記の公信力への関心も高いが、現実的な改革としては、現行のシステムを基に、

司法書士がフランスの公証人に対応する役割を果たすことにより、登記事項の真正を担保できるような方向が目ざされるようである。同連合会の未公刊の資料「不動産登記法改正検討事項」から、藤縄雅啓「フランスの不動産登記制度から何を学ぶか」、里村実喜夫「不動産登記法の改正に関する一考察（２）」等の論稿を参照した。

(7)　滝沢・前掲書65頁以下でこのような考察を試みている。

(8)　最近発表されたものでは、前田達明「民法176条及び177条の立法前史」司法研修所論集88号１頁以下が見られ、ローマ法、ゲルマン法、独仏古法の不動産譲渡史を辿っているが、講演の記録であるため文献の引用もなされていないので取り上げない。

(9)　滝沢・前掲書122頁以下参照。

(10)　松尾弘「不動産譲渡法の形成過程における固有法と継受法の混交——所有権譲渡理論における「意思主義」の歴史的および体系的理解に向けて（Ⅱ）——（１）〜（３完）」横浜国際経済法学３巻１号１頁以下、２号33頁以下、４巻１号103頁以下参照。また、横山美夏助教授による本論文の書評が、〈民法学のあゆみ〉法時68巻12号96頁以下に見られる。

(11)　松尾弘「所有権譲渡の「意思主義」と「第三者」の善意・悪意（１）（２完）」一橋論叢110巻１号159頁以下、111巻１号91頁以下参照。その発展として、同「人格と所有権」横浜国際経済法学４巻２号所収、同「自然法学の意義」姫路法学21号所収他も見られるようであるが、参照し得ていない。

(12)　滝沢・前掲書161頁以下に同様の考察を行っている。

(13)　松尾・前掲論文（２）横浜国際経済法学３巻２号48頁（前者について）、49頁（後者について）参照。

(14)　松尾・前掲論文（３完）横浜国際経済法学４巻１号107頁（前者について）、145頁（後者について）参照。

(15)　この点との関連では、滝沢・前掲書165頁、172頁注(16)の記述において福島説に依拠したところ、その後の福島説に変化が見られるとの指摘を受けたことを明記しておきたい（高橋良彰「ボアソナードの不動産公示制度——「証書の登記」の概念とその史的検討のために（１）——」東京都立大学法学会雑誌29巻１号477頁注(8)参照）。日本の旧慣行に見られる公証制度が旧登記法と公正証書制度に分裂、発展したという叙述が形式的に過ぎると反省された

12 民法176条・177条の意義 [滝沢聿代]

ものであり、その限りでわたくしも分裂、発展を強調することは控えたい。しかし、現実の経緯はそれほど単純なものではないかもしれないが、結果的に見て、そのような理論的把握を許す状況はあると言えよう。

(16) 前注(13)(14)の例に加えて、起草者梅謙次郎が、売買契約の効果として所有権が直ちに移転しない場合があると論じているとの指摘に注目したい。松尾教授は、この点でボアソナードの意思主義と現行法のそれを直結させている拙著の論述に疑問を投じておられる（松尾・前掲論文（3完）横浜国際経済法学4巻1号111頁、155頁注(339)参照）。わたくしの議論は、いわゆる意思主義と所有権移転時期の原則のみを念頭におくため、松尾助教授の考察から見れば大まかに過ぎるであろう。しかし、すでに指摘しているように、ドイツ法的な民法555条の規定のあり方に鑑みれば、起草者が指摘されるような自覚をもっていたことは十分推測されるのであり、わたくしも解釈論の観点からは、日本法の有因主義をフランス法とは異なる独自のものとして論じている（滝沢・前掲書178頁以下参照）。

(17) この問題は、滝沢・前掲書175頁以下で論じた。

(18) また、継受法と固有法の混交を普遍的なものと見て、比較法により共通の基準を導くべきであるという趣旨の締めくくり（松尾・前掲論文（3完）横浜国際経済法学4巻1号160頁参照）では、拙著の方法論が支持されていると解される。

(19) 特集「ボワソナード民法典とは何か」法時70巻9号6頁以下参照。他にも、岸上晴志「日本民法学事始考――ボアソナードと立法者意思――」中京法学30巻4号7頁以下等が見られる。

(20) J.-L.Sourioux, La pensée juridique de Boissonade: aspects de droit civil, Rev. Inter. Dr. Comp., 1991, n°2, p.357 et s.

(21) 滝沢・前掲論文（2完）成城法学52号193頁参照。

(22) 大久保泰甫「民法典編纂史のパラダイム転換と今後の課題――法制史学徒の立場から」法時70巻9号9頁参照。

(23) この意味で、七戸克彦「「法源」としてのボワソナード民法典」法時70巻9号37頁以下が、明治15年の大審院判例において、すでに意思主義・対抗要件主義が明確となり、悪意者排除の原則が行われていることを立証しておられることに注目すべきであろう。旧民法（ボワソナード民法典）の事実上の

(24) 滝沢・前掲書157頁注(15)参照。その詳細については、鎌田薫「不動産二重売買における第二買主の悪意と取引の安全——フランスにおける判例の「転換」をめぐって——」比較法学9巻2号60頁、七戸克彦「不動産物権変動における対抗力の本質——ボアソナードを起点として——」慶応大学大学院法学研究科論文集23号71頁以下等参照。

(25) G. Boissonade, Essai d'une explication nouvelle de la théorie de la transcription à l'occasion de la mauvaise foi en matière de transcription et d'inscription hypotécaire, Paris, A. Marescq aîné, 1871. わたくしは本論文を直接参照していないため、前注(20)のスリウ論文から引用した。

(26) ボアソナードの自然法のこのような特性については、池田真朗「自然法学者ボワソナード」法時70巻9号11頁以下参照。

(27) ボアソナードが早くから比較法に関心深く、フランスにおける比較立法協会の設立に寄与したこと、彼の遺留分、生存配偶者相続分に関する研究が改革志向的、立法志向的であったことは、スリウ論文も指摘される（Sourioux, op. cit., p. 359）、しかし、予言者という意味では、治罪法典の注釈書中に展開されている死刑廃止論（白取裕司「ボワソナードの死刑廃止論」学士会報822号86頁以下参照）などがより適切な例となるのではなかろうか。

(28) しかし、前述のように、これらの事実が物権変動論への関心を増幅し、悪意者排除説をより魅力的にしている事情はあると言えよう。

(29) ドイツ法主義の歴史を辿る近時の研究は、月岡利男「ドイツ民法成立期における登記主義と公信主義」松山商大論集29巻4号153頁以下、田口勉「ドイツ不動産法上の公信の原則についての史的考察」早大院法研論集42号125頁以下、同「不動産物権変動における公信の原則と対抗要件——機能的側面における比較を中心に」早大院法研論集46号139頁以下、七戸克彦「ドイツ民法における不動産譲渡契約の要式性——「ドイツ法主義」の理解のために」慶大法学研究62巻12号277頁以下、石田剛「不動産物権変動における公示の原則と登記の効力（1）（2）」立教法学46号129頁以下、49号124頁以下、有川哲夫「不動産登記の公信力に関する覚書」名城法学41巻別冊柏木駿教授還暦記念号279頁以下、船橋秀明「ドイツにおける不動産譲渡法に関する一

考察——ドイツ民法典成立以前のラント法を中心に」早稲田法学会誌48巻199頁以下等多数見られる。ドイツ法の問題点として、登記の公信力の適用範囲の狭さと無因性との重複、無因性の過度の抽象性などの他、日仏法とは異なるかたちで第三者の善意悪意の問題も生じていることを窺いうる（石田・前掲論文（2）立教法学46号138頁以下等参照）。

(30)　前田達明他「〈史料〉物権法（1）（2）」判タ598号166頁以下、613号174頁以下参照。

(31)　その他に、時期的にやや古いが今回初めて参照し得た研究として、有川哲夫「オーストラリア法における不動産の二重譲渡（1）」福岡大学法学論叢22巻3＝4号595頁以下、同「二重譲渡と悪意の第三者（1）」福岡大学法学論叢24巻4号415頁以下がある。特に後者はボアソナード草案に焦点を当てつつ、悪意者排除の論拠を探るものであり、本稿の関心にも近いが、私見との間にはあまり接点がなかった。また、横山美夏「競合する契約相互の優先関係（1）」大阪市大法学雑誌42巻4号294頁以下は、フランス法につき拙著ですでに論じたところを分かり易く詳論されると見た。

(32)　小川清一郎「不動産物権変動と対抗問題」法学新報104巻8＝9号423頁以下参照。ただし、論述の中では、フランス法の対抗要件主義をもっぱら七戸説に依りつつ説明する点（434頁参照）や、片山論文に依りつつフランス登記法成立の社会経済的背景を説かれる点（434頁以下参照）等に疑問を感じる。なお別稿で、同「取消・解除と第三者」法学新報103号11＝12号247頁以下もある。

(33)　滝沢・前掲書274頁以下参照。

(34)　滝沢・前掲論文成城法学52号198頁以下参照。

(35)　「民法学の過去・現在・未来」研究会（以下、研究会と略す）「物権変動の最前線——不動産の二重譲渡問題を中心に」姫路法学20号149頁以下参照。

(36)　松岡久和「不動産所有権二重譲渡紛争について（2完）」龍谷法学17巻1号13頁以下参照。

(37)　滝沢・前掲論文（2完）成城法学52号183頁以下、190頁以下等参照。

(38)　たとえば、研究会・前掲論文姫路法学20号180頁、204頁以下等参照。また、所有権移転の時期に関する176頁の発言などに関しては、滝沢・前掲書6頁注(4)などを引用されるべきではなかったかと考える。

⑶⑼　研究会・前掲論文姫路法学20号187頁参照。
⑷⑽　研究会・前掲論文姫路法学20号191頁参照。
⑷⑴　研究会・前掲論文姫路法学20号223頁以下参照。
⑷⑵　法典調査会議事速記録6巻6丁29頁参照。
⑷⑶　滝沢・前掲書154頁参照。
⑷⑷　滝沢・前掲書208頁、260頁等参照.
⑷⑸　滝沢・前掲書8頁以下で、それの持つ現代法的意義に言及した。
⑷⑹-1　吉井啓子「不動産公示の消極的効果としての「不知」の推定（1）（2完）」同志社法学46巻6号159頁以下、47巻1号163頁以下参照。
⑷⑹-2　滝沢・前掲論文成城法学52号204頁以下参照。
⑷⑺　梅謙次郎の議論とそれに従われる石本雅男論文について、滝沢・前掲書278頁以下で論じた。
⑷⑻　吉井・前掲論文同志社法学（2完）47巻1号167頁、173頁参照。
⑷⑼　吉井・前掲論文同志社法学（2完）47巻1号197頁参照。
⑸⑽　わたくしはフランス法継受を現行民法典による立法的継受と捉えたため、民法176条に注目することで済ませている。しかし、フランス法の影響はそれよりずっと早い時期から見られたのであるから、旧登記法の下でも意思主義はあったとされる大川教授の見方（大川純夫〈拙稿の書評〈民法学のあゆみ〉」法時52巻3号131頁、滝沢・前掲書292頁注⑴参照）があるいは妥当であるかもしれない。とは言え、非法に限りなく近い旧慣行の中にこれを捉えることは極めて難しく、引渡主義の克服という意味でのフランス法的意思主義を指すならば、登記、引渡時に所有権が移転するという理論を依然捨てきれない日本法においては、未だその完成が見られないという議論も可能ではないかと考えられる。
⑸⑴　前注⑷参照。現状では、悪意者排除を採ることによって、対抗要件の枠内でこの解決が可能であるという見方もあり、また、判例による民法94条2項の類推適用が、同じ目的のために機能し得る。

13 不動産物権変動と登記主義の課題
——韓国民法 186 条を中心に——

洪　　性　　載

I　はしがき
II　登記主義の立法過程
III　登記主義の問題状況と物権変動理論の展開
IV　登記主義の定着のための課題
V　結　び

I　はしがき

　法律行為[1]による不動産物権変動について、韓国民法は、日本民法上のいわゆる「意思主義・対抗要件主義」を捨て、「登記主義」に転換した（民法第186条）[2]。それにより、不動産物権変動は、当事者相互の意思表示だけでその効力が発生するのではなく、それに加えて登記をしてはじめて効力が発生するようになった。たとえば、法律行為による不動産所有権譲渡においては、意思主義・対抗要件主義下とは違って、当事者間の譲渡契約によって目的物の引渡が行われ、譲渡代金の支払があったとしても、不動産登記法が定めるところによって登記をしなければ、所有権譲渡の効力は発生しない[3]。このように民法が登記主義を採択するようになった理由は、何よりも、現行民法の制定当時まで依用されていた日本民法（以下「依用民法」と言う）上の意思主義・対抗要件主義下で発生する問題点[4]を是正しようとするところにあった。つまり、物権変動の存否と時期を明確にし、取引安全を図り、当事者間の法律関係の分裂を避けることにその主な目的があった[5]。

ところが、意思主義から登記主義に転換して40余年が経ったにもかかわらず、登記主義がその制度の趣旨通りに定着したとは言いがたい。特に、従来の慣行にしたがって譲受人名義で登記しない傾向が未だにあり、また、制度上の不備で不実登記の発生可能性が大きいため、登記の公信力を認めることができず[6]、不動産取引の安全を保障することができない。このような問題状況は既に立法当時にも予見されていた[7]。しかし、不動産取引の実情についての充分な検討なしに、主に意思主義・対抗要件主義下で発生する問題点を是正する方に焦点を合わせた余り、上記のような問題状況に対処できる方案を備えないまま、性急に立法的転換を図っていたのである。それなら、その後にでも、上記の問題状況に対処できる根本的な方案を備えるべきだったのではないか。しかし、実務は、単にその時その時、臨時方便的に特別法を制定したり、判例・学説を通じて各々の事案によって登記主義の問題状況を克服してきた。現行民法が定める物権変動に関する規定について、これを理論的に把握・説明しようとする物権行為概念をめぐる論議は、韓国の民法学の歴史上最も高いレベルの論争の一つであったと言われている[8]ものの、しかし、それについての論議は今だに続いていて、見解の一致に至らず未解決のままである。全面的な民法改正のために検討作業に入った現時点で[9]、韓国の実情に合う登記主義のモデルを形成するためには、これまでの立法的および学問的努力についての検討が何よりも重要な作業になるだろう[10]。

そこで、本稿では、まず意思主義・対抗要件主義から登記主義に転換した立法の経緯をみた後（Ⅱ）、登記主義に転換した後に発生した問題状況を検討して（Ⅲ）、最後に登記主義の定着のための方案を提示する。

(1) 意思主義・対抗要件主義と登記主義の対立は、主に「法律行為」による不動産物権変動に限って存在すると言えるだろう（梁彰洙「不動産物権変動についての判例の動向」『民法研究』（博英社、1991）194頁）。

(2) 以下、条文に特別な指示がない限り民法上の条文を意味する。

(3) 不動産所有権以外の不動産物権変動においても同様、登記主義が適用され

ることはいうまでもないが、所有権以外の物権の変動については各々その特殊性（例えば、占有権の譲渡における占有物の引渡、伝貰権の設定に伝貰金の支払、担保物権の設定における被担保債権の存在など）により、所有権変動の場合と統一的に法理構成することが困難である点から、ここでは所有権変動に限定して論議を展開することにする。

(4)　問題点としては、第一に、物権変動の時期はいつか。第二に、登記なしで対抗できる第３者の範囲をどう決めるか。第三に、登記に公信力が認められない結果、不実登記信頼者をどう保護するのかに大別できる（これについては滝沢聿代『物権変動の理論』（有斐閣、1987）、同「物権変動の時期」『民法講座２』（有斐閣、1984）42頁以下；川井健「民法第94条２項類推適用論」『不動産物権変動の法理』（有斐閣、1983）８〜41頁参照）。

(5)　1957年の第26回国会定期議会速記録（以下「速記録」と言う）第30号、6頁以下および民議院法制司法委員会民法案審議小委員会、民法案審議録（以下「民法案審議録」と言う）上巻（1957）118頁参照。一方、韓国で民法第186条の立法過程を上の立法資料に基づいて見た後、従来学説上論議が紛々していた、いわゆる物権行為の独自性と無因性論を、批判的視覚で検討した論文としては、高翔龍教授の「物権行為の独自性と無因性論の再検討小考」『法思想と民事法』玄勝鐘博士華甲紀念論文集（博英社、1979）252頁以下が最初のものである。ただし、ここでは上の論文に若干の修訂を行った「物権行為の独自性と無因性論の再検討」『民法学特講』（法文社、1995）271頁以下を引用することにする。

(6)　大法院1979．7．24宣告、79ダ942判決、公報618号、12150頁。

(7)　「速記録」第30号21頁および第46号４頁以下。そして、民事法研究会『民法案意見書』（一潮閣、1957頁）67頁参照。一方、民法は登記主義に転換する際に経過規定を置いて、依用民法下で意思表示だけで物権を取得したとしても、民法施行日から６年内に登記しなければ、物権取得の効力を喪失することにした（民法制定当時には期間を３年内に規定していたが２回に及ぶ改正（1962.12.31、1966.12.31）で６年に延長した）。ただし、この場合、当事者間の法律行為による債権的効力としての登記請求権は存続すると解し、その消滅時効は10年で、1966．1．1から進行する（憲法裁判所1996.12.26宣告、93憲バ67決定『憲法裁判所判例集』第８巻第２集800頁）。

279

(8) 李好珽「フランツ・バイエレの物権契約論（上）」法曹第18巻1号（1969）41頁。

(9) 法務部は、1958年民法が制定された後、1984年の枝葉的な改正を除いてはほとんど改正されず、現実経済が反映できていない点から、民法中財産法分野についての改正のため、1999年2月5日民法改正特別分科委員会（委員長、李時潤）を構成し、2001年まで改正案をもうけることにした。

(10) 一方、本稿の作成は、筆者の恩師である高翔龍先生の華甲を迎えた上、日本で筆者と同じ主題で論文を書こうとする滝沢聿代教授により、最近、日本では、意思主義・対抗要件主義が複雑で問題が多いことを理由に登記主義への改革を主張する見解が現われていること、韓国民法が1960年不動産物権変動についてその間依用してきた日本民法上のフランス式意思主義・対抗要件主義からドイツ式の登記主義に転換したことに着眼し、筆者をしてこれについて韓国の法改正の経緯と問題状況を紹介してくれとの要請を受けたことに起因する。

II 登記主義の立法過程

1 民法典編纂要綱の態度

大韓民国政府は、1948年、法典編纂委員会（委員長は、当時大法院長だった金炳魯）を設置して、基本法典の編纂に必要な資料を調査・蒐集すると同時に、同年12月15日民法典の起草に着手した。同委員会は、まずその基礎作業として、財産法分野に関する112項目で構成されている「民法典編纂要綱」[1]を作成した。この民法典編纂要綱は、1947年6月30日の南朝鮮過渡政府行政命令第3号によって設置された法典起草委員会[2]がもうけた「朝鮮臨時政府民法典編纂要綱」[3]を原案として作成されたといわれる[4]。特にその原案の物権法要綱は、物権行為という題下で、法律行為による不動産物権変動について登記主義を採択することを確定しており、現行民法第186条及び第187条とほぼ同じ内容になっている。その内容は次のとおりである。

第2 物権行為

㈠ 不動産について
  (1) 不動産に関する法律行為による物権の得失変更は登記をすることによって其効力を発生する。
  (2) 判決、競売、公用徴収、相続其他法律の規定による不動産に関する物権の取得は登記をしなくてもその効力が生じる。ただし、それを登記した後でなければ第3者に対抗できない。
  (3) 不動産に関する物権の得失変更を目的とする法律行為は書面ですることを要する。ただし、遺言による時にはこの限りではない(5)。

 このように、韓国民法の起草作業は、1948年政府樹立以前である1947年6月30日に始められ、この段階ですでに、法律行為による不動産物権変動について登記主義の採択を確定していることがわかる。さらに、上記の編纂要綱の末尾には「登記簿に記載された権利関係は其権利に関する法律行為をした者の利益のために真正なものと看做す」という部分が「保留」と記載されていた。これは、登記簿に公信力を認め、不動産の善意取得を認めるかどうかに関する論議が、すでに民法起草準備段階でなされていた一つの証在であると言えよう(6)。

 一方、民法の起草作業は、6.25動乱（朝鮮戦争）中の起草委員の被拉、または起草資料の紛失などで、中断におちいる危機に逢着したこともあるが、その渦中でも起草作業は続いて、ついに1953年7月4日に民法案の起草は完了した(7)。

2 満洲国民法の影響

 民法案が不動産物権変動について規定体系を変更したのは、満洲国民法から影響を受けたものであると推測される。満洲国民法典は、韓国民法の立法方向を最初に定めていた朝鮮臨時民法典編纂要綱の内容と同様に、法律行為による不動産物権変動に関して形式主義を取り（同法第177条）、また、物権変動を目的とする法律行為を要式行為として定めており（同法第180条）、登記に公信力を認めていた（同法第179条）。ただし、朝鮮臨時民法典編纂要綱が定めていた法律行為についての書面主義は、既に民法典編纂要綱から削除

しており、また、そこでは留保されていた登記の公信力については、不実登記の発生可能性が大きい当時の実情[8]を勘案して採択していない点から、民法案は、満洲国民法の態度をそのまま受け継ぐことなく、いわゆる折衷的登記主義を採択していた。

　他方、満洲国民法は、当時の日本民法学の通説または有力説を土台として日本民法を改正したものであるという[9]。つまり、日本民法より新しいスイス民法、および日本法をモデルとした中華民国民法も参酌し、そして満洲固有の諸物権および満洲国における取引の実際を考慮して制定されたものであって、いわゆる進歩、改良、研磨されたものであると言う[10]。不動産物権変動に関する満洲国民法の規定体系は、形式上だけでなく内容上も、スイス民法第656条の規定体系と類似している。この点から、韓国民法第186条ないし第187条の規定は、満洲国民法第177条、第178条を通して、スイス民法第656条から継受したものであると推測しながら、Auflassungという特殊な制度を設定しているドイツの不動産物権変動法とは違うと指摘する見解もある[11]。この見解は、満洲国民法の制定に審核として参加した穂積重遠と我妻栄がスイス民法を愛好していた点を一つの間接根拠として挙げている。

3　民法案の審議過程

　1954年10月26日、政府提出法案として国会に提出[12]された民法案第177条は、不動産物権変動について、当時の現行法の依用民法第176条および第177条が取っていた意思主義・対抗要件主義を捨て、その効力要件として登記を要求する登記主義に転換している。しかし、登記の公信力を認める上の編纂要綱のような根拠規定は置いていない。それでは、意思主義・対抗要件主義から登記主義への立法的転換をした理由は何か。これに関する立法趣旨は民法草案理由書がないため明らかでなく[13]、国会での立法趣旨説明と審議過程から間接的に確認できるだけである。まず、民法案の起草作業を遂行した法典編纂委員会委員長金炳魯の立法趣旨説明を見ると次のとおりである[14]。

　　「本来、ドイツは形式主義を取りフランスは意思主義を取って日本法はフ

ランス法を持って来たのです。しかし、今、私が見ると二つとも弊害があるのです。……あまりにも絶対的に形式だけで物権的効力をあたえることはのぞましくないことです。また、当事者の意思表示だけで……物権的成立を認めるとしたら……債権契約と混同されます。そのため、債権契約と物権契約というその分界が明らかでなく、だから……効果論においても……ちょっと誤って混同され、また、多くの人がそれに惑わされ易い。

しかし、この物権契約においては、できるだけ一般取引界を安定させ確信をあたえるためには形式主義に長点がある。……だからと言って、その原因が無効の、まったく原因のない、当事者にとって全然効力がない場合は、形式主義でも信憑力をあたえない。つまり、折衷的意味がこの中に含められています。(……部分は筆者が省略した部分であり、口語体を文語体に整えた所が少しある)」[15]

以上の立法趣旨説明から推断できることは、第一に、物権契約と債権契約を区別していて、物権契約は債権契約と混同を避けるため登記をすればその効力が発生するように登記主義を採択した。しかし、第二に、たとえ登記がされていたとしても原因無効の登記については公信力を認定できない。そこで、第三に、韓国民法案はドイツ民法とフランス民法との折衷的な意味を持つものであるという点である[16]。

一方、民法案を審議した法制司法委員会、民法案審議小委員会は、草案第177条を審議した結果、何の修正も加えずに、そのまま登記主義を採択している。その理由は、前にも指摘したように、当時の依用民法上論議が分かれていた物権変動の存否と時期を明瞭にすることにより取引安全を図り、また、当事者間の関係と対第3者との関係が別々に扱われることにより法律関係が錯雑化することを防ぐため、形式主義が妥当であるということにある[17]。

しかし、国会本会議の審議過程では、登記主義の採択如何について議論が活発に行われた[18]。特に玄錫虎議員などは、民事法研究会の意見[19]を土台に、不動産物権変動について依用民法の態度を維持しようとする修正案を提出したが、その理由を見ると次のようである。第一に、法律関係を簡便にし、第二に、意思表示主義の原則に符合し、第三に、形式主義を採択するために

は、実際に登記が励行されなくてはならないが現実はそうでなく、第四に、形式主義は公信力と密接に関連されているため、形式主義を採択したら公信力を認めなくてはならないが、現実は公信力を認定できる与件が準備されていないため、意思主義を採用しなくてはならないと言う[20]。このような修正理由について、民法案の態度を支持する法制司法委員会民法案審議小委員会の委員長を歴任した張暻根議員は、登記主義の長所を次のように披瀝している[21]。「権利関係を明確にし、また、物権がいつ設定され移転されたか、その時期を明確にすることが、取引安全を図る上でも進歩した法制だと考えたため……修正案を出さなかった（……部分は筆者省略）」。そして意思主義・対抗要件主義を取ると、依用民法第177条の解釈上、登記なしでは対抗できない第3者の範囲の問題に関して、学説の見解が一致しないばかりか、取引安全を害すると答弁している[22]。また、契約金をもらった状態では登記をしない慣行上、登記なしで所有権が移転するとしたら、後で契約不履行により、これが解除されたら、権利関係が複雑になるので、ドイツやスイスで採用している形式主義が妥当であるという[23]。さらに張委員長は、形式主義を採択した理由を、物権の排他性と関聯させながら説明する[24]。つまり、「物権というのは排他性があるのが本質で債権と違うこと……つまり、第3者に対して私が所有権を持つ、私に財産権があると主張する排他性が……本質的なことだが、この物権については登記をしないと排他性がないのです。第3者に対抗できないから……そうすると排他性のない所有権を認定し何をするのかです。私は意味がないと考える」（……部分は筆者省略）という。

　このような論議の後、草案第177条の修正案と原案を置いて票決した結果、修正案は在席104人で、可40票、否0票で否決され、在席109人で可56票否0票で原案が採択された[25]。以後、民法案の全体の審議は、第3回目の読会を省略し[26]、1957年12月17日までの第2回の読会で終わり、民法案は、最終日に本議会で決定[27]した通り法制司法委員会での「字句修正、各条文に表題を付けること[28]、また条文の配列、整理」などの手続を経て、1958年

2月7日政府に移送され同月22日法律第471号として公布された。

(1) これがいつ確定されたのかは明らかでなく、またその項目についても、101個であるという報告（鄭鐘休「韓国民法典の制定過程」『民法学論叢』郭潤直教授華甲紀念論文集（博英社、1985）7頁）と112個という報告（梁彰洙「民法案の成立過程に関する小考」『民法研究』（第1巻）（博英社、1991）72頁）がある。その内容は、張厚永『現行民法総論』1950.5.15の附録として307頁から327頁まで収録されている（上の『民法研究』（第1巻）100〜110頁も参照）。
(2) この機関の名称は、朝鮮法制編纂委員会とよばれることもあり（梁彰洙・上掲論文70頁）、委員長は当時の大法院長の金用茂で、委員は司法部長の金炳魯と大検察庁長の李仁であった。
(3) この要綱は、法政第3巻第8号（1948年）41頁に収録されていたものであるが、梁彰洙教授は1987年末にこれを発見したという（同・上掲論文67頁）。
(4) 梁彰洙・上掲論文70頁。
(5) 民法典編纂要綱では同項目が削除されたがその理由は明らかでない。
(6) 梁彰洙・上掲論文73〜74頁。
(7) 草案の起草は金炳魯単独で行なわれたと言う（「速記録」第30号4〜5頁参照）。
(8) 当時は6.25事変（朝鮮戦争）が終わった直後で、相当数の登記簿が滅失され、その回復で出来上がった登記も必ずしも実体関係に符合するのかが疑われる場合が多く、また、日本の支配下で日本人が所有していた不動産は原則的にいわゆる帰属財産で国家所有になったが、それがそのまま登記されてない場合が多く、そのような事情は特に農地分配によって起きた農地所有権上の大変化の場合も同じである。それだけでなく、正常的な不動産売買の場合でも、買受人が登記を移転せずにそのまま置く場合があったのである（梁彰洙「民法案の成立過程に関する小考」95頁以下参照）。
(9) 鄭鐘休「韓国民法典の比較法的系譜」民商法雑誌第95巻第5号676頁。
(10) 穂積重遠「慶賀と期待」法曹雑誌第4巻7・8合併号（1937）38〜39頁；我妻栄「満洲国民法所感」法曹雑誌、第4巻7・8合併号（1937）48〜49頁。

⑾　梁彰洙「韓国社会の変化と民法学の課題」『民法研究』（第1巻）（博英社、1991）21頁。
⑿　草案が政府案として国会に提出されたその間の過程については「速記録」第29号2頁参照
⒀　ただ、登記・引渡をすることで、法律関係の錯綜を止揚すると同時に、取引安全を期するというと政府側の提案説明があるのみである（「速記録」第29号14頁）。
⒁　特に金炳魯は、日本民法は日本固有のものとみなすことができないという評価を前提として、民法案の起草作業に臨んでいたと見られる（「速記録」第30号5頁下段以下参照）。
⒂　「速記録」第30号6頁以下。
⒃　これについて高翔龍教授は、第一に、物権契約と債権契約を分離させ所有権移転という法律的効果の発生を明白にしようとしたのであり、第二に、債権契約に該当する原因が無効不存在の場合に当事者に効力がないということはいわゆる物権行為の有因性を認めることであり、その無因性を認める説明であると推断することは難しい、とする（同「物権行為の独自性と無因性論の再検討」292頁）
⒄　「民法案審議録」上巻118頁。
⒅　この内容については「速記録」第30号21頁；第31号7頁；第31号12頁以下；第31号14頁以下；第33号17頁以下参照。
⒆　第一に、登記主義の利点として法律関係の劃一化を主張するが、それはその自体として絶対的な価値を持つのではなく、むしろ法律関係の関係的分裂は法の世界において普遍的な現象である。第二に、登記主義の採用の可否は、現在、登記がどのくらい実行できているのかにあるが、実際、登記はあまりよく実行できていなく、このような状態で登記主義を採択したら、その弊害は大きくなるだろう。第三に、登記主義を採択しながら登記に公信力を認めないのは跛行的措置だとのことである（民事法研究会、民事案意見書、67頁以下）。
⒇　「速記録」第46号4頁以下。
(21)　「速記録」第45号19頁。
(22)　「速記録」第46号10頁。

⑵3 「速記録」第46号19頁。
⑵4 「速記録」第45号19頁。
⑵5 「速記録」第46号13頁。
⑵6 当時の憲法第5条によると、法案の議決には原則的に3回の議会を必要とした。
⑵7 「速記録」第62号4頁。
⑵8 もともと民法案は各条文について題目なしで国会に提出されたが、民法案審議小委員会で各々の条文に名称を付けその審議結果を「民法案審議録」上・下巻に編纂した。

Ⅲ 登記主義の問題状況と物権変動理論の展開

1 登記主義の採択による問題状況と対応

登記主義を適用することにおいては、第一に、譲受人名義で登記を履行しないと譲受人が所有権者として保護されないので、このような未登記譲受人をどのような方法で保護するのかが問題になっている。第二に、登記制度の未備で不実登記の発生可能性が大きい点から、登記に公信力を認定できないところ、不実登記信頼者の保護が問題になっている。

第一の問題については、一方で、特別法を制定し簡易な方法で登記できる機会をあたえるとか、登記義務を強制するなどの特別措置を取ってきており[29]、他方で、判例・学説は未登記買受人の法的地位について法理[30]を構成し、意思主義・対抗要件主義から登記主義への転換による間隔を埋めている状況にある[31]。第二の問題については、不実登記の発生を防止するため特別法[32]を制定したり、立法論[33]として制度補完を講じる一方、判例・学説は、実体関係の法理[34]、物権行為の無因性理論[35]、そして民法第108条第2項類推適用論[36]を展開して、不実登記信頼者を一定の要件下で保護しようとする[37]。

2　登記主義下での物権変動理論の展開

　学説は、法律行為による不動産所有権変動に関して、いわゆる物権行為の独自性と無因性理論を展開して、登記主義の採用で発生する問題点を解決しようとする(38)。つまり、既に指摘したように、物権行為の独自性肯定論者は、物権的期待権論を展開して未登記買受人を保護しており、物権行為の無因性を認めて不動産取引安全を保護しようとする。しかし、学説が展開している物権行為の独自性と無因性理論は、現行民法を出発点にして展開したというよりも、未登記買受人の保護や不実登記信頼者の保護という目的論的意義を持って展開してきた点から、民法の解釈論として限界があり、さらに、果してそれが現行民法の解釈論として受け入れられるか(39)、そしてそれが登記主義の持っている問題を解決するための枠組を提供するのか、については疑問が提起されている。

　まず、学説は現行民法の解釈上、当然、物権行為を不動産所有権変動の要件として認め(40)、物権行為がいつ行われるかの問題を物権行為の独自性の問題として把握している（従来の通説）。しかし、民法が登記主義を採択したとしても、物権行為を不動産物権変動の要件として認めるのは問題だという指摘がある(41)。つまり、不動産物権変動における登記制度は、目的物の占有を伴わない抵当権の公示方法と関聯して発展したものであり、また、物権行為論は中世ドイツの普通法学で、いわゆる権原と取得様式理論を批判して形成・発展した理論である点、そしてオーストリア一般民法は登記主義を採択しているが（同法第431条）、物権変動は債権契約としての権原と取得様式としての登記だけで効力が発生する点に注意する必要がある。

　それでは、現行民法の解釈上、物権行為を物権変動の要件として認定する必要ないし実益はないのか。債権契約と物権契約概念を区別している現行民法の起草者および立法者の意思(42)、そして物権関係と債権関係を峻別している民法体系にてらして見て、物権行為を物権変動の要件として認めるのが妥当であると言える(43)。また、債権行為とは別の独立した物権行為を認めることで、その各々についての要件を定めることができる。例えば、私法上

の法律行為に公法的制限を加える場合、債権行為には制限を加えず、物権行為に対してのみ制限を加えたものと把握することができる。裁判実務も、物権行為を物権変動の要件として認定して、所有権留保付売買の場合に売買契約は無条件で締結されるが、物権行為は売買代金の完納という停止条件付で締結されると見ている[44]。

学説は物権行為を物権変動の要件として認め、物権行為がいつ行われるかの問題を物権行為論の中心的論議の対象にして、これを土台に物権的期待権論および物権行為の無因性理論を展開している[45]。しかし、物権行為の時期問題としての物権行為の独自性論は、物権変動の時期の確定問題と関聯して依用民法下で議論されたものであり、意思主義・対抗要件主義から登記主義へ転換した現行民法下でも、そのような論議を展開する必要性が果して存在するのかについては疑問が提起されている[46]。むしろ、現行民法の解釈上問題となるのは、物権行為の時期問題としての物権行為の独自性存否というよりも、物権変動の要件としての物権行為に登記を構成要素として含めるべきかにあるといえよう。従来の学説は物権的合意だけを物権行為として把握するが[47]、最近の有力説および判例は、登記を物権行為の構成要素として把握している[48]。

物権的期待権論者は取引実態や法意識に照らして、譲渡契約に基づいて不動産を明渡され占有している者は、単に譲渡契約だけを締結している買受人とは違い、物権的期待権論者と見て所有者に準ずる効力を認めるのが妥当だと言う[49]。しかし、このような主張の根拠規定がない現行民法下では、物権的期待権は、制度的な側面や効果論的な面から見て認められず、また、実益もないという批判が有力である[50]。物権的期待権を認めるとしても、そのような権利は譲渡人に対しては実益があるが、第3者の物権的請求権には無力であるという。言い換えれば、売渡人が自分名義で登記されていることを奇貨として、第3者に登記名義を移転した時には対処できないとのことである。むしろ、物権・債権の区分体系を曖昧にしたり、仮登記制度を無意味にする恐れのある物権的期待権を認めるべきではなく、登記する前の買受人

の法的地位はどこまでも債権者にすぎないこと、ただし買受人が所有権移転登記請求権を仮登記すると第3者に対抗できるとみるのが正当だという。

　また、学説は物権行為を不動産物権変動の要件として認め、原因行為である債権行為をその要件から排除している（通説）。まず、物権行為の有因論者は、債権行為を物権変動の要件から排除して、効果の側面で物権変動の効力を原因行為の債権行為に連繋させている。そして物権行為の無因論者は、一般的に相対的無因性を認め、物権変動の効力を原因行為から断絶することを緩和している。ところが、いくら民法が物権関係と債権関係を峻別し、また、物権行為を物権変動の要件として認めるとしても、ドイツ民法のように債権行為を物権変動の要件から当然排除する解釈は、論理的飛躍があるのではないかという疑問が提起されている[51]。物権行為を物権変動の要件として考えれば、物権行為が有因行為なのか無因行為なのかの議論を離れ、原因行為に瑕疵があれば物権変動の効力は当然失効すると把握できるので、複雑な理論構成の苦労は減るのではないかと考える。

　裁判実務は、買受人の所有権移転登記請求権の法的性質を債権的請求権と理解しながら[52]、時効制度の存在理由を挙げて、目的物を引受け占有・使用収益していると所有権移転登記請求権は消滅時効にかからないとしたり[53]、さらに、買受人が未登記転買などによって目的物の占有を喪失しても、所有権移転登記請求権は消滅時効にかからないと判示している[54]。また、判例は、二重売買の場合に第103条（日本民法90条に当たる）を適用したり[55]、土地の買受人がまだ所有権移転登記を経了していないとしても、売買契約の履行で土地を引受けた時には売買契約の効力としてこれを占有使用する権利が生じると見るべきであり[56]、従って、売渡人は買受人に対して所有権に基づく物権的請求権を行使することができず[57]、また買受人から当該土地をふたたび買受けた者は、当該土地の占有・使用権を取得したと見て、売渡人は転得者に対しても所有権による物権的請求権を行使することができないとしている[58]。結果的に、未登記買受人の法的地位が強化されることになり、登記履行義務を懈怠している者が保護されると同時に、未登記転売行為

を助長することになっている(59)。このような態度は民法が採択している登記主義を無意味にする点から問題がある。また、判例は、現行民法が意思主義・対抗要件主義から登記主義に転換したにもかかわらず、例えば、財団法人設立のために不動産の出捐がなされた場合(60)、名義信託が行われた場合(61)、または譲渡担保がなされた場合(62)に、いわゆる関係的所有権観念を認め、当事者間の法律関係と対第3者間の法律関係を分裂させる依用民法上の考え方をそのまま維持している(63)。勿論、このような態度は登記に公信力を認めていない状況で法人および信託者そして譲渡担保設定者と第3者を同時に保護しようとする意味を内包していると考えることも可能だろう(64)。しかし、韓国民法では、第186条によって登記を必要とする物権変動、第187条によって登記を必要としない物権変動の二つの方法だけが認められているが、判例のように、対内的には第187条により登記を要求せず、対外的には第186条により登記を要求することで、対内外的にその効力を分裂させることは、法律関係を複雑にするだけでなく、取引安全を害する恐れがあるといわざるをえない(65)。

(29) 未登記転買を禁止し、契約を原因として不動産の所有権移転登記を申請する場合には登記義務主義を採択し、登記原因の虚偽記載を禁止した不動産登記特別措置法（1990. 8. 1）、そして、原則的に名義信託を禁止し、長期未登記者が一定の期間内に登記申請をしないと課徴金などを賦課することにした不動産実権利者名義登記に関する法律（1995. 3. 30）、また、各種の不動産所有権登記に関する特別措置法などがある。各種の特別措置法としは、分配農地所有権移転登記に関する特別措置法（1961. 5. 5）、一般農地の所有権移転登記に関する特別措置法（1964. 9. 17）、林野所有権移転登記に関する特別措置法（1969. 5. 21）、不動産登記に関する特別措置法（1970. 8. 7）、不動産所有権移転登記に関する特別措置法（1978. 12. 6）、収復地域内所有者旧土地の復旧登録と保存登記などに関する特別措置法（1981. 12. 31）、不動産所有権移転登記に関する特別措置法（1992. 11. 30）などがある。これら特別法では、いわゆる登記共同申請主義の例外として、事実上の所有者が単

独に登記申請ができるようにし、登記原因証書は、一定の要件を備えた者の保証書に基づいて市長・郡守などの確認書で代替できるようにした。

(30) 二重売買に関する反社会的法律行為理論、物権的期待権理論、売却され引渡された物の抗弁理論、買受人の所有権移転登記請求権に関する消滅時効制限論などを挙げることができる。これら理論については関係する所で後述する。

(31) もちろん現行法上未登記買受人が全たく保護できないわけではない。つまり、未登記買受人は売買契約の効力として取得した目的物を保有することができ、所有権移転登記請求権を保全するためにこれを仮登記することができる（不動産登記法第3条）。仮登記権者は本登記を経了することで仮登記の順位保全の効力により、仮登記後は登記名義者が目的物を処分しても譲受人に対抗することができる。また、未登記買受人が売買目的物を所有の意思で平穏・公然に20年間継続して占有したら取得時効期間完成を主張して登記することで所有権を取得できる（第245条第1項）。

(32) 注29）参照。

(33) これには後述するように登記申請義務の強制、登記原因証書の公証制度の導入に関する議論を挙げることができる。

(34) 判例は、登記の有効要件を欠いた不実登記でもそれが実体関係に合う場合にはこれを有効の登記と見ることにより登記制度の実効性をあげると同時に間接的に取引安全を図っている（大法院1979．7．10宣告、79ダ847判決、集17巻2号民166頁（中間省略登記の場合）；同1980．7．22宣告、80ダ791判決、公報640号、13035頁（登記原因の虚偽記載の場合）；同1970．7．24宣告、70ダ1005判決、集18巻2号民199頁（抹消登記の代わる移転登記の場合）；同1970．12．24宣告、70ダ1630全員合意体判決、集18巻3号民409頁（無効登記の流用の場合）など）。

(35) 論者は、原因行為の債権行為が無効・取消または解除により失効されてもこれは物権行為に影響をおよぼさなく、従って物権変動の効力にも影響をあたえなく有効であると理論構成することによって、結果的に物権行為の無因性の認定は不動産取引安全保護の機能をはたすとする（金曾漢『物権法』（博英社、1983）58頁以下；金容漢『物権法』（1993）91頁以下；金曾漢著・金学東増補『物権法』（博英社、1997）43頁以下；張庚鶴『物権法』（博英社、

1987）167頁以下；丁玉泰「韓国民法上　物権行為の無因性論」『現代財産法の諸問題』金基善博士華甲紀念論文集（法文社、1987）44頁以下）。

(36)　不動産登記に公信力を認めない限り不実な登記を信じ取引関係をむすんだ者は原則的に登記された通りの権利を取得することはできない。しかし、この法理は真正な権利者が自ら不実登記の発生に関与した場合には真正な権利者よりも不実登記を信じて取引関係に入った者を保護すべきであるという理論である（高翔龍「民法第108条第2項類推適用論」『民法学特講』（法文社、1995）310頁以下；洪性載「不実登記信頼者保護の法理構成に関する研究」比較司法　創刊号（韓国比較私法学会、1994）20頁以下）。

(37)　もちろん不実登記信頼者が現行民法上、まったく保護されないわけではない。非真意表示または通情虚偽表示を原因にして登記がなされた場合とか、錯誤または詐欺・強迫による意思表示を原因に登記がなされた場合に、その意思表示が無効または取消された場合にも、第107条第2項・第108条第2項・第109条第2項・第110条第3項の規定によって善意の第3者についてはその意思表示の無効または取消を主張できないようにしている。そうすることにより、不実登記つまり原因無効の登記を信じ取引関係をむすんだ善意の第3者を保護している。また、第245条第2項の登記簿取消時効が完成した場合には、取消時効期間の経過という事実によってただちに占有者は占有物の所有権を取得する。このような登記簿取得時効制度は善意取得の場合と同様に一種の取引安全保護の機能をはたしているのである（高翔龍「取得時効制度の存在理由」考試研究（1980年8月号）40頁参照）。

(38)　もちろん、このような物権行為論は、民法第186条に関する法解釈論上の問題であり、これをどう理論構成するのかによって物権変動の成立要件の理解、そして、登記と関聯して発生する諸問題の理解がちがってくる。

(39)　特に、高翔龍教授は従来の物権行為の独自性と無因性論を批判し、現行民法下でその概念を認めるとしても、ドイツ民法の物権行為論と対比するため「事実上」の物権行為の独自性と無因性論という名前を付け論議すべきであるされる（同「物権行為の独自性と無因性論の再検討」290頁以下）。

(40)　異説では、現行民法の解釈上、物権行為概念を認める必要はないとしたり、その有用性に疑問を投げている（李英燮「物権行為の独自性」法曹第9巻7号（1960.7）19頁；李好珽「フランツ・バイエレの物権契約論（上）」43

頁；同「不動産の最終買受人について最初売渡人について登記請求権」考試界、(1981.7)17頁；梁彰洙「韓国民事法学50年の成果と21世紀的課題」『民法研究』(第4巻)(博英社、1997)17頁)。

(41) 洪性載『不動産物権変動論』(法文社、1992)24頁と丁玉泰「不動産物権変動理論の変遷」『民法学の回顧と展望』(民法典施行三十周年紀念論文集)(韓国民事法学会、1993)155頁はこれについての反省を促求している。

(42) 「速記録」第30号6頁以下。

(43) 勿論、物権と債権の峻別が物権行為を物権変動の要件として設定できる論理的前提になるのではないが、その各各について変動の原因を別に把握することが論理的である。つまり債権行為は目的物について処分権がない者も、そして目的物が特定されていない場合にも有効に行うことができるが(第569条)、処分行為の物権行為はその性質上そのようにはできない。従って、両概念を区別して理論構成するのが有用である。韓国の裁判実務も物権行為の概念を設めるのは勿論で当然これを物権変動の要件として認めており、この場合物権行為は登記を包めて構成している(大法院1994.9.27宣告、94ダ23975判決。公報1994下、2816頁)。

(44) 大法院1996.6.28・宣告、96ダ14807判決、公報1996、2358頁。

(45) 勿論、学説の中には物権行為の独自性を否定し物権的期待権および無因性も認めない見解があり(郭潤直『物権法』(博英社、1992)179頁以下)、物権行為の独自性は肯定しながら物権的期待権および無因性は認めない見解もある(李英俊『物権法』(博英社、1996)73頁以下；李銀栄『物権法』(博英社、1997)132頁以下)。また、物権行為の独自性とその無因性は認めながらも物権的期待権は認めない見解があり(張庚鶴『物権法』237頁)、物権行為の独自性と物権的期待権は認めながらその無因性は認めない見解がある(黄迪仁『現代民法論Ⅱ』(博英社、1988)101頁以下；金相容『物権法』(法文社、1995)186頁以下)。

(46) 洪性載『不動産物権変動論』219頁以下；金曾漢著／金学東増補『物権法』44頁；梁彰洙「韓国民事法学50年の成果と21世紀的課題」15頁以下。

(47) 郭潤直『物権法』76頁以下；金容漢『物権法論』75頁以下；金曾漢「物権行為論」『民法論集』(博英社、1980)8頁以下。

(48) 李英俊『物権法』87頁；洪性載『不動産物権変動論』244頁以下；李銀栄

『物権法』130頁；大法院1994.9.27宣告、94ダ23975判決、公報1994下、2816頁。

⑷⑼　金曾漢『物権法』87頁以下；黄迪仁『現代民法論Ⅱ』101頁以下；金容漢『物権法論』88頁以下；丁玉泰「物権的期待権」私法研究第1輯（青林出版、1992）80頁以下；金相容『物権法』186頁以下；金曾漢著／金東学増補『物権法』92頁以下。しかし、これとは違い不動産の売買で買受人が目的物を引受けたが、まだ移転登記を備えていない場合に売渡人が登記簿上の所有者という理由で所有権による目的物返還請求権を行使したら、買受人には「売却され引渡された物の抗弁」を主張させることで未登記買受人を保護すべきだという見解もある（郭潤直『物権法』179頁）。

⑸⓪　高翔龍「物権行為の独自性と無因性論の再検討」298頁以下。

⑸⑴　洪性載「民法第186条所定の『法律行為』の解釈」私法研究第3集（青林出版、1995）18頁以下；李銀栄『物権法』124頁。

⑸⑵　学説は登記請求権の発生原因を債権行為と理解し、その法的性質を債権的なものだとする見解（郭潤直『物権法』194頁；李英俊『物権法』198頁；洪性載『不動産物権変動論』279頁以下）と物権的合意と不動産の引渡があると物権的期待権が生じ登記請求権はこの物権的期待権から生じるとして登記請求権の法的性質を物権的だと理解する見解（金曾漢著／金学東増補『物権法』98頁など）にわかれている。

⑸⑶　このような判例理論について、学説は、批判する見解もあるが（郭潤直「不動産買受人の所有権移転登記請求権の法律的性質やそれが時効で消滅するのかの与否」『厚巌民法論集』（博英社、1991）148頁以下）、判例を支持する立場が多数を占めている（高翔龍『民法総則』（法文社、1990）725頁；李銀栄『物権法』208頁；郭潤直編輯代表『民法註解Ⅲ』（博英社、1992）417頁（尹真秀執筆部分）；金曾漢著・金学東増補『物権法』98頁；丁玉泰「物権的期待権」105頁以下など）。

⑸⑷　大法院1999.3.18宣告、98ダ32175全員合意体判決、公報1999上、718頁。学説でも判例と立場を一緒にする見解がある（尹真秀「占有を喪失した不動産買受人の登記請求権の消滅時効」人権と正義第126号135頁；李銀栄「未登記買受人の処分と登記請求権の代位行使」法律新聞第2778号（1999.4.5）14頁）。

⑸⑸　大法院1969. 11. 25宣告、66ダ1565判決、集17巻4号民46頁；同1995. 3. 17宣告、94ダ48721判決、公報1995. 1710頁など判例は確立されていると言えるが、学説中にはこれを批判する見解がある（尹真秀「不動産二重譲渡に関する研究」［ソウル法学博士学位請求論文］（1993）；金応烈「不動産の二重売買についての考察」司法論集第15集（法院行政処、1984）31頁以下）。特に、判例は第103条が適用され第2買受人の登記が原因無効になった場合には第2買受人から目的物を転得した者は善意の場合にも登記に公信力が認められない限り保護されないという（大法院1979. 7 . 24宣告、79ダ942判決、公報618号、12150頁）。

⑸⑹　このような買受人の法的地位に関する明文の規定を新設することを提案する見解がある。李銀栄「物権法の改正方向」民事法学第17号（韓国司法行政学会、1999）90頁。しかし、このような買受人の法的地位は売買契約の効力で当然に認められる点から明文の規定を設ける必要があるのかは疑問である。

⑸⑺　大法院1988. 4 . 25宣告、98ダカ1682判決、公報1988、889頁など。これは、物権的期待権理論や売却され引渡された物の抗弁理論を挙げなくても、債権の効力として当然認められるといえよう（同旨、郭潤直編輯代表『民法註解Ⅴ』（博英社、1992）223頁（梁彰洙　執筆部分）；李銀栄『物権法』436頁）。

⑸⑻　大法院1998. 6 . 26. 宣告、97ダ42823判決、公報1998、1968頁。ただし、学説は、このような判例の結論を支持しながらも、その理論構成を別にする（李英俊『物権法』556頁（間接占有の法理を類推して）；郭潤直編輯代表『民法註解Ⅴ』224頁（第213条を根拠に）（梁彰洙　執筆部分）；尹哲洪「未登記買受人について売渡人の所有権返還請求権」法律新聞第2758号（1999. 1 . 18）14頁（物権的期待権を根拠に）。しかし、未登記買受人の転売行為は他人の権利の売買であり、また転得者に占有する権利があるとしても、それは買受人に対してであって売渡人に対してもそのような権利があると見るのは登記主義の法理に反する。従って、売渡人との関係で転得者の占有する権利を認め、これを根拠に売渡人の物権的請求権の行使を沮止する判例・学説の態度は疑問だ。むしろ、転得者は買受人の売渡人に対する所有権移転登記請求権を代位行使できる点から、所有権移転登記義務を負担する売渡人の物権的請求権の行使は信義則に反すると理論構成するのが妥当だと思われる。

⑸⑼　判例は、すでに中間省略登記がなされた場合にはその方法等を問わず当事

者の間で譲渡契約が適法になされた以上、つまり登記が実体関係に合致する限りこれを無効と言えないとした（大法院1979．7．10宣告、79ダ847判決、集17巻2号民166頁）。さらに、関係当事者の全員の合意を条件として最後の買受人は登記名義者を相手に所有権移転登記請求権を行使できると判示した（大法院1967．5．30宣告、67ダ588判決、集15巻2号民39頁）。ただし、中間省略登記の合意があることを理由に中間省略登記請求権を認容した判決はまだない。

　学説も中間省略登記の有効性を認めており、中間省略登記請求権も認めている。まず、ドイツ民法第185条第1項の法理を導入して買受人による転売行為は所有者、すなわち最初の売渡人の同意下でなされたものだから転得者は最初売渡人について直接自分に登記を移転することを請求でき、最初の売渡人は登記に協力する義務があることを根拠に中間省略登記請求権を認めている（郭潤直『物権法』170頁）。そして、債権譲渡説は現行民法の解釈上、不動産買受人は登記する前は単純な不動産所有権移転登記請求権という債権を取得したことに過ぎなく、中間者はこのような債権を譲渡したことだという。従って、最後の買受人は債権譲渡理論によって最初売渡人について、債権者代位によることなく、直接登記請求権を行使できるという。このような債権譲渡説は物権行為を物権変動の要件として認めない立場の主張だ（李好珽「不動産の最終買受人の最初売渡人に対する登記請求権」22頁以下）。また、物権的期待権を認める立場によると物権的期待権の譲渡はこ債権譲渡ではなく物権的権利の譲渡だから、物権的合意だけでよく債権譲渡のような対抗要件も必要でなく、また、中間者の同意も必要なく所有名義者に直接所有権移転登記請求権を行使できるという（黄迪仁『現代民法論Ⅱ』100頁。ただし、金曾漢著／金学東増補『物権法』92頁は物権的期待権を認めているが、中間省略登記を説明するためにこれを適用するのはこの理論の元来の趣旨に合わないという）。しかし、登記主義下で中間省略登記請求権を認めることは登記主義を無意味にするだけでなく物権行為を物権変動の要件と認め、また、その有因性を認める限り中間省略登記請求権を認めることはできないといえよう（同旨、李銀栄『物権法』247頁）。

(60)　判例は、出捐者が財団法人設立のために財産を出捐した場合にその出捐財産が法人に帰属するためには法人の成立以外に登記を必要としないが、第3

者との関係では登記が必要だとする（大法院1979.12.11宣告、78ダ481・482全員合意体判決、集27巻3号民212頁）。これについて学説は、第48条を第186条の特別規定と理解して、出捐財産が法人に帰属するのは法人設立で足り登記を要さないという見解（高翔龍『民法総則』187頁；郭潤直『民法総則』（博英社、1989）237頁）と、この場合にも第186条が適用され登記を必要とするという見解（李英俊『民法総則』博英社（1995）862頁）に分かれている。しかし、第48条は、法人成立前の出捐行為によって法人格のない財団発起人名義で登記した出捐財産は、法人が成立した時に登記なしでも法人の財産に帰属するとの規定だと解釈すべきであり、出捐行為があったが法人成立後にも依然として出捐者の名義に残っている出捐財産の場合には第186条の原則にもどり法人名義で登記すれば法人の財産になるとみるべきである。もし、出捐者とかその包括承継人が、出捐した不動産を第3者に処分した場合には一種の二重処分があったのと同じような結果になるので、この場合には二重売買の法理によって法律関係が処理されるだろう。

(61) 判例は、名義信託の場合にいわゆる信託行為の法理を採用して当事者間の法律関係と対第3者間の法律行為を別々に把握している（大法院1981.7.28宣告、80ダ1819判決、公報665号、14248頁；同1991.4.23宣告、91ダ6221判決、公報1991、1481頁など）。このような名義信託論に関する批判的検討としては高翔龍「名義信託論の再検討小考」『民法学論叢』厚巖郭潤直教授華甲紀念論文集（博英社、1985）177頁以下（表見所有権論の立場からの批判）および郭潤直『物権法』394頁以下（虚偽表示論の立場からの批判）が代表的だ。

(62) 判例は、仮登記担保等に関する法律（1983.12.30）が規定・施行されたにもかかわらず、依然として同法の適用を受けない譲渡担保の場合にはいわゆる信託的譲渡説によってその法律関係を定めている（大法院1990.6.26宣告、88ダカ20392判決、公報1990、1554頁；同1992.4.10宣告、91ダ45356・45363判決、公報1992、1547頁；同1992.10.27宣告、92ダ22879判決、公報1992、327頁など）。

(63) 康鳳洙「名義信託に置いて内部的所有権の意味(1)～(3)」司法行政、1987年12月号40頁以下、1988年1月号74頁以下、同年2月号36頁以下は、このような考え方を辛辣に非難している。

⑹⁴　黄迪仁『現代民法論Ⅱ』95頁。
⑹⁵　洪性載『物権法』（玄岩社、1997）89頁以下。

Ⅳ　登記主義の定着のための課題

　登記主義がその本来の機能をはたすためには、登記簿の記載が実体関係と一致し、物権その他の権利の変動過程が登記簿に正確に記載されることが要請される。従って、登記主義の定着のためには、何よりも物権変動による登記が正確に履行できる方案を講ずるべきであり、不実登記を防止させ、登記の真正性が保障できる制度を摸索しなければならない。登記主義の実効性を保障するための制度として、いままで論議されてきた改善方案の中で検討を必要とするものとしては、登記申請義務を強制する方案と登記原因についての公証制度の導入方案を挙げることができる[66]。

　しかし、登記申請義務を強制する方案は、実体法的にも手続法的にも問題があり、またその実効性にも疑問がある。まず、実体法的側面から登記申請義務を強制する方法としては、民法で「不動産所有権移転を内容とする売買・贈与・交換契約は、登記をするとその効力が発生する」と規定する方案が考えられる。というのは、このような規定を置くと、不動産所有権移転を内容とする契約は要物契約となり、登記をしないと契約自体が効力を発生しなくなるため、登記は必要不可欠になる、からである[67]。しかし、このように民法を改正することは、外国でも例がなく、また、私的自治を著しく制限し不動産取引を過度に規制する結果を招来する点から、憲法上の過剰禁止の原則に抵触する慮れがある[68]。そして手続法的には、現在、登記申請義務を強制している。つまり、不動産登記特別措置法[69]は、不動産所有権移転を内容とする売買・交換・贈与契約を締結した者は「反対給付の履行が完了した日から」（双務契約の場合）または「契約の効力発生日から」（片務契約の場合）60日以内に所有権移転登記を申請しなければならないと定めており、反対給付履行が完了した日または、契約の効力が発生した日以後、または、

以前に該当不動産を転売した場合には先に締結された契約によって、上の期間内に所有権移転登記を申請しなければならないと定めている（同法第2条）。さらに、これを違反した場合には登録税額の5倍に該当する金額の過怠料に処することにしている（同法第11条第1項）。しかし、この場合にも、契約当事者は談合して契約日を修正するおそれがあり、また、契約引受を通して当事者の地位を移転することで登記申請義務を避けられる点から、その実効性に疑問がある[70]。また、現行法上、登記をするためには登録税・取得税・財産税・譲渡所得税等を払わなければならないが、このような登記費用を出さないために登記申請を故意に遅延したり、そもそも登記申請自体をしない傾向に対して、公法的には別論としても、私法的に登記主義をもって非難することはできない。また、一つ一つ追跡して税金を賦課するなど法的措置を取ることも期待し難いと思う。とはいっても、登記申請義務の強制は登記主義の定着のためには必要条件だと言える。従って、登記申請義務の強制制度はこれを廃止するよりも実践的側面から補完策を講じて、その実効性を担保できる制度的装置を備えることが今後の課題であると言えよう。

　登記主義の定着のためのもう1つの課題は、不実登記を防止し不動産取引秩序を安全にすることにある。そこで、不動産登記法は不実登記の防止のために、登記連続の原則と共同申請義務を採択している（同法第16条、第28条）。しかし、不動産登記法は、登記官の審査の範囲を登記手続上の適法性に限定する形式的審査主義を採択しており（同法第55条）、また台長と登記簿の二元化などの制度上の問題があり、不実登記の発生可能性が大きい[71]。その上、現行民法は登記主義を原則としながらも、相続などの場合には登記なしで物権変動の効力が発生すると定めている（第187条）。

　不動産登記特別措置法は不実登記の発生や投機防止のために、従来慣行上、登記原因書面として利用されてきた売渡証書の使用を廃止し、検印契約書を登記原因書面として提出するようにしている（同法第3条）[72]。しかし、検「認」契約書でない点から、そして事後的検印制度という点から、その実効性に疑問が提起されており[73]、依然として未登記転売とか名義信託などを

利用した不動産投機は大きい社会問題を惹起している。さらに、既に見たように、中間省略登記(74)や名義信託(75)の有効性が学説・判例によって認められていることによって、不実登記の発生や不動産投機をむしろ助長している状態である。従って、検印契約書を登記原因書面として提出させることだけでは、不実登記を防止し不動産投機を防ぐには力不足だと言える。これに対して学説は、不実登記の防止や投機防止は公証制度の導入を通じてその解決方法を探るべきであると主張する(76)。登記原因の公証制度は不実登記を未然に防止できる方案であり、これを土台に真正な権利者を保護すると同時に、不動産取引の安定を図る登記の公信力も認めることができるとみているのである。

しかし、登記原因の公証制度を導入するに際して何を公証の対象とすべきか、そして誰に公証業務を遂行させるかが問題になる。これについては見解が対立している。特に後者に関しては、従来から登記業務を慣行上代行して来た法務士によって行なうようにするのか、それとも、公証人によって遂行させるかをめぐって鋭く対立している(77)。しかしこのような対立は理論上の問題というよりは政治的選択の問題である点から検討はしばらく置いて、ここでは公証対象について検討することにする。問題は公証の対象を何と定めるかである。これについては、債権行為と定めるか、または物権行為と定めるかをめぐって見解が対立する(78)。

公証の対象を定めるには、何よりも公証の目的を考慮しなくてはならない。公証の目的は勿論、不実登記の防止にあるが、実質的には譲渡契約に公証人が介入して当事者を保護し、契約をめぐる事後分争が発生しないようにすることにある点から、公証の対象は、履行の問題を残さない物権行為と定めるよりは、債権契約と定める方が妥当だと思う。そしてこの場合、公証の範囲は不動産所有権譲渡の場合だけに限定するべきであり、これは実体法に規定するのではなく手続法に規定を置く方法が適切であろう。特に、物権行為を公証の対象にする立場は、ドイツ民法の Auflassung 制度を導入しようというものであるが、当該制度はドイツの特殊な社会経済的・法制史的な背景下

に変遷されて来た不動産取引の法律制度という点から、社会経済的・法的伝統を異にしている韓国における不動産取引秩序を規律する制度として導入することは問題がある。また、ドイツ民法で、登記原因の公証制度がAuflassung方式で施行されていながら、不動産譲渡または取得の義務を負わせる債権行為も公証を受けるようにしている事実を考慮すべきであろう（同法第313条）。

(66) 其他の登記制度の改善方案については、韓国民事法学会「不動産登記法改正試案についての意見」民事法学第9・10号（韓国司法行政学会、1993）11～87頁参照。

(67) 一方、裁判実務では国土利用管理法上の許可区域内の土地などの取引契約は、管轄省庁の許可があればその効力が発生し許可をもらう前には物権的効力は勿論、債権的効力も発生しないと判示しており、土地取引許可制度の実効性を確保している（大法院1991.12.24宣告、90ダ12243全員合意体判決、集39巻4号民303頁）。

(68) また、黄迪仁『現代民法論Ⅱ』78頁は、民法に規定されている14個の典型契約の中で要物契約は懸賞広告だけであり、不動産の売買契約を要物契約とするのは理論的根拠が薄弱だとの理由を挙げ否定的である。

(69) 本来、この法律は登記申請義務の強制と登記原因の虚偽記載の禁止等を通じて不実登記の発生を事前に予防しようとすることにその立法趣旨があるが、この法律の窮極的な意図は実際の取引内容が登記簿に反映されるようにすることにし課税資料を確保することにあると言える。

(70) 徐永培「官認契約書使用の実効性」月刊考試（1989.8）45頁。

(71) 鄭権燮「台帳と登記簿の一元化」『民事法改正意見書』（韓国民事法学会編、博英社、1982）194頁以下参照。

(72) 売渡証書は、買受人を白紙にする白紙売渡証書を使用する事例が多く、それは何よりも中間省略登記を可能にして、売渡代金を実際の取引価格ではなく課税時価を記載することにより、投機や脱税の方法として利用されてきた点から、これの使用を廃止するようになった。

(73) 丁玉泰「不動産登記特別措置法に関する一考察」不動産法学Ⅱ（韓国不動

産法学会、1991) 143頁。

(74) 判例は、不動産登記特別措置法第2条で、未登記転売を原則的に禁止しているにもかかわらず、同法の規定を取締規定であると判示して、これに違反し行われた中間省略登記を無効と解釈していない（大法院1993.1.26宣告、92ダ39112判決、公報940号、858頁）。

(75) 不動産実権利者名義登記に関する法律の制定・施行にともない、名義信託は原則的に禁止され（同法第4条）、例外として、租税逋脱、強制執行の免税または法令上の制限を回避する目的でない限り、宗中と配偶者間の名義信託は許容される（同法第8条）。そして譲渡担保または仮登記担保の場合、不動産の位置と面積を特定し2人以上が区分所有しようとする約定をして、その区別所有者の共有で登記する場合、信託法または信託業法により信託財産と事実を登記する場合には名義信託と見ない。

(76) 郭潤直「登記原因証書の公証」法学（ソウル大）第27券第2・3号（1986）21頁以下；金曾漢「登記原因証書の公証」『民事法改正意見書』（韓国民事法学会、博英社、1982）3頁以下；金容漢「登記原因証書の公証」『不動産登記法の改正に関する研究』（韓国民事法学会、1978）40頁以下など。

(77) 金曾漢「登記原因証書の公証」5頁以下；金容漢「登記原因証書の公証」38頁以下参照。

(78) 注76）参照。

V　結　び

以上で、韓国民法第186条所定の登記主義の立法過程および登記主義が抱えている問題状況を見た。そして、問題状況を克服するための立法的措置と解釈論的側面における努力も概括的ながら検討して見た。今までなされたいくつかの試みは、登記主義を貫徹するには限界を露呈しており、物権変動の法理構成においては登記主義を無意味にしたり、意思主義・対抗要件主義の法状態に後退する傾向があることを確認した。

このような状況で、むしろ登記主義を捨ててふたたび意思主義・対抗要件

主義に回帰する方案を、立法論として検討してみることができるかもしれない。しかし、登記主義からふたたび意思主義・対抗要件主義に回帰するとしても、上の問題状況は克服され難いと言えよう。つまり、意思主義・対抗要件主義を取る場合、登記申請義務の強制はなくなるとしても、依然として上の問題状況は克服しなくてはならない問題[79]として残り、その上、物権変動の時期問題や登記なしで対抗できる第3者の範囲など、複雑な問題を惹起することになることから望ましくないと思われる。

　結局、私達に残った課題は、登記主義の持つ問題を克服できる方案を講じて、実情に合う登記主義のモデルを形成することにあると言えよう。つまり、不実登記の発生を防止し、さらに不動産取引の安定を図謀できるよう登記主義を改善することだと言えよう。何よりも登記原因証書の公証制度は必ず導入すべきであり、これは登記主義の定着のためには遅延できない課題だと言える。また、登記主義を無意味にしたり後退させる判例・学説の法理展開も追って再検討すべきであり、不動産取引当事者の成熟した法意識の発露が要請されると言えよう。

[79]　意思主義下でも対抗要件としての登記制度は存在するはずで、不実登記を防止し取引安全を保護するという登記制度の目的は程度の差はあるかもしらないが、登記主義下と同じように克服すべき課題であるからである。

14　損　害　論

　　　　　　　　　　　　　　　　　　　　金　　　相　　　容

　　Ⅰ　概説：損害と損害賠償
　　Ⅱ　損害賠償の範囲
　　Ⅲ　損害賠償の方法
　　Ⅳ　残された課題
　　Ⅴ　結　び

Ⅰ　概説：損害と損害賠償

1　損害の概念

　損害とは法益に対する不利益をいう。言い換えれば、損害とは法的に保護されている利益に対し加えられた侵害により被った全ての不利益をいう。ところが損害の概念について実定法で定めている立法例は極めて例外的である。ドイツ民法も韓国民法も損害の概念について定めていない。オーストリア民法第1239条[1]は「損害というのはある人の財産、権利または彼の人格に加えられた全ての不利益（Nachteil）をいう」と定めている。オーストリア民法の損害の概念規定は学説上の損害の概念と一致しているといえる。

　損害は法によって保護される法益に加えられた侵害による不利益であるが、その損害の賠償方法には原状回復方法と金銭賠償方法がある。しかし、金銭賠償方法は如何なる種類の損害であれ、適用されうるが、原状回復方法は損害の種類によっては適用されえない場合もある。特にその損害が精神的苦痛である場合には原状回復の方法が適用されえない場合が少なくない。

　それで、損害賠償の方法により、損害の概念についての定義が異なってく

るし、また学説も対立を見せている。

　損害の概念に関する学説は差額説と具体的損害説が相対立している。差額説（Differenztheorie）はドイツのMommsenによって主張されてきた[2][3]学説で、加害原因がなかったら存在したはずの利益状態と加害がすでに発生した現在の利益状態の差額を損害であると概念定義している[4]。これに対して具体的損害説（これを現実的損害説とも言う）は法益に対する具体的不利益を損害であると概念定義する。

　差額説によると、損害は抽象的計算額で示され、金銭賠償による損害賠償方法に適した損害の概念である。しかし、差額説は財産的損害の場合には、損害の概念として適切であるが、非財産的損害の場合には適用しにくい短所がある。具体的損害説は原状回復による損害賠償に適切な損害概念である。金銭賠償の場合にも、具体的な法益に加えられた侵害により被った不利益を金銭で評価できるので具体的損害説が損害概念としてより適切な学説であると思われる[5]。

　このような損害は債務不履行によって発生するのが一般的である。その他にも占有者の回復者に対する損害賠償請求権のような場合には（第202条）、債務不履行でない場合にも損害が発生し、損害賠償義務を負う場合がある。

　損害及び損害賠償について民法は、債務不履行による損害賠償規定を不法行為に準用している（763条）。従って、不法行為による損害賠償理論は原則的に債務不履行による損害賠償理論と同じである。

2　損害の種類

(1)　財産的損害と非財産的損害

　財産的損害（Vermögensschaden : materieller Schaden）と非財産的損害（Nichtvermögensschaden : immaterieller Schaden）の概念については学説が対立している。第1説は、被侵害法益を標準にして、被侵害法益が財産的性質を持つものであれば、財産的損害とし、非財産的性質のものについては非財産的損害という。この説によると、生命・身体等人格権の侵害により発生す

る治療費、逸失所得が非財産的損害になる不合理性がある。第2説は、侵害行為の結果として発生する損害が財産的か非財産的か、により前者を財産的損害、後者を非財産的損害という。この説によると、生命・身体の侵害により発生する治療費、逸失所得は財産的損害になり、精神的苦痛だけが非財産的損害になる。このような非財産的損害を精神的損害ともいい、その損害の賠償を慰藉料（Schmerzensgeld）という。

　財産的損害と非財産的損害の区別は第2説が妥当であると思われる。何故ならば、被侵害法益が非財産的である場合にも財産的損害が発生するからである。精神的損害への賠償につき、韓国民法は、不法行為による損害賠償請求権については明文の規定を置き（751条、752条）認めているが、債務不履行による損害賠償請求権については何の定めもない。学説は、一般的に精神的損害の賠償を認めている[6]。判例は債務不履行による精神的損害の賠償は、不法行為の場合とは違った扱いをし、認めていない。それは、債務不履行によって発生した財産的損害は債権者への塡補により治癒されると思われるからである。

　ドイツ民法では慰藉料は法律に特別の定めがある場合に限って支払うように定められているので（§253 BGB）、債務不履行が同時に不法行為の構成要件を充たす場合には、不法行為の成立を認め[7]、その不法行為が慰藉料支払に関する法律規定、即ち、ドイツ民法第847条に当たると不法行為に基づいた慰藉料の支払を認めている[8]。

　けだし、債務不履行の場合にも精神的損害の賠償を認めるべきであろう。特に給付の客体に対して債権者が特別な愛情を持っている場合にはその愛情の侵害による精神的損害については賠償をすべきであるからである。

　ドイツ民法は精神的苦痛による慰藉料の支払は法律に特別の定めのある場合に限って認められると定めている（§§253、847、1300 BGB）。しかし、判例は、判例で認められている一般的人格権（allgemeines Persönlichkeitsrecht）の侵害の場合にも慰藉料の支払を認めていて、法律の定めのある場合に限って慰藉料を支払うという、ドイツ民法第253条の適用範囲が大幅に縮小され

ていると言われている[9]。

このようにドイツでの判例が慰藉料支払を拡大して認めるのは、損害賠償の機能のなかで債務不履行の予防的機能の強化の為であるという[10]。なお、ドイツ債権法改正意見書では債務不履行及び危険責任の場合にも慰藉料の支払を認めるべきであると主張されている[11]。

(2) 人的損害と物的損害

被侵害対象を標準ににして、人に対する侵害で発生した損害を人的損害（Personenschaden）といい、被侵害対象が物でそれに対する侵害によって発生した損害を物的損害（Sachschaden）という。

生命、身体、健康への侵害による人的損害には、財産的損害は勿論、精神的損害もあり得る。そして、物的損害は物への侵害による損害で財産的損害の賠償が原則である。しかし、その物の権利者が被る精神的損害は特別損害で賠償されうる。何故ならば、物的損害の場合にはその物的損害による損害賠償が塡補されれば、精神的苦痛は治癒されるとみるのが判例の立場[12]であるからである。このように損害を人的損害と物的損害に分けるのは、不法行為または無過失責任による損害賠償の場合に実益があり、債務不履行による損害賠償には、幼児引渡請求の場合を除いて、人は給付の目的物になりえないから、区別の実益がほとんどないといえよう。

(3) 具体的（現実的）損害と数値的損害

具体的（現実的）損害（konkreter (realer) Schaden）は法益侵害による不利益それ自体を指す。例えば、物の滅失または毀損、身体の負傷などがこれに属する。これに対して数値的損害（rechnerischer Schaden）は具体的損害を金銭で換算した損害をいう。具体的損害は原状回復によって除去され、数値上の損害は金銭で塡補されるのが原則である。

このように具体的損害と数値上の損害の区別は、損害賠償方法として原状回復を原則とする国で特に意味がある。

(4) 直接損害と間接損害

法益に対する直接的侵害、即ち不利益それ自体を直接的損害（unmittelbarer Schaden）または客体損害（Objectschaden）という。直接損害は財産的損害の場合も、非財産的場合もありうるが、間接損害は常に財産的損害である。それで間接損害を財産的後続損害（Vermögensfolgeschaden）ともいう。例えば、身体への侵害による治療費の発生、収入の喪失のような損害、または債務者の欠陥のある物の引渡により、債権者の他の財産上損害が発生した場合などがこれに属する。直接損害と間接損害の区別は仮定的因果関係の適用において実益がある。

(5) 積極的損害と消極的損害

積極的損害は物の滅失、毀損、または身体の侵害のように既存の利益の喪失または減少、即ち、「被った損害」をいう。これに対して消極的損害は生命、身体の損害により、得たはずの所得を喪失した場合の逸失所得のように、将来利益の獲得が妨げられることにより、得たはずの利益の喪失によって被った損害をいい、これを、「失った損害」ともいう。

消極的損害、即ち逸失利益の賠償において、それを一時払いで賠償する場合には中間利子を空除することになる。

(6) 通常損害と特別損害

損害の種類について理論的には、前述のように、多様な分類が可能であるが、韓国民法は損害を通常損害と特別損害だけに分けて定めている（民法第393条、763条）。そして信頼利益の損害と履行利益の損害についても定めている（535条）。

通常損害は当該加害行為の結果、社会一般人の観念に照らして、一般的に発生すると認められる損害をいい、当該加害行為によって発生する必然的損害と言える。従って、通常損害には偶然的事情によって発生する損害は含まれないと言えよう。

特別損害は特別な事情によって発生する損害をいう。通常損害は加害行為と相当因果関係にある範囲内では当然賠償されうる。しかし、特別損害は特別事情と相当因果関係の範囲内にあって、また債務者にその特別事情に対する予見可能性があった場合に賠償されうる。

3　損害賠償の概念

損害賠償（Schadensersatz）とは、不法行為または債務不履行によって発生した損害を塡補することをいう。債権者または被害者は、債務者または加害者に対して損害の塡補を請求しうる損害賠償請求権を持つ。

4　損害賠償の思想的基礎

損害賠償は配分的正義に資する制度ではなく、平均的正義に資する制度である[13]。不法行為または債務不履行による被害者または債権者に、被った損害を塡補されるようにする損害賠償制度の思想的基礎は損害賠償制度の歴史的変遷とともに変わってきたが、今日は発生した損害の塡補（Ausgleichung）を通して被害者または債権者にして加害行為発生以前の生活状態の継続と、不法行為または債務不履行の違法な行為の予防にあると言える。前者の思想を権利継続思想（Rechtsfortsetzungsgedanke）といい、後者を予防思想（Präventionsgedanke）という[14]。予防思想は過失相殺、慰藉料の算定、著作権侵害の場合[15]、人格権の重大な侵害の場合によく表れるという[16]。

従って、損害賠償制度は侵害行為以前の生活状態を継続しうるようにするという思想と、違法な侵害行為の予防にその思想的基礎をおいているといえる。特に権利継続思想は原状回復を損害賠償の原則にしている場合に最も明らかである。そして損害賠償制度の主な機能は損害の塡補を通じて、被害者にして損害発生以前の状態と同じ価値のある状態を創造するという意味である[17]。権利継続思想の本来の趣旨は侵害された権利が損害塡補によって継続されるべきであるということであったが[18]、次第に損害塡補によって侵害された権利状態が継続されるべきであるという思想へ発展した。そして違

法行為に対する予防的機能は損害賠償制度では付随的な機能に過ぎないと言える。

また損害賠償制度には制裁的機能は見出されないといわれるが[19]、ドイツでは判例で慰藉料に満足的機能(Genugtungsfunktion)を認め、慰藉料に制裁的ないし懲罰的機能が存在するものと理解されている[20]。さらにドイツの判例は慰藉料の満足的機能を強化しようという傾向が見られる[21]。それから1794年のプロイセン一般州法（ALR）では損害賠償の範囲を帰責事由の種類と程度により差等をつけ、損害賠償制度に制裁ないし懲罰的な機能を加えた[22]。

英米不法行為法では故意による不法行為（intentional tort）の場合に懲罰的損害（punitive damages）の賠償を認めているが、このことは私的制裁の機能を果たしているといえる。

損害の種類により、その賠償機能には若干の違いがあり得る。財産的損害の賠償は権利継続の機能が中心内容である。しかし、精神的損害の賠償（即ち、慰藉料の支払）は損害の塡補以外に被害者にして満足感を覚えるようにする、満足的機能があると一般的に言われる。ドイツ連邦最高裁判所（BGH）は、慰藉料の持つ、右の二つの機能を共に認めている[23]。韓国では判例が慰藉料額の算定は裁判所の自由裁量であるとしながらも慰藉料額を法定するに当たっては加害者の故意・過失の程度を斟酌するようにしており[24]、慰藉料額の決定を通じて僅かではあるが懲罰的機能と満足的機能が実現できると思われる[25]。

II 損害賠償の範囲

1 制限賠償主義

ドイツ民法は、賠償範囲について完全賠償主義をとっているが（§249 BGB）、その他の国ではほとんど制限賠償主義がとられている。制限賠償主義をとっている各国の立法例をみると、フランス民法は、債務不履行による損害賠償において、第1149条で、発生した損害の全てを賠償する、全部賠償

の原則を規定し、第1150条では過失による債務不履行責任においては債務者が予見しえた損害に限らせる予見損害の賠償原則を規定している。そして故意による債務不履行の責任は債務者の予見できなかった損害も賠償しなければならないが、債務不履行による直接的な損害だけに限って賠償させる原則がとられている。

このようにフランスでは制限賠償主義をとっているが、この制限賠償主義はPothierの学説を受け入れたものである。不法行為による損害賠償範囲については何ら定めもないが、債務不履行による損害賠償範囲に関する原則がそのまま当てはまると理解されている[26]。

スイス債務法は不法行為責任による損害賠償の範囲については第43条第1項で、損害賠償の範囲は損害発生の事情と加害者の帰責の程度を斟酌して裁判官が決定するよう定めており、債務不履行責任による損害賠償の範囲については不法行為による損害賠償の範囲に関する規定を準用しているので（Art. 93. III. OR）、やはり制限賠償主義の立場に立っているといえる。

日本民法は第416条で、韓国民法第393条と同じく、損害を通常損害と特別損害に分けて、特別損害については特別な事情について両当事者に予見可能性が認められる場合に賠償するよう定めている。日本民法第416条と韓国民法第393条の違いは、特別損害の賠償について、日本民法は両当事者に特別事情に関する予見可能性があることを求めているが[27]、韓国民法は債務者だけに予見可能性があれば足りると定めている点である。

英米法でも制限賠償主義がとられている。加害行為と直接原因（proximate cause）関係にある損害に限定している。それで不法行為による損害賠償範囲もまた制限賠償主義をとっている。

2　損害賠償範囲の決定に関する学説

(1)　概　説

ドイツと韓国で損害賠償の範囲を決定する基準については、これまでそれを因果関係の問題として捉えてきた。特に完全賠償主義をとるドイツでは加

害行為と因果関係にある損害は全て賠償すべきであるという法理が確立され、その理論が日本と韓国へ影響を及ぼし、日本と韓国でも損害賠償の範囲を因果関係の法理に従って決定してきた。

しかし、相当因果関係が損害賠償の範囲決定の基準として問題があると指摘された後、規範の保護目的を考慮して損害賠償の範囲を決定すべきであるという規範目的説（Normzwecktheorie）が主張され、さらに損害を一次損害と後続損害に分けて、一次損害を条件的因果関係にある範囲の損害を、そして後続損害は一次損害と危険性関連のある範囲内の損害を賠償させるべきであるという危険性（違法性）関連説が主張されている。

以下では、各々の学説について詳しく見よう。

(2) 相当因果関係説
イ　相当因果関係説の沿革及び内容

原因・結果の関係にある事実のなかで、客観的にみて、ある先行行為から、一般的に招来される後行行為がある場合、両者は相当因果関係にあるといい、損害賠償の範囲は加害行為と相当因果関係にある損害とする見解が相当因果関係説である。

相当因果関係説はドイツで形成された損害賠償範囲の決定理論であったが、韓国と日本での通説でもある。そこで韓国民法第393条が定めている通常損害は不法行為と相当因果関係にある損害であり、特別損害は特別事情と相当因果関係にある損害で、通常損害は常に、そして特別損害は加害者が特別な事情に対する予見可能性があったときに賠償するように規定されていると解されている。

ドイツで損害賠償決定の基準として相当因果関係説が主張された沿革を考察してみると、ドイツ民法が完全賠償主義をとっているので、ドイツ民法施行初期には条件説にたって損害賠償の範囲を決定した。ところが、因果関係において条件説は事実的因果関係により損害賠償の範囲を限りなく（uferlos）拡大させるという問題が提起された。そこで損害賠償の範囲は事実的因果関

係の問題ではなく、法的、評価的因果関係の問題であるという認識に至り、損害賠償の範囲を法的因果関係として捉えるようになった。そこで最後条件説[28]、最有力条件説[29]が主張され、損害賠償の範囲を制限しようとした。しかし、最後条件説、最有力条件説も依然として事実的因果関係の立場をとる条件説の範疇を越えていなかったので、相当因果関係説が主張され、加害行為と相当因果関係にある損害を賠償の範囲にしようとした。この相当因果関係説は偶然の事情ないし加害行為に伴う特殊の事情による損害は損害賠償の範囲から除こうとする損害賠償範囲の決定理論である。

相当因果関係説においてはまた損害賠償範囲の決定において、偶然の事情ないし特殊の事情を除き、評価の対象にすべき事情をだれの認識を基準にして決定するかによって、主観的相当因果関係説、客観的相当因果関係説、そして折衷説が相い対立している。主観的相当因果関係説は加害者が不法行為の際、認識した事情のみを基礎にして、そのような事情下で発生した損害のみを賠償の範囲にすべきであるという説である。客観的相当因果関係説は、当事者の知・不知を問わず、第三者の一般的知識で知りうる全ての事情を基礎にして、そのような事情下で発生した損害を賠償の範囲にしようとする学説である。折衷説は、不法行為当時に普通の人なら知りえた事情と加害者が特に知っていた事情をすべて考慮して、そのような事情下で損害を賠償の範囲にしようとする学説である。

この折衷説はTraegerが1904年、彼の論文、「刑法と民法における因果関係」(Der Kausalbegriff im Straf-und Zivilrecht) で主張した学説で、一般的妥当条件説とも言う。判例も不法行為による損害賠償の範囲に関する判決[30]で、"不法行為による損害賠償の範囲は、その不法行為が相当因果関係にある範囲に限ると解釈すべきである"と判示して、相当因果関係説に立っていることを明らかにしている。

ロ　相当因果関係説に対する批判

今日、この相当因果関係説に対して多くの批判が提起されている。即ち、

相当因果関係説は原因と結果の間の因果関係のみによって賠償の範囲を決定しており、不法行為における侵害された規範の定めている有責性、違法性の内容、行為の危険性などを考慮していないので、責任の帰責の理論としては相応しくないというのである[31]。また相当因果関係説は後続損害（Folgeschaden）の責任を適切に限界付けられないという批判があり[32]、損益相殺の法理を説明しにくいという点、取引の大量化、定型化による賠償の類型化、定型化の現象をも説明しにくいという批判もある[33]。

(3) 規範目的説

規範目的説（Normzwecktheorie）は、賠償すべき損害の範囲を損害賠償責任の根拠規範の保護目的を基準にして、その保護範囲内の損害を賠償するという説である。規範目的説は、相当因果関係説が損害発生の原因と結果の間の因果関係のみによって賠償の範囲を決定し、責任の根拠になる規範あるいは契約の保護目的ないし規範を考慮しないのは誤りであると批判して登場した。この説を保護目的説とも言う。規範目的説の根本思想は、全ての規範と契約は一定範囲の利益を保護しているが、損害賠償義務者はこの保護されている範囲内の利益の侵害についてのみ、責任を負うべきであるというところにある[34]。したがって責任の要件は常に保護される利益の範囲内で損害が発生することである。

規範目的説は、不法行為においては責任認定規範の保護目的によって正当化されうる範囲内の損害を賠償させようというのがその核心である[35]。言い換えれば、賠償すべき損害と賠償しなくてもいい損害を、賠償の責任根拠規範によって正当化されうるか否かによって決定される。

この目的説は Ernst von Rabel によって、初めて主張されてから、Wilburg, von Caemmerer に継承・展開され、今日は、Esser/Schmidt, Fikentscher らによって支持されている。

相当因果関係説と規範目的説の関係については二つの見解がある。一つは、損害賠償の範囲は専ら規範目的のみによって決定すべきであるという主張で、

相当因果関係に対する規範目的の優越的地位を認めている見解である。従って、この見解は、損害賠償の範囲は勿論、損害賠償の方法も規範目的によって決定されるべきであるとする。

もう一つは、相当因果関係説とともに規範の保護目的も考慮して損害賠償の範囲を決定するという見解である。この見解は、Herman Lange, Thomas Raiser, Bydlinski, Mertens, Larenz らによって支持されている(36)。Brox も後者の見解をとっている(37)。

ところが規範目的説も妥当ではあるが、損害賠償の範囲が常に適切に決定できるわけではない。危険責任と保護法規違反の場合には規範の保護目的を明らにすることが可能であるので損害賠償の範囲を決定するに適当といえるが、ドイツ民法823条第1項の規範からは保護目的の範囲が確定できない。従って、規範が保護範囲を定めていない場合には、規範目的説では損害賠償の範囲が決められない。

(4) 危険性関連説

危険性関連説または違法性関連説（Theorie vom Rechtswidrigkeitzusammenhang）は、損害を一次損害と後続損害に分けて、一次損害は、不法行為と同じ責任原因事実と条件的関係にある損害であり当然に賠償すべきで、後続損害は一次損害を基礎にして拡大された損害で、一次損害と危険性関連があると賠償されるという。

もう少し詳しく説明すれば、一次損害は責任原因行為によって直接的に発生した不利益を言い、後続損害は一次損害を起点にして追加的に発生した拡大損害をいう。

その際、賠償すべき損害は、一次損害の場合には原因行為と条件的関係にある全ての損害について、それから後続損害の場合には一次損害と危険性関連のある範囲内の損害に限る。後続損害は一次損害と一般的に危険性関連があるが、偶然の事情の介在された場合には危険性がないという。危険性関連のない偶然の事情の介在された例としては、第1に交通事故で入院中、落雷

で死亡するとか、入院中、流行性風邪にかかり死亡した場合のように、一次損害と後続損害のあいだに自然的、または社会的事実が介在された場合、第2に入院中、第三者が病院に放火し焼死した場合のように第一次損害と後続損害のあいだに第三者の行為が介在した場合、第3に交通事故で入院中、高血圧で死亡した場合のように、一次損害と後続損害のあいだに被害者の特殊な行為が介在した場合、第4に交通事故で一足を失った者がスケート遊び中倒れて死亡した場合のように、一次損害と後続損害のあいだに被害者の危険な行為が介在した場合などで、これらの場合には後続損害の賠償は認められないという[38]。

また韓国でこの説をとる見解は、責任発生の原因行為と一次損害のあいだの条件的因果関係を責任設定的因果関係、一次損害と後続損害との危険性関連を責任充足的因果関係という[39]。そして一次損害の責任根拠規定としては民法393条または763条であるとする。また後続損害は再び通常損害と特別損害で分けられるという。

韓国でこの説をとるには幾つかの問題点があると思われる。まず危険性関連の内容が不明瞭であるということである。偶然の事情が介在しないかぎり、一般的に危険性関連があるというが、危険性関連の概念と内容が明らかでない。それから民法第390条、第750条は損害賠償責任の成立要件に関する定めであって、損害賠償の範囲に関する定めではないにもかかわらず、これを損害賠償の範囲に関する定めであると解するのは誤りであると思われる。

そして責任設定的因果関係（haftungsbegruendende Kausalität）及び責任充足的因果関係（haftungsausfuellende Kausalität）は元々、ドイツの不法行為法の構造から定立された因果関係であり、ドイツでは損害賠償責任の発生過程は、加害行為があって、法益侵害の結果が発生し、続いて損害賠償の範囲が決定されてから、損害賠償が行われる。この際、加害行為と法益侵害の発生は構成要件の面（Tatbestandesseite）であり、法益侵害の発生と損害範囲の決定は法的結果の側面（Rechtsfolgeseite）であって、加害行為と法益侵害の結果の間の因果関係は事実的因果関係であり条件説で充分であり、この因果

関係を責任設定的因果関係という。そして法益侵害の結果発生と損害賠償の範囲決定のあいだの因果関係は法的な因果関係で相当的因果関係説の支配下にあって、これを責任充足的因果関係という。従って、ドイツでは責任設定的因果関係は損害賠償の範囲決定のための因果関係であることが分かる。

それにもかかわらず、韓国では、責任設定的因果関係や責任充足的因果関係、両者をともに損害賠償範囲の決定の因果関係として取り扱うのは誤りであると言わざるをえない。そして、危険性関連が認められない偶然の事情の介在は仮定的因果関係を以て説明可能であるといえる。従って、危険性関連説は損害賠償の範囲決定の基準としては、少なくない問題を抱えていると言わざるをえない。

(5) 私　　見

損害賠償法においては損害賠償責任の成立要件としての因果関係と損害賠償の範囲決定の基準としての因果関係は区別すべきであろう。責任成立要件としての因果関係は自然的因果関係の問題であって条件説で充分であり、賠償すべき損害の範囲、即ち責任範囲の決定の基準としての因果関係は法的因果関係としての相当因果関係によるのが妥当であると思われる。相当因果関係のなかでも韓国での通説である折衷説が適切であろう。

このように損害賠償の範囲決定を法的因果関係の問題として捉え、加害行為が発生する以前の生活状態が維持できる範囲の損害を賠償するようにすべきである。

通説である相当因果関係説に対する批判にも耳を傾ける点がある。相当因果関係説は原因と結果だけを問題にし、規範の目的、加害行為の有責性の程度などを考慮しないという問題があることは事実である。

しかし、相当因果関係説に対する代案として主張された、規範目的説や危険性関連説もその説の内容だけでは全ての損害賠償事件において損害賠償の範囲を決定する基準として用いられるには欠点が少なくない。

従って、相当因果関係説を基本的な損害賠償範囲の決定の標準とし、規範

の保護目的または危険性関連などを相当性判断の要素にするのが最も適切であると思われる。さらに、損害賠償制度の根本思想は、発生された損害の塡補によって債権者または被害者にして加害行為以前の生活状態を維持させることと、違法な加害行為の予防にあるので、相当性判断において規範の目的、危険性関連などを幅広く取り入れるべきであると考える。

3 損害賠償範囲の決定における仮定的因果関係

自動車に轢かれた犬を伝染病にかかったものと誤認し射殺したとか、火災で燃えている家屋が地震によって完全に破壊されてしまった場合、あるいは自動車に置いたカバンを盗まれた後、その自動車まで盗まれた場合のように、最初の加害行為のみによっても同一の結果が生ずるが、その結果の発生に後続的加害行為加えられた時、最初の加害行為者の損害賠償の範囲を決定することにおいて、後続の加害行為を考慮して、最初の加害者の賠償すべき損害を減額すべきであるかどうかに関する法理が仮定的因果関係（hypothetische Kausalität）の問題である。

仮定的因果関係は、損害賠償責任の成立要件としての因果関係の問題ではなく、損害の帰属（Schadenszurechnung）ないし損害の算定（Schadensberechnung）に関する問題である[40]。このような仮定的因果関係を予備的加害原因（Reserveursache）ともいう。

仮定的因果関係において後続行為が結果発生に影響を及ぼしたという点に意見は一致している。従って、仮定的損害発生原因、即ち後続の加害行為を最初の加害者の損害賠償範囲の決定において除くべき理由はないとされている[41]。しかし、ドイツ民法の制定者は仮定的因果関係を最初の加害者の損害賠償範囲の決定の際に排除したし、ドイツ帝国裁判所（Reichsgericht：RG）もやはり仮定的因果関係を考慮していなかった[42]。しかし、ドイツ連邦最高裁判所（Bundesgerichtshof：BGH）は、初期にはドイツ帝国裁判所の判例に従い仮定的因果関係を考慮していなかったが、今は仮定的因果関係を考慮して後続の加害行為が逸失所得の計算、継続的所得減少による損害の計算、

継続的利益の喪失などの計算の際には考慮している[43]。

仮定的因果関係について学説は様々である。即ち、一次加害者と後続加害者の帰責の程度により仮定的因果関係を考慮するという説、仮定的原因を相当の程度まで考慮するという説、そして原状回復の場合には全く考慮しないで金銭賠償の場合に考慮するという説、などがある。しかし、支配的な見解は損害の種類を基準にして、直接損害には考慮しないで間接損害に考慮すべきであるという[44]。仮定的因果関係の考慮に対する主張・立証責任は最初の加害者が負担する[45]。

このように仮定的因果関係を損害賠償範囲の決定、特に賠償すべき損害の減額要因として考慮するので、このような考慮の範囲内では相当因果関係説はそのまま適用されない現象が現れる。

Ⅲ 損害賠償の方法

1 金銭賠償の原則

損害賠償の方法は、各国の立法例により、原状回復主義と金銭賠償主義に分けられる。しかし、両者のどちらを原則にしているかという違いがあるだけで、原状回復主義下でも金銭賠償を例外的に認めているし、金銭賠償主義下でも例外的に原状回復を認める。

ドイツ民法は原状回復（Naturherstellung）を原則とし[46]（§249、S.1. BGB）、原状回復が不可能である場合に補充的に金銭賠償（Geldersatz）をするよう定めている（§249、Abs2 BGB）。このように原状回復主義をとったのは、損害賠償制度は債権者または被害者にして債務不履行または不法行為があった以前の権利状態を続けて維持させようという思想（Rechtsforsetzungsgedanke）に基づいている。

しかし、韓国では金銭賠償を原則とし[47]（民法第394条、第763条）、補充的に原状回復主義を極く限られた場合にのみとっている。韓国の判例も、他の意思表示がなければ、損害は金銭で請求して、金銭で賠償すべきであると判

示している⁽⁴⁸⁾。フランス・日本・英米でも金銭賠償を原則にしている。このような金銭賠償主義には損害賠償は損害の塡補という思想（Ausgleichsgedanke）が強く現れている。そして精神的損害も金銭（即ち、慰藉料）で賠償する。

ところが、最近、金銭賠償を原則にするだけではなく、被害者の保護のため必要であれば、原状回復を選択的に行使させようという意見が示されている。

2 原状回復

韓国でも例外的に不法行為による損害賠償として原状回復が請求できる場合ある。

まず、民法は、名誉毀損の場合、被害者の請求があれば、裁判所は金銭賠償に代わってあるいは金銭賠償とともに名誉回復に適当な処分の請求ができると定めている（764条）。名誉回復に適当な方法としては、従来、謝罪広告を命ずる方法をとったが、謝罪広告を命ずるのは憲法上良心の自由に反するという違憲決定⁽⁴⁹⁾が下されてからは謝罪広告を命ずることはできなくなった。

判例は、人格権はその性質上、一段侵害されてしまえば、金銭賠償や名誉回復処分などの救済手段だけではその被害の完全な回復が難しく、また損害塡補をする必要性があるかについても疑問があるので、人格権の侵害に対しては事前予防的救済手段として侵害行為の停止、防止などの禁止請求権を認める他、人格権を侵害する広告の中止請求も受け入れている⁽⁵⁰⁾。

不正競争防止法は、不正競争行為によって人の営業上の信用を傷つけた者に対しては、被害者の請求に応じて、金銭賠償に代わって、または金銭賠償とともに、営業上の信用を回復するのに必要な措置が請求できるよう定めている（同法6条）。

鉱業法は鉱害賠償について金銭賠償を原則にしながら、金銭賠償に比して過多の費用をかけずに原状回復が可能である場合には、被害者にして加害者

に対して原状回復が請求できるよう定めている（同法第93条第1項但書）。
　特許法（131条）、実用新案法（31条）、意匠法（66条）、商標法（69条）なども、金銭賠償に代わってあるいは金銭賠償とともに、知的所有権者の信用回復のために必要な請求が出来るよう定めている。
　さらに被害者と加害者の合意があれば原状回復が請求できる。

3　一時金賠償、定期金賠償

　金銭賠償の場合において、一時金賠償にするか、定期金賠償にするかも立法により異なる。英米不法行為法は財産的損害であれ、精神的損害であれ、常に一時金賠償にするようにしている。しかし、韓国とドイツでは一時金でも定期金でも賠償できるようにし、どちらの賠償方法にするかについての決定は裁判官の自由裁量に属するという判例が形成されている[51]。被害者が一時金賠償を請求しても裁判所は定期金で賠償する旨の判決を下すことが出来る[52]。

Ⅳ　残された課題

1　被害者が不特定多数である場合の損害賠償の問題

　不公正取引による消費者の被害、環境侵害による多数者の被害、製造物の欠陥による多数者の被害のように、被害者が不特定多数である場合、その多数者に対する損害塡補についての法理はまだ形成されていない。そして被害者が不特定多数である場合、その多数者を代表して損害賠償請求訴訟が提起しうる代表訴訟ないし市民訴訟制度がまだ設けられていない。さらに被害者の属する団体が訴を行いうる団体訴訟制度も存在しない。現在は被害が具体的に立証できる者だけが損害賠償訴訟を提起できるし、彼らは選定当事者制度（民事訴訟法第49条）を用いて、具体的に被害を被った人の代表が訴訟を行いうるだけである。

　被害者が不特定多数である事件としては、環境侵害の場合が代表的である。

これに関する法的課題をもう少し詳しく考察してみると、環境侵害行為は継続的かつ間接的であり、その被害地域が広域で、普通、被害者も多数であるので、近代私法の不法行為及びインミッシオンの法理だけでは片づけられない法的問題が少なくない。

環境侵害による損害賠償の強化は産業発展に逆行する結果を招きかねないので、正常的な施設の運営（normale Betrieb）が出来るよう施設運営と損害賠償のあいだの調和と均衡を図るべきである。

2　損害額の算定できない場合の損害賠償の問題

今日、不法行為による損害賠償制度において法理形成の求められる課題のなかの一つは損害額が具体的に算定できない場合に関するものである。特に環境侵害による生態損害（Oekoschaeden）の賠償と環境損害によって長期間続けられる損害、例えば環境侵害で慢性喘息を患うとか、アレルギーに悩むなどの場合のように持続的損害（Langzeitschaeden）の賠償については現行損害賠償法は何の定めも置いていない。生態損害についてドイツ環境責任法（§16 Umwelthaftungsgesetz）は極く限られた範囲内でしか考慮されていないし、韓国では負担金または賦課金制度を設け、環境の原状回復のための費用を確保する程度に止まっている。

環境私法において特定の被害者のない生態損害及び特定の加害者のない持続的な損害の賠償に関する法理形成及び立法が重要な環境法の課題である。

特定の加害者のない損害及び特定の被害者のない損害の塡補のために考えられる一つの方法は基金の設置である。そしてドイツでのように団体訴訟によって環境侵害施設の設置を事前に予防し、環境運動団体が環境保護のために積極的に活動できるよう制度を整えるべきであろう。

3　被害者死亡以後の逸失所得及び被害者自身の慰藉料請求権の相続否認の問題

不法行為によって被害者が死亡した場合、その被害者の死亡以後発生する

逸失所得及び被害者の死亡による被害者自身の慰藉料請求権は、被害者の相続人への相続が認められているが、その相続人が加害者に対して、相続人の扶養請求権の喪失による損害の塡補以外に被相続人の逸失所得及び慰藉料の相続が認められるかどうかが問題になる。

しかし、この問題は単に不法行為法の範囲内で解決されるべき課題ではなく、社会扶助ないし国家扶養制度の整備具合を考慮に入れて議論されるべきであると思われる。韓国のように原則的に個人扶養制度に頼っている国では、被害者の相続人の生活保護のために、被害者の逸失所得及び慰藉料請求権の相続を認める必要がある。

ところが右のような場合、法理論上問題点がある。被害者が労働能力を失ったまま生存している場合に、その被害者の逸失所得は被害者に賠償されるが、その被害者が死亡した場合に、その逸失所得が相続人が相続しうる財産権であるかという問題である。その逸失所得はその被害者の死亡の際に発生するのではない。そして死亡した被害者の慰藉料請求権の相続は時間的間隔説によって認められるが、時間的間隔説はあまりにも擬制的であると思われる。

4 懲罰的損害賠償の問題

英米の不法行為法で認められている懲罰的損害賠償（punitive damages）を、特殊な不法行為には認める必要があると思われる。特に有害品を製造、販売したものに対しては、実損害の塡補以外に懲罰的損害賠償を認める実益があるといえよう。このような懲罰的損害賠償は、特に、加害者故意で加害行為をした場合には必要な制度である。

懲罰的損害賠償については慰藉料との調整を図る必要がある。即ち、慰藉料を懲罰的機能が発揮できるよう両者の調整が必要である。

5 危険責任の拡大の問題

今日は危険がつきまとう時代である。従って、近代民法の過失責任だけで

は損害の公平な配分の実現が難しく、過失責任の法理による損害賠償理論では社会正義の実現が出来なくなる場合が少なくない。そして危険な行為をする者または危険な施設を運営するものに対しては、例え彼に過失がなかったとしても彼の危険な行為または危険な施設の運営によって発生する損害を塡補するよう危険責任の領域を拡大する必要がある。過失責任の法理下でもいわゆる取引安全義務（Verkehrspflicht）を広く認めれば、ある程度危険責任が実現できる可能性は高くなる。しかし、立法によって危険責任をより広く認める必要があろう。

　危険責任の広く認める方法としては様々な考え方があり得るが、危険責任に関する一般条項を置くよりは、列挙主義をとるのが過失責任の法理との調和という点からも望ましいと思われる。

V　結　び

　不法行為による損害賠償論において最も重要なのはやはり損害賠償の範囲の問題であろう。損害賠償の範囲については、相当因果関係説が、問題点がないわけではないが、それでも最も妥当であると思われる。規範目的説、危険性関連説も主張されているが、これらの理論は相当因果関係説で相当性を判断する際の資料として活用すれば、相当因果関係説の欠点を補うことができる。

　そして損害賠償の方法においても金銭賠償を原則にしているが、原状回復の方法もそれが金銭賠償の方法より、被害者の保護に優れておりまた被害者も原状回復を請求する場合には原状回復を選択肢として認める方向で考えるのが望しいであろう。

　また損害賠償論で片づけられない問題、例えば被害者が不特定の多数であるとか、損害の具体的な算定が難しい場合などのような問題を解決するための法理形成が必要であり、懲罰的損害賠償の制限的認定も積極的に検討すべきである。それから被害者が死亡した場合、彼の逸失所得、慰藉料の相続を

認める現在の法理に対する検討も必要であり、危険責任の範囲をより広く認めて、危険時代に生きる中で発生する損害の社会分担を図るべきであろう。

(1) §1293 ABGB : Schaden heisst jeder Nachteil, welchr jederem an Vermoegen, Rechten oder seiner Person zugefuegt worden ist. Davon unterseidet sich der Entgang des Gewinnes, den jemand nach den gewoehnlichen Laufe der Dinge zu erwarten hat.
(2) Mommsenは1855年、彼の著書"Beitraege zum Obligationsrecht Ⅱ: zur Lehre von Interesse"で差額説を主張した。
(3) Karl Larenz, Lehrbuch des Schuldrechts, Band Ⅰ: Allemeiner Teil, 14. Aufl. (1987), S. 480.
(4) 郭潤直『債権総論』（新訂版、1994）196頁；金亨培『債権総論』（1993）262頁。
(5) 金容漢『債権法総論』（1998）194頁；金基善『韓国債権法総論』（第3全訂版、1987）86頁。
(6) 郭潤直・前掲書197頁；金亨培・前掲書265頁。
(7) Hermann Lange, Schadensersatz, 2. Aufl., (1990), S. 353.
(8) A. a. O., S. 434.
(9) A. a. O., S. 478.
(10) Larenz, a. a. O., S. 478.
(11) Lange, a. a. O., S. 429.
(12) 大判. 1995. 5. 12. 94ダ25551
(13) 黄迪仁『現代民法論Ⅲ』（1987）133頁。
(14) Larenz, a. a. O., SS. 424—425.
(15) 韓国では著作権の侵害の場合、出版物は5,000部、音盤は1万枚に当たる金額の賠償を認めている（著作権法第94条）。
(16) Lange, a. a. O., S. 12.
(17) Hans Brox, Allemeines Schuldrechts, 21. Aufl. (1993), Rn. 333.
(18) Lange, a. a. O., S. 11.
(19) Larenz, a. a. O., S. 425.

⒇　Lange, a. a. O., S. 12.
(21)　Larenz, a. a. O., S. 438.
(22)　Lange, a. a. O., S. 12.
(23)　Larenz, a. a. O., S. 476.
(24)　大判．1957．2．9．4298民上676
(25)　韓国でも轢き逃げ事件と製造物責任に懲罰的損害賠償を認めるべきであるという主張がなされている（尹定漢「懲罰的損害賠償に関する研究」檀国大学校大学院法学博士学位論文（1991）参照）。ドイツではデモによる損害、環境侵害による損害賠償に懲罰的機能を付け加えるといわれる（Siehe, Lange, 12)。
(26)　梁三承『損害賠償の範囲に関する基礎的研究』ソウル大学校大学院法学博士学位論文（1988）32—33頁．
(27)　法理論上は当事者の予見可能性になっているが、判例では債務者の予見可能性に限定して適用されている（梁三承・上掲論文317頁）。
(28)　Oertmann が主張した。
(29)　Birkmeyer が主張した。
(30)　大判．1960．3．17．4292民上92．
(31)　註釈民法（Ⅲ）（1993）192頁。
(32)　Karl Larenz, Lehrbuch des Schuldrechts, Band Ⅰ: Allgemeiner Teil, 14. Aufl.（1987), S. 440.
(33)　註釈債権総則（上）（1984）292頁。
(34)　Hans Brox, Allemeines Schuldrechts, 21. Aufl.（1993), Rn. 331.
(35)　Larenz, a. a. O., S. 440.
(36)　Larenz, a. a. O., S. 441、444.
(37)　Brox, a. a. O., Rn. 331.
(38)　金亨培、前掲書282頁；李相泰「不法行為における損害賠償の構造と因果関係」『私法研究2：不法行為法の諸問題』（三英社、1985）133頁。
(39)　金亨培・上掲書280頁。
(40)　Münchener Kommentar, Vorbemerkung vor §249 Rn. 78 ; Brox, a. a. O., Rn. 354.
(41)　Münchener Kommentar, Vorbemerkung vor §249 Rn. 79.

⑷2　Brox, a. a. O., Rn. 354.

⑷3　Larenz, a. a. O., S. 524.

⑷4　Brox, a. a. O., Rn. 354 ; Dieter Medicus, Schuldrecht Ⅰ: Allemeiner Teil, 6. Aufl. (1992), S. 272 ; Larenz, a. a. O., S. 525.

⑷5　Larenz, a. a. O., S. 527.

⑷6　ドイツで例外的に金銭賠償が認められる場合には、第1に債権者が金銭賠償を求めるとき（§249、S.2 BGB.）、第2に原状回復を一定の期間内にするよう請求したがその期間内に履行しなかったとき（§251、Abs.1 BGB.）、第3に現状回復に過度の費用が要るとき（§§251、Abs.2 BGB.）、第4に非財産的損害でその賠償について法律に明文の定めがあるとき（§253 BGB.）である。非財産的損害であっても名誉棄損発言の撤回などのように現状回復の可能である場合には原状回復を原則とする。

⑷7　韓国で原状回復は名誉毀損（民法第764条）、鉱害賠償（鉱業法第93条第1項但書及び第2項）などの場合に認められている。

⑷8　大判．1957．10．7．4290民上413；大判．1961．10．2．民上115；大判．1962．3．12．4294民上1421．

⑷9　憲裁．1991．4．1．決定89憲マ160

⑸0　大判．1996．4．12．93ダ40614．40621．

⑸1　大判．1968．3．5．68ダ92；大判．1968．4．2．68ダ171．

⑸2　大判．1970．7．24．70ダ621．

15 日本における有責配偶者の離婚請求に関する判例の展開

野 村 豊 弘

I 問題の所在
II 日本における判例の展開
III おわりに

I 問題の所在

(1) 離婚原因の変遷

(ア) 旧 民 法

明治23年に公布された旧民法人事編81条は、裁判離婚の原因として、次の7つの原因をあげている。すなわち、①「姦通但夫ノ姦通ハ刑ニ処セラレタル場合ニ限ル」、②「同居ニ堪ヘサル暴虐、脅迫及ヒ重大ノ侮辱」、③「重罪ニ因レル処刑」、④「窃盗、詐欺取財又ハ猥褻ノ罪ニ因レル重禁固1年以上ノ処刑」、⑤「悪意ノ遺棄」、⑥「失踪ノ宣言」および⑦「婦又ハ入夫ヨリ其家ノ尊属親ニ対シ又ハ尊属親ヨリ婦又ハ入夫ニ対スル暴虐、脅迫及ヒ重大ノ侮辱」である。

周知のように、旧民法の財産法に関する部分は、日本政府の法律顧問であったボアソナードの起草によるものであったが、人事編（親族法にあたる部分を含む）および財産取得編の一部（相続法にあたる部分）は、日本の民情を考慮しなければならないという理由から、日本人の編纂委員によって起草された。ただ、ボアソナードの影響があることが推定されている[1]。また、民法草案理由書によれば、フランス民法、イタリア民法およびベルギー民法

草案を参考にしたとされている(2)。

　旧民法に掲げられている裁判離婚の原因の主なものは、1804年のフランス民法の影響を受けていることは明らかである。すなわち、配偶者の姦通（フランス民法229条・230条）、暴虐・脅迫・重大な侮辱（フランス民法231条）は、フランス民法にならったものと考えられる。また、犯罪による処刑（フランス民法232条）も、その対象となる犯罪・刑罰に関して、フランス民法と多少異なるが、犯罪を犯し、刑に処せられたことを離婚原因とする点でフランス民法と共通している(3)。これに対して、悪意の遺棄、失踪の宣言、配偶者の尊属に対する（あるいはそれらの者による）暴虐・脅迫・重大な侮辱は、フランス法には見られないものである。とくに最後のものは、日本における家族思想（親孝行の観念）、家族制度の中核をなす家制度との関係で離婚原因を定めたものと考えられる(4)。

(イ)　明　治　民　法

　旧民法に対しては、その施行に反対する意見が出され、激しい論争がなされるに至った（法典論争と呼ばれている）。その結果、旧民法の施行が延期され、法典調査会において、新しい民法が制定された（明治民法という）。明治31年に公布された民法813条は、裁判離婚の原因として、次の10の原因をあげている。すなわち、①「配偶者カ重婚ヲ為シタルトキ」、②「妻カ姦通ヲ為シタルトキ」、③「夫カ姦通罪ニ因リ刑ニ処セラレタルトキ」、④「配偶者カ偽造、賄賂、猥褻、窃盗、強盗、詐欺取財、受寄財物費消、贓物ニ関スル罪若クハ刑法第175条第265条ニ掲ケタル罪ニ因リテ軽罪以上ノ刑ニ処セラレ又ハ其他ノ罪ニ因リテ重禁固3年以上ノ刑ニ処セラレタルトキ」、⑤「配偶者ヨリ同居ニ堪ヘサル虐待又ハ重大ナル侮辱ヲ受ケタルトキ」、⑥「配偶者ヨリ悪意ヲ以テ遺棄セラレテルトキ」、⑦「配偶者ノ直系尊属ヨリ虐待又ハ重大ナル侮辱ヲ受ケタルトキ」、⑧「配偶者カ自己ノ直系尊属ニ対シテ虐待ヲ為シ又ハ重大ナル侮辱ヲ加ヘタルトキ」、⑨「配偶者ノ生死カ3年以上分明ナラサルトキ」および⑩「婿養子縁組ノ場合ニ於テ離縁アリタルトキ又ハ養子カ家女ト婚姻ヲ為シタル場合ニ於テ離縁若クハ縁組ノ取消アリタルト

キ」である。

　ここで、多くの離婚原因は、旧民法のものを踏襲しているが（したがって、フランス民法その他ヨーロッパの立法例が参考とされている[5]）、いくつかの点において、注目すべき修正がなされている。第1に、重婚を離婚原因としたことである。旧民法では、重婚を婚姻障害の一事由と規定し（人事編31条）、それに反した婚姻は無効としているが（人事編56条）、重婚を離婚原因とはしていない。これに対して、明治民法では、重婚を婚姻障害の一事由としながら（766条）、それに反した婚姻を取消しうるもの（780条）とした上で、重婚を離婚原因としている。これは、前婚について離婚原因となる趣旨である[6]。第2に、失踪宣告を離婚原因としていないことである。第3に、一定の場合に、養子縁組の離縁が離婚原因になることを定めていることである。これは、家制度の観点からの離婚原因と考えることができる。

(ウ)　現行民法

　第2次大戦後、憲法24条に定める「個人の尊厳と両性の本質的平等」を基本理念として、昭和22年に民法親族編および相続編が全面改正された（現行民法という）[7]。現行民法770条は、裁判離婚の原因として、次の5つの原因をあげている。すなわち、①「配偶者に不貞な行為があったとき」、②「配偶者から悪意で遺棄されたとき」、③「配偶者の生死が3年以上明らかでないとき」、④「配偶者が強度の精神病にかかり、回復の見込みがないとき」および⑤「その他婚姻を継続しがたい重大な事由があるとき」である。

　現行民法は、離婚原因についても、大きな修正を施している。まず、第1に、重婚を離婚原因から削除したことである。第2に、従来の姦通に代えて、不貞行為を離婚原因としたことである。第3に、犯罪を犯して刑に処せられたことを離婚原因から削除したことである。第3に、配偶者の虐待・侮辱を離婚原因から削除したことである。第4に、配偶者の尊属に対する（あるいはそれらの者からする）暴行・虐待、養子縁組の離縁など家制度に由来する離婚原因を削除したことである。そして、第5に、配偶者の精神病を離婚原因としたことである。第6に、最も重要な改正として、「その他婚姻を継続し

がたい重大な事由があるとき」という破綻主義的な離婚原因を加えたことである。

このように、戦後の民法改正は、有責主義的な離婚原因を残しながら、破綻主義的な離婚法制をとるものである[8]。

(2) 有責配偶者の離婚請求

現行民法770条は、前述のような離婚原因をあげているが、有責配偶者の離婚請求が問題となるのは、第5号に定める「婚姻を継続しがたい事由」に関してである。すなわち、1項から4号までの離婚原因は、相手方配偶者の側に離婚原因が存在する場合を具体的に定めたものであり、離婚を請求する者の有責性は問題にならないといってよい。たとえば、第1号「配偶者に不貞な行為があったとき」および第2号「配偶者から悪意で遺棄されたとき」は、いずれも、相手方配偶者の行為が離婚原因となるものであり、典型的な有責主義的な離婚原因である。また、第3号「配偶者が3年以上生死不明であるとき」および「配偶者が強度の精神病に罹患していること」は、相手方配偶者の有責性を問題とするものではないが、相手方配偶者の事情により、婚姻が破綻しているものと考えられる事情である。いずれにせよ、これらの事由は、配偶者の一方に生じた事由を原因として相手方配偶者が裁判上の離婚を請求することを認めたものである。これに対して、新たに定められた第5号「その他婚姻を継続しがたい重大な事由があるとき」というのは、客観的に婚姻関係が破綻していることを意味し、破綻の原因が離婚を請求する配偶者の相手方にあることを要件としていない。すなわち、条文の文言上は、離婚を請求する配偶者が婚姻関係の破綻について有責である場合にも、離婚請求が認められるように見える。そこで、自らの有責行為によって婚姻関係の破綻を招いた有責配偶者が民法770条1項5号を理由に離婚を請求できるかが問題となる。

この問題について、1907年に制定されたスイス民法は、婚姻関係が破綻し、夫婦の共同生活が継続しがたい場合には、いずれの配偶者も離婚を請求する

ことができるとしながら、破綻が夫婦の一方に起因する場合には、相手方配偶者のみが離婚を請求できると規定し、有責配偶者による離婚請求を明文で否定していた（スイス民法142条）[9]。

(3) 欧米諸国における離婚法の展開
(ア) 有責主義から破綻主義へ

ところで、欧米諸国では、第2次大戦後（特に1960年代以降）、離婚法の改革が行われてきた。すなわち、西欧においては、婚姻制度についてキリスト教の影響が大きく、カトリック教の強い国（たとえば、イタリア・スペイン等）では離婚を認めていなかったが、離婚を認めるようになった。また、これまで離婚を認めていた国（たとえば、イギリス・西ドイツ・フランス・ベルギー、スイス等）でも有責主義的な離婚制度から破綻主義的な離婚制度に大きく変化した[10]。

ところで、破綻主義というのは、婚姻が破綻した場合に、夫婦の一方が相手方に対して離婚を請求することを認める考え方であるが、婚姻が破綻しているかどうかを判断するのは、困難な問題である。破綻していることを明確に示すことができる客観的な基準を示すことはきわめて難しいといわなければならない。そこで、これらの多くの立法では、夫婦が長期間にわたって事実上の別居を継続していることをもって、離婚原因としている。たとえば、フランス民法では、まず、「夫婦関係が決定的に悪化した場合に（le lien conjugal est définitivement altéré)」、夫婦の一方は履行を請求できると規定し（237条）、「離婚訴訟の呼び出し（assignation）時において、2年以上前から夫婦が別居しているときは、夫婦間の関係の決定的な悪化は、夫婦間の生活共同の停止の結果として生ずる」と規定している（238条）。ただし、事実上の別居期間については、国によってかなり異なっていて、次第に短くなる傾向にあるように思われる。たとえば、フランス民法では、2004年に6年から2年に短縮された。スイス民法でも、2003年に4年から2年に短縮されている（114条）。また、ベルギー民法では、以前に10年間の別居を要求していたが、

現在は2年の別居で足りるとしている（232条）。

　(イ)　破綻主義の意義

　以上のように、離婚について、破綻主義をとりかつ離婚を緩やかに認めることが欧米の趨勢であるが、このような傾向は、社会において離婚に対する否定的な見方が少なくなってきていて、社会が離婚を容認する方向にあることがその大きな理由であるが、次のような要因も重要であると考えられる。第1に、配偶者の不貞行為・悪意の遺棄などの有責主義的な破綻原因がないにもかかわらず、婚姻が破綻した場合に、その原因がもっぱら一方当事者にのみ存在し、他方の配偶者が完全に無責であるということはそれほど多くないように思われる。その場合に、婚姻の破綻について、夫婦のいずれに原因があるか、あるいはいずれの寄与がより大きいかを明らかにすることは、非常に困難である。そこで、婚姻関係が破綻している場合に、夫婦のそれぞれの帰責性を問題とすることなく、配偶者の一方が離婚請求することができることを認めているのである。

　第2に、裁判離婚において、相手方の帰責性に関して、婚姻関係の破綻とその原因を明らかにしなければならないとすると、家庭（夫婦）内の事情を裁判官に明らかにしなければならないことになる[11]。しかし、破綻離婚を認める法制度のもとにおいては、夫婦間の私的な事情を秘匿しておくことができる。

　(ウ)　破綻主義と有責配偶者の離婚請求

　破綻主義離婚においては、夫婦のいずれに破綻の原因があるかを詮索しないのであるから、離婚を請求する者が有責配偶者であっても離婚請求を否定することにはならない。そこで、有責配偶者であっても、離婚請求をできるからといって、単意離婚（夫婦の一方の意思のみによって離婚を認めるということ）を認めないという原則を維持するために、破綻離婚の請求に一定の制約を課している。第1に、離婚が相手方配偶者に過酷な状況をもたらす場合には、離婚請求を認めないとする過酷条項の存在である（たとえば2004年改正前のフランス民法240条）。第2に、有責離婚では、離婚による不利益を離婚を

15　日本における有責配偶者の離婚請求に関する判例の展開［野村豊弘］

請求される相手方が負担するのが原則であるが、破綻離婚の場合には、離婚を請求する配偶者が離婚から生ずる不利益を負担することである（たとえば、2004年改正前のフランス民法239条）。

(1) 旧民法における家族法部分の立法の経緯については、石井良助「解題（民法草案人事編理由書）」石井良助編『明治文化資料叢書第3巻法律編（上）』風間書房（1959年）3頁以下、星野英一「明治以来の日本の家族法」ジュリスト1118号（1997年）（星野英一『民法論集第9巻』有斐閣（1999年）223頁以下所収）参照。
(2) 「民法草案人事編理由書」「民法草案財産取得編理由書」（石井良助編『明治文化資料叢書第3巻法律編（上）・（下）』風間書房（1959年、1960年）所収）。この理由書では、離婚原因について、フランス民法およびイタリア民法が引用されている（112頁）。また、旧民法典全体について、星野通『明治民法編纂史研究』ダイヤモンド社（1943年）（復刻版・信山社（1994年））108頁参照。
(3) ここで、引用するフランス民法典の条文は、1804年の民法制定時のものである。
(4) この離婚原因は、明治民法にも引き継がれているが、谷口知平『日本親族法』弘文堂書房（1935年）（復刻版・信山社（1988年））303頁によれば、孝道に基礎を置く離婚原因であって、西洋法に比を見ないところであるとしている。
(5) 『民法修正案理由書（東京博文館蔵版）』（1898年）（復刻版・信山社（1993年））93頁以下によれば、旧民法、日本における取り扱いなどのほかに、フランス民法、オーストリア民法、オランダ民法、イタリア民法、ポルトガル民法、スイス1874年12月24日法、ベルギー民法草案、ドイツ民法第1草案、同第2草案が参照されている。
(6) 谷口・前掲書300頁参照。
(7) なお、平成16年に、民法の各条文をひらがな口語体に改めることを主たる内容とする民法の現代語化が行われたが、親族・相続編は、すでに昭和22年の改正により、ひらがな口語体になっている。民法770条の離婚原因につい

ても、送りがななどの微修正はあるが、その文言は実質的に変更されていない。

(8) なお、水野紀子「離婚」星野英一他編『民法講座7親族・相続』有斐閣（1984年）143頁以下参照。とくに、明治民法から現行民法への変遷について、150頁以下参照。

(9) その後、1999年に、他のヨーロッパ諸国と同じように、破綻主義の理念から改正され、婚姻関係が破綻した場合には、その原因がいずれにあるかを問題とせずに、夫婦の一方が離婚を請求することを認め（115条）、有責配偶者による離婚請求を認めない規定は削除された。このことは、有責配偶者の離婚請求を認めるべきか否かという問題について考える場合に、今後の向かうべき方向を示唆するものとして、注目に値しよう

(10) 欧米諸国の離婚法改正立法に関して、野村豊弘「欧米諸国における破綻主義立法の新展開について—フランス法を中心にして—」中川善之助先生追悼現代家族法大系編集委員会編『現代家族法大系2 婚姻・離婚』有斐閣（1980年）147頁以下参照。なお、1980年以降にも、フランス、ベルギー、スイスなど多くの国で、離婚法の改革が行われている。

(11) 日本と異なり、多くの国では、裁判離婚が中心である（夫婦の合意による離婚であっても同様である）ので、このような議論がなされている。これに対して、日本の場合には、裁判所の関与しない協議離婚が離婚の大部分を占めているので、家庭内の事情を知られることなく、容易に離婚をすることができる（家庭裁判所の関与がないことによる問題点があることはいうまでもないが）。

II 日本における判例の展開

(1) 否定説

最高裁判所は、民法770条1項5号を制限的に解釈し、有責配偶者の離婚請求を否定してきた。代表的な判例として引用されるのは、最判昭和27・2・19民集6巻2号110頁である。事案は、次のとおりである。X（原告・控訴

15 日本における有責配偶者の離婚請求に関する判例の展開 ［野村豊弘］

人・上告人）とＹ（被告・被控訴人・被上告人）は、昭和12年以来夫婦として同居してきたが、昭和18年に婚姻を届け出た。ＸとＹとの間に子がなかったが、Ｘは昭和21年にＡ女と情交関係を持ち、Ａ女が妊娠したことから、夫婦関係が破綻した。そこで、ＸがＡと円満な家庭生活を営み、Ｙとは２年間も別居していることは民法770条１項５号に定める「その他婚姻を継続しがたい事由」にあたるとして、離婚を請求した。原審判決はＸの請求を認めなかったので、Ｘが上告した。最高裁は、次のように判示して、Ｘの請求を棄却した。

「論旨では本件は新民法770条１項５号にいう婚姻関係を継続し難い重大な事由ある場合に該当するというけれども、原審の認定した事実によれば、婚姻関係を継続し難いのはＸが妻たるＹを差し置いて他に情婦を有するからである。Ｘさえ情婦との関係を解消し、よき夫としてＹ人のもとに帰り来るならば、何時でも夫婦関係は円満に継続し得べき筈である、即ちＸの意思如何にかかることであつて、かくの如きは未だ以て前記法条にいう『婚姻を継続し難い重大な事由』に該当するものということは出来ない、（論旨ではＹの行き過ぎ行為を云為するけれども、原審の認定によれば、Ｙの行き過ぎは全く嫉妬の為めであるから、嫉妬の原因さえ消滅すればそれも直ちに無くなるものと見ることが出来る）ＸはＸの感情は既にＸの意思を以てしても、如何ともすることが出来ないものであるというかも知れないけれども、それも所詮はＸの我儘である。結局Ｘが勝手に情婦を持ち、その為め最早Ｙとは同棲出来ないから、これを追い出すということに帰着するのであつて、もしかかる請求が是認されるならば、Ｙは全く俗にいう踏んだり蹴たりである。法はかくの如き不徳義勝手気儘を許すものではない。道徳を守り、不徳義を許さないことが法の最重要な職分である。総て法はこの趣旨において解釈されなければならない。論旨ではＸの情婦の地位を云為するけれども、同人の不幸は自ら招けるものといわなければならない、妻ある男と通じてその妻を追い出し、自ら取つて代らんとするが如きは始めから間違つて居る。或は男に欺された同情すべきものであるかも知れないけれども少なくとも過失は免れない、その為め正当

の妻たるYを犠牲にすることは許されない。戦後に多く見られる男女関係の余りの無軌道は患うべきものがある。本訴の如き請求が法の認める処なりとして当裁判所において是認されるならば右の無軌道に拍車をかける結果を招致する虞が多分にある。論旨では裁判は実益が無ければならないというが、本訴の如き請求が猥りに許されるならば実益どころか実害あるものといわなければならない。所論Xと情婦との間に生れた子は全く気の毒である、しかしその不幸は両親の責任である、両親において十分その責を感じて出来るだけその償を為し、不幸を軽減するに努力しなければならない、子供は気の毒であるけれども、その為めYの犠牲において本訴請求を是認することは出来ない。前記民法の規定は相手方に有責行為のあることを要件とするものでないことは認めるけれども、さりとて前記の様な不徳義、得手勝手の請求を許すものではない。原判決は用語において異る処があるけれども結局本判決と同趣旨に出たもので、その終局の判断は相当であり論旨は総て理由なきに帰する。」

その後も、同旨の判決がなされ[12]、有責配偶者の離婚請求を認めないという判例理論が確立していた。

(2) 緩和の傾向

もっとも、その後、社会の変化に対応して、このような判例理論を若干緩和する裁判例も見られた。

㋐　まず、婚姻の破綻について、双方の有責性を比較し、より有責性の多い配偶者の離婚請求は認めないが[13]、より有責性の少ない配偶者の離婚請求を認めるとするものである。たとえば、最判昭和30・11・24民集9巻12号1837頁は、次のような事案において、離婚請求を認めたものである。X（原告・被控訴人・被上告人）とY（被告・控訴人・上告人）は、大正3年に婚姻し（届出は大正5年）、東京に住み、5女1男を儲けたが、戦争中に郷里に疎開した。そして、昭和26年にXが長男の精神病治療を理由に、Yに無断で上京し、それ以来別居している。また、Yが昭和6年頃病気療養中に付添看護婦

15 日本における有責配偶者の離婚請求に関する判例の展開 [野村豊弘]

との間に性交関係を結んだこと、何度かYがXに暴力をふるったことが認められる。そこで、Xが離婚を請求した。原審判決は、Xの請求を認めたので、Yが上告した。その理由は、Xの主張する離婚原因は、Xの誘因行為に起因するものであって、大半の責任はXが負うべきものであるということである。最高裁は、次のように判示して、Yの上告を棄却した。

「原審が証拠によつて適法に認定した事実を総合すると、結局民法770条1項5号にいわゆる〝婚姻を継続し難い重大な事由があるとき〟に該当する、と当裁判所でも判断することができる。原判決ではX側にもいくらかの落度は認められるが、Y側により多大の落度があると認めているのである。かような場合にXの離婚請求を認めても違法とはいえない。」

(イ) また、婚姻が破綻した後に、夫が他の女性と同棲したとしても、そのことは有責行為にならないとしている。たとえば、最判昭和46・5・21民集25巻3号408頁は、次のような事案において、離婚請求を認めたものである。X(原告・被控訴人・被上告人)は、昭和36年にY₁(被告・控訴人・上告人)と結婚式を挙げたが、婚姻届をすると同時に、Y₁の父母であるY₂およびY₃と養子縁組をした。しかし、婚姻直後から、XとY₁らとの関係は円滑にいかず、子を儲けたにもかかわらず、結局破綻するに至った。その後、Xは、昭和42年頃、A女と同棲し、同女との間に女児を儲けている。Xが離婚および離縁を請求した。原審はXの請求を認めたので、Y₁らが上告した。最高裁は、次のように判示し、Xの請求を認めた。

「原審が適法に確定した事実によれば、Xは、Y₁との間の婚姻関係が完全に破綻した後において、訴外Aと同棲し、夫婦同様の生活を送り、その間に一児をもうけたというのである。右事実関係のもとにおいては、その同棲は、XとY₁との間の婚姻関係を破綻させる原因となつたものではないから、これをもつて本訴離婚請求を排斥すべき理由とすることはできない。右同棲が第一審継続中に生じたものであるとしても、別異に解すべき理由はない。」

(2) 判例の変更

このように、有責配偶者の離婚請求に関する判例理論は、緩和の傾向にあり、欧米諸国の破綻主義的な立法の動向を考えると、最高裁が判例を変更し、有責配偶者の離婚請求を認めることが予想されていたが[14]、昭和62年に、最高裁は、大法廷判決によって、有責配偶者の離婚請求を認めるに至った。すなわち、最判昭和62・9・2民集41巻8号1423頁である[15]。その事案は、次のとおりである。X（原告・控訴人・上告人）とY（被告・被控訴人・被上告人）とは、昭和12年に婚姻届をして夫婦となつたが、子が生まれなかつたため、同23年に訴外Aの長女Bおよび二女Cと養子縁組をした。XとYとは、当初は平穏な婚姻関係を続けていたが、Yが昭和24年ころXとAとの間に継続していた不貞な関係を知つたのを契機として不和となり、同年8月ころXがAと同棲するようになり、以来今日まで別居の状態にある。なお、Xは、同29年に、Aとの間にもうけたDおよびEの認知をした。Yは、Xとの別居後生活に窮したため、昭和25年2月、かねてXから生活費を保障する趣旨で処分権が与えられていたX名義の建物を24万円で他に売却し、その代金を生活費に当てたことがあるが、そのほかにはXから生活費等の交付を一切受けていない。Yは、右建物の売却後は実兄の家の一部屋を借りて住み、人形製作等の技術を身につけ、昭和53年ころまで人形店に勤務するなどして生活を立てていたが、現在は無職で資産をもたない。Xは、精密測定機器の製造等を目的とする二つの会社の代表取締役、不動産の賃貸等を目的とする会社の取締役をしており、経済的には極めて安定した生活を送つている。Xは、昭和26年ころ東京地方裁判所に対しYとの離婚を求める訴えを提起したが、同裁判所は、XとYとの婚姻関係が破綻するに至つたのはXがAと不貞な関係にあつたことおよびYを悪意で遺棄してAと同棲生活を継続していることに原因があるから、右離婚請求は有責配偶者からの請求に該当するとして、これを棄却する旨の判決をし、この判決はその後確定した。Xは、昭和58年12月ころYを突然訪ね、離婚並びにBおよびCとの離縁に同意するよう求めたが、Yに拒絶されたので、同59年東京家庭裁判所に対しYとの離婚を求める

旨の調停の申立をし、これが成立しなかつたので、本件訴えを提起した。なお、Xは、右調停において、Yに対し、財産上の給付として現金100万円と油絵1枚を提供することを提案したが、Yはこれを受けいれなかつた。原審判決は、Xの離婚請求を認めなかつたので、Xが上告した。最高裁は、次のように判示して、上告を認め、破棄差し戻しをした。

まず、一般論として、「1　民法770条は、裁判上の離婚原因を制限的に列挙していた旧民法（……）813条を全面的に改め、1項1号ないし4号において主な離婚原因を具体的に示すとともに、5号において『その他婚姻を継続し難い重大な事由があるとき』との抽象的な事由を掲げたことにより、同項の規定全体としては、離婚原因を相対化したものということができる。また、右770条は、法定の離婚原因がある場合でも離婚の訴えを提起することができない事由を定めていた旧民法814条ないし817条の規定の趣旨の一部を取り入れて、2項において、1項1号ないし4号に基づく離婚請求については右各号所定の事由が認められる場合であつても2項の要件が充足されるときは右請求を棄却することができるとしているにもかかわらず、1項5号に基づく請求についてはかかる制限は及ばないものとしており、2項のほかには、離婚原因に該当する事由があつても離婚請求を排斥することができる場合を具体的に定める規定はない。以上のような民法770条の立法経緯及び規定の文言からみる限り、同条1項5号は、夫婦が婚姻の目的である共同生活を達成しえなくなり、その回復の見込みがなくなつた場合には、夫婦の一方は他方に対し訴えにより離婚を請求することができる旨を定めたものと解されるのであつて、同号所定の事由（以下「5号所定の事由」という。）につき責任のある一方の当事者からの離婚請求を許容すべきでないという趣旨までを読みとることはできない。

他方、我が国においては、離婚につき夫婦の意思を尊重する立場から、協議離婚（民法763条）、調停離婚（家事審判法17条）及び審判離婚（同法24条1項）の制度を設けるとともに、相手方配偶者が離婚に同意しない場合について裁判上の離婚の制度を設け、前示のように離婚原因を法定し、これが存在

すると認められる場合には、夫婦の一方は他方に対して裁判により離婚を求めうることとしている。このような裁判離婚制度の下において五号所定の事由があるときは当該離婚請求が常に許容されるべきものとすれば、自らその原因となるべき事実を作出した者がそれを自己に有利に利用することを裁判所に承認させ、相手方配偶者の離婚についての意思を全く封ずることとなり、ついには裁判離婚制度を否定するような結果をも招来しかねないのであつて、右のような結果をもたらす離婚請求が許容されるべきでないことはいうまでもない。

　2　思うに、婚姻の本質は、両性が永続的な精神的及び肉体的結合を目的として真摯な意思をもつて共同生活を営むことにあるから、夫婦の一方又は双方が既に右の意思を確定的に喪失するとともに、夫婦としての共同生活の実体を欠くようになり、その回復の見込みが全くない状態に至つた場合には、当該婚姻は、もはや社会生活上の実質的基礎を失つているものというべきであり、かかる状態においてなお戸籍上だけの婚姻を存続させることは、かえつて不自然であるということができよう。しかしながら、離婚は社会的・法的秩序としての婚姻を廃絶するものであるから、離婚請求は、正義・公平の観念、社会的倫理観に反するものであつてはならないことは当然であつて、この意味で離婚請求は、身分法をも包含する民法全体の指導理念たる信義誠実の原則に照らしても容認されうるものであることを要するものといわなければならない。

　3　そこで、5号所定の事由による離婚請求がその事由につき専ら責任のある一方の当事者（以下「有責配偶者」という。）からされた場合において、当該請求が信義誠実の原則に照らして許されるものであるかどうかを判断するに当たつては、有責配偶者の責任の態様・程度を考慮すべきであるが、相手方配偶者の婚姻継続についての意思及び請求者に対する感情、離婚を認めた場合における相手方配偶者の精神的・社会的・経済的状態及び夫婦間の子、殊に未成熟の子の監護・教育・福祉の状況、別居後に形成された生活関係、たとえば夫婦の一方又は双方が既に内縁関係を形成している場合にはその相

手方や子らの状況等が斟酌されなければならず、更には、時の経過とともに、これらの諸事情がそれ自体あるいは相互に影響し合つて変容し、また、これらの諸事情のもつ社会的意味ないしは社会的評価も変化することを免れないから、時の経過がこれらの諸事情に与える影響も考慮されなければならないのである。

　そうであつてみれば、有責配偶者からされた離婚請求であつても、夫婦の別居が両当事者の年齢及び同居期間との対比において相当の長期間に及び、その間に未成熟の子が存在しない場合には、相手方配偶者が離婚により精神的・社会的・経済的に極めて苛酷な状態におかれる等離婚請求を認容することが著しく社会正義に反するといえるような特段の事情の認められない限り、当該請求は、有責配偶者からの請求であるとの一事をもつて許されないとすることはできないものと解するのが相当である。けだし、右のような場合には、もはや五号所定の事由に係る責任、相手方配偶者の離婚による精神的・社会的状態等は殊更に重視されるべきものでなく、また、相手方配偶者が離婚により被る経済的不利益は、本来、離婚と同時又は離婚後において請求することが認められている財産分与又は慰藉料により解決されるべきものであるからである。

　4　以上説示するところに従い、最高裁昭和24年（オ）第187号同27年2月19日第三小法廷判決・民集6巻2号110頁、昭和29年（オ）第116号同年11月5日第二小法廷判決・民集8巻11号2023頁、昭和27年（オ）第196号同29年12月14日第三小法廷判決・民集8巻12号2143頁その他上記見解と異なる当裁判所の判例は、いずれも変更すべきものである。」と判示している。

　そして、具体的に本件について、「前記一において説示したところに従い、右二の事実関係の下において、本訴請求につき考えるに、XとYとの婚姻については5号所定の事由があり、Xは有責配偶者というべきであるが、XとYとの別居期間は、原審の口頭弁論の終結時まででも約36年に及び、同居期間や双方の年齢と対比するまでもなく相当の長期間であり、しかも、両者の間には未成熟の子がいないのであるから、本訴請求は、前示のような特段の

事情がない限り、これを認容すべきものである。

　したがつて、右特段の事情の有無について審理判断することなく、Xの本訴請求を排斥した原判決には民法1条2項、770条1項5号の解釈適用を誤つた違法があるものというべきであり、この違法が判決の結論に影響を及ぼすことは明らかであるから、この趣旨の違法をいうものとして論旨は理由があり、原判決は破棄を免れない。そして、本件については、右特段の事情の有無につき更に審理を尽くす必要があるうえ、Yの申立いかんによつては離婚に伴う財産上の給付の点についても審理判断を加え、その解決をも図るのが相当であるから、本件を原審に差し戻すこととする。」と判示している。

　なお、このような多数意見に対して、佐藤裁判官は、次のような意見を述べている(16)。

　「一　民法770条1項5号は、同条の規定の文言及び体裁、我が国の離婚制度、離婚の本質などに照らすと、同号所定の事由につき専ら又は主として責任のある一方の当事者からされた離婚請求を原則として許さないことを規定するものと解するのが相当である。

　同条1項1号から4号までは、相手方配偶者に右各号の事由のある場合に、離婚請求権があることを規定しているところ、同項5号は、1号から4号までの規定を受けて抽象的離婚事由を定め、右各号の事由を相対化したものということができるから、5号の事由による離婚請求においても、1号から4号までの事由による場合と同様、右事由の発生について相手方配偶者に責任あるいは原因のある場合に離婚請求権があることを規定しているものと解するのが相当である。法律が離婚原因を定めている目的は、一定の事由の存在するときに夫婦の一方が相手方配偶者に対して離婚請求をすることを許すことにあるが、他方、相手方配偶者にとつては一定の事由のない限り自己の意思に反して離婚を強要されないことを保障することにもあるといわなければならない。我が国の裁判離婚制度の下において離婚原因の発生につき責任のある配偶者からされた離婚請求を許容するとすれば、自ら離婚原因を作出した者に対して右事由をもつて離婚を請求しうる自由を容認することになり、

15 日本における有責配偶者の離婚請求に関する判例の展開［野村豊弘］

同時に相手方から配偶者としての地位に対する保障を奪うこととなるが、このような結果を承認することは離婚原因を法定した趣旨を没却し、裁判離婚制度そのものを否定することに等しい。また、裁判離婚について破綻の要件を満たせば足りるとの考えを採るとすれば、自由離婚、単意離婚を承認することに帰し、我が国において採用する協議離婚の制度とも矛盾し、ひいては離婚請求の許否を裁判所に委ねることとも相容れないことになる。法は、社会の最小限度の要求に応える規範であつてもとより倫理とは異なるものであるが、正義衡平、社会的倫理、条理を内包するものであるから、法の解釈も、右のような理念に則してなされなければならないこと勿論であつて、したがつて信義に背馳するような離婚請求の許されないことはすべからく法の要求するところというべきであり、離婚請求の許否を法的統制に委ねた以上、裁判所に対して右の理念によつてその許否の判定をするよう要求することもまた当然といわなければならない。右のような見地からすれば、民法770条1項5号は、離婚原因を作出した者からの離婚請求を許さない制約を負うものというべきである。

　実質的にみても、婚姻は道義を基調とした社会的・法的秩序であるから、これを廃絶する離婚も、道義、社会的規範に照らして正当なものでなければならず、人間としての尊厳を損い、両性の平等に悖るものであつてはならないというべきである。また、婚姻は両性の合意のみに基づいて成立するものであることからすると、それを廃絶する離婚についても基本的には両性の合意を要求することができるから、夫婦の一方が婚姻継続の意思を喪失したからといつて、相手方配偶者の意思を無視して常に当該婚姻が解消されるということにはならないこともいうまでもない。そして、離婚が請求者にとつても相手方配偶者にとつても婚姻を廃絶すると同時に新たな法的・社会的秩序を確立することにあることからすると、相手方配偶者の地位を婚姻時に比べて精神面においても、社会・経済面においても劣悪にするものであつてはならないが、厳格な離婚制度の下においては離婚給付の充実が図られるものの、反対に、安易に離婚を承認する制度の下においては相手方配偶者の経済的・

社会的保障に欠けることになるおそれがあることにも思いを致さなければならない。有責配偶者からの離婚請求を認めることは、その者の一方的意思によつて背徳から精神的解放を許すのみならず、相手方配偶者に対する経済的・社会的責務をも免れさせることになりかねないことをも考慮しなければならないであろう。

そもそも、離婚法の解釈運用においては、その国の社会制度、殊に家族制度、経済体制、法制度、宗教、風土あるいは国民性などを無視することができないが、吾人の道徳観や法感情は、果たして自ら離婚原因を作出した者に寛容であろうか、疑問なしとしない。

以上の次第で、私は、婚姻関係が破綻した場合においても、その破綻につき専ら又は主として原因を与えた当事者は原則として自ら離婚請求をすることができないとの立場を維持したいと考える。

二　しかし、有責配偶者からの離婚請求がすべて許されないとすることも行き過ぎである。有責配偶者からされた離婚請求の拒絶がかえつて反倫理的であり、身分法秩序を歪める場合もありうるのであり、このような場合にもこれを許さないとするのはこれまた法の容認するところでないといわなければならない。

有責配偶者からされた離婚請求であつても、有責事由が婚姻関係の破綻後に生じたような場合、相手方配偶者側の行為によつて誘発された場合、相手方配偶者に離婚意思がある場合は、もとより許容されるが、更に、有責配偶者が相手方及び子に対して精神的、経済的、社会的に相応の償いをし、又は相応の制裁を受容しているのに、相手方配偶者が報復等のためにのみ離婚を拒絶し、又はそのような意思があるものとみなしうる場合など離婚請求を容認しないことが諸般の事情に照らしてかえつて社会的秩序を歪め、著しく正義衡平、社会的倫理に反する特段の事情のある場合には、有責配偶者の過去の責任が阻却され、当該離婚請求を許容するのが相当であると考える。

三　以上のとおり、私は、有責配偶者からされた離婚請求が原則として許されないとする当審の判例の原則的立場を変更する必要を認めないが、特段

の事情のある場合には有責配偶者の責任が阻却されて離婚請求が許容される場合がありうると考える。そして、本件においては、被上告人の離婚拒絶についての真意を探求するとともに、右阻却事由の存否について審理を尽くさせるために、本件を原審に差し戻すのを相当とする。」

このように、本判決は、従来の判例を変更し、有責配偶者の離婚請求を認めたのであるが、その要件として、①夫婦の別居が両当事者の年齢および同居期間との対比において相当の長期間に及んでいること、②夫婦間に未成熟の子が存在しないこと、③相手方配偶者が離婚によって精神的・社会的・経済的に極めて過酷な状態に置かれる等離婚請求を認容することが著しく社会正義に反するといえるような特段の事情のないことの3つをあげている。また、相手方配偶者の離婚による不利益は、離婚と同時または離婚後に請求することが認められている財産分与または慰藉料により解決されるべきであるとしている。

(3) その後の判例の展開(17)

そして、その後の多くの判決は、本判決の理論構成に従って、有責配偶者の離婚請求を判断している。たとえば、最判昭和62・11・24家月40巻3号27頁は、別居期間が約30年に及び、未成熟の子もなく、妻が離婚により精神的、社会的、経済的に極めて過酷な状態に置かれる等離婚請求を認容することが著しく社会正義に反するといえるような特段の事情のない事案において、有責配偶者である夫の離婚請求を認めた。また、最判昭和63・2・12家月40巻5号113頁は、別居期間が約22年に及び、未成熟の子もない事案において、有責配偶者である夫の離婚請求を認めなかった原判決を破棄し、差し戻した(18)。他方、最判平成元・3・28家月41巻7号67頁は、昭和62年の最高裁大法廷判決を引用しながら、別居期間が8年余である場合には、双方の年齢や同居期間を考慮すると、別居期間が相当期間に及んでいるということはできないから、夫の離婚請求は有責配偶者の離婚請求として棄却すべきものであると判示した。

これと反対に、平成2・11・8家月43巻3号72頁は、別居期間が約8年である事案において、長期間の別居期間が要求される趣旨について、「有責配偶者からの民法770条1項5号所定の事由による離婚請求の許否を判断する場合には、夫婦の別居が両当事者の年齢及び同居期間との対比において相当の長期間に及んだかどうかを斟酌すべきものであるが、その趣旨は、別居後の時の経過とともに、当事者双方についての諸事情が変容し、これらのもつ社会的意味ないし社会的評価も変化することを免れないことから、右離婚請求が信義誠実の原則に照らして許されるものであるかどうかを判断するに当たっては、時の経過がこれらの諸事情に与える影響も考慮すべきであるとすることにある（最高裁昭和61年（オ）第260号同62年9月2日大法廷判決・民集41巻6号1423頁参照）。したがって、別居期間が相当の長期間に及んだかどうかを判断するに当たっては、別居期間と両当事者の年齢及び同居期間とを数量的に対比するのみでは足りず、右の点をも考慮に入れるべきものと解するのが相当である。」と判示し、具体的な事案について「前記事実関係によれば、XとY都の別居期間は約8年であるが、Xは、別居後においてもY及び子らに対する生活費の負担をし、別居後まもなく不定の相手方との関係を解消し、更に、離婚を請求するについては、Yに対して財産関係の清算について具体的で相応の誠意があると認められる提案をしており、他方、Yは、Xとの婚姻関係の継続を希望しているとしながら、別居から5年余を経たころにX名義の不動産に処分禁止の仮処分を執行するに至っており、また、成年に達した子らも離婚については婚姻当事者たるYの意思に任せる意向であるというのである。そうすると、本件においては、他に格別の事情の認められない限り、別居期間の経過に伴い、当事者双方について諸事情が変容し、これらのもつ社会的意味ないし社会的評価も変化したことが窺われるのである（当審判例（最高裁昭和62年（オ）第839号平成元年3月28日第3小法廷判決・裁判集民事156号417頁）は事案を異にし、本件に適切でない）。」と判示し、Xの離婚請求を認めなかった原審判決を破棄し、差し戻した。

15 日本における有責配偶者の離婚請求に関する判例の展開 ［野村豊弘］

⑿　最判昭和29・11・5民集8巻11号2023頁、昭和29・12・14民集8巻12号2143頁、最判昭和36・4・7家月13巻8号86頁、最判昭和37・5・17家月14巻10号97頁、最判昭和54・12・13判時956号49頁等。

⒀　最判昭和38・10・15家月16巻2号31頁等。

⒁　水野・前掲論文156頁。

⒂　本判決については、星野英一＝右近健男「有責配偶者からの離婚請求大法廷判決＜対談＞」法学教室88号（1988年）6頁、久貴忠彦「有責配偶者の離婚請求」ジュリスト897号（1987年）48頁、滝沢聿代「有責配偶者の離婚と今後の課題」判タ680号（1989年）19頁、加藤美穂子「有責配偶者離婚請求問題への疑問」森泉章ほか編『続民法学の基本問題――内山尚三・黒木三郎・石川利夫先生古稀記念』第一法規（1993年）503頁、大村敦志・判例研究・法学協会雑誌125巻6号（1994年）111頁、右近健男・判例研究・家族判例百選〔第5版〕（2002年）28頁等参照。

⒃　そのほか、離婚給付について、2人の裁判官による補足意見がある。

⒄　昭和62年判決およびその後の判例の展開について、佐々木典子「有責配偶者からの離婚請求」姫路法学5号（1990年）53頁、吉田欣子「有責配偶者からの離婚請求」慶應義塾大学法学部編『慶應義塾大学法学部法律学科開設100年記念論文集　三田法曹会篇』（1990年）75頁、竹井正臣「重婚的内縁・有責の夫からの離婚請求事件」名城法学40巻2号（1991年）93頁、中川淳「有責配偶者離婚訴訟の動向」法律のひろば42巻4号（1989年）61頁、5号（1989年）39頁、宮崎幹朗「有責配偶者からの離婚請求事件にみる破綻主義の現状と課題」愛媛法学会雑誌19巻1号（1992年）39頁、小野剛「有責配偶者の離婚請求をめぐる最近の判例の動向」早稲田法学69巻4号（1994年）151頁等参照。

⒅　同旨の判決として、最判昭和63・4・17家月40巻7号171頁（別居期間が約16年）、昭和63・12・8家月41巻3号145頁（別居期間が約10年3ヶ月）等がある。

III おわりに

　有責配偶者の離婚請求について、最高裁判例は、それ以前の判例を変更し、離婚を認めるようになった。判例の変更およびその後の判例の展開は、離婚を緩やかに認める方向に向かうものであるが、日本の社会が離婚に対して寛容になっていることを反映しているものと考えられる。そして、さらに、その背景には、諸外国において破綻主義立法によって離婚を広く認めるようになっていることの影響が大きいものと推測される。

　このような判例の展開を受けて、法制審議会民法部会においても、夫婦別姓、嫡出子と非嫡出子の平等化と並んで、離婚についても検討がなされ、平成8年2月に改正要綱が決定された[19]。それによると、裁判上の離婚原因として、「夫婦が5年以上継続して婚姻の本旨に反する別居をしていること」、「婚姻関係が破綻して回復の見込みがないとき」をあげている。しかし、この要綱は、結局立法されるに至っていない。したがって、現在のところ、昭和62年の最高裁大法廷判決を中心とする判例理論によって破綻離婚が認められているが、離婚を認める要件に関して明確性に欠けるといわなければならない。離婚請求がなされたそれぞれの事件について、個別的に判断することによって妥当な結論が得られるとはいえ、客観的に明確な要件を定める改正要綱案の方が優れているといわなければならない。要件の画一性から生ずる妥当でない結論は、相手方配偶者等の事情を考慮して、一定の場合には離婚を認めない旨の条項（いわゆる過酷条項）によって離婚が制限されるとすれば足りると考えられる。前述の改正要綱では、「離婚が配偶者又は子に著しい生活の困窮又は耐え難い苦痛をもたらすときは、離婚の請求を棄却できるものとする」としている。また、破綻離婚の場合について、「離婚の請求をしている者が配偶者に対する協力及び扶助を著しく怠っていることによりその請求が信義に反すると認められるときも同様とするものとする」として、離婚の請求を棄却できることを認めている。要するに、夫婦の一方が相手方

を追い出す単意離婚を容易に認めない歯止めを設けているのである。日本で離婚の大部分を占める協議離婚においても、性格の不一致など実質的な破綻離婚となる理由によるものが多いと思われるが、社会においても、離婚に対する否定的な反応は少なくなってきているように思われる。そこで、このような社会の変化に応じて、法制審議会の要綱に沿った改正が行われることを期待したい。また、たとえばフランスのように1975年に破綻主義的な離婚法の改正が行われたが、その後も何度か改正がなされている。とくに2004年には、手続を含めて大きな改正が行われている。日本においても、法制審議会の要綱をもう一度見直す必要があるように思われる。

(19) 民法改正要綱に先だって、改正要綱試案が平成6年7月に公表されているが、これについて、神谷遊「離婚原因としての『5年の別居』」民商111巻4・5号（1995年）805頁、田口直樹「有責配偶者の離婚請求と民法改正要綱試案における過酷条項について」家月47巻9号（1995年）1頁参照。

16 有責配偶者の離婚請求に関する判例の動向と現況

申　栄　鎬

　I　はじめに――離婚法制の変化と有配偶者の離婚請求
　II　学　　説
　III　判例の動向と現況
　IV　結　び

I　はじめに
　　　――離婚法制の変化と有責配偶者の離婚請求

　有責配偶者の離婚請求を認めるべきかという問題は、20世紀になって裁判上離婚制度が有責主義から破綻主義に移行することによって登場したものである。破綻主義離婚法制下では、婚姻破綻という客観的な事実の有無が離婚の認否を決定するため、原告の有責如何は問題にならないからである。しかし、近代民法上最初に破綻主義を導入した立法例で知られている1907年のスイス民法は、消極的な破綻主義の立場をとって「深刻な破綻が主に一方配偶者の責任に帰属する時は、他方の配偶者だけが離婚の請求ができる（同法第142条の第2項）と規定して、有責配偶者の離婚請求を禁止している[1]。このように、離婚法制が消極的な破綻主義をとるか積極的な破綻主義をとるかによって、有責配偶者の離婚請求の認否が違ってくる。
　1922年12月7日「朝鮮民事令」第11条の改正によって、旧日本民法上の裁判上離婚制度が依用される以前、韓国の離婚制度の典型は「七出三不去」[2]に代表される棄妻形式であった。周知のように、日本の旧民法上の裁判上離

婚制度は有責主義をとっていたため、現行民法が裁判上離婚原因の一つとして、第840条の第6号で「其他婚姻を継続しかねない重大な事由がある時」を規定する前は、有責配偶者の離婚請求問題は議論の対象ではなかった。裁判上離婚原因を規定する第840条の第1号ないし第5号は具体的・個別的な離婚原因、第6号は抽象的・包括的な離婚原因、第1号ないし第4号は有責主義的な離婚原因、そして第5号ないし第6号は無責主義的・破綻主義的な離婚原因とする点では同じ見解であるが、有責配偶者の離婚請求の認否に関する明文の規定をおいてないため、第840条の第6号が消極的な破綻主義の立場であるか、それとも積極的な破綻主義を規定しているかをめぐる疑問を提起した。

60年代以来の学説の主流は、消極的破綻主義と解釈して来たが、判例の立場は、第840条の第1号から第5号の具体的な離婚原因を第6号の例示とみることなく、現行民法の裁判上離婚法制は有責主義を基調にするというものであった[3]。このような状況の中で大法院は、1987年4月14日の判決（86ム28）を通じて積極的破綻主義に一歩近づくような立場を表明した。判例の立場が積極的破綻主義を全面的にも部分的にも採用したわけではないとしても、有責配偶者の離婚請求が認められる例外的な場合が明確にされたのである。このような判例の一歩進んだ立場の定立とともに、1990年の第7次民法改正を通じて財産分割請求制度が導入されてから、積極的破綻主義を積極的に考慮しようとする学説が有力に主張されている。そこで、本稿では有責配偶者の離婚請求の認否に関する学説の動向を整理して、上記の1987年判例以後の有責配偶者の離婚請求に関する判例の傾向を分析して、今後有責配偶者の離婚請求の認否について望しい立場は何かを摸索しようとする。

(1) 1992年に公表された婚姻・離婚法分野の改正予備草案は、協議離婚と類似した双方の請求による離婚（第115条）を新設して、積極的な破綻主義に移行しようとする。即ち、同予備草案の第119条は「夫婦一方の責任にすることができず、また夫婦共同体の福祉にかなり顕著な問題を発生させる重大な

理由によって、その者に婚姻の継続が期待できない場合には、各配偶者は離婚の請求ができる」とし、同第120条は「夫婦一方が他方の離婚訴訟に明示的に同意した時、また離婚を求める反訴を提起した時には、双方に離婚請求に対する規定を準用する」と規定している。

(2) 1905年4月29日に法律第2号で制定された「刑法大全」第578条によって、「七出三不去」は「五出四不去」に変更され、1908年7月25日に法律第19号からなる「刑法大全」の第2次改正によって、この制度は削除された。

(3) このような立場を表している代表的な判例としては次を挙げる。即ち、離婚の訴は、原告が主張する事由による裁判上離婚請求の理由の有無に関する判断を求めるもので、民法第840条の各号の規定する離婚事由ごとに裁判上離婚請求ができる故、法院は原告が主張した離婚事由に関してのみ審判すべきであり、原告が主張しなかった離婚事由に関しては審判をする必要がなく、その事由によって離婚を命じてはいけない（大法1963.1.31. 62ダ812）。

II 学　説

有責配偶者の離婚請求の認否に関する学説の立場は、積極的な破綻主義の立場をとる積極説も有力に主張されたが、だいたい消極的な破綻主義に立脚した消極説、または制限的な消極説が主流をなしていた。そのなかで、上記の判例の登場と1990年の民法改正を契機に、学説の動向も少しずつ変化していく。これを概観しよう。

1　1990年家族法改正以前
(1) 消　極　説

有責配偶者の離婚請求は排斥されるべきという見解で、その根拠として、①婚姻の道義性と社会通念、②追出し離婚の可能性、③無責配偶者の保護、④信義誠実と権利濫用禁止の原則等を提示している[4]。消極説を支持する学者だちが憂慮しているのは、女性の地位が男性に比べて劣位にある現実と、配偶者の財産分割請求権を認めず、子女養育など子女の利益保護に充分配慮

していなかった、1990年改正前の民法における離婚後の弱者保護の不備であった(5)。

　しかし、1960年代になり、このような消極説は段々制限的な消極説の立場に代替される。学説の主流は、有責配偶者の離婚請求は原則的に認められないが、例外的に特殊な事情がある場合には有責配偶者の離婚請求でも一律的に排斥することはできないという立場に整理される。但し、具体的にどういう事由がある時に有責配偶者の離婚請求が例外的に許容されるかについては、若干異なる立場を示している。即ち、①他方に婚姻破綻の主な責任があるか、夫婦双方に多少の責任または重大な責任がある場合(6)、②有責者の過失がある前にすでに婚姻破綻の事実がある場合(7)、③婚姻破綻した夫婦が各々事実婚をしていた場合(8)、④子女問題、慰藉料と離婚被害者の保護問題、離婚意思の有無と有責の程度が充分考慮できる場合(9)、⑤別居期間が長くてとても圓満な夫婦としての回復が不可能だと判断される時、被告にも離婚意思があって離婚の断りがかえって報復的な感情から出たと判断される、または相互有責であるか、原告の有責性が被告の有責性より軽い時(10)、⑥被告にも離婚意思があってその離婚意思が反訴として表示された場合、または被告に離婚意思があると認定されるが傲気や反感などから表面的に離婚を拒否する場合、原告の有責性と婚姻破綻との因果関係が認定されない場合、原告に軽い責任があって被告に重な責任がある場合、双方が同じ程度の責任がある場合(11)という主張等があった。

(2) 積極説

　婚姻破綻がある限り、当事者の有責性如何とは関係なく各当事者は離婚請求権を取得する、という無制限の積極説が主張された例はない。積極説の立場を披瀝しながらも離婚請求権の行使が婚姻の倫理性に依拠する信義則とか社会秩序に違反する場合には、権利濫用の法理によって制限されるだけ、という制限的な積極説が少数説として主張されたことがある(12)。第840条の第6号の規定趣旨によれば、破綻した家庭なら無責当事者はもちろん有責当事

者も離婚請求ができる故、有責配偶者の離婚請求も原則的には許容されるが、例外的に離婚請求が許容されない場合がある。即ち背恩忘徳な有責配偶者または生活保障のない当事者のためには、有責配偶者の離婚請求が許容されてはならないという意味で解釈すべきであるという見解もこれに属する[13]。

2 1990年家族法改正以後

有責配偶者の離婚請求が例外的に許容できる基準を明白に提示した上記の判例が登場し、1990年の第7次民法改正を通して離婚後の弱者保護のための諸般装置が用意されるにつれて、有責配偶者の離婚請求排斥の法理は厳格に適用されるべきという見解が通説化するようになる[14]。代表的な見解を引用すると次のようである。婚姻関係がすでに破綻しているところ離婚を拒否するとしても婚姻の復元が可能になるわけではない故、排斥の法理を厳格に適用して、次のような要件が充足された場合には離婚を許容するのが望しい。第1、協議離婚との関連から見て、被告配偶者にも離婚意思がある時には原告が有責であっても離婚を拒否する理由はない。被告自身が反訴を提起している場合や、被告の離婚不応がもっぱら原告に対する報復的な感情から出た場合には、被告にも原告との正常的な婚姻関係を継続する意思がないと見てよく、原告請求の棄却を求める被告の主張は支持されるに価しないといえる。第2に、原告の有責行為が婚姻破綻の主な原因でない場合には離婚を認容する方がよい。第3に、夫婦関係は相互的なもので破綻の責任も両者にあるのが普通である故、原告の責任が被告の責任より大きくない場合、同程度の責任がある時には離婚請求を許容してもよい。最後に、原告を主な有責者といえるためには、原告の責任は、被告の責任に比べて大きいだけでなく、破綻をもたらした他の客観的な事情と比較しても大きくなければならず、そうでない場合は離婚請求を容認してもよい。有責配偶者が離婚請求拒否をする場合、法理の適用範囲は限定されるだろう[15]。

さらに、有責配偶者の離婚請求に関する近来の一連の判例を評釈するなか制限的な積極説を取り入れながら[16]、判例の傾向も、有責主義的な基調を

維持していくだろうが、その一方、少しずつ破綻主義の領域をも広げる方向に行くと展望している(17)。

(4) 鄭光鉉『韓国家族法研究』(ソウル大学校出版部、1967) 801頁；李根植・韓琫熙『新親族相続法』(一潮閣、1978) 125頁。

(5) 鄭光鉉「結婚前の不貞行為に関した審判」『法曹』第14巻第7号46頁；同『韓国家族法研究』(ソウル大学校出版部、1967) 801頁；韓琫熙「有責配偶者の離婚請求」『法曹』第13巻第9号53頁；李根植・韓琫熙『新親族相続法』(一潮閣、1978) 125頁；李兌栄『韓国離婚法研究』(梨花女子大学校出版部、1969) 303頁。

(6) 李根植「不貞な行為」『司法行政』第6巻第6号115—6頁。

(7) 張庚鶴「有責主義と破綻主義」『法政』第18巻第5号57頁。

(8) 鄭範錫「有責配偶者の離婚請求」『法曹』第19巻第5号154頁。

(9) 李兌栄前掲書303頁。

(10) 韓琫熙『比較離婚法』(一潮閣、1976) 726頁。

(11) 金疇洙『親族・相続法』第二全訂版(法文社、1978) 175—6頁。

(12) 金容漢「不貞な行為の解釈」『法曹』第12巻の第3号76頁；姜永虎「有責配偶者からの離婚請求—大法院判例を中心として—」『金疇洙教授華甲記念 現代家族法と家族政策』(三英社、1988) 194頁。

(13) 鄭範錫「有責当事者の離婚請求に関した小稿(下)」『司法行政』1985年10月号52頁。

(14) 金疇洙『親族・相続法』第5全訂版(法文社、1998) 193—195頁；高貞明『韓国家族法』(教文社、1991) 162頁；梁寿山『親族相続法』(日新社、1993) 281頁。

(15) 朴秉濠『家族法』(韓国放送通信大学、1991) 121—122頁。

(16) 崔文基「有責配偶者の離婚請求に関する判例の動向」『慶星大学校論文集(人文・社会篇)』第18輯2巻(1997) 154頁；李凞培「有責配偶者の離婚請求許容法理と展望—対象判決：大法院1996．6．25．宣告94ム741判決—」『高鳳法学』第2巻(1997) 229—230頁。

(17) 李和淑「姦通罪告訴配偶者の離婚取下と有責配偶者の離婚請求」『家族法

研究』第9号（韓国家族法学会、1995）170頁；韓三寅「有責配偶者の離婚請求」『考試界』1997年4月号150頁。

Ⅲ　判例の動向と現況

1　動　　向

(1)　1987年4月14日判決以前の判例の動向

　有責配偶者の離婚請求を排斥したリーディングケースは、大法院1965年9月21日宣告65ム37判決であるといわれている。これは被告の姙娠不能で原告が蓄妾行為をして婚姻が破綻し、原告が婚姻破綻を理由として離婚請求をした事例であった。この判決は、有責配偶者の離婚請求許容認否に関して、大法院が初めて立場を明らかにしたものとして意義があるとされる[18]。無論、旧民法時代の判例の中で、有責配偶者の離婚請求を認容した例もあったし[19]、1960年代初頭の下級審や大法院の判例は、有責配偶者の離婚請求を否認しながらも極めて例外的にこれを容認したこともあった[20]。いずれにしても、上記の判決の後、大法院は有責配偶者の離婚請求を拒否する立場を明らかにした[21]。その理論的な根拠を明示した判決の要旨は次の通りである。原告と被告の間に六兄弟があるのに、原告が不貞行為を恣行したため、原告と被告が別居するようになり、被告が子女を養育している間に起きた原告の離婚請求事件である。大法院は、婚姻関係破綻に及んだ理由がただ当事者一方の帰責事由に基因する場合、その帰責事由を起こした当事者が婚姻を続けられない重大な事由があるとして、これを原因に裁判上の離婚原因として主張できるなら、婚姻関係を故意に破棄した不法を行った人に対して離婚請求権を認める不当な結果が発生することになり、そういう事態を法律が容忍するなら、憲法が保障する婚姻の純潔と婚姻当事者の貞節は期待できない結果になるだろう。したがって、婚姻当事者の一方が婚姻生活の破綻に原因を与え、その破綻が完全にその帰責事由に起因する場合には、相手が裁判上の離婚請求をする場合でない限り、帰責事由がある当事者自身が婚姻を続けられ

ない重大な事由があるとして裁判上の離婚を請求することはできない、と解釈しなければならない[22]。

(2) 1987年4月14日判決

1987年4月14日判決は、婚姻破綻の全的なまたは主な責任が原告にある場合にはその離婚請求は排斥されなければならないという以上のような判例の立場、そして、長期間の別居で両当事者とも事実婚関係を結んでその間に子女を出産しているなら両者が夫婦に戻るのは不可能で、別居原因が日帝強占期の強制徴用であれば、夫婦関係破綻の責任は両者にあるため、民法第840条の第6号所定の其他婚姻を続けられない重大な事由がある場合に該当するとして、相互有責の場合には有責配偶者の離婚請求も許容されるという大法院の1986年3月25日宣告85ム85判決[23]より、破綻主義に一歩近づいたと評価されている判決である[24]。事案は次のようである。乙女（被請求人）と婚姻した甲男（請求人[25]）が丙女と内縁関係になり、家庭破綻が起り、甲男は乙女に協議離婚を要求した。しかし、乙女はこれを拒否し裁判上離婚を請求し、甲男と丙女を姦通罪で告訴して処罰を受けることになり、これにより甲男は医師としての資格も失ってしまった。ところが、この離婚審判請求が送達不到達、住所不補正で却下され、また、続けて乙女と別居していた甲男は丙女から婚姻または相当額の慰藉料の支払を要求されるようになり、乙女との裁判上の離婚を請求した事例である。

このような事実関係に基づき大法院は、

> 「不貞行為を犯した配偶者を姦通罪で告訴できるのは、婚姻の純潔を保障するために法律が認めた権利であり、不貞行為を犯した配偶者が自分の過ちを反省したとしても、訴を取り消し婚姻関係を持続する義務が生じるのでもないため、被請求人が上記のように請求人の過ちを容恕しなかったとしても、婚姻関係の破綻において被請求人にもその責任があるとは言えず、上記婚姻の破綻は唯一請求人の責任ある事由に起因するというべきである」。「婚姻の破綻に責任のある配偶者が、その破綻を原因として離婚を請求することが出

きないと当院は数次にわたって判示したところであるが、それは婚姻の破綻を招来した者に裁判上の離婚請求権を認めることが、婚姻制度の要求する道徳性に根本的に反し、配偶者一方の意思による離婚ないし追出し離婚を認める不当な結果になってしまうので、婚姻の破綻にもかかわらず離婚を希望しない相手配偶者の意思に反しては離婚できないようにしただけであり、相手配偶者にもその婚姻関係を維持する意思がないことが客観的に明らかな場合までも破綻した婚姻関係を維持させる趣旨ではないので、相手配偶者が離婚の反訴を提起する場合、または表面的には傲気や報復的な感情から離婚に応じないが、実際は婚姻関係を維持する意思がないと見える行為をするなど、離婚の意思が客観的にみて明らかな場合は、婚姻の破綻に全的な責任のある配偶者の離婚の請求だとしても、これを認めるのが相当であるということができ、そのような場合に際してまで離婚を拒否し婚姻を続けさせることは、両方とも婚姻関係を維持する意思がない婚姻関係が形式的に持続することによって、有責配偶者の私的な報復を助けることに過ぎない故、これを是認することはできない。

　この事件で請求人と被請求人との婚姻関係が唯一請求人の責任で破綻されたとみなされるべきことは、上記でみた通りであるが、その一方、被請求人が原審の認定のように過ちを後悔する請求人を許さず、姦通罪で服役させた上、請求人と被請求人の婚姻生活の経済的・社会的基礎となる請求人の医師資格まで失われる結果を招来し、服役を終えた請求人を受入れず冷待して別居中となり、上の姦通罪告訴とともに被請求人が請求人に対して提起した離婚審判請求が被請求人の意思によって取下られたのではなく住所補正の不備などを理由に却下されたにすぎないなら、実は請求人と婚姻関係を維持する意思がまったくなかったにもかかわらず、被請求人の提起した離婚審判請求が上のように却下され、形式上婚姻関係が維持されていることを口実に、ひたすら報復的な感情だけで表面的にその離婚を拒否したとみる余地が充分ある」

と判示した。

　婚姻制度が要求する道徳性に照らして、有責配偶者の離婚請求は許容できないが、被告にも離婚意思が客観的に明白な場合は例外的に許容されるとい

う趣旨である。そして、被告の離婚意思が客観的に明白な場合として、この判例は、①被告の反訴提起、②意地とか報復的な感情で表面的には離婚に応じていないが、実際には被告に婚姻の持続と両立できない行為がある場合をあげている。この判決で判例が変更されたと見る立場もあるが[26]、有責配偶者の離婚請求が許容できる基準として被告の離婚意思が客観的に明確な場合を提示した判例であるとみるのが妥当であろう。

2　現　況

　婚姻破綻があっても有責配偶者の離婚請求は許容できないという判例の立場は上記の判決以後にも持続される。その理由としては、裁判上離婚に関してはいわゆる有責主義を採択している点があげられている[27]。したがって、民法第840条の第6号所定の離婚事由について全的なまたは主な責任がある一方当事者がする離婚請求[28]、相互有責の場合にも婚姻破綻の主な責任が原告にある場合[29]、または原告の責任が被告の責任より重大だと認められる場合[30]には離婚請求が許容されない。その反面、双方有責で原告に全的または主な責任がない場合[31]、原告の責任が被告の責任より重大でない場合[32]、被告の過ちが原告の有責事由による婚姻の破綻と関係なしに生じた場合[33]、または双方の責任である場合[34]には、有責配偶者の離婚請求でも容認される。有責主義による典型的な法理といえる。以下では、有責配偶者の離婚請求が例外的に許容される場合のうち、被告の離婚意思が客観的に明だとみることができる次のような場合に対する法院の態度を検討することにする。

(1)　反訴提起の事実

　婚姻破綻の原因が競合され、両者が本訴と反訴をもって離婚請求をした場合、反訴請求の原告に有責性が認められてもこれは認容される[35]。したがって、訴訟費用の負担に関する問題はあるが、結果的には原告と被告の婚姻関係は解消される。しかし、被告の反訴提起事実だけで有責配偶者の本訴

が認容されるのではない。即ち、大法院は、

> 「婚姻生活の破綻について主な責任がある配偶者は、原則的にその破綻を事由として離婚の請求ができないが、ただし、相手方もその破綻以後、婚姻を続ける意思がないことが客観的に明白でありながら、意地や報復的な感情で離婚に応じてないなど、特別な事情がある場合のみ例外的に離婚の請求ができ、有責配偶者の離婚請求に対して相対方が、その主張事実を争いながら、他の事実を出して反訴で離婚請求をするとしても、そのことだけですぐ相手方は婚姻を続ける意思がないのに意地や報復的な感情で有責配偶者の離婚請求に応じないとは断定できない。
>
> この事件からみると、被告は、子供が離婚に反対し、また何の生計手段もない状態で離婚に応じることはできないという理由で、原告の離婚要求を拒否して来たということが分かり、また被告は、いままでは子供に迷惑になると思って原告の離婚要求を拒否したが、原告がこの事件で本訴を提起した後、子供に言い表せないような乱暴をはたらくのをみて親としてこれ以上、親と子供の間が悪くなるのにたえられず離婚を決心するようになったと主張している点などからみると、被告は原告との婚姻を続ける意思がないのに、意地や報復的な感情で原告の離婚請求に応じなかったとみることはできない」[36]。

とした。

(2) 離婚に関する合意の存在

婚姻関係が破綻した以後、協議離婚の合意はあったが離婚届出がなかったら、単純に当事者の間に離婚に関する合意があったという事実だけでは、民法第840条の第6号に該当する裁判上の離婚事由とみることはできず、したがって、婚姻破綻の責任のある者の離婚請求は許容されない[37]。なぜなら、「夫婦はお互いに理解したり助け合ったりして圓満な婚姻生活の維持に努力しなければならないもので、婚姻生活のなかで夫婦が一時、離婚に合意して慰藉料の名目でお金をあげたりもらったりしても、それによって夫婦関係が回復できないほど破綻して、夫婦双方が離婚の意思で事実上夫婦関係の実体を解消したまま生活してきたなど、特別な事情がない限り、そういう離婚の

合意の存在だけではこれを民法第840条の第1項第6号の裁判上離婚事由である婚姻を続けない重大な事由に該当するとはいえず」[38] 協議離婚することに合意したが原告がその合意を履行せず離婚訴訟を提起した場合、被告が訴訟過程で婚姻を続ける意思を明らかにし、被告が実際には婚姻を続けたい意思がないのに、意地や報復的な感情から表面的に離婚に不応するとみなす事情がない限り、有責配偶者の離婚請求は許容されない[39]。

(3) 姦通罪告訴

原告の姦通事実を理由に、被告が原告を姦通罪で告訴した事実がある場合である。裁判上の離婚請求は姦通罪の告訴要件であり、その取下は告訴取消とみなされるため（刑事訴訟法第229条）、被告にも離婚意思が客観的に明らかに存在すると見ることができるからである。姦通罪の被訴の後、有責配偶者の離婚請求についてこれを認容した判決としては次が挙げられる。

① 甲男（請求人）と乙女（被請求人）は結婚の直後から乙女の過度な浪費による経済的な圧迫と性格上の違いで圓満でない夫婦生活をしてきたところ、夫婦の関係が悪化して別居することになり、甲男が精神的な苦痛で神経精神科病院に入院したにもかかわらず、1回も訪れることなく、そのうち甲男は自分の看護を担当していた丙女に人間的に惹かれて退院後同居するようになったが、この事実を知った後も乙女は家庭正常化のための何の措置もしないまま、甲男側の家族と離婚慰藉料額に関してのみ協議してきたが合意できず、甲男を相手に離婚請求をすると同時に、甲男と丙女を姦通罪で告訴して拘束させた後、甲男側の家族から、一切の民・刑事上の異議を提起しないという約定で示談金を受けて姦通告訴を取下げ、乙女が提起した離婚事件は乙女の不出席で取下とみなされた後、甲男が提起した離婚請求であるなら、甲男と乙女の婚姻関係は双方の責任で破綻されたもので、乙女が離婚を反対しているが、上記の事実から見れば甲男との婚姻を続ける意思があるとはみえず、心では婚姻を続ける意思がないのに表面上だけ離婚に不応している点から、有責者の甲男の離婚請求は認容されなければならない[40]。

② 乙女が配偶者である甲男を姦通罪で告訴して実刑で服役させた後、慰藉料、養育費の支払を条件に、自由意思で離婚すると合意した後、甲男が丙女と同居して子を出産するのを放置したまま、10年間お互いに何の連絡も取らず、甲男と他人として生活してきた場合なら、乙女に甲男と婚姻を続ける意思があるとはみなし難く、そのように乙女が本音では甲男との婚姻を続ける意思がないのに表面的には離婚に不応しているとしたら、たとえもともと甲男に不正行為があるとしても今の破綻の責任を甲男だけでとることはできない故、破綻した婚姻の解消を願う甲男の離婚請求は認容されるのが望ましい(41)。

しかし被告が原告を姦通罪で告訴して裁判上の離婚請求をしたり離婚に合意した事実があったりしても被告に実際に婚姻を続ける意思と同居する意思が全然なく単に原告に苦痛を与えるために離婚に合意していないなどの特別な事情がなくては、婚姻の破綻に対して全的な責任がある原告には裁判上の離婚請求権がない(42)。だから、乙女と甲男との夫婦の婚姻生活は甲男が姦通罪で刑事処罰を受けることによって決定的に破綻され、その破綻の主な責任は甲男の不貞行為にあったのは明白といえるが、婚姻関係の清算を姦通罪の告訴提起ないしは訴追の要件としている制度の趣旨にてらして、この件のように乙女の告訴によって甲男に対して姦通罪の有罪判決が確定された以上、甲男に対して、破綻された従前の婚姻関係の持続を強要することはできないと説示して、結局このような場合には民法第840条第6号所定の裁判上の離婚事由である「其他婚姻を継続しにくい重大な事由」があると見て、たとえ婚姻関係の破綻に関して責任のある配偶者の離婚請求といえども、これを許容すべきだとした原審判決について、大法院は、

「婚姻生活の破綻に対して主な責任を持っている配偶者はその破綻を事由として離婚を請求できないのが原則で、ただ相手もその破綻後、婚姻を続ける意思のないことが客観的に明らかで、だた意地や報復的な感情で離婚に合意していないだけなどの特別な事情がある場合に、例外的に有責配偶者の離婚請求権が認められるというのが当院が判決で示してきた法理である。姦通

罪の告訴を提起するためにはまず離婚訴訟を提起しなければならないという規定があり、告訴事件の第１審の判決宣告の前に姦通罪の告訴を取り下げなかったため有罪判決が宣告された場合に、姦通で婚姻生活を破綻に落とし入れた有責配偶者の離婚請求が認容されるべきだと解釈するのは無理である。

　よって、原審がこの件における夫婦の婚姻生活の破綻が主に甲男の姦通行為によることだという判断をしたとしたら、乙女が離婚審判請求を取下たことはただ甲男を苦しめるための手段に過ぎず、実際には乙女も婚姻を続ける意思がないと判断できる特別な事情があったか否かをあわせて調べる前には、ただ乙女の告訴で甲男が姦通罪の有罪判決を受けたという事由だけで、有責配偶者である甲男の離婚請求を認容することはできない」[43]。

と判示して原審を破棄して差し戻した。

　配偶者の姦通に対処して相姦者を処罰して配偶者の悔心を誘導するために告訴する場合もある現実を考慮して、姦通罪の告訴だけで被告の離婚意思が客観的に明白だとは言えないというのが判例の態度であるといえよう。

(4)　長期間の別居

　婚姻関係が長期間の別居で破綻になって婚姻を続けることが難しい状態であっても、その破綻の原因が蓄妾や妻子の遺棄、其他偽善的な行動など原告の帰責事由にその原因があり、また別居のきっかけやその過程、それ以後の状況などに照らして被告に婚姻を続ける意思がないと見られない限り、原告に離婚請求権が認められない[44]。しかし別居後、両方とも他人と同居していて20年間以上を夫婦としての実体のない状態で暮してきたのならば、この婚姻はもう破綻されたといえ、その責任の大小は決めかねないため、民法第840条第6号の婚姻を続ける重大な事由になり、このような場合には例外的に有責配偶者の離婚請求も許容される[45]。

　(18)　金疇洙、注11)　176—178頁。
　(19)　姜永虎・前掲論文の注20) 参考。

⑳　これに関しては李兌栄・前掲書207—214頁参考。
㉑　大法1966．6．28．66ム9；大法1967．6．27．67ム12；大法1969.12．9．69ム31；大法1971．6．8．71ム18；大法1972．1．31．71ム35；大法1974．6．11．73ム29；大法1977．2．8．76ム29；大法1979．2．13．78ム34；大法1979．6．26．79ム19；大法1982．5．11．80ム60；大法1982．9．28．82ム37；大法1982．12．28．82ム54；大法1983．3．22．82ム57；大法1983．6．28．82ム55；大法1983．7．12．83ム11；大法1984．6．26．84ム33；大法1984．7．10．84ム7；大法1984.12．11．84ム90；大法1985．7．23．85ム20；大法1986．2．25．85ム79；大法1986．3．25．85ム98；大法1986．3．25．86ム13；大法1986．9．23．86ム24ム。
㉒　大法1971．3．23宣告70ム41。この判決要旨によると双方有責の場合には有責配偶者の離婚請求は認容できるようになった。例えば、次の大法1986．3．25．85ム85がそれである。
㉓　この判決に関した評釈は金疇洙「有責配偶者の離婚請求権」『法律新聞』第1649号（1986．8．25．）16頁を参考すること。
㉔　この判決に関した評釈としては金疇洙、「有責配偶者の離婚請求が例外的に認容された事例」『判例月報』1987年10月号35頁以下；朴泰浩「有責配偶者の離婚請求」『法曹』第374号94頁以下；具然昌「有責配偶者の離婚請求」『慶熙法学』第23巻第1号265頁以下；金由美「有責配偶者の離婚請求」『判例月報』第220号34頁以下がある。
㉕　現行家事訴訟法は家事訴訟において当事者を原告・被告で表示しているが、旧家事審判法ではこれを請求人・被請求人で表示したことがある。この論文では判決原文をそのまま引用した場合以外は現行法上の用語である原告・被告で表記する。
㉖　李凞培・前掲論文222頁。
㉗　離婚に関して有責主義を採用している現行の法制では有責配偶者は特別な事情がない限り、民法第840条の第6号の所定の婚姻を続けない重大な事由を上げて離婚を求めることはできない（大法1987．9．22．87ム8）。
㉘　大法1989.10.13．89ム785；大法1993．3．9．92ム990。
㉙　大法1989．6．27．88ム740；大法1990．8．10．90ム408。
㉚　大法1990．3．27．宣告88ム375。

⑶ 甲男(請求人)と乙女(被請求人)の婚姻は僅かな不和はあったが、回復不能の程度に破綻されたとはいえない状態だった。しかし、甲男が結婚の前に付き合っていた丙女との書信件で、誤解と疑心が深くなって別居するようになって婚姻関係が破綻された事例で大法院は"有責配偶者という場合の有責性とは婚姻破綻の原因になった事実に基礎して評価するもので、婚姻関係が完全に破綻された後のことで判断するものではない"とこの事件の事実関係だけでは甲男に主な原因があるとは断定できず、婚姻生活の破綻を招来する経緯は大体に複雑微妙でその責任が当事者の片方だけにあるとは確定できない場合が多いため、夫婦の間の婚姻関係が回復できないぐらい破綻されたなら、離婚請求人に全的もしくは主な責任を問うべき事由でその破綻の原因が造成された場合でない限り、婚姻請求は許容されなければならないと判示している(大法1988. 4. 25. 87ム9)。同趣旨の判決としては大法1991. 12. 24. 91ム528がある。

⑶ 民法第840条の第6互の所定の「其他、婚姻が続けかねない重大な事由がある場合」に該当するものを離婚事由としている離婚審判請求において請求人と被請求人の間の婚姻関係が当事者双方の責任ある事由で破綻になった場合には、請求人の責任が被請求人の責任より重いと認定されない限り請求人の離婚請求は認容されなければならないだろう(大法1990. 3. 27. 88ム375)。同趣旨の判決としては大法1991. 1. 11. 90ム55；大法1991. 7. 9. 90ム1067及び大法1992. 11. 10. 92ム549がある。

⑶ 大法1990. 9. 25. 89ム112。

⑶ 大法1990. 7. 10. 89ム631、648。

⑶ 「甲男と乙女の間の婚姻の破綻原因が、甲男とその父母の乙女に対した冷待、甲男が乙女に生活費もあげないで夫婦喧嘩の後には乙女を殴打するなど、不当な待遇から始まって、乙女の家出と乙女が甲男の職場で行った騒乱などもその原因に競合される一方、甲男と乙女が本審・反審請求をもって各々離婚審判を請求しているなら、二人は婚姻を続ける意思のないことが明白で、たとえ乙女に家出などの過ちがあるとしてもすでに破綻された婚姻の解消を望む乙女の離婚請求(反審)はこれを認容するのが当然である」。(大法1987. 12. 8. 87ム44、45)。他方、甲男(請求人・反審被請求人)と乙女(被請求人・反審請求人)は医療保険加入目的で結婚式まえに婚姻届出したが、手術

結果乙女の病名が子宮根腫で性生活が不可能で出産もできないことが判明され、その事実を知った甲男側は甲男が宗家の長男であることを理由として婚姻に反対して、離婚に合意して協議離婚確認手続まで終えたが、乙女側は戸籍上離婚と記載されるのはよくないと訴訟をもって婚姻無効審判を受けて解決することにし、甲男が乙女を相手に婚姻無効確認審判を提起したがその事件審理の間、上記の婚姻申告において当事者の間に婚姻の合意があったことが明らかになって不適法却下されて、そういうなかで協議離婚上の届出期間を徒過して離婚届出できず別居していた間、甲男が離婚審判請求（本審）を出しこれに乙女が反審で離婚審判を請求したことについて、婚姻届出後、妻である乙女の出産不能とか甲男と離婚合意があったということだけでは裁判上の離婚事由にはならず、このような事由で婚姻関係がすでに破綻になったら甲男により大きい責任があるところ、有責配偶者である甲男としてはそのような事由で婚姻の解消を求めるのはできないと判断して乙女の反審請求を認容した事例もある（1991. 2. 26. 89ム365、367）。

(36) 大法1998. 6. 23. 98ム15、22。
(37) 大法1990. 5. 11. 90ム231。
(38) 大法1990. 9. 25. 89ム112。
(39) 大法1993. 2. 12. 92ム778。
(40) 大法1987. 9. 22. 86ム87。この判例についての評釈には李相錫「有責配偶者の離婚請求の認容」『司法行政』第331号56頁以下；具然昌「有責配偶者の離婚請求」『民事判例研究』第11輯（博英社、1989）317頁以下がある。
(41) 大法1988. 2. 9. 87ム60。この判決に対した評錫は李相錫「有責配偶者の離婚請求の認容」『大韓弁護士協会誌』第143号96頁以下を参照すること。
(42) 大法1991. 11. 22. 91ム23。
(43) 1993. 11. 26. 91ム177、184。この判決についての評釈は、呉昌洙「有責配偶者の離婚請求と離婚意思」『判例月報』第283号17頁以下及び李和淑前掲論文164頁を参照すること。同趣旨の判例には1997. 5. 16. 97ム155がある。
(44) 大法1989. 10. 24. 89ム426；大法1990. 3. 27. 89ム235；大法1990. 4. 24. 89ム1214；大法1990. 4. 27. 90ム95；大法1996. 11. 8. 96ム998等参照
(45) 1991. 1. 11. 90ム552。

Ⅳ 結 び

　有責配偶者の離婚請求の認否に関する判例の立場と現況を整理すると次のようになる。

　第1に、判例は現行民法上の裁判上の離婚制度を有責主義に基づいていると見ており、有責配偶者の離婚請求は許容できないという立場を変わらず維持している。

　第2に、有責配偶者の離婚請求でも例外的に許容できる要件を明示した前記の1987年4月14日の大法院判決は、これによって判例の立場が積極的破綻主義に一歩進むことになったと評価するには不充分で、有責主義の厳格性がすこし緩和されたものと見るべきであろう。ただこの判決の直後一時的には、有責配偶者の離婚請求の許容の如何に対する法院の立場から若干の積極性を見ることができたといえよう。

　第3に、例外的に有責配偶者の離婚請求が認容されるための要件を判断するにあたっては、若干の錯綜を見せている。即ち、前記の判例は、原告の有責行為で婚姻関係が破綻されたが、被告にもその婚姻をつづける意思のないことが客観的に明らかな場合まで、破綻された婚姻を続けるよう強要することはできず、例として①被告の反訴提起、②傲気と報復的な感情で表面的には離婚に不応しているが実際には被告に婚姻を続けることと両立できない行為がある場合を摘示している。このような立場は大法1993. 2. 12. 宣告92ム778判決まで判例として続いている。しかし大法1993. 11. 26. 宣告91ム177、184判決では「相手もその破綻があった後、婚姻を続けたい意思がないことが客観的に明らかで、だた傲気と報復的な感情で離婚に応じていないなどの特別な事情がある場合だけ例外的に有責配偶者の離婚請求権が認められることが当院が判決で明らかにしてきた法理」と説示している[46]。要するに、被告にも離婚意思のあるのが明らかであるのに傲気と報復的な感情で離婚に応じていない場合に限って、有責配偶者の離婚請求が例外的に許容されると

いうことである。ということで、被告が単に反訴を提起したとか被告の姦通罪告訴で原告が刑事処罰を受けたという事実だけでは有責配偶者の離婚請求が許容できないとしている。1990年の民法改正によって、充分とは言えないが離婚後の弱者保護のための補完が施されたことを勘案すると、判例の立場も有責配偶者の離婚請求に対してより積極的な方向に向っていくという学界の展望とは違って非常に硬直した立場を見せているのである。

判例のように現行民法上の裁判上離婚制度を有責主義に基づいていると解釈する限り、有責配偶者の離婚請求は排斥されるほかない。また判例はこのような立場を堅持することによって、夫の不当な離婚請求を拒否して経済力がなく、離婚意思もない妻を保護しようとしているのである。そうしながらも判例は有責配偶者の離婚請求を一律的に排斥する場合に現れる副作用、即ち形骸化された形式的な婚姻関係を存続させることによって必然的に発生することになる重婚的な事実婚と、これらを法的な保護価値がある事実婚でないとして放置せざるを得ない悩みの末、有責性の比較、有責行為と破綻との因果関係、反訴請求の有無、相手の権利濫用等を考慮してその厳格性を緩和しているのである。

女性の社会的・経済的な地位が低く、離婚のあとの弱者保護が不充分な状況では判例のような立場は一面妥当だといえよう。しかし改正民法が施行された1991年以後にも有責主義の厳格性がそのまま維持されるべきかは疑問である。現行離婚法の離婚規範の二重性による矛盾ではあるが、自由放任的な離婚を支えながら実際の離婚においても圧倒的多数を占めている協議離婚の場合には別の制約を加えず、裁判離婚のなかでも極少数に過ぎない有責配偶者の離婚請求の場合だけ婚姻・離婚の倫理性・道徳性・社会性を厳格に求めて婚姻秩序の安定と弱者である妻・子の保護を図ろうとする不均衡は克服されなければならない。

現行離婚法制を積極的な破綻主義の法理に基づいて再構成すべきかは長期的課題に属するだろう。まず現行法に基づいて制限的・積極的破綻主義に近接するための新しい判断基準を模索すべきである[47]。図式的な有責主義法

理と言える ① 婚姻関係が破綻したか否か、② その破綻に対する法的評価を通じた有責性の比較、③ 権利濫用の如何を判断して有責配偶者の離婚請求の認否を決定する現在の判例の立場は変更されるべきであると考える。

(46)　そのあと現在まで有責配偶者の離婚請求事件で判決要旨は全部これと同一である（大法1995. 11. 21.　95ム731；大法1996. 6. 25.　94ム741；大法1996. 11. 8. 96ム998；大法1997. 5. 16.　97ム155等）。

(47)　一説はその基準として日本の野田愛子判事の所説の ① 長期間の別居、② 婚姻関係の破綻、③ 和合の努力や家庭法院の調停不可能、④ 未成熟子の福祉を害せず、妻も経済的に困窮でないこと ⑤ 婚姻関係の回復可能性がないことを提案にしている（李凞培・前掲論文228頁）。

17　伝貰権の歴史と解釈

尹　大　成

Ⅰ　序　説
Ⅱ　伝貰権の沿革
Ⅲ　伝貰権の立法
Ⅳ　伝貰権といわゆる未登記伝貰との関係
Ⅴ　伝貰権の法的構造論
Ⅵ　結語：これからの展望

Ⅰ　序　説

1　伝貰権の制度的意義

　伝貰権〔*jeon-se-kkwon*〕とは、伝貰金〔*jeon-se-geum*〕を支払って他人の不動産を占有し、その用途に従って使用・収益し、その不動産全部につき、後順位権利者その他の債権者より伝貰金の優先弁済を受ける権利である（法303条1項）。
　韓国民法における伝貰権制度は、慣習法としての伝貰制度を成文化したものである。これは、本来、韓国の都市における住宅取引関係の慣行であり、慣習法の領域に属していたが、民法典制定により、制定法上の物権として定められたのである。即ち、韓国民法における伝貰権は、西欧法制を継承している他の財産法分野とは異なり、その起源を東アジア特有の慣行[1]に遡るという点において特殊性を有する。
　特に、朝鮮後期に出現した慣習を調べると、家舎典当文記〔*ka-sa-jeon-dang-mun-gi*〕にも記されているとおり、金銭消費貸借の担保[2]や債務の弁済[3]の

手段として、家屋が債権者に取られ、債権者は家屋を占有して使用・収益し、債務者が債務を弁済できなければ家屋の所有権を取得するというものがあった[4]。これは、家屋賃貸借と金銭消費貸借の複合形態であるようにも考えられるが[5]、家屋所有権を中心に置いて考えると、債権者は、債務者が債務を弁済する時まで家屋を占有して使用・収益し、債務者は、債務を弁済すれば家屋を取り戻すことができ、弁済できなければ債権者に家屋の所有権を取られてしまうことから、終局的には、債務の担保として提供された家屋の所有権帰属に帰着する担保制度としての機能を果たすのである[6]。故に、債務者は、家屋を担保として容易に金銭融通を受けることが可能になり、債権者は、自分で家屋を占有して使用・収益することにより、融通した金銭の利子充当を受け、金銭が回収されれば家屋を債権者に返還し、回収できずとも家屋の所有権を取得するので、債権回収が確実となる。即ち、伝貰制度の基本構造は債権担保制度であったのである。

民法典制定により伝貰権は物権となったが、それと同時に、物権変動に関して形式主義が採用されたことによって、伝貰権は、他の物権と同様に、その設定に際して登記を要するようになった（法186条）。民法典制定当初より、伝貰権の登記が実際に履行されるか否かについては、懐疑的な見方[7]がなされたが、伝貰権が物権として定められながらも、契約自由の原則を根拠として、従来慣習による登記なき伝貰関係の設定も禁止されなかった[8]。物権としての伝貰権に対する懐疑論が、民法典制定に際して伝貰権を物権としながらも、未登記伝貰の利用可能性をそのまま残したのである。

2 伝貰権の社会的機能

韓国では朝鮮戦争後、急速に都市化したことで住宅不足が深刻になり、都市部の住宅普及率が住宅需要に追いつかず、伝貰〔*jeon-se*〕による住宅確保が喫緊の課題となった。そのような事情で、金銭が必要な人は住宅の余裕空間を伝貰に入れることで簡易な金銭融通を受け、住宅を持たない人は伝貰により住居を確保するようになった。

伝貰を利用する住宅取引関係は、様々な形でその慣習を形成してきたが、民法典制定で伝貰権が物権となったことで、伝貰関係に関する法的基準は統一化・確定化した。これによって、住宅をはじめとする不動産伝貰関係に入ろうとする市民は、如何に伝貰を成立させ、如何なる保護を受けられるかという予測をしやすくなったのである。

しかしながら、このような伝貰制度の大きな変化は、容易に市民の中に浸透しなかった。市民は、登記等の煩わしさを避け、民法上の伝貰権ではなく慣行上の登記なき伝貰をそのまま利用したのである。これは、住宅の所有者が、所有権を制限するような強い物権としての伝貰権を設定することや、伝貰権登記によって金融機関等に住宅を担保提供する際に制約を受けること、伝貰金等の登記により所得が公に知らされるのを嫌うこと、伝貰権登記に必要な書類の交付が面倒であること、また、登録税等の負担をしたくないこと等の様々な要因から[9]、また、自分の住宅を利用しようとする者より有利な地位にあることを利用して、登記を回避しているためであると考えられる。

それでも、住宅等の不動産を所有しながら自らその不動産を使用・収益する必要のない人や、使用・収益できない人にとっては、金融機関等による難しい金銭融通をしなくても、その住宅等の不動産所有権を保有しながら自分の不動産を担保提供することにより簡易な金銭融通が可能であることから、伝貰の利用は日々増加する趨勢を見せてきた。この状況は産業化乃至都市化の進展に伴い、更に拡大するものと予測される。特に、住居用建物（住宅）に限らず、商業用建物においても同じ傾向が著しくなるだろう。

3 本論では伝貰権に関して、まず、〈Ⅱ〉伝貰権の沿革では、伝貰が、伝統社会において如何に形成され、日本統治時代の朝鮮民事令において如何に変容したか、米軍政時代、Lobingier, C.の韓国民法典草案では伝貰権を如何に立法しようとしたかを論じ、次に、〈Ⅲ〉伝貰権の立法では、〈1〉民法典編纂と伝貰権の制定、〈2〉民法典改正と伝貰権の改正に分けて、伝貰権が如何に制定・改正されたかを論じた後、立法過程で論議された、〈Ⅳ〉伝

貰権といわゆる未登記伝貰との関係を検討し、最後に、〈Ⅴ〉伝貰権の法的構造論において、伝貰権の法的性質を中心に判例及び学説の論点を分析する。

(1) 中国の典、当、典当又は日本の質、家質と並んで、東アジアの物的担保制度の慣行と、その起源をともにすることを伝貰権の沿革と立法例から確認することができる。

(2) 国立中央図書館所蔵、古文書、2102、1-406番
　　光緒十二年丙戌十二月　日　前明文
　　右明文　以要用所致……

(3) ソウル大・奎章閣、古文書、182644番
　　手票
　　右手票事段　以報債次……

(4) ソウル大・奎章閣、古文書、178123番
　　大韓光武二年戊戌十月十五日　前明文
　　右明文事段　以要用所致　右人前　似係面梨井洞立接草家久間　前空垈四間
　　井以前銭文正佰参拾伍
　　両条件典当為去乎　正月三十日為限　而若過此限則　永永次持之意　成文以給事
　　　　家舎主　高生員奴時舎（左）
　　　　証　筆　李生員奴蔘山（寸）

(5) 朝鮮総督府取調局『慣習調査報告書』(1913) 243頁；民議院法制司法委員会民法案審議小委員会『民法審議録（上巻）』(1957) 182-183頁

(6) 尹大成［ユン・デソン］『韓国伝貰権法研究』(1988) 125頁

(7) 国会事務処「速記録」31号 (1957) 12頁、蘇宣奎［ソ・ソンギュ］議員の補充問題を見ると、伝貰権の登記について懐疑的な立場をとっている。

(8) 民法案の審議経過で、「登記をせずに本章の伝貰権（物権）とならずとも、従来慣行の伝貰契約としてはその効力を生じるので、このような債権関係も、可及的に本章の規定が類推適用される（債権的性格に反しない限り）」としたことで、登記をしなければ民法上の伝貰権とはならないが、従来慣行の伝貰契約としては効力があるとした。民議院法制司法委員会民法案審議小委員会（注5）183頁

(9) 伝貰権の登記が履行されない要因に関する分析は、尹大成（注6）268-271

頁参照

Ⅱ　伝貰権の沿革

1　伝統社会における伝貰：伝貰権法前史

(1)　家舎典当〔*ka-sa-jeon-dang*〕の慣行と法律関係

　韓国では、貸借形式による物的担保制度として、早くから典当〔*jeon-dang*〕というものが行われてきた。そのうち、家舎〔*ka-sa*〕（家屋）を目的物とする家舎典当〔*ka-sa-jeon-dang*〕は、朝鮮時代後期以降に見られるようになる。

　家舎典当に関する古文書によると、家舎典当は三類型に分けられる[10]。その一は、債権の担保として家屋の占有を移転し、当該債権の弁済期が過ぎると家屋所有権も移転するというものである。これは占有質としての家舎典当である。その二は、家屋を債権の担保とし、典当の目的物としながらも、占有は移転せず、弁済期が到来するまでの間、当該家屋の使用料を債権者に支給するというものである。これは非占有質としての家舎典当である。その三は、前二者の場合とは異なり、家屋そのものを典当の目的物とせずに、家舎の文券〔*mun-gwon*〕（家券）〔*ka-gwon*〕を典当の目的物とするものである。これは文書質としての家舎典当である。これら家舎典当の三類型は、いずれも占有質か非占有質としての家舎典当であるといえる。

　家舎典当の法律関係は次のようなものである[11]。即ち、家舎典当は金銭消費貸借等により生じた債務の弁済を担保する為のものであった。担保目的物の指定は、占有質としての家舎典当の場合には、実際に占有を移転する目的の家屋を示すことによってなされ、非占有質の場合には、家屋の所在等を明記することによってなされたが、文書質の場合には、担保目的物である家契〔*ka-gye*〕（家券）の占有移転によってなされた。家舎典当成立の際には、債権者への家屋占有移転の有無を問わず、「明文」〔*myeong-mun*〕あるいは「手票」〔*su-phyo*〕といった書類を必ず作成した。家舎典当の存続期間が終了するのは、大抵の場合、金銭消費貸借による債務の弁済期であった。占有質

の存続期間は105日であったが、非占有質は3年という長期間であった。しかし、文書質の存続期間は一定ではなく、1年3ヶ月という長期間もあったが、むしろ1年未満という短期のものが普通であった。家舎典当の内容は、占有質の場合には、利息に関する定めがなく元本のみを返せば家屋が返還され、万一弁済期に元本を返済できないと、債権者が自動的に家屋所有権を取得することになる。即ち、家屋を使用・収益する権利と債権の利息は、相殺されると考えるべきである。非占有質の場合には、家屋の占有を債権者に移転せず、債務者が家屋を使用・収益をする代わりに定められた利息を元本と合わせて期限までに返さなければならないが、弁済期が過ぎても、債権者に家屋所有権が当然に移転するということはない。債権者が家屋所有権を取得するためには、売買価格として定められた金額を債務者に対して追加的に支給しなければならない。文書質の場合には、元本と利息を返済できなければ、家契（家券）の所有権は債権者に移転する。即ち、債権者は、家券によって家屋所有権を取得することになる。最後に家舎典当の消滅原因であるが、非占有質の場合、弁済期が到来しても債務不履行だけでは当然に消滅しないが、普通は、非占有質や文書質の場合には流質特約が付いているため、弁済期に債務不履行があれば、担保目的物である家屋の所有権は債権者に移転し、典当は消滅する。

　朝鮮時代の公証制度変遷にともなう家舎典当文記の効力の変遷について見てみると[12]、債権者が、典当の目的物とした土地につき官による確認を要求する為に立旨〔rip-ji〕を請求した例もあるが、元来、典当に関する権利の保存や権利の主張をする際に立案〔rip-an〕や立旨を要する例は少なかった。しかし、開国〔Kae-guk〕502年（1893年）に漢城府〔Han-seong-bu〕において、初めて家屋所有権を証明する官文書であり家券とも呼ばれていた家契が発給されると、やがて他の都会地でも発給されるようになり、家屋売買の際には旧契〔ku-gye〕を返納して新契〔sin-gye〕を受け取り、家舎典当をする場合には当事者が所管官庁に申請して家契原簿にその趣旨の懸録〔hyeol-rok〕（登録）を受けるようになった。既に有名無実化していた立案制度への回帰とい

う意味合いを持っていたこの家契制度は、一部の都会地以外では行われていなかったが、家契を所持しない者は、その権利を第三者に対抗することができなかった。さらに、光武〔Kwang-mu〕10年（1906年）10月26日には「土地家屋証明規則」による証明制度が、隆熙〔Ryung-heui〕2年（1908年）7月16日には「土地家屋所有権証明規則」による証明制度が施行される。「土地家屋証明規則」が施行されるまでの過渡的制度であった「土地建物の売買、交換、譲与、典当に関する件」（光武10年（1906年）10月16日）によると、土地や建物を典当の目的とするときには、所有者が契券〔kye-qwon〕及びその事由を書面で明らかにし、土地や建物の所在地の里長〔ri-jang〕及び面長〔myeon-jang〕の証印〔jeung-in〕を受けた後、郡守〔kun-su〕又は府尹〔pu-yun〕の認可を受けなければならず、郡守又は府尹の認可を受けると、直ちに登記簿に記入された。また、登記すべき事項が登記されていないと第三者への対抗力が認定されなかった。さらに、「土地家屋証明規則」及び同規則施行細則によれば、土地や家屋を典当の目的物とするときは、その契約書に統首〔thong-su〕又は洞長〔dong-jang〕の認証を受けた後、郡守又は府尹の証明を受けることになっていた。このように、家舎典当も近代化途上において、証明制度による近代化の過程を歩んできたのである。

(2) 伝貰の慣行と法律関係

伝貰の慣行を知るためには、まず伝貰文記〔jeon-se-mun-gi〕を分析するべきである。何故なら、伝貰関係成立に際して、一定の定型文書である伝貰文記を作成することにより権利関係を明らかにして後日の紛争に備えたことは、土地売買、相続、典当の場合と同様であるからである。

伝貰文記は、公刊されている資料によると、大きく二つに分けられる。一つは、京城〔Kyeong-seong〕（ソウル）のもの[13]であり、もう一つは、地方のもの[14]である。

伝貰文記の分析によれば、伝貰の法律関係は次のとおりである[15]。まず、伝貰の原因について、京城では記載しなかったが、地方では「要用所致」と

記載した。おそらく朝鮮後期の田畓放売文記〔*jeon-dap-phang-mae-mun-gi*〕等の記載に倣ったものと見られる。「要用所致」との記載からは、特に金銭の必要により生じる金銭消費貸借が大部分であったと分かる。次に、伝貰の目的物であるが、「瓦・草家幾間」とか「瓦家幾間」等と記載され、家屋の構造と数量のみを表示していた。即ち、書面上は家屋のみを目的とするものと分かる。しかし、慣習上は、家屋の敷地（建物以外の部分）が同一の所有者に属するときは、家屋の譲渡又は典当は当然敷地にも及び、家屋の売買及び典当には当然に敷地も含まれるものと看做されており、例外的に家屋のみを目的として敷地を除外する売買や典当の場合には、特にその趣旨を明記したのである。したがって、書面上は伝貰目的物が家屋のみであっても、その敷地も包含されるものと考えなければならない。さらに、伝貰成立に際しては「明文」という伝貰文記を作成しなければならない。文記上の年月日は、文記作成日付であり、法律行為をなした日付となる。たとえ口頭で契約し、後日文記を作成した場合でも、作成日付を契約日付とみていた。伝貰の存続期間（伝貰期間）については、京城では「限百日」と明記されていたが、地方では記載しなかった。京城では伝貰期間が100日であったと分かるが、地方は不明である。京城では期間の定めのない場合に期間を100日とする慣例があり、伝貰の最長期間が100日であった。即ち、伝貰期間を書面上記載しないものは期間の定めがないものとして考えるべきであろう。最後に、伝貰の内容については、伝貰文記は「伝貰以金銭文幾千両乙準数捧上」、「銭文幾千両貰給為去乎」等の記載により伝貰金額とその受領事実を明らかにしている。伝貰金が「幾千両」とされていることからは、これが家屋の時価に近接する額であると分かり、「貰」〔*se*〕は物権の貸借という語義であることから、目的物である家屋の占有を移転するものであると知ることができる。また、これらのことから家儈〔*ka-hwe*〕・家主〔*ka-ju*〕及び貰主〔*se-ju*〕の守約責任の大きさが窺える。

伝貰文記の効力については、伝貰立旨〔*jeon-se-rip-ji*〕と家契懸録〔*ka-gye-hyeol-rok*〕から知ることができる[16]。まず、伝貰立旨は家舎典当と同じく地

方行政官庁から発給される証明の一種であり、当事者が請求した事実に対して発給するものである。この伝貰立旨の手続及び内容を見ると、伝貰関係の当事者である家主、貰主、家儈が連署し、訴状又は請願書を具備して管轄の官庁に提出することにより伝貰の事実を認定するものであり、公証を受けるものであることが分かる。当事者が提出した訴状又は請願書の余白や末尾には「貰為立旨成給事」と記載し、その日付を記載後、当該官庁の捺印をもって成立する。つまり、伝貰立旨は伝貰関係の事実の認定であり、相対的効力を有するだけなのである。これに対して、家契制度の実施により伝貰にも適用されるようになった家契懸録は、伝貰関係の当事者である家屋の所有主と貰借人〔se-cha-in〕が連署し、請願書を漢城府等に提出することによってなされるのが慣例であり、その懸録は家契の裏面になされていた。懸録を受けてこれを家契に記入すると、その権利を第三者に対抗することができた。また、家契懸録の効力は家屋の敷地にも及んだ。但し、懸録手続をしていない家契も無効とはされることはなかった。

(3) 以上のように、家舎典当と伝貰について見てきたところによると、朝鮮後期以降に慣行となった伝貰慣習は、朝鮮後期の貸借型物的担保制度である占有質としての家舎典当が、公証制度乃至証明制度の変遷にともなって変容し、形成されたものであるということが分かる[17]。

2　日本の朝鮮民事令における伝貰
(1)　「朝鮮民事令」による伝貰慣習の歪曲
　日本の朝鮮旧慣制度調査事業に関する「慣習調査報告書」で報告された伝貰慣習の内容を見ると、「伝貰とは、朝鮮において最も一般的に行われている家屋賃貸借の方法であり、賃借するときに借主から一定の金額（家屋の代価の半額乃至七、八割が通例）を家主に寄託し、借賃を別途支払わず、家屋返還の時に至ってその返還を受けること」[18]であるとしている。即ち、伝貰は月貰〔wol-se〕とともに家屋賃貸借の一種として考えられていたのである。

伝貰の対抗力については、地方によっては家主が借主に伝貰文記を交付する慣例があるが、京城（ソウル）では貸主と借主が連署した請願書を漢城府に提出して家契懸録を受ける慣例があり、この手続きが履行され、家契懸録を受けてこれを家券に記入した場合には第三者に対抗することができるとしている。また、家屋の所有者が変更した場合には、貸主である前所有者が伝貰金を返還するときに借主は家屋を明け渡すのであるが、京城では家契懸録を受ける慣例があることから、家契懸録がない場合には、たとえ伝貰金の返還を受けられなかったとしても、借主は新所有者に明渡しを拒絶することができないとしている。伝貰期間については通常は1年であるとする一方、契約により一定ではなく、期間の定めがない場合もあるが、京城においては期間の定めがない場合に期間を100日とするとしている。しかし、期間の更新については慣習がなく、伝貰期間内には互いに解約をすることができなくても期間経過後は何時でも解約することができ、予告期間を別途定めることはないが、貸主が解約をする場合には、家屋の明渡しの際に借主が移転するために必要な日数を猶予することを要し、京城では瓦家は15日、草家は10日間の猶予期間を認めているとしている。また、家屋の修繕については貸主が負担するが、小修繕は借主の負担に属するとしている。

　以上の伝貰慣習についての報告に対して、韓国の伝貰慣習が、その固有性から近代法における賃貸借と同じ法的構成をとることが困難であるにもかかわらず、これを同種の家屋賃貸借として考えているところに批判の余地がある[19]。

　さらに、日本統治時代の判例によっても伝貰慣習は歪曲された。即ち、初期の朝鮮高等法院判決では、「伝貰契約による家屋使用権者が、家屋所有者の承諾を得て、その権利を第三者に譲渡することにより完全にその関係から離脱し、又は当該契約を持続しながら、その家屋を転貸することは、朝鮮における慣習」[20]であるとして、伝貰権の譲渡性を認定し、後期の朝鮮高等法院判決では「朝鮮における伝貰契約は、伝貰権者から相手方に対して伝貰金を交付し、所定期間相手方所有の家屋を占有使用することでその家賃及び伝

貰金の利息を相殺させることを内容とする双務契約であり、当該契約に基づく伝貰権者の地位は任意にこれを移転し、又、所有者の承諾を得て占有家屋を他人に転貸することができるのが慣習であり、その期間満了後に於いては、当事者の一方が相手方に対して家屋又は伝貰金の返還を請求することができるが、相手方の返還義務の履行があるまで自己の義務履行を拒絶することができるとは言えない」[21]として、伝貰慣習に関する判例を確立するに至った。これにより伝貰慣習の本来の姿は失われ、朝鮮民事令により施行された日本民法の典型契約である賃貸借の一種へと歪曲された。

　一方、日本統治時代の学説によっても伝貰慣習は歪曲された。吉田平治郎[22]は、伝貰は他人の所有に属する家屋を占有して使用する法律関係であり、家屋使用の賃金と寄託金の利息は相互にこれを請求できないとしながらも、伝貰は賃貸借と消費寄託を合わせた一種の債権関係であり、これを物権と認定することはできないとし、賃貸借と比較した上で伝貰に特別な効力が認定されることはない、即ち、伝貰＝賃貸借であるとする伝貰賃貸借論を主張した。

　また、浅見倫太郎[23]は、家屋の貸借を貰家と呼び、これには月貰と伝貰の二つがあるとしたが、伝貰は賃料前払いを受けて賃貸期間を定めることから売買代金の支給と大差がないとして、伝貰を賃料前払いによる賃貸借であると考えていた。

(2)　「伝貰慣行の実証的研究」[24]における伝貰慣習

　この研究によると、伝貰の社会的機能について三つの説がある。その一は、当事者の主観に立脚し、伝貰契約の最も重要な要素である他人の家屋を使用するということに着目した賃貸借型機能説である。その二は、伝貰契約が賃貸借と区別される特色として、家屋使用に対して伝貰金を支給するという点に着目したものである。即ち、一時に多額の金員（通常、該当不動産の時価の6～7割程度）が伝貰金として交付されるが、所有者にとっては、単に毎月金員を受ける場合の煩雑さや金員を受け取れない危険が減少する点で有利で

あるだけでなく、伝貰により所有家屋が担保化され、所有者側から見る限りでは、実質的に不動産質と何ら変わらないことから、これを担保制度であるとする不動産金融型機能説である。その三は、伝貰入者から見れば賃貸借であり、家屋所有者から見れば金融の意味を持つとして両方の機能を肯定する説である。この中で、特に注目すべきは、伝貰を担保制度であるとする不動産金融型の社会的機能である。

ところで、担保権には物権性が要求される。朝鮮の慣習では、借主が、その権利を第三者に対抗することができないのが原則であるが、家契に懸録を受け、これを家屋の文券に記入した場合には、第三者に対抗できるようになる。特に京城において、家契懸録による物権性取得の手段が認定されていた。しかし、家契制度は「土地家屋証明規則」によって廃止されたため、伝貰が物権性を取得する可能性は失われてしまった。

とはいえ、伝貰契約が、家屋所有者側から見た場合に不動産質と変わらないという、担保制度としての社会的機能を有していることを無視することはできない。また、公示方法による対抗力附与の有無が物権と債権を区別する絶対的基準であるわけでもない。伝貰において直接支配性と譲渡性という物権的性質が維持されている限りは、家契制度廃止により公示方法が失われたことだけを理由として、伝貰の物権性を否認することは妥当ではない[25]。

3　Lobingier の韓国民法典草案と伝貰権

(1)　Lobingier の韓国民法典草案における伝貰権

Lobingier[26] の韓国民法典草案（Proposed Civil Code for Korea, 1949）の伝貰権に関する規定は、草案546条乃至551条の6箇条である。Lobingier は、伝貰権の立法に際し、主に中国民法と満州民法における典権〔dian-quan〕を参照していた。典権は中国古来の担保形態の一つであるが、他国の立法例との比較で言えば、ローマ時代から中世初頭にかけての不動産質（antichresis）、Common Law における不動産担保（vivum vadium）、あるいは Wales における mortgage 等との類似点が指摘されている[27]。

(2) 伝貫権の内容(28)

　Lobingier は、伝貫権を、債務者が所有する不動産の占有を債権者に移転し、債権者がその果実を取得して債務に充当するという内容の担保契約であり、不動産質であるとした。(草案546条)。この契約の期間は最長30年に制限されたが、期間を延長することは可能であるとした。また、期間を15年以下に定め、期間経過後には償還できないとする特約を定めることは禁止された(草案547条)。債権者は、特約がない限り、契約期間内に元契約の期間と約因(consideration) を超過しない範囲において、第三者に転貸したり、伝貫権を完全に移転したりすることができる。また、契約期間中に不可抗力(force majeure) により目的物の一部又は全部が破壊されたときは、債権者がこれを修繕・改築しなければならないが、債権者が、単に財産価値を増加させ、あるいは必要費を支出したときは、償還時にその支払を受ける権利があるとされた (草案548条)。また、債務者は、約定期間満了後2年以内に取得した果実により債務を充当し、原状に復した目的物の返還を受けることができるが、期間の定めがないときは法定期間の30年以内とされ、債務者が返還を受けることができなければ、債権者は所有権を取得するが、目的物が農耕地である場合には、その返還は、収穫から次の耕作開始までの間に限り効力を生じ、それ以外の時期に返還する場合は、債権者は6箇月の予告期間を置かなければならないとした (草案549条)。そして、債権者の権利を侵害しない限り目的物を他人に譲渡できるが、債権者は優先して目的物を同一価格で買い受ける権利を有し、債権者は契約期間内に目的物の原状態の価格と現在価格の差額のみを債務者に支払うことで目的物の所有権を取得できるとされた (草案550条)。しかし、債権者の過失に因り目的物の全部又は一部が滅失した場合には、債権者に原状回復責任があり、万一、債権者の重大なる過失又は故意に因る場合には、追加的な損害を賠償しなければならず、不可抗力に因る場合には、債権者の権利と債務者の返還請求権が消滅するとされた (草案551条)。

(10) 尹大成（注６）43-44頁

(11) 尹大成（注６）44-47頁

(12) 尹大成（注６）48-55頁

(13) 朝鮮総督府取調局（注５）244-245頁；和田一郎、朝鮮土地及地税制度調査報告書（1967）221-222頁

(14) 朝鮮総督府取調局（注５）245頁

(15) 尹大成（注６）55-70頁

(16) 尹大成（注６）70-77頁

(17) 尹大成「伝貰権の立法と法理」民法典施行三十周年記念『民法学の回顧と展望』（1993）396-397頁

(18) 朝鮮総督府取調局（注５）243頁

(19) 尹大成（注17）398頁

(20) 家屋伝貰金返還請求事件、明治45（1912）民上第15号明治45年３月８日判決

(21) 家屋明渡請求事件、昭和18年（1943）６月22日高等法院判決、朝鮮司法協会雑誌22巻７号、120頁

(22) 吉田平治郎「朝鮮に於ける慣習と民事法規の関係」朝鮮司法協会雑誌２巻４号（1923）1-28頁

(23) 浅見倫太郎『朝鮮法制史稿』（1922）399-400頁

(24) 京城帝国大学社会調査部法律学班「伝貰慣行の実証的研究」朝鮮司法協会雑誌23巻４、５、７号（1944）所載

(25) 尹大成（注17）400-401頁

(26) Lobingierは、米軍政時代（1945—1948）に米軍政庁法律顧問官として活動した人物であり、韓国民法典草案（Proposed Civil Code for Korea, 1949）を起草したことが最近の研究により明らかになった。尹大成「ロビンギオの韓国民法典草案と伝貰権」（1993）参照

(27) Lobingier, C. *Proposed Civil Code for Korea*（1949), p.214

(28) Ibid., pp.190-191

III　伝貰権の立法

1　民法典編纂と伝貰権の制定
(1)　立法者の立法意思

　民法草案では、伝貰権は物権として、民法第二編「物権」の第六章「伝貰権」290条乃至309条に規定された。草案の起草者であり法典編纂委員会委員長でもある金炳魯［キム・ビョンロ］は、第二十六回国会定期会議第三十次会議である民法案第一議会において、起草趣旨を次のように説明した。即ち、「……物権のところで幾つか申し上げますと、ここで特別に伝貰権というものを、我が国の津々浦々まで広く行われていることでもないのに、それを特定物権としている。このようにお考えの方が、あるいは、おられるかも知れませんが、伝貰という制度は、この京城において最も広く行われてきており、その他最近の傾向を見ますと、各地方でも都市部に続いて、この制度が頻繁に行われるようになってきております。各地方・各都市で生活する人々が……そのような必要があるだけに、これは、外国法をもって比較して見ますと、外国の、用益権というものが諸外国の法にありますが、その物権の、即ち、言わば使用収益する権利、所有権ではなく使用収益する権利を移す契約であります。このような用益物権というものが多くあるのですが、その中には複雑な性質を有するものもありまして、他の、我が国が立法しようとしている他の契約と、あるいは、重複する場合も多くあります。他国の法制と……して、また中国のそれは、中国古来のもので典権という権利がありますが、その内容が、まさに我が国の伝貰と似たものであります。……して、また我が国の伝貰というものが、過去どのように取り扱われてきたのかと申しますと、伝貰することが、何らかの、物権の一つではありませんから、一方では、賃貸借契約を形成するものであるとしつつ、もう一方では、抵当権という物権を移してから、そこに混同して、れっきとした伝貰という効果を維持してきたのであります。そのようなことよりも、将来的にも大いに利用さ

れる、そのようなものであると認定された以上は、完全に伝貰権という、一個の物権的に完全な効果を附与する方がよい。このようなわけで、伝貰権というものを一個特定の物権として立案するに至った次第であります。」(29)と述べた。

これに対して、法制司法委員会の民法案審議小委員会では、伝貰権に関する政府案（草案）に対する11箇項の修正案(30)を作成し、伝貰権の審議経過から「伝貰権は物権であることから登記しなければ効力が生じない（本草案177条）。従来慣行とされてきた伝貰権は債権の一種である賃貸借と消費貸借の結合体に過ぎず、登記が励行されていない韓国の実情に鑑み、また、家屋と金銭の相互貸借という庶民層に有無相通ずる慣行に関する法律関係を明確にして法律制度化する意味において、本章の新設は妥当である（本民法施行と同時に、不動産登記法においても伝貰権設定登記に関する規定を新設しなければならない）。また、登記をしないことにより本章における伝貰権（物権）とはならない場合でも、従来慣行の伝貰契約としてはその効力を有するのであるから、このような債権関係にも、（債権的性格に反しない限り）可及的に本章の規定が類推適用されるべきである。」(31)としながら、現行民法（旧民法）には規定が存在しなくても「伝貰ニ依ル家屋使用ノ権利」に関する判例（1912年（明治45年）3月8日朝鮮高等法院判決）があることを示し、中国民法911条乃至927条及び満州民法294条乃至311条を外国立法例として挙げている。

一方、民法案第一議会における論議を見ると、民法案審議小委員会委員長であり法制司法委員長代理でもある張暻根［チャン・ギョングン］議員は、「我が韓国に伝貰が……伝貰制度が慣習として大いに行われておりますが、これについて何の規定もございませんでした。これを、伝貰権を物権として新設し（290条以下）、登記をすれば、伝貰不動産の所有者が変更しても新しい所有者に対して伝貰権が及ぶようになり、伝貰金返還請求権に関しては、伝貰不動産競売請求権を伝貰権者に附与することで、伝貰している零細な小市民層の保護を期するものであります。」(32)と、民法案審議結果の報告で述べている。また、裵泳鎬［ペ・ヨンホ］法務次官は、「従来、賃借権の一種と

して取り扱われてきた伝貰権を、用益物権の一種として新設し、伝貰権者と伝貰権設定者、双方の保護を期して……」(33)と、民法案提案の説明をした。蘇宣奎［ソ・ソンギュ］議員は、補充説明で、「伝貰権というものが一個の物権として、今、確定したこととして草案中に上って参りました。それでは、この伝貰……、伝貰というものが、本当に、至極、庶民層で利用されている、そのような制度でございます。このような伝貰が行われるときに、この、登記をしなければ効力が発生しない、このようになるようですが、恐らく、これは非常に困難な問題となります。実地問題が……、伝貰を行う人々が、瞬時に、伝貰を求めて出て行かなければならない、このように切迫した事態が多くありますが、そのような場合に、これを登記する為に、……（中略）……印鑑証明その他必要とされる様々な証明等々を得なければならないのであれば、その証明を得て登記所に登記をしに行くまで待つことになり、相当な日数を要する、そのように見ているわけであります。そうであれば、今このように登記主義を貫徹せんとするときにおいて、先ほどより伝貰についてのみ申し上げておりますが、恐らく、我が庶民達が、これを利用して取引をしようとする際に相当な支障を生ずると、私はこのように見ております。」(34)と述べた。一方、玄錫虎［ヒョン・ソッコ］議員は、「物権論において伝貰権を物権とした、伝貰権を……伝貰というものは、我が国固有の特異な慣習の一つであります。この伝貰というものが、また、これが我が国の実情……、慣習でありますが、全国的なものではなく、主に、このソウルにおける一つの、言うなれば特殊なものであり、近頃では、また、この伝貰という自体がソウルにおいても、また過去の既に何年か前の慣習から大きく変遷しており、また今日現在も変遷し続けております。この伝貰を、これは過去に、言うなれば我が国の判例であるとか、法曹界の解釈によると、やはり、一種の賃貸借契約であると、このように見ております。一種の賃貸借契約でありますが、これは特殊な賃貸借契約として、常に判例として、このことを、少し難しいことは、解決してきたのであります。ところで、そのように判例として解決することが難しかったので、いっそ、これを物権にしてしまい、伝貰権者を

完全に保護してやろう、こんな趣旨から出てきたことは、その意図はよく分かります。しかし、強いてこれを言わんとすれば、物権としなくても、これを債権として設定しても、その伝貰権者を、幾分かは保護できるのではないだろうか、その法的性質から見れば、どこまで行っても、これは、言うなれば賃貸借契約であると、そういうことであります。賃貸借契約……、即ち、言わば債権の性質であります。その債権の、その、本質として見れば、その債権の性質を、その、権利者を擁護する為に、強いて法律の本質を矯め、物権として規定する必要はないのではないか、即ち、言うなればこれを、この学者の意見と同じですが、いっそのこと一種の有名契約として……、債権において、一個の債権として規定して、賃貸借契約とは別に、言うなれば伝貰契約という一個の、言わば有名契約……、有名契約として認定すればよく、その不動産に対する、言わば、債権として、不動産に対する、言わば債権として、不動産に起因する債権であると、このように認定してやり、その不動産に対する留置権を認定するなどして、このような方式で幾分かは、できるということであります。また、それに留まらず、少し手続が窮屈であるかも知れませんが、そうでなくとも例えば、この賃貸借契約……、伝貰を出す人が、その伝貰文に対して、いっそ抵当権を設定できるようにしては如何かということであります。したがいまして、これは強いて、その法律の本質から脱け出して、物権として規定する必要はなく、一個の特殊な転用債権としての債権契約を、債権編に入れて置く方が良いのではないか、このように考えるのであります。また、それだけではなく、現在における伝貰の慣習についてですが、慣習が大きく変わってきております。今は……、過去においては伝貰しようとすれば、家一軒であるとか、あるいは屋敷全体であるとか、あるいは、言うなれば舎廊〔sa-rang〕の棟は舎廊の棟で伝貰するなりして、このようにして、伝貰を行うのが大多数でありました。また、過去においては、伝貰であれば伝貰、本当にその家の原価の半分であるとか6割であるとか、このように伝貰を与えて、その利子についても互いに問わず、後で、その家を空ける時に……、その元金の本質でありますが、今日においては多少、そ

の意味が違います。家の部屋一間でも伝貰に入れるとのことであります。このようにして、その、伝貰というものが、それなら伝貰の金を百万ウォンであれば百万ウォン、五十万ウォンであれば五十万ウォンを出したならば、それを後で求める筈でありますが、その間に利子のようにしてしまい、忘れてしまう人がおります。例えば五十万ウォンを伝貰として入れたのに、毎月一、二万ウォンずつ減らして行く、このように、様々に変形した伝貰が、今大変流行っているのであります。したがいまして、これは我が国に全般的な、全国的な慣行ではないうえ、ソウルのみで行われている特殊な性質のものであり、のみならず、それさえも慣行が大きく変質している、これを強いて、この法律の本質上、その規定の性質に違反しながら、物権として規定する必要はないのではないか、債権編において、一個の有名契約として置くことで救済する道が、救護する道が幾分あるのではないか、このような点におきまして反対するものであります。」(35)としながら、物権である伝貰権として立法することに反対した。同様の意見は孫文璟［ソン・ムンギョン］議員の検討意見にも見ることができる。即ち、孫議員は、「この伝貰権は、原案で物権編に規定をしておりますが、これは学者達も述べておりますが、これは事実、実質的に困る問題が生じるものであります。一つめは何かと申しますと、所有権を侵害する、そのような条文のようです。また、制約を受けます。所有権が、権利の中で最も重要な権利が所有権であります。その所有権を制約し、又は、これを侵害するような条項を入れたならば、事実上の困難が生じる筈であります。十年間であれば十年間動けず、また今、先例を見ますと都市部を中心として問題が多くあります。ソウルを見ますと、貰房〔se-bang〕に入ることがありますが、その人が充分な金を持っており、その家を借りようとするようなときは、明け渡せと言っても明け渡さない、このように様々な、重大な問題がありますので、このような伝貰権を認定するようであれば、混乱を生ずることになります。いざこざ、紛争も起きて社会問題にもなりかねない様々な問題を抱えているということであります。したがいまして、これは債権編で認定し、賃貸借契約として作定するのが良いのではないか、この

ように考えます。」(36)と述べた。

　このように民法案が審議される過程で、玄錫虎議員ほか19人の修正案が提出された。伝貰権に対する修正案の内容を見ると、「〈19〉第二編第六章「伝貰権」の章を削除する。〈34〉第三編第二章第七節「賃貸借」の次に「伝貰」の節を新設し、次の3箇条を新設する。「第〇条　伝貰は、当事者の一方が相手方に対して伝貰金を支給することを約定することにより、その効力を生ずる。」、「第〇条　伝貰の伝貰借人は期限に借用不動産を返還し、伝貰貸人は伝貰金を返還する。伝貰金に関する前項の権利は、その不動産に関して生じた債権と看做す。これに反する約定は、その効力を生じない。」、「第〇条　伝貰に関して法律の規定又は慣習法がないときは、前節の規定を準用する。」」(37)というものであった。

(2)　民事法研究会の「民法案意見書」における伝貰権に関する意見

　これに対して金振雄［キム・ジヌン］教授は、「〈70〉伝貰権を物権として規定することについては賛成できない。伝貰契約として債権編に規定するべきである（理由は債権編〈151〉で説明する）。」(38)として、債権契約とする意見を述べた。また、朱宰璜［チュ・ジェファン］教授は、「草案第八節「賃貸借」の次に「伝貰」という節を新設して、伝貰の定義に関する規定、伝貰に関する慣習法がないときは賃貸借の規定によるという趣旨の規定等、若干の条文を設置する。次に述べるのはひとつの試案である。「第〇条　伝貰の借主は期限に借用不動産を返還し、貸主は伝貰金を返還しなければならない。伝貰金に関する前項の権利は、不動産に関して生じた債権と看做す。これに反する約定は、その効力を生じない。」「第〇条　伝貰に関して法律の規定がないときは、慣習法に依り、慣習法がないときは、その性質が許す限り前節の規定を準用する。」」(39)とした。

　一方、金曾漢［キム・ジュンハン］教授は、民事法研究会の民法案意見書を公聴した上で、物権として規定された伝貰権について、家屋の一部に関する伝貰権を設定する場合に登記の履践が不可能であるとし、伝貰の慣行は未

だ全国的なものであるとは言えず物権関係として規定する積極的理由がないとしながら、債権関係で規定しつつ伝貰権者を保護することも可能であること等を挙げて、これに反対した[40]。

2 民法典改正と伝貰権の改正
(1) 伝貰権法の改正背景と改正作業

韓国政府は、1981年5月、成長発展阻害要因改善の為、行政改革委員会を構成して、国政全般にかかる改善意志を明らかにした。これを契機として我が政府は、民法商法改正特別審議委員会を法務部に設置した。この委員会の民法分科委員会が構成され、同分科委員会は、審議の便宜上から「法案起草小委員会」を構成し、ここで討議作成された法案を確定する方法を取って起草作業が進行した。この小委員会で取り扱われた法案中、伝貰権法に関連するものは、民法典中の一部改正と住宅賃貸借保護法の改正であった。

このような伝貰権法の改正作業の一環として、韓国民事法学会の「民事法改正問題に関するシンポジウム」が開催され、このシンポジウムで、伝貰権法について次のような改正意見が出された。即ち、玄勝鍾［ヒョン・スンジョン］教授は、「伝貰権及び賃借権の強化に関する改正意見」という主題で発表し、「今日、韓国は甚だしい住宅難であり、他人の住宅を借りて生活する者が相当数おり、また、このような者達の法的地位は、あまりにも不安定であり虚弱である。したがって、彼らの法的地位を保護・強化してやる法的制度が切実に要求されている。」[41]と前置きし、その方法の一として、既存の住宅賃貸借保護法を補完実施する方法を、その二として、民法典の伝貰権・賃借権に関する規定を改正する方法を挙げた。一方、改正において重点を置くべき事項の中に、伝貰金の返還確保の問題を挙げ、伝貰権に関する改正意見として、① 伝貰権への優先弁済権附与、② 伝貰権の譲渡・賃貸性の強化、③ 建物伝貰権の最短存続期間の設定、④ 建物伝貰権の存続期間の法定更新、⑤ 伝貰権増減請求権の新設、⑥ 建物伝貰権の消滅通告の制限、及び ⑦ 登記なき伝貰権の準用規定の新設等を主張した[42]。これに対する中間

討論で出された意見として、住宅賃貸借保護法を民法に編入することの妥当性について、金鼎鉉［キム・ジョンヒョン］判事は、特別法（住宅賃貸借保護法）の未備点として、同法の債権的伝貰への適用可否、伝貰保証金の返還確保、伝貰金の公示及び伝貰保証金の引き上げ制限等を挙げ、その改正方向として賃貸借のみならず債権的伝貰も保護すること、伝貰保証金返還については優先弁済権の確保及び優先弁済権の前提として伝貰保証金数額の公示化、借賃・保証金の引き上げ制限、解止権の制限、即ち、更新拒絶の制限等を挙げながら、特別法を補完するにせよ、これを民法に編入させるにせよ、改正は絶対的に必要であるとした(43)。伝貰権及び賃貸借における伝貰保証金に対する優先弁済権に関しては(44)、まず、伝貰保証金の公示について、金鼎鉉判事は、「伝貰金の税務申告を通じて」これを公示すべきであるとし、李在性［イ・ジェソン］弁護士は、「伝貰契約書に対して洞会〔dong-hwe〕で確定日付を附与することにより」公証すべきであるという意見であった。そして、伝貰保証金返還については、「留置権」を認定すべきとする金鼎鉉判事の意見があり、伝貰や賃貸借が建物の一部に過ぎない場合の優先弁済権の実行については、李在性弁護士が、全部を競売できるようにするのが妥当であるとするのに対し、金鼎鉉判事は、一個の建物内に数人が伝貰で入っている場合にも一人が建物全部を競売できるようにするのかという疑問を提起したが、李在性弁護士は、そのような場合でも同じであるとした。また、伝貰保証金の引き上げ制限に関しては(45)、まず、その必要性につき、黄迪仁［ファン・ジョギン］教授は、「伝貰に住む庶民保護のみならず物価安定」の為にも必要であるとしたが、李在性弁護士は、「そうなれば、住宅建築の景気に莫大な影響を及ぼし、また、他の障害要素を生み出すだけでなく政府の政策とも食い違うので、保留すべきである」として反対した。その制限方法について、金鼎鉉判事は、伝貰金の最高額を制限するのではなく、最高率を制限するようにして、その具体的な率は大統領令で定めるのがよいという意見であった。伝貰権の譲渡性保蔵について、金鼎鉉判事は、主人の意思を無視して賃借建物を他人に渡すことになり不当であると反対した(46)。少額賃

借権者の保護に関して、金鼎鉉判事は、抵当権や仮登記にも対抗することができる優先権を与えようという意見であった(47)。債権的伝貰に関して(48)、金鼎鉉判事は、賃貸借に関する規定を適用することを明白にすべきであると主張し、高翔龍［コ・サンリョン］教授も、改正案では債権的伝貰を保護するのに不充分であり、もう少し強力な保護規定を置く必要があるとした。その他、建物伝貰設定者の法定地上権に関しては、金錫宇［キム・ソグ］教授は、「現行法では、敷地所有権には変動がなくても、建物が競売されることで土地と建物の所有者が別々になる場合に言及していないが、この場合にも法定地上権が設定されると解釈せざるを得ない。何故なら、第一点として、土地所有権の内容が建物利用の為の法益と残りの法益に分離されたと考える場合に、その潜在的関係が現実化される必要性においては両方の法益は同等であると考えられ、第二点として、敷地所有権の譲渡の場合には当事者の契約で地上権又は賃借権を設定する機会があるのに、伝貰建物の競売の場合にはこのような機会がなく、法定地上権の成立を認定すべき必要性が、むしろ遥かに大きいからである。」という理由を挙げ、民法305条1項本文を、「敷地と建物が同一の所有者に属する場合に、建物に伝貰権を設定した後、敷地所有権の譲渡又は建物の競売に因り、その敷地と建物が別の所有者に属するようになったときは、敷地所有者は建物所有者に対して地上権を設定したものと看做す。」と改正すべきであると述べた(49)。

(2) 伝貰権に関する改正試案と各界の意見

このように伝貰権に関する改正案に関しての中間討論を経た後、改正試案が準備され、各界の意見照会がなされた。これを見ると、まず、伝貰権に関する民法典改正試案の内容は(50)、

　　第303条（伝貰権の内容）
　　① 伝貰権者は伝貰金を支給して他人の不動産を占有し、その不動産の用途に従って使用、収益し、その不動産全部に対する後順位者その他の債権者に優先して自己債権の弁済を受ける権利を有する。〈改正〉

第312条（伝貰権の存続期間）

② 建物の伝貰期間は、一年未満に短縮することはできない。〈新設〉

③ 〈現②―③〉

④ 建物の伝貰権設定者が、伝貰権の存続期間満了の六箇月から一箇月前迄の間に、伝貰権者に対して更新拒絶の通知又は条件を変更しない旨の通知をしなかった場合には、その期間が満了する時に伝貰権を設定したものと看做す。〈新設〉

第312条の２（伝貰金増減請求権）

伝貰金が、目的不動産に関する租税その他の負担の増減又は価格の変動に因り相当でなくなったときには、当事者は、その増減を請求することができる。但し、増額の場合には大統領令に定める比率を超過することはできない。〈新設〉

というものであった。また、未登記伝貰に関する住宅賃貸借保護法改正試案の内容は[51]、

第12条（未登記伝貰への準用）

登記をしていない伝貰については、この法に関する規定を準用する。〈新設〉

というものであった。

この民事法改正試案に対する各界の意見を照会した結果を見ると[52]、伝貰権の優先弁済権認定に関しては、大法院は、303条（伝貰権の内容）１項中、「後順位者」を「後順位の担保権者」に修正すべきであるとし[53]、大韓弁護士協会は、「第303条第１項の改正は認められない。」として反対し、「第317条第２項を、「伝貰権者は伝貰目的不動産全部に対して後順位担保権者その他一般債権者に優先して伝貰金の返還を受ける権利を有する。」」と修正すべきであるという意見を提出した[54]。これに対し、全南大学校では、改正試案303条中、「後順位権者その他の債権者」を「他の債権者」としても別に問題はないとしながら、「後順位債権者」概念も問題ではあるが、後順位であれば強いて言及する必要もないためであるとした[55]。建物伝貰権の最短存

続期間設定に関しては、大法院は、改正案の312条（伝貰権の存続期間）2項中、「建物の伝貰期間」を「建物に対する伝貰権の存続期間」に修正すべきであるとの意見であった[56]。しかし、全南大学校では、改正試案312条2項、4項、312条の2等は、明らかに杞憂に過ぎず、むしろ伝貰権の利用に誘導する意味で、現行のままの方が良いと反対した[57]。住宅賃貸借保護法の未登記伝貰への準用に関しては、法制処は、「第12条（未登記伝貰への準用）住宅に対する登記なき伝貰契約については、この法を準用する。この場合に於いて、伝貰金は、賃貸借の保証金と看做す。」と修正することを提案した[58]。しかし、大法院は、12条（未登記伝貰への準用）本条を削除することを提案し、修正意見として「第2条（適用範囲）　この法は住宅（住宅の一部が店舗、事務室、倉庫、その他住居用以外の用途に使用される場合を含む。）に関して、これを適用する。」としなければならないと述べた[59]。

(3)　立法者の立法意思

これら各界意見を照会した結果を踏まえ、伝貰権に関する改正法律案がまとめられ、国会に提出された。改正法律案の内容を見ると、まず、民法中の改正法律案のうち伝貰権に関する改正法律案は、

第303条（伝貰権の内容）

①　……使用、収益し、その不動産全部に対する後順位権利者その他の権利者に優先して自己債権の弁済を受ける権利を有する。

第312条（伝貰権の存続期間）

②　建物に対する伝貰権の存続期間を一年未満に定めたときは、これを一年とする。

④　建物の伝貰権設定者が、伝貰権の存続期間満了の六箇月から一箇月前迄の間に、伝貰権者に対して更新拒絶の通知又は条件を変更しない旨の通知をしなかった場合には、その期間が満了する時に前伝貰権と同一の条件で、再び伝貰権を設定したものと看做す。

第312条の2（伝貰金増減請求権）

伝貰金が、目的不動産に関する租税公課金その他の負担の増減又は経済事情の変動に因り相当でなくなったときには、当事者は、将来に向けてその増減を請求することができる。但し、増額の場合には大統領令に定める基準による比率を超過することはできない。

というものであった。次に、住宅賃貸借保護法中の改正法律案は、

第12条（未登記伝貰への準用）

この法は、住宅の登記なき伝貰契約に関して、これを準用する。この場合に於いて伝貰金は、賃貸借の保証金と看做す。

というものであった。

　この民法中の改正法律案について、裵命仁［ペ・ミョンイン］法務部長官は、まず伝貰権改正案の提案理由で、「1960年1月、民法が施行されて以来、社会経済的事情の急激な変化にもかかわらず、財産法の部分は一度も改正されておらず、社会経済的現実と民法の規定との乖離が甚だしいことから、今日の社会現実と国民生活の実態を参酌して、……（中略）……建物伝貰権者の投下資金回収の為の制度的装置を整え、国民生活の不便を減じ、他人所有建物利用者の権利を保護する為である。」[60]とし、伝貰権改正案の主要骨子について、「伝貰権に優先弁済的効力を認定し、伝貰権者の投下資金回収を保障しようとすることは、学界及び実務界に異論がないだけでなく、競売法、破産法等の手続法において優先弁済権及び別除権を認定しているのに実体法的に優先弁済権を認定していないというのは立法上の不備であるとして、これを補完しようとするもの」[61]であり、「建物伝貰権の最短存続期間を1年と法定して、法定更新制度を新設することで、建物伝貰権者の地位の安定性を保証し、当事者の伝貰金増減請求権の認定しながらも、増額率は大統領令で定めることで、経済事情の変動に従い、伝貰金を現実に合わせるようにすると同時に、経済的弱者である伝貰権者を保護できるようにしたことであります。」[62]と説明した。次に、住宅賃貸借保護法中の改正法律案の提案理由で、「人口の都市集中と住居用建物の絶対的不足により、住宅問題が日々深刻化しているのが現状であり、現在、全国的に、月貰と伝貰により生活して

いる世帯数は約150余万世帯であると推算されております。住宅は、人間が人間らしい生活を営む為、必須的に要求されるものであり、住宅問題は国民生活の最も基本的な問題であると言えます。したがいまして、住宅問題を規律する法律を、伝統的な市民法の次元からではなく、社会法的次元から賃借人の住居生活の安定を保証することを、その目的とすべきであることから、1981年3月5日公布、施行された住宅賃貸借保護法を修正、補完して、無住宅零細民を積極保護しようとするもの」(63)であるとして、未登記伝貰改正案の主要骨子に対して、「本法の規定を、登記なき住宅伝貰にも準用することで、解釈上、論難の余地がないようにいたしました。」(64)と説明した。

一方、朴仁秀［パク・インス］専門委員の検討意見を見ると、伝貰権に関して、「伝貰権の優先弁済権を認定しようとする部分について見れば、現行民法では、利用権の強化という現代私法の要請に従い、伝貰権を物権として規定し、伝貰権者に競売請求権を認定していますが、優先弁済権を認定する規定は置かれておりません。しかし、手続法である競売法34条3項で、伝貰権に優先弁済権を認定しており、破産法84条で、伝貰権者に別除権があることを規定していることから、民法に、これに関する規定がないことは、明白に立法の不備であると考えられ、よって、これを規定しようとする改正案には、その妥当性があります。」としながら、「建物伝貰権の最短存続期間と法定更新制度及び伝貰金増減請求権を認定しようとする部分について見れば、これは全て伝貰権者を保護する為の制度的措置として、その妥当性があると見えますが、ただ、改正案312条の2但書で伝貰金増額の場合の、その制限基準を大統領令に委任しており、これは立法体制上、不合理ではないかと考えられ、いっそのこと、この但書部分は削除して実際の運用に任せるか、さもなければ、その基準を具体的に規定するのが妥当ではないかと考えられます。」(65)と、検討結果を報告したが、住宅賃貸借保護法中の改正法律案については何も言及していない。

そして、法制司法委員会における公聴会の結果と審査結果を見ると、まず、公聴会では、韓国民事法学会を代表した金容漢［キム・ヨンハン］教授は、

「住宅賃貸借保護法で賃借人を保護し、伝貰に入っている人々を保護しようとする、そのような趣旨と歩調を合わせており、この登記された伝貰権に関しても、伝貰権者を、より積極的に保護することで社会正義を成し遂げんとする、そのような趣旨に賛同いたします。」[66]と述べ、黄迪仁教授も、改正試案の改正理由を挙げて賛同した[67]。しかし、大韓弁護士協会を代表した柳鉉錫［ユ・ヒョンソク］弁護士は、伝貰権の優先弁済権について原則的に賛成しながらも、「原則的に、伝貰権の本来の機能は用益物権であり、担保物権ではないので、この優先弁済権は、その伝貰権が消滅したときに伝貰金の優先弁済を受けられる、このような効果と見て、これを、318条を改正して、そこに優先弁済権に関する規定を入れるのが良いかと存じます。」[68]としながら、「303条1項中「その他債権者より」の「その他」を、他の債権に関する329条の規定や、抵当権に関する356条の規定に合わせて、「他の」と、このように直すべきかと思われます。」[69]と修正案を陳述し、また、312条の2中、但書である「増額の場合には大統領令に定める基準による比率を超過することはできない。」という条項に反対した。次に、審査結果は、住宅賃貸借保護法中の改正法律案については、「この法律の実効性をさらに高揚させ、合目的的な適用を図る為、幾つか事項を修正するに際して、小委員会全員一致の合意」により一部修正がなされたが、未登記伝貰への準用に関する修正はなかった[70]。そして、民法中の改正法律案については、「民法中の改正法律案についての小委員会の審査報告は、この改正法律案は、……（中略）……建物伝貰権者の投下資金回収の為の制度的装置を整えることにより国民生活の不便を減らし、他人所有建物利用者の権利を保護しようとするものであります。当小委員会は、3月15日、小委員全員が会同して、同改正法律案を逐条審査した結果、その立法趣旨が妥当であり、体系と字句にも修正する部分がなく、政府原案どおり議決することで合意いたしました。」[71]と述べて、政府原案どおり議決したことを報告した。最後に、附則を修正し、住宅賃貸借保護法の改正規定は、1984年1月1日から施行することとし[72]、民法の改正規定は、1984年9月1日から施行することとした[73]。

その後、住宅賃貸借保護法は二回にわたって改正された。まず、1989年改正法では、5条（解止の制限）を削除して廃止し、8条を改正して少額保証金の保護を保証金中一定額の保護とした。また、1999年改正法では、3条の2に、「賃借人が賃借住宅につき保証金変換請求訴訟の確定判決その他これに準ずる債務名義に基づく競売を申請する場合には、民事訴訟法491条の2の規定に係らず、反対義務の履行又は履行の提供を執行開始の要件とはしない。」ということを第1項に新設する等、保証金の回収に関する規定を改正して、賃借権登記命令（住賃3条の3）を導入し、民法の規定による住宅賃貸借登記の効力等（住賃3条の4）を新設することで、住宅賃貸借終了後に保証金の返還を受けられない賃借人を賃貸借登記により保護するようにしつつ、競売による賃借権の消滅を新設して明文化した（住賃3条の5）。一方、賃貸借期間については、2年未満に定められた期間の有効性を認めた（住賃4条1項但書）。また契約の更新については、賃借人が賃貸借期間満了の1箇月前までに通知しない場合でも、更新できるようにし（住賃6条1項後段）、このような法定更新の場合には、賃貸借の存続期間の定めがないものと看做した（住賃6条2項）。したがって、黙示的更新の場合にも、いつでも賃借人は契約解止通告をすることができ、賃貸人がこの通告を受けた日から3箇月経過すると、その効力が発生する旨の規定が新設された（住賃6条の2）。その他に、保証金中一定額の保護については、3条の2第4項乃至第6項の規定を準用することとし（住賃8条2項）、保証金返還請求訴訟に関しては、小額事件審判法を準用することとした（住賃13条）。このうち、登記命令申請制度の導入は、住宅賃貸借保護法12条によって、いわゆる未登記伝貰にも適用されることになり、迂回的ではあるが、今まで論議されてきた、伝貰権の登記を履行しないことにより発生する問題を解決する画期的な立法であると言えよう。

⑳　国会事務処『速記録30号』(1957) 法典編纂委員会委員長の民法案起草趣旨説明部分参照

(30)　国会事務処『速記録42号』（付録）88-89頁
(31)　民議院法制司法委員会民法案審議小委員会（注5）182-183頁
(32)　国会事務処『速記録』29号8頁
(33)　国会事務処（注29）16頁
(34)　国会事務処（注7）12頁
(35)　国会事務処『速記録』32号18-19頁
(36)　国会事務処（注32）17頁
(37)　国会事務処『速記録』42号（付録）104-105頁
(38)　民事法研究会『民法案意見書』(1957)112頁
(39)　民事法研究会（注38）184頁
(40)　民議院法制司法委員会民法案審議小委員会『民法案審議資料集』（公聴会速記録）（未公刊）73頁以下
(41)　韓国民事法学会『民事法改正意見書』(1982)37頁
(42)　韓国民事法学会（注41）37-43頁
(43)　韓国民事法学会（注41）52頁
(44)　韓国民事法学会（注41）53-54頁
(45)　韓国民事法学会（注41）55頁
(46)　韓国民事法学会（注41）56頁
(47)　韓国民事法学会（注41）56頁
(48)　韓国民事法学会（注41）57頁
(49)　韓国民事法学会（注41）58頁
(50)　法務部・民法商法改正特別審議委員会「民事法改正試案」(1982.6) 9-12頁
(51)　法務部・民法商法改正特別審議委員会（注50）21-22頁
(52)　法務部・民法商法改正特別審議委員会「民事法改正試案に対する各界意見」(1982.8) 14-16頁及び19-43頁
(53)　法務部・民法商法改正特別審議委員会（注52）14頁
(54)　法務部・民法商法改正特別審議委員会（注52）14頁
(55)　法務部・民法商法改正特別審議委員会（注52）15頁
(56)　法務部・民法商法改正特別審議委員会（注52）15頁
(57)　法務部・民法商法改正特別審議委員会（注52）16頁
(58)　法務部・民法商法改正特別審議委員会、（注52）、41頁
(59)　法務部・民法商法改正特別審議委員会、（注52）、41頁及び19頁

⑽　国会事務処、第百十九回国会法制司法委員会会議録、10号（1983. 11. 21）　1頁
⑹1　国会事務処（注60）　2頁
⑹2　国会事務処（注60）　2頁
⑹3　国会事務処（注60）　3頁
⑹4　国会事務処（注60）　4頁
⑹5　国会事務処（注60）　6頁
⑹6　国会事務処「第百二十回国会法制司法委員会会議録」1号（1984）18頁
⑹7　国会事務処（注66）37頁
⑹8　国会事務処（注66）22頁
⑹9　国会事務処（注66）23頁
⑺0　国会事務処「第百二十一回国会法制司法委員会会議録」16号（1983. 12. 14）9-10頁
⑺1　国会事務処「第百二十一回国会法制司法委員会会議録」6号（1984. 3. 16）2頁
⑺2　国会事務処（注60）10頁
⑺3　国会事務処（注66）2-3頁

Ⅳ　伝貰権といわゆる未登記伝貰との関係

1　いわゆる未登記伝貰の本質と法的取り扱い

(1)　いわゆる未登記伝貰の本質

韓国民法の伝貰権は、慣習として行われてきた伝貰をもとに、中国民法、満州民法の典権を参照して、立法されたことがわかる。日本統治時代に実施された慣習調査事業による「慣習調査報告書」によると、伝貰は家屋賃貸借の方法として、貸借に及んで借主は一定の金額（家屋の代価の半額乃至7、8割が通例）を家主に寄託して、別途賃料は支払わずに、家屋返還時にその返還を受けるものであるとしている。しかし、民法において伝貰権を物権として立法しながら、立法者は、「登記をしないことで、本章の伝貰権（物権）とはならずとも、従来慣行の伝貰契約としては、その効力を有するのであり、

……（債権的性質に反しない限り）可及的に本章の規定が類推適用されるものである」とした。これにより、物権としての伝貰権が立法されながらも、依然として、いわゆる未登記伝貰を許容することになったのである[74]。

いわゆる未登記伝貰は従来の伝貰として、伝貰権と同じく、一定金額の伝貰金を授受することにより資金の融通を受ける点から、その実質において相違しない。ただ、登記を備えていないことだけである。

(2) いわゆる未登記伝貰の法的取り扱い

いわゆる未登記伝貰とされる従来の伝貰について、民法施行以前の大法院判例は、「伝貰契約は、伝貰権者が相手方に対して伝貰金を交付し、所定期間、相手方所有の家屋を占有、使用して、その家賃と伝貰金の利息を相殺させることを内容とする双務契約として、伝貰権者が月貰を支給しないのが慣習」[75]であるとした。このような大法院判例は民法施行以後もそのまま受け継がれた。即ち、いわゆる未登記伝貰である場合において「伝貰権設定者は、その受領した伝貰金の利子に該当する金員を、その不動産の使用料に充当させ、伝貰契約終了時には、その受領した伝貰金のみを返還するのが普通である」[76]と判示した。

いわゆる未登記伝貰は、従来の伝貰として、登記がない点を除外すれば、民法の伝貰権とその権利関係の実質において違わない。それにもかかわらず、民法の伝貰権とは異なり、債権として法的取り扱いをされることについて、学説・判例の異論はない。したがって、学者達は、従来行われてきたいわゆる未登記伝貰を伝貰権と区別して、債権的伝貰[77]、又は債権的伝貰権[78]と呼び、民法の典型契約である賃貸借の範疇に包含させて解釈してきた。このような理論構成は、韓国の伝貰権制度においては、契約自由の原則により従来の伝貰のような債権的伝貰関係を設定する自由が残っているのであるから、当事者達は債権的伝貰と物権としての伝貰権の両者のうち一つを自由に選ぶことができるとしたり[79]、民法を制定するときに、物権としての伝貰権制度を新設規制しながら、債権的伝貰を放任する態度をとったことは望ましく

ないという批判がなされたりもした(80)。このようにして、住居用建物の賃貸借に関する特別法である住宅賃貸借保護法制定と、1983年の同法改正により、住宅賃貸借に関する同法が未登記伝貰にも準用される（住賃12条）という法的取り扱いがなされることになった。

2 伝貰権といわゆる未登記伝貰との比較(81)(82)

(1) 従来の慣行である伝貰、民法における未登記伝貰及び物権としての伝貰権は、どのように異なるか。この点について、対抗力、存続期間及び投下資本の回収を中心に比較する必要がある。

① 対抗力について：従来の慣行である伝貰と民法における未登記伝貰には、原則として対抗力がない。但し、前者は登記をすれば物権としての対抗力を生ずるが（法附11条）、賃貸人には登記義務がなく、後者は例外的に登記をすれば対抗力を生ずるが、賃貸人の登記義務を免ずる特約ができる（法621条）。しかし、住宅の場合には、住宅引渡と住民登録により対抗力が生じるようにされた（住賃3条1項）。これに対し、伝貰権は物権として登記をせねばならず、対抗力は当然に認定される（法186条）。

② 存続期間について：従来の慣行である伝貰は、大概、6箇月から1年の短期であるのが普通であり、民法における未登記伝貰は、20年を超えることはできないが（法651条）、最短期の制限がないことから、従来の慣行と同じく短期であることが多いとされる。しかし、住宅の場合には最小限1年と保障している（住賃4条1項、5条）、これに対し、伝貰権は10年を超えることができず、1年未満の約定期間は1年とされる（法312条）。

③ 投下資本の回収について：従来の伝貰や民法における未登記伝貰は、すべて譲渡、転貸はできないという原則であるが、賃借人の同意があればできる（法629条）。そして、伝貰金の返還を担保する方法がない点も同様であるが、前者には抵当権の登記をする例があり、後者には、住宅の場合、少額伝貰金については優先弁済権がある（住賃8条1項）。また、前者には附属物収去権だけがあり買受請求権はないが、後者には両者がある（法646条、643

条)。これに対し、伝貰権は、譲渡、賃貸、転貸借ができるだけではなく(法366条)、競売権と優先弁済権があり(法328条、法303条1項)、附属物収去権と買受請求権もある(法316条)。

(2) このような伝貰権といわゆる未登記伝貰の比較において、民法の伝貰権が、従来の伝貰慣習をもとに物権として立法された経緯を考えれば、伝貰権といわゆる未登記伝貰とは、その法律関係の実質において同一のものである。しかし、物権としての伝貰権は、韓国民法が物権変動における登記主義を採択した結果、登記を必要とするようになり、また、対抗力を与えられたのである[83]。この対抗力は、登記をすることにより新所有者又は第三者に対しても対抗できるという絶対的、排他的な効力である。このような効力は、従来の慣習において、家契に伝貰懸録をした場合における効果と変わらない。そうであれば、伝貰権といわゆる未登記伝貰との比較では、両者の法律関係の実質における差異は何もなく、単に登記という公示方法を備えているかどうかという差異があるだけである。

3 いわゆる未登記伝貰への適用法条

いわゆる未登記伝貰について、これを債権的伝貰又は債権的伝貰権とする従来の学説や判例の立場から見ると、住宅賃貸借保護法12条により住宅の未登記伝貰に同法を準用するようにしたことは、従来の判例及び学説の立場を明文化したものであり[84]、このような立法は実に適切な措置であったとされており[85]、さらには、債権的伝貰を賃借権と看做すものであるという説明もなされた[86]。今まで、このように説明するのが多数説であった。これに対して、伝貰制度は担保権としての社会的機能を遂行している独自的な制度であり[87]、未登記伝貰と伝貰権は法律関係の実体において同一なもので、ただ、登記という公示方法を備えているかどうかという差異があるだけであるから[88]、未登記伝貰を賃貸借として構成することは不当であり、究極的には伝貰権と合体させて一元的に構成するべきであるとしつつ[89]、住宅賃

貸借保護法12条は、同一の淵源をもつ伝貰制度を法的に完全に二重構造化している美しくない立法であるとして、むしろ未登記伝貰と賃貸借は互いに相違するものであるという前提に立つときにのみ、多数説のいう意味ある既定となるという見解[90]がある[91]。

このような論議の実益は、いわゆる未登記伝貰に関する理論構成にのみとどまるものではなく、いわゆる未登記伝貰について、民法の伝貰権に関する規定を適用するのか、さもなければ賃貸借に関する規定を適用するのかという、適用法条に関する差異をもたらすことにある。即ち、多数説によれば、いわゆる未登記伝貰を賃貸借と見ているため、未登記伝貰に関する全ての法律関係には民法の賃貸借に関する規定を類推適用しなければならない筈である。しかし、少数説によれば、いわゆる未登記伝貰は、たとえ登記がなくとも賃貸借とは異なる別個の制度であり、その実体は伝貰権と同一であるから、民法の伝貰権に関する規定を類推適用しなければならないが、登記を備えていないために、その対抗力に関する規定だけは適用されないと解釈される[92]。しかし、いわゆる未登記伝貰への適用法条に関して、他の見解もある。即ち、民法制定時の民法案の審議経過において、いわゆる未登記伝貰は債権関係であるとしながらも、そのような債権的性格に反しない限り可及的に、伝貰権に関する規定を類推適用するべきであるとした、その立法意思に類似するように、債権的伝貰権は民法の伝貰権又は賃借権とは別途活用されているという点を挙げ、その法律関係については伝貰権に関する規定が類推適用されるべきであるとする見解[93]があり、債権的伝貰を賃貸借の特殊形態であるとしながらも、その法律関係については伝貰権に関する規定の中で、物権の特徴に立脚した規定を除外した残りの規定と賃貸借に関する規定の両方を、直接又は類推適用すべきであるという見解[94]もあり、また、いわゆる未登記伝貰には民法309条、314条、315条、317条等を準用乃至類推適用すべきであるという見解[95]もある。このように、いわゆる未登記伝貰を如何に考えるかの理論構成は、その適用法条において大きな差異を見せるのである[96]。

いわゆる未登記伝貰への適用法条に関する判例の動向を見ると、① いわゆる未登記伝貰において目的物明渡義務と伝貰金返還義務の同時履行関係の根拠を、伝貰権に関する民法317条に置く判例(97)、② 伝貰目的物の焼失に対する未登記伝貰権者の損害賠償責任について、民法315条によらず民法390条に依拠した判例(98)、③ 債権的伝貰関係につき、賃貸借に関する規定である民法623条の適用を排除し、伝貰権に関する規定である民法309条が適用するべきであるとする上告人の主張を受け入れ、債権的伝貰における目的物の修繕義務と通常の管理に属する義務は、伝貰権者が負担すると判示した判例(99)、④ 債権的伝貰契約を、直ちに賃貸借契約の一種であると見て判示した判例(100)等がある。このように、いわゆる未登記伝貰に対する適用法条に関する判例の動向は、一貫していないようである。

それならば、いわゆる未登記伝貰には、どの法条を適用すべきであろうか。既に、伝貰権の沿革と立法例から見てきたとおり、韓国の伝貰制度は西欧法の賃貸借とは全く異なる固有法として発展したものである。このような伝貰慣習法を、民法典の制定に際して、民法の物権である伝貰権として立法したことから、物権変動における登記主義により、登記をしない限り伝貰権とはならなくなったのである。いわゆる未登記伝貰は、伝貰権設定契約のみで未だ登記をしていないだけであるから、その法律関係の実体は伝貰権と同一のものである。したがって、いわゆる未登記伝貰とは全く同質性がない賃貸借と関連付け、民法の賃貸借に関する規定を類推適用しようとする多数説を受け入れることはできない(101)。しかし、いわゆる未登記伝貰は、民法186条に照らしてみるとき、それ自体は物権であると言えず、当然に債権関係にとどまることが明らかであるとしながら、賃貸借として捉えることはできず、一種の非典型契約として見ようとする見解(102)がある。この見解によると、いわゆる未登記伝貰の法律関係には、一次的に伝貰権に関する規定が類推適用されるが、その中で、物権としての特性に基づく規定は、当然にその適用が排除され、二次的に債権編の典型契約中、賃貸借に関する規定が類推適用されるが、伝貰制度の本質と食い違う規定は排除されなければならないとさ

れる(103)。このような理論構成は、非典型契約の法律上の取り扱いに関する類推(104)に従っており、その妥当性が認定される。しかしながら、いわゆる未登記伝貰は、既に一定額の伝貰金が支給され、目的物である不動産の引渡がなされている点と、ただ登記だけがなされていない状態の法律関係である点を考えると、ひたすらに単純な債権関係としての非典型契約であるとすることには無理がある。このような理論構成の底辺には、直ちに一種の賃貸借又は混合契約として見ない点以外は、日本統治時代の慣習法調査事業と判例及び学説のもとになっているところと同一の着想が布かれているといえる。思うに、いわゆる未登記伝貰には、民法の伝貰権に関する規定を類推適用し、住居用建物の未登記伝貰においてのみ住宅賃貸借保護法12条による同法の準用をしつつ、その他の場合においては、未登記である点を考慮し、登記を備えていない物権取得者の地位により対抗力等の法律関係を解決するのが望ましいと考える(105)。

(74)　尹大成（注6）260頁
(75)　大判58．4．24、4290民上867（集6、18）
(76)　大判61．2．23、4293民上274；大判76．10．26、76ダ1184（集24-3、166）；大判79．9．25、79ダ762（公621、18）；大判87．11．24、87ダカ1708（公816、38）等
(77)　郭潤直［クァク・ユンジク］（1985）416頁；金曾漢［キム・ジュンハン］（1985）295-296頁；張庚鶴［チャン・ギョンハク］（1987）608-609頁
(78)　金容漢［キム・ヨンハン］（1985）412頁
(79)　金曾漢（注77）295頁
(80)　郭潤直（注77）418頁
(81)　尹大成（注6）261頁
(82)　金相容［キム・サンヨン］557-559頁
(83)　民議院法制司法委員会民法審議小委員会（注5）183頁
(84)　高翔龍［コ・サンリョン］「住宅賃貸借保護法中〈改正法律〉の解説」改正民事法解説（1987）252頁
(85)　郭潤直（注77）418頁

⑻6)　趙種炫［チョ・ジョンヒョン］「住宅賃借権の住居保護」；高昌鉉［コ・チャンヒョン］華甲記念論文集（1987）455頁
⑻7)　尹大成（注6）248頁
⑻8)　尹大成（注6）242頁
⑻9)　尹大成（注6）260-266頁
⑼0)　尹大成（注6）236-237頁
⑼1)　郭潤直（編集代表）『民法注解Ⅵ』(3)160-161（朴炳大［パク・ビョンデ］執筆）
⑼2)　尹大成（注6）265頁
⑼3)　徐晟［ソ・ソン］「債権的伝貰権における目的物に関する修繕義務その他通常管理義務の適用法条」大法院判例解説2-2号60頁
⑼4)　金榮一［キム・ヨンイル］「いわゆる債権的伝貰権に関する慣習」裁判資料11集145頁
⑼5)　朴禹東［パク・ウドン］「債権的伝貰権に関して」法曹16巻3号17頁
⑼6)　これらの論議において、準用と類推が混用されているが、いわゆる未登記伝貰について、伝貰権であれ賃貸借であれ、民法に準用規定がない限り、その準用はありえず、類推だけが可能であると考える。但し、住居用建物の未登記伝貰には住賃12条の準用規定がある場合には、その準用が認定されている。このような適用法条に関して、朴駿緒［パク・ジュンソ］（編集代表）『註釈民法（債権各則⑶)』407-409頁参照
⑼7)　大判1969.12.23、69ダ1745（集17-4、217）
⑼8)　大判1967.12.5、67ダ2251（集15-3、353）
⑼9)　大判1978.1.24、77ド3465（集26-1、刑15）
⑽0)　大判1979.9.25、79ダ762（公621、18）
⑽1)　これと同様の論拠として、法附則11条が、民法施行日前に慣習により取得した伝貰権は、施行日から1年以内に登記することで物権の効力を生ずるとしているのは、従来慣習とされた伝貰が賃貸借であれば、登記により対抗力ある賃貸借となるということであり、物権としての伝貰権とはならないことを明白にしたことを挙げたりしている。（注91）162-163頁（朴炳大執筆）
⑽2)　『民法注解』（注91）163頁（朴炳大執筆）
⑽3)　このような場合、いわゆる未登記伝貰への適用法条としては、伝貰権に関する法303条後段（優先弁済権）、法305条（法定地上権）、法306条（譲渡、転貸等）、法318条（競売請求権）と賃貸借に関する法633条、法640条、法

621条は排除され、残りの規定を類推適用することができるというものである。『民法注解』（注91）163頁（朴炳大執筆）
(104) 郭潤直『債権各論』32頁
(105) 尹大成「伝貰権」朴駿緒（編集代表）『註釈民法（物権(3)）』（2001）194頁

V 伝貰権の法的構造論

1 伝貰権は物権である。
イ 伝貰権の目的物

　伝貰権は「他人の不動産」に対する物権である。民法の伝貰権は、建物か土地かを問わず、不動産であればその目的物となる（法303条1項）。これは従来の慣行による伝貰の目的物が、主に家屋（建物）であったこととは異なる。しかし、農耕地は伝貰権の目的とすることができない（法303条2項）。農耕地かどうかの判断は、田、畑、果樹園等の地目に関係なく、実際に耕作地として使用されているかどうかで判別されなければならない（農改2条2項）。そして、一筆の土地の一部だけが農地である場合には、残りの非農地部分を伝貰権の目的とすることができる(106)。このような農耕地に対する伝貰権設定の禁止は、農耕地につき小作・賃貸借・委託経営等の行為を禁止する農地改革法17条の趣旨に合致するものである。しかし、農村社会の変動による農業人口の減少から、農業の経済性を向上させるため、農地の賃貸借が許容されるに至った。その法的根拠は、法律による農地の賃貸借及び委託経営を認めている憲法122条但書であり、これに基づいて農地賃貸借管理法が1986年に制定され、厳格な条件下での農地賃貸借が可能になったのである。こうして、農地改革法の趣旨が農地賃貸借管理法によって変更された以上は、民法303条2項も無意味化されたと考えられるが、民法で禁止されている農地の伝貰権が無効であることには変わりなく、これを農地の賃貸借として、無効行為の転換（法138条）を認定すべきであるとする見解(107)がある。一方、特別法により不動産として扱われている立木や、工場財団、鉱業財団等につ

いては伝貰権を設定することができない（立木3条、工抵14条2項、鉱抵5条）。その他、明認方法で公示される不動産も伝貰権の目的とすることはできない(108)。

　伝貰権の目的物である不動産は一筆の土地、又は一棟の建物である必要はない。したがって、一筆の土地の一部、又は一棟の建物の一部であっても構わない(109)。大法院判例も「建物の一部を目的とする伝貰権は、その目的物である建物部分に限り、その効力が及ぶ……」と判示したことで(110)、一棟の建物の一部を伝貰権の目的物とすることができることを明らかにしている。不動産の一部を伝貰権の目的物とする場合には、伝貰権の登記を申請する際に、その図面を添付しなければならない（不登139条2項）。

　民法は、伝貰権の目的物が土地である場合と建物である場合で、法的に異なる取り扱いをしている。即ち、伝貰権の最短存続期間に関する規定（法312条2項）と法定更新に関する規定（法312条4項）は、建物伝貰権にのみ適用され、土地伝貰権には適用されない。

　伝貰権は目的物である不動産の共有部分に設定することも可能であろうか(111)。この点について、否定説と肯定説が分かれている。否定説は、これを認定すると一個の物に排他的な物権である用益物権が重複して成立することになるから、物権法定主義に違背し、一物一権主義にも反するという理由を挙げたり(112)、伝貰権の目的が不動産の一部であるときには、その図面を添付して設定登記を申請することができるが、単純な持分である場合には、その要件を充足させることができないという趣旨を述べたり(113)、また、物権は目的物を直接支配することを内容とするため、他の共有者の同意があって初めて目的物の使用・収益が可能になるような用益物権の設定は、物権の本質に照らして消極的に解釈せざるを得ないという点を挙げ(114)、さらには、持分上の用益権の設定は、その効力が共有物全体に及ぶため共有者全員について負担をかけることになるという理由から(115)、各共有者が自己の持分につき独自的に用益物権を設定することは許容されないと考えるものである。これに対して肯定説は、持分権は同一物上における他の共有者の持分権に

よって制限を受けるものの、それ自体は一個の所有権と同じ性質をもつものであるから、各共有者は自己の持分を自由に処分することができ、共有物全体に対し、持分比率に従って使用・収益できるため（法263条）、共有者の中の一人が、他の共有者の持分により制限を受ける現状そのままの自己持分を伝貰権の目的とすることは可能であり、伝貰権が用益物権性以外に担保物権性を合わせ持つことから、伝貰権の目的となる持分が共有持分の過半数に至らずに用益権としての機能を遂行することができない事情があっても、目的である持分を競売して伝貰金の優先弁済を受けるという実益があることを無視するわけにはいかず、また、一筆の土地につき数人が自己持分の位置を特定し、その一部を占有しながら共有持分登記をして、各自占有部分の土地の上に建物を所有する形態の土地共有をしている場合において建物の伝貰権を取得した者には、その敷地持分に対しても用益せざるを得ないという現実的必要がある点等を挙げて、共有持分に対する伝貰権の設定を認定するべきであるというものである[116]。

「集合建物の所有と管理に関する法律」による区分建物に垈地権〔*tae-ji-kkwon*〕（敷地利用権）の登記がなされている場合、建物とともに垈地権に対しても伝貰権を設定することができるだろうか。この点についても、否定説と肯定説に分かれている。否定説は、共有持分に対する用益物権の設定するのと同様の理由で許容できないというものである[117]。大法院登記例規も、垈地権の登記がなされた区分建物においては、その建物に対してのみ伝貰権設定登記をすることができるとしている。これは、否定説と同じ立場にあるものと言える。しかし、肯定説は、現実的に区分建物を利用する者には、その敷地持分についても用益せざるを得ないという必要があり、区分建物の専有部分と、それに付属する垈地使用権は、原則的に一体として処分しなければならず（集建20条1項）、垈地権を登記した建物登記において、建物のみに関する趣旨の附記がない場合には、建物に対する登記の効力は建物登記用紙の表題部に記載された垈地権にも及ぶ（不登165条3項2号、135条4項1号）ということに鑑みると、伝貰権を特別に排除する理由はないとしている[118]。

ロ　伝貰権の物権性

(1)　伝貰権は、目的物である不動産を直接支配する権利である。したがって、その権利の実現において他人の行為が介在する必要はない。それゆえに、伝貰権の目的物である不動産の所有権者が変更しても何ら影響を受けないのみならず、伝貰権の譲渡や転伝貰、賃貸、担保提供等においても不動産所有権者の同意を必要としない（法306条）。したがって、伝貰権者は自己の権利の範囲内で、目的土地上に地役権や地上権を設定することも可能なのである[119]。しかし、伝貰権の目的物が集合建物である場合に、垈地使用権が登記されていると、これを建物専有部分と分離して処分することができないという制限（集建20条1項）を受ける場合がある。

(2)　伝貰権は、目的物である不動産を排他的に支配する権利である。したがって、伝貰権の得失、変更は登記により公示しなければならない（法186条、187条）。伝貰権の登記手続に関しては、不動産登記法139条及び不動産登記法施行規則62条に規定されている。また、伝貰権が妨害を受ける場合には、伝貰権は占有を随伴する権利であることから、占有保護請求権があると同時に、物権的請求権として、目的物返還請求権、妨害排除請求権及び妨害予防請求権が認定される（法319条、213条、214条）。

2　伝貰権は他物権であるか。

伝貰権は他人の不動産に対する権利である（法303条1項）。したがって、伝貰権が他物権であることに間違いはない。それゆえに、伝貰権者が目的物である不動産を買い受け、あるいは相続を受けた場合等に、混同により、その所有権を取得するとなると、伝貰権は消滅する（法191条1項本文）。しかし、伝貰権が抵当権の目的となり、あるいは伝貰権よりも後順位の抵当権がある場合には、伝貰権は消滅しない（法191条1項但書）。このような混同の例外が認定される場合には必ずしも他物権であるとは言えない。一方、伝貰権が用益物権であるため、転伝貰権者が目的物である不動産の所有権を取得

した場合に、混同の特殊な例外が認定されるとする見解[120]があるが、それは、用益物権だから認定されるのではなく、目的物である不動産の所有権者と伝貰権者との法律関係が、転伝貰権者と伝貰権者の法律関係に転移して、伝貰権者においては目的物である不動産の所有権を取得した転伝貰権者が新所有者としての地位にあるためである。

3 伝貰権は用益物権か、それとも担保物権か。
(1) 民法改正前の判例と学説
(イ) 判　　例

民法典の施行により民法303条1項が「伝貰権者は、伝貰金を支給して他人の不動産を占有し、その不動産の用途に従い使用、収益する権利がある」と規定したことをめぐって、伝貰権は用益物権であるとするべきか、それとも担保物権であるとするべきかの論議がある中、大法院判例は、伝貰権は物権であるとするのみで、如何なる物権であるかについては沈黙した。即ち、大法院は、「伝貰権とは、伝貰権者が伝貰金を支給し、他人の不動産を占有、使用して、その不動産の用途に従い使用収益する権利を指し……伝貰権設定者（不動産の貸与者）は、その受領した伝貰金の利息に該当する金員を、その不動産の使用料に充当させ、伝貰契約終了時には、その受領した伝貰金だけを返還することが普通の場合」[121]であるとし、伝貰権が物権であるということを初めて明らかにした。それ以後、「家屋に対して伝貰権を設定する契約をした者は、伝貰権者に対して伝貰権設定登記をする義務があり、この義務は、必ずしも契約書にその登記をする旨を規定して初めて生じるものではない」として[122]、「伝貰権登記請求権等は、伝貰契約が有効に存続していることを前提としており、この契約関係が、その存続期間の満了をもって終了すれば、これらの請求権も消滅する」[123]とされた。一方、伝貰権者の優先弁済については、不動産競落許可決定に対する抗告事件（1961年民抗第199号）に関するソウル高等法院の1961年5月6日付決定を不服とし、伝貰金の優先弁済請求権を主張して再抗告した事件において、大法院は、これを

否認して再抗告を棄却した(124)。また、伝貰金の性質について、「伝貰権者の故意、過失による目的物の損傷に因り生ずる伝貰権設定者の損害、即ち、所論の危険を担保する性質はあるかにつき……争わないことで生ずる強制執行に因る危険まで担保するということはできない」(125)として、伝貰金の担保範囲を明らかにした。伝貰金返還請求権だけを伝貰権と分離して譲渡することができるかについて、「伝貰権が存続する限り、伝貰権者が伝貰権と分離した伝貰金返還請求権だけを譲渡しても、伝貰金返還請求権は移転しない。」とすることで、当初は否認した。しかし、その後に「債権そのものを、予め、伝貰物明渡以前に伝貰契約と分離して、これを譲渡しても伝貰権設定者に何ら不利益を生じないのみならず、条件付又は将来債権の譲渡性を否認する理由もないことから、伝貰金返還債権は、伝貰契約と分離して譲渡することができないとする主張だけを受け入れることはできない。」(126)として、伝貰金返還請求権は、伝貰物明渡以前に、伝貰契約自体と分離して譲渡することができるとした。

(ロ) 学　　説

民法303条1項をめぐり、伝貰権を目的物の使用・収益という面を中心に把握すべきであるか、伝貰金の支給と関連して伝貰金の返還において優先弁済権を認定することを中心に把握すべきであるか、目的物の使用・収益のみならず伝貰金の優先弁済権までを考慮して把握すべきであるか。これにより、伝貰権用益物権説、伝貰権担保物権説及び伝貰権特殊用益物権説に分かれていた。一方、伝貰権を人役権の一種として捉える見解(127)もあった。

(a) 伝貰権用益物権説(128)；この見解は、①伝貰権は、他人の不動産上の権利として、不動産の用途に従い使用・収益することを本体とし、②伝貰金の支給は、伝貰金の利子と使用料とを相打ちにすることで、別途使用料を支給しないものであるから、一種の停止条件付返還債権を随伴する金銭所有権の移転であり、③伝貰権者の競売請求権（法318条）は、終了した伝貰関係の清算を伝貰権者の積極的行動によるべく規定されたもので優先弁済権を認定するものではないのだから、優先弁済権を認定す

ることは物権法定主義に反する無理な解釈である、④しかし、伝貰権の設定により約定担保物権におけるのと同じく被担保債権と信用授受があることを全面的に否認することはできず、立法論としては伝貰権者の競売請求権に優先弁済権を認定する必要があるとしながら、伝貰権を純粋な用益物権として見ようとする説である。

(b) 伝貰権特殊用益物権説[129]；この見解は、①伝貰権は、不動産の使用・収益を内容とする点で用益物権の性質を有することは明白であるが、他面、担保物権と類似の性質を持っており、②優先弁済権なき競売権は無意味なものであるとして、伝貰権者に競売権を認定した民法上の趣旨を生かそうとすれば、伝貰権者に優先弁済権を認定しなければならず、③伝貰権においては、用益物権としての性質が主であり、担保物権としての性質と同等に考えることはできないとしながら、伝貰権を用益物権として、担保物権の性質を兼有する特殊な用益物権であると捉える説である。

(c) 伝貰権担保物権説[130]；この見解は、①伝貰制度の沿革や慣行から見て、不動産所有者が自己の不動産上に伝貰権を設定し、不動産価額の5割乃至7、8割という高率で伝貰金を取得することは、資金融通の手段としての約定担保物権（質権、抵当権）と、その機能上の相違がなく、②伝貰権者が、伝貰金の返還が遅滞した場合に目的不動産を競売することができる競売請求権を有することは、留置権と同一であるのみならず（法318条、322条）、他の用益物権（地上権、地役権）には見られないことから、立法精神に鑑みて優先弁済権を認定するのが妥当であり、④伝貰権者は、他人の不動産を、その用途に従い使用・収益して、その対価と伝貰金の利子を相殺しているとみることは、旧民法上の不動産質権（旧法356条）と相違せず、⑤民法の編別上でも、伝貰権が地役権（第五章）と留置権（第七章）の間に置かれていることから、担保物権と捉えることはできないとする見解は不当であるとしながら、伝貰権を純粋な担保物権として見ようとする説である。

(2) 民法改正後の判例と学説
(イ) 判　　例

　1984年の民法典改正により民法303条1項を「伝貰権者は、伝貰金を支給して他人の不動産を占有し、その不動産の用途に従い使用、収益しつつ、その不動産全部に対して後順位権利者その他債権者に優先して伝貰金の弁済を受ける権利を有する」と改正したことにより、改正前の論議の争点であった優先弁済権が立法されたのであるが、判例は別に変化を見せなかった。その後の大法院判例の動向は、初め、「伝貰権は用益物権と担保物権の性質を兼備するもの……（目的物の）使用価値と交換価値の優先的把握を目的と」する権利であると判示[131]し、その後にも「伝貰権が用益物権的性格と担保物権的性格を兼備している点及び目的物の引渡は伝貰権の成立要件ではない点等に照らすとき、当事者が主に債権担保の目的で伝貰権を設定し、その設定と同時に目的物を引き渡さない場合であっても、将来に向けて伝貰権者が目的物を使用、収益することを完全に排除するものでなければ、その伝貰権の効力を否認することはできない」として[132]、伝貰権につき、特殊用益物権説に近い把握をした判決を見せた。しかし、最近では、伝貰金返還債権と伝貰権を分離譲渡することの可否について、「伝貰権が担保物権的性格も有している以上、付従性と随伴性があるので、伝貰権を、その担保している伝貰金返還債権と分離して譲渡することは許容されない」と判示し[133]、さらに一歩進んで、「伝貰権には担保物権的性格もある以上、付従性と随伴性を有するので、伝貰権をその担保する伝貰金返還請求権と分離して譲渡することは許容されないとすることや、一方、担保物権の随伴性とは被担保債権の処分があれば、常に担保物権も一緒に処分されるということではなく、債権担保という担保物権制度の存在目的に照らしてみるときに、特別な事情がない限り被担保債権の処分には担保物権の処分も包含されると考えることが合理的であるというだけであり、伝貰権が存続期間満了により消滅した場合や伝貰契約の合意解止又は当事者間の特約により伝貰金返還債権の処分に係らず伝貰権の処分を伴わない場合等の特別な事情があるときには、債権譲受人は

担保物権のない無担保債権を譲受したことになり、債権の処分に伴わない担保物権は消滅する」としながら、「伝貰権設定契約の当事者間でその契約が合意解除された場合、伝貰権設定登記には伝貰金返還債権を担保する効力があるとすることや、その後、当事者間の約定により伝貰権の処分に伴わない伝貰金返還債権の分離譲渡がなされた場合には、譲受人は有効に伝貰金返還請求権を譲り受けたと言うことができ、それに因り伝貰金返還債権を担保する物権として伝貰権までも消滅することから、その伝貰権に関して仮押留附記登記がなされたとしても、何ら効力を生じない」と判示したことで[134]、伝貰金は伝貰金返還債権と分離して譲渡することができないこと、分離譲渡したときに伝貰権が消滅することを明らかにしたことで、伝貰権が担保物権であることを前提としたことにより、担保物権説に近い判決を見せた。

(ロ) 学　　説

1984年の民法典改正後、伝貰権用益物権説はその立地を失い、伝貰権特殊用益物権説と伝貰権担保物権説に狭められた。

(a) 伝貰権特殊用益物権説[135]；この見解は、①伝貰権は、その制度自体が他人の不動産を使用、収益することを本体とするものであり[136]、担保物権性を附与したのは、伝貰権返還請求権を確保するという政策的配慮によるものであり[137]、②当事者の主観的意思も不動産の貸借が中心目的であり、伝貰金の交付はその対価の支給であるだけであるから、金銭貸借が主目的であり、不動産の引渡と返還はこれを担保する手段であると考えるのは本末転倒であって[138]、③伝貰権の目的物が一部滅失したとして、その滅失部分に該当する伝貰金が減額されること（法314条1項）も純粋な担保物権ではありえない[139]ことを挙げて、伝貰権を基本的に用益物権としながら、担保物権性を兼有しているものと考える説である。最近では、用益権為主説に対して同格説も主張されている[140]。これは用益物権兼担保物権説とも呼ばれている。

(b) 伝貰権担保物権説[141]；この見解は、①韓国の伝貰制度が、その沿革として朝鮮後期に盛行した占有質としての担保制度である家舎典当をも

とに発展したことを重視しつつ、伝貰権の目的物使用・収益権能は担保物権である不動産質の属性によるものであり、用益物権であるためではないと主張に[142]、②民法典改正により民法が優先弁済権を明文化したことは伝貰権の担保物権性を立証するものであるとの主張[143]を追加した説である。

(3) 今まで見てきたところによれば、伝貰権が担保物権であることは明らかである。しかし、目的物の使用・収益ということを如何に解釈するかにつき、用益物権性が主たる機能であるとすべきか、あるいは担保物権であるとしても、不動産質と同じく、目的物の使用・収益は当然に始まったものであると考えるべきかという論議が再燃している。このような論議の繰り返しは、何よりもまず、伝貰権を一種の賃貸借が物権に強化されたものとする伝貰賃貸借論のドグマから脱け出さない限り、これからも続けられるだろう。しかし、論議の争点が民法改正前には優先弁済権の認定をめぐって生じ、改正により優先弁済権が競売請求権とともに正面から規定されたのに、再び争点を目的物の使用・収益に戻すことは問題を解決しようとするものではなく、問題を依然として残そうとするものであり望ましいことではない。それならば、伝貰権を担保物権として、その目的物の使用・収益を内容とするものであると直に認定するのが妥当であろう。したがって、伝貰権担保物権説が妥当であると考える。それによって、民法において、伝貰権と抵当権両方とも担保物権として、競売手続のみならず売主の担保責任等に関しても均衡のとれた解釈が可能となる。

4 伝貰権者は伝貰金を支給しなければならない。

(1) 伝貰権者は、伝貰権設定者に、必ず伝貰金を支給しなければならないか。伝貰権者は、伝貰権設定者に伝貰金を必ず支給しなければならない（法303条1項）。即ち、伝貰金の支給は、伝貰権の成立要素である[144]。したがって、伝貰金を支給しないという特約は無効であり、伝貰権は成立しない。

それゆえに、伝貰金を支給しない特約を設けて伝貰金を支給しなければ、伝貰権としては無効になるが、無効な法律行為の転換により、地上権や使用貸借が成立するのだろうか。この点につき、肯定説[145]が主張されている。しかし、大法院判例は、伝貰金の支給について「伝貰金の支給は、伝貰権成立の要素であるとはいえ、伝貰金の支給が必ずしも現実的な授受に依らなければならないというわけではなく、既存の債権として、伝貰金の支給に替えることもできる」と判示し[146]、伝貰権の成立要素としての伝貰金の支給を、緩和する態度をとった。

(2) 伝貰金は、伝貰権者が伝貰権設定者に支給する金銭のことである。伝貰金の数額は、当事者の合意により自由に定めることができる。しかし、実際に支給される伝貰金の数額は、目的物である不動産の時価の5～6割乃至7～8割に該当するのが普通である。この伝貰金は登記しなければならない（不登139条1項）。したがって、登記された額だけ第三者に対抗することができる。一方、伝貰権成立後に、顕著な事情変更がある場合、当事者は将来に向けて伝貰金の増減を請求することができる（法312条の2）。伝貰金増減請求権に関して、民法制定時には何も規定がなかったが、民法改正時に新設された。しかし、伝貰金増減請求権の法的性質については、形成権説と請求権説が分かれている。形成権説[147]は、当事者の増減請求権は一方的意思表示により行使され、その行使により直ちに伝貰金増減の効果が発生し、争いがあるときは法院がこれを定めるものであるとする。これに対して、請求権説[148]は、当事者一方の請求により当然に増減の効果が発生するものではなく、常に当事者の合意により増減の効果が発生し、合意がなされなければ法院が定めるものであるとする。思うに、伝貰金増減請求権は、伝貰金債権の変動を引き起こすものであるから、当事者の合意により増減すると考える請求権説が妥当である。しかし、第三者に対抗する為には、これを登記してこそ効力があると言えよう[149]。

(3) 伝貰金は、如何なる法的性質を有するか。伝貰金は、伝貰権の成立要素であり、伝貰権設定者が自己の不動産を担保として提供して融資を受ける金銭としての性質を持つ。したがって、伝貰権設定者は、伝貰権者に対して伝貰金に該当する金銭債務を伝貰権の存続期間中負担することになる。それゆえ、伝貰権者の伝貰金債権は、不動産質権における被担保債権に該当する。現行民法は、不動産質権を直接認定していないが、伝貰権が実質において不動産質権としての機能を果たしている。即ち、現行民法下でも事実上不動産質権が存続しているのである[150]。このような伝貰金は、一方で不動産の使用対価であると同時に保証金としての性質を持つことになる。まず、伝貰金は、目的物である不動産の使用対価として支給されるものである。したがって、伝貰権者は、目的物の使用対価を別途支給する必要はないが、伝貰金の利子を請求することもできない。即ち、目的物の使用対価と伝貰金の利子は、互いに相討ちとなるのである。それゆえ、伝貰権者は、定期的に目的物の使用対価を支給する必要がないばかりか、伝貰権設定者も定期的に伝貰金の利子を支給せずともよいという便益がある。このような便益は、庶民金融における資金融通と担保制度として大いに機能することになった。また、伝貰金は、伝貰権者の債務を担保する為に交付されることで保証金としての性質を持つ。伝貰金により担保される債権の範囲については、伝貰権者の責任に属する事由に因る目的物の滅失において損害賠償に充当することだけが規定されている（法315条）。それにもかかわらず、目的物の滅失以外の場合にも、規定はないが、担保すると解するべきであるという主張がある[151]。しかし、伝貰金は、伝貰権者の全債務を担保するものとして考えてはならない。何故なら、目的物が不可抗力により滅失したときには、伝貰権者は伝貰金の返還を受けられず、伝貰権設定者も目的物の返還を受けられないと解釈しなければならないためである。したがって、民法315条による場合に限定すべきであると考える[152]。

5　伝貰権は目的物を使用・収益する物権である。

伝貰権は、他人の不動産を占有して、その不動産の用途に従って使用・収益する物権である（法303条1項）。

(1)　伝貰権者は、目的物を占有しなければならない。伝貰権者が目的物である不動産を使用・収益する為に、その目的物を占有して直接支配しなければならないためである。故に、伝貰権者には、目的物である不動産に対する占有権があることになる。したがって、伝貰権者は、目的物の占有を侵奪する者に対して占有保護請求権を行使することができる（法204～206条）。また、伝貰権者は、目的物の占有を随伴する物権を有する者として、抵当権者とは異なり、伝貰権による物権的請求権としての目的物返還請求権のみならず、目的物妨害除去請求権及び目的物妨害予防請求権をも行使することができる（法319条、213～214条）。さらに、不動産引渡命令や強制管理により権利行使が妨害を受ける場合において、伝貰権者に第三者異議の訴を提起できる当事者適格が認定されることも、目的物を占有して使用する伝貰権の権能によるものであるといえる[153]。そして、目的物である不動産を占有して使用する権利者としての伝貰権者には、隣の不動産の所有者乃至利用者（伝貰権者乃至地上権者）との間に、相隣関係が準用される（法319条、216条～244条）。したがって、判例[154]も、「周囲土地通行権は隣接する土地の相互利用の調節に基づく権利として、所有者、地役権者、伝貰権者に認定される」とした。

(2)　伝貰権者は目的物の用途に従って使用・収益しなければならない。
(a)　用途に従った使用・収益についての判断は如何にしてなされるのか。原則として、目的物である不動産の経済的効能により判断されなければならない。しかし、具体的には、伝貰権設定契約やその目的物の性質により定められた用法により決定されなければならない（法311条1項）。故に、目的物である不動産の現状を維持せずに変更を加えることは、その用途に違反して使用・収益することになるが（法309条）、このような

用途違反による使用・収益があったとしても直ちに伝貰権が消滅するのではなく、伝貰権設定者に、伝貰権の消滅請求、原状回復請求又は損害賠償請求をする権利が発生するにとどまる（法311条）。

(b) 伝貰権の目的物が土地である場合に、これを地上権の目的ですることができるか。前述のとおり、伝貰権は目的物である不動産の用途に従って使用・収益する権利であり（法303条1項）、地上権は建物その他の工作物や樹木の所有を目的とする権利であるが（法279条）、建物その他の工作物や樹木の所有を目的として、地上権を設定せずに伝貰権を設定することはできるのだろうか。この点につき、学説は分かれている。①肯定説は、ある土地上に建物や樹木を所有する為に、地上権を設定せずに伝貰権を設定することを許容する。これが多数説[155]である。しかし、②否定説は、民法が、地上権には最短期だけを定め、伝貰権には最長期だけを定めているのは、地上物の所有を目的とする地上権においては、地上物に投資した地上権者を保護する為に長期としたものであるが、伝貰権においては、むしろ長期にならないようにしたものであるから、地上物の所有を目的として伝貰権を設定することは許容されないとした。これは少数説[156]である。思うに、肯定説は、伝貰権の用益物権性を強調しつつ、地上権や伝貰権や土地賃借権を同じ用益権という脈絡で考えているため、このような解釈がなされたものと考える。一方、少数説も同じ立場でありながら、その立法趣旨に基づいて許容できないとする主張である。しかし、伝貰権を担保物権であると考えれば、このような論議をする実益はない。何故なら、伝貰権における目的物の使用・収益と、地上権における目的物の使用・収益は異なるからである。即ち、伝貰権においては、担保権の機能として目的物を使用・収益し、地上権においては、用益権の機能として目的物を使用・収益するためである。

(c) 伝貰権者は目的物を使用・収益する権限を有する。伝貰権者は、目的物の用途に従って使用・収益する権限を有し、これに対して何ら制限を受けない。この権限は、伝貰権の占有質乃至収益質という本質によるも

のである。一方、伝貰権者は、目的物の使用・収益において目的物の現状を維持し、その通常の管理に属する修繕をする義務を負担する（法309条）。故に、伝貰権者には目的物の使用において支出した必要費償還請求権がない。この点において留置権や質権とは異なり（法325条1項、343条）、不動産賃貸借とも異なる（法626条1項）。特に、同じ担保物権である留置権や質権とは、これらに目的物を使用・収益する権限がないことから異なり、また、用益権者である不動産賃借人と異なるのは、伝貰権者が単純な用益権者ではなく担保権者であるためであるということが分かる。しかし、伝貰権者が目的物である土地を使用する為に必要なときには、地役権も行使することができ(157)、建物伝貰権の場合には、その建物を目的とする地上権や賃借権に対して伝貰権の効力が及ぶばかりか、この場合に、伝貰権設定者は、その地上権や賃借権を消滅させることができない（法304条）。これは、伝貰権者の目的物に対する使用を保障する為のものである。また、伝貰権者は、目的物の使用権限のみならず、このような目的物から発生する果実を収取する権限を有する(158)。この点につき、ドイツ民法100条にいうところの、果実と使用利益を合わせた概念としての収益（Nutzungen）と、民法303条1項の収益を、同じ概念として捉えてもよいという考えもある(159)。この果実には、天然果実ばかりか法定果実も包含される。そして、例えば目的物である土地の一部が承役地として提供されている状態で伝貰権が設定されたときにおける地役権者が支給する対価の帰属問題と同様に、果実が発生するまでの間に収益権者の変動がある場合における果実の帰属に関しては、民法102条により解決されなければならない(160)。しかし、この規定は任意規定として解釈されており(161)、当事者間で別途特約を設けることを妨げないものである。この場合の立証責任は特約の存在を主張する者にある。このような伝貰権者の果実収取権は、目的物使用権と並んで、伝貰権が不動産質権の一種として当然に備えている機能であり、収益的効力を有する担保物権を韓国民法が認定していることを示すものである。

6 伝貰権は担保物権としての通有性を持つ。

伝貰権に担保物権としての性質があることについて、学説・判例は一致している。したがって、伝貰も担保物権の通有性として、付従性、随伴性、不可分性及び物上代位性を有する(162)。

(1) 伝貰権の付従性と随伴性
(a) 担保物権としての伝貰権は、被担保債権である伝貰金返還債権に附従し、その処分において随伴する。伝貰金交付による伝貰金返還債権が成立しなければ伝貰権も成立することができず、伝貰金返還債権が消滅すれば伝貰権も消滅する（付従性）。そして、伝貰金返還債権は、伝貰権に伴わなければ、これを譲渡し又は他の権利の目的とすることができない（随伴性）。しかし、大法院判例は、「伝貰権には担保物権的性格もある以上、付従性と随伴性を有するので、伝貰権をその担保する伝貰金返還請求権と分離して譲渡することは許容されないとすることや、一方、担保物権の随伴性とは被担保債権の処分があれば、常に担保物権も一緒に処分されるということではなく、債権担保という担保物権制度の存在目的に照らしてみるときに、特別な事情がない限り被担保債権の処分には担保物権の処分も包含されると考えることが合理的であるというだけであり、伝貰権が存続期間満了により消滅した場合や伝貰契約の合意解止又は当事者間の特約により伝貰金返還債権の処分に係らず伝貰権の処分を伴わない場合等の特別な事情があるときには、債権譲受人は担保物権のない無担保債権を譲受したことになる」と判示したことで(163)、伝貰権の付従性と随伴性を認定しつつも随伴性の緩和を認定した。
(b) 例えば建物とその敷地である垈地を一括して伝貰権の目的とする場合のように1個の伝貰金債務の為に数個の不動産上に伝貰権が設定された場合（共同伝貰の場合）にはどうなるか。このような共同伝貰の場合にも一物一権主義の原則により、伝貰権はそれぞれの目的物ごとに一個ずつ成立する(164)。しかし、このような数個の伝貰権は、1個の被担保債

権を共同して担保しているため、付従性や随伴性において運命を共にすることになる。故に、伝貰金債権の発生原因に瑕疵があれば、これを担保する数個の伝貰権全部が同一の影響を受けることになる。即ち、伝貰金債権が消滅すれば数個の伝貰権全部が消滅し、伝貰金債権の譲渡その他の処分があれば数個の伝貰権全部が随伴することになる。したがって、共同伝貰の場合においても各伝貰権は付従性と随伴性を有することになり、このような関係にある数個の伝貰権が互いに結束し、一体として附従・随伴する点に特色がある[165]。

(2) 伝貰権の不可分性
(a) 担保物権としての伝貰権は、被担保債権の全部に対する弁済がある時まで目的物の全部にその効力は及ぶ。故に、被担保債権が残存する限り、伝貰権の目的物はその範囲を縮減されない。これを伝貰権の不可分性であるという。担保物権の不可分性は、留置権に規定され（法321条）、これを質権と抵当権に準用している（法343条、355条、370条）。しかし、伝貰権に関しては、このような規定がない。これを立法の不備であるとする見解がある[166]。しかしながら、伝貰権が担保物権である以上当然に不可分性が認定されなければならない[167]。
(b) これにより、伝貰権者は、伝貰金が一部でも残っていれば目的物の全部に対して競売申請をすることができ、弁済その他の事由で伝貰金債権の一部が消滅したとしても、伝貰権設定者はその比率に従って目的物の返還を請求し又は競売を阻止することができない[168]。目的物の一部が不可抗力その他の事由で滅失した場合にも、その残存部分が当然に伝貰金債権の全額を担保し、目的物が分割され又は一部譲渡があったとしても、伝貰権はその全部に対して追及的に効力を維持するのである。
(c) 留置権等の担保物権の不可分性に関する規定は強行規定ではないことから、伝貰権の場合にも、当事者が不可分性を排除し又は制約する特約をしても有効であると考えられる。例えば、A土地に伝貰権を設定しな

がら、一定時期までに全体の伝貰金中の一定額を返還すれば、Ａ土地をａとａ′に分割して、ａ部分に対する伝貰権を先に抹消するといった特約である(169)。

(d) 伝貰権の不可分性と関連して、共同伝貰において幾つか問題がある。共同伝貰と雖も、それを構成している数個の伝貰権はそれぞれ被担保債権の全部を担保しており、伝貰権者が、その目的物全部に対して同時に伝貰権を実行することができるのは勿論、その一部だけを選んで実行できること(170)も認定されなければならない。しかし、共同伝貰の目的物のうち一部の不動産の売得金だけで被担保債権全額を弁済するのに充分である場合には、他の不動産の競落は許可されない（民執124条、268条）。そうであるならば、伝貰権者は、如何なる場合であれ権利を実行する目的物である不動産を意のままに選択することができ、また、同時実行であれ、順次実行であれ、又は不動産の競売代金であれ、任意に選択して伝貰金の優先弁済を受けることができると考えるべきだろうか。あるいは、共同伝貰であるという理由で一定の制約を受けると考えるべきだろうか。これに関して、民法は、共同抵当の場合には民法368条で明文規定しており、抵当権の不可分性を制約することで解決しながらも、共同伝貰に関しては何ら規定していない。とはいえ、直ちに共同伝貰において不可分性を貫徹しようとするものであると断定するのは難しい。それでは、民法368条を共同伝貰にそのまま類推適用しなければならないのだろうか。民法368条２項本文は、異時配当において不可分性を貫徹しながら、その但書では、後順位抵当権者の代位権を認定して利害調節を図っている。それゆえに、この二つの規定を互いに連携して適用するときにのみ、立法趣旨に符合するのである。しかしながら、共同抵当の場合に、民法368条２項本文は、伝貰権が担保物権であるという点から同一に適用することができるとしても、その但書による代位権は、法律の規定による物権変動の一種(171)に該当するので、それに関する規定がない限り、これを認定することは難しい。それでは、現行民法下の共同伝

貰における配当の問題は、どのように解釈するのが最も望ましいだろうか。同時配当の場合と異時配当の場合を分けて取り扱うことが望ましい。まず、同時配当の場合には、数個の目的物の競売対価が伝貰金を超過する場合に、各目的物の競売対価に従って按分し、各不動産が負担すべき債務額を分割して、その責任分担額に対してのみ優先弁済を受けることができると考える。次に、異時配当の場合には、先に配当する一部の競売対価から優先弁済を受けることができると考える。これは、民事執行法124条の過剰競売不許に関する規定にも合致する。以上のことから、共同伝貰においても不可分性は認定されるが、伝貰権の被担保債権の発生が、用益物権としての性格と関連付けられる特性による不可分性が多少制約を受けると解釈するべきである[172]。そして、共同伝貰の登記において、目的物である各不動産に対してそれぞれ伝貰権設定登記をしなければならず、伝貰権の目的である趣旨を記載しなければならない（不登139条3項、149条、150条、152条）。

(3) 伝貰権の物上代位性

(a) 伝貰権は、目的物が滅失等により使用・収益することができなくなると、担保物権としての目的物の交換価値だけを取得することになる。したがって、目的物そのものではないが交換価値を代表するものが生じると、伝貰権の効力はその代表物上に及ぶことになる[173]。

(b) このような物上代位性に関して、民法は質権に認定し（法342条）、抵当権に準用している。しかし、伝貰権には何の規定もないが、これを類推適用するべきである。故に、伝貰権者は目的物が滅失、毀損又は公用徴収されることに因り伝貰権設定者が受けるべき金銭その他の物についても優先弁済権を行使することができる。この場合に、伝貰権者は、その代表物を特定する為に支給又は引渡する前に差押をしなければならない[174]。

7　伝貰権は伝貰金の優先弁済を受ける権利である。

伝貰権には、担保物権である留置権と同じく、その目的物である不動産を占有するばかりではなく競売請求権もある（法318条、322条）。民法改正前には、伝貰権について、伝貰金の優先弁済権を認定するべきかどうかを中心に論議がなされたが、民法改正に際して伝貰金の優先弁済権を明文化したことで立法による解決がなされた（法303条1項後段）。故に、伝貰権には伝貰金の返還を受ける為に、その不動産全部に対して後順位権利者その他の債権者に優先して伝貰金の弁済を受ける権利がある。一方、競売請求権に関連して、判例[175]は、建物の一部を目的とする伝貰権は、その目的物である建物部分に限りその効力を及ぼすので、建物の一部を目的とする伝貰権が競落に因り消滅したとしても、その伝貰権より後に設定された伝貰権が建物の他の部分を目的物としている場合には、そのような事情だけで未だ存続期間が残っている後順位の伝貰権まで競落に因り一緒に消滅するとは考えられないと判示した。したがって、伝貰権者の優先順位において、伝貰権が先に設定され、その後に抵当権が設定されたときでも、伝貰権者は競売申請をすれば両者ともに消滅し、配当順位は設定登記の順位により定められ、後に設定された抵当権者が競売を申請したときには、伝貰権は消滅しない。そして、抵当権が先に設定され、その後に伝貰権が設定されたときには、抵当権者と伝貰権者のいずれが競売申請をしても両者ともに消滅し、その配当順位は設定登記により定められる[176]。

(106)　大判68. 7. 23、ダ1013（要集特Ⅱ、78）
(107)　金相容560頁
(108)　『民法注解』（注91）166頁（朴炳大執筆）
(109)　郭潤直424頁；金基善［キム・ギソン］416頁；張庚鶴［チャン・ギョンハク］602-603頁；金相容560頁；大判1962. 3. 22、4292民上1297（集10-1、246）
(110)　大判1977. 8. 22、ダ53628（公1997. 10. 1、[43]、2793）
(111)　『民法注解』（注91）167-169頁

⑿　金仁銖［キム・インジュ］『共有、共有物分割と登記』裁判資料44号135頁
⒀　金鍾権［キム・ジョングォン］「垈地権の登記と垈地権たる趣旨の登記」裁判資料44号462頁
⒁　林良平・青山正明編『註解不動産法6』（1988）742頁
⒂　塩岐勤「共有物の保存、管理をめぐる諸問題」民事判例実務研究1（1980）100頁
⒃　『民法注解』（注91）168-169頁
⒄　（注115）参照
⒅　『民法注解』（注91）169頁
⒆　地役権の設定については、郭潤直404頁；金容漢396頁；張庚鶴583頁
⒇　『民法注解』（注91）170頁
(21)　大判1961. 2. 23、4293民上274（集49、33）
(22)　大判1962. 3. 22、4294民上1297（集10-1、246）
(23)　大判1974. 4. 23、73ダ1262（カ1064；集22-1、161；公488、7840）
(24)　大決1961. 7. 6、4294民再抗291（集8、26）
(25)　大判1968. 7. 24、68ダ895（カ8533；集16-2、300）
(26)　大判1969. 12. 23、69ダ1745（集17-4、217；カ918）
(27)　張庚鶴『新物権法各論（上巻）』（1959）84頁。しかし、その後に用益物権説に変更した。
(28)　方順元［パン・スヌォン］201頁；崔拭［チェ・シク］252-254頁；金容晋［キム・ヨンジン］「伝貫権の法律的性質」法律論叢5号（1965）39頁；郭潤直（1975）422-429頁；張庚鶴「伝貫権の法律的性質」考試界（1979）等
(29)　金曾漢『物権法（下）』（1972）62-66頁；金顯泰［キム・ヒョンテ］『新物権法（下）』（1964）34-41頁；金容漢『物権法論』（1975）428-431頁等
(30)　金基善『韓国物権法』（1972）299-301頁
(31)　大判1989. 9. 26、87ダカ2515（公860、13）
(32)　大判1995. 2. 10、94ダ18508（公95. 3. 15、[988]、1293）
(33)　大判1997. 11. 25、97ダ29790（公98. 1. 1、[49]、3）
(34)　大判1999. 2. 5、97ダ33997（公99. 3. 15、[78]、436）
(35)　郭潤直415頁；金容漢420-422頁；金曾漢299-300頁；張庚鶴607頁；黄迪仁［ファン・ジョギン］『民法(Ⅱ)』273頁；徐敏［ソ・ミン］『債権譲渡に関する研究』53-54頁等
(36)　金容漢421頁；張庚鶴607頁

⑴㌱　郭潤直415頁
⑴㌳　金曾漢300頁；金容漢421頁；張庚鶴607頁
⑴㌳　金曾漢300頁
⑴㌢　同格説を主張する見解は、高翔龍（2002）471頁；李銀榮［イ・ウニョン］（2002）628頁等
⑴㌥　金基善299-301頁；尹大成（注６）246-248頁
⑴㌦　尹大成（注６）240-241頁
⑴㌧　金基善300頁
⑴㌨　郭潤直432頁；金容漢426頁；張庚鶴610頁；高翔龍475頁。しかし、伝貰金の支給は伝貰権の成立要件ではないとする見解もある。李英俊［イ・ヨンジュン］729-730頁
⑴㌩　金相容562頁；金容漢148頁；張庚鶴604頁
⑴㌪　大判1995．2．10、94ダ18508（公95．3．15、［988］、1293）
⑴㌫　張庚鶴604頁；高翔龍477頁
⑴㌬　郭潤直427頁；金相容563頁
⑴㌭　高翔龍477頁
⑴㌮　金相容564頁；金容漢424頁
⑴㌯　郭潤直428頁；金相容564頁；金容漢423頁；張庚鶴605頁
⑴㌰　『註釈民法』（注105）208頁
⑴㌱　『註釈強制執行法』634-702頁
⑴㌲　大判1977．9．13、75ダ1958
⑴㌳　郭潤直424-426頁；金相容561-562頁；金容漢416-417頁；李太載［イ・テジェ］285-286頁；張庚鶴603-604頁
⑴㌴　金曾漢（1980）360頁；金曾漢（1984）296頁
⑴㌵　郭潤直404頁
⑴㌶　伝貰権者の果実収取権を認定した判例は、大判1976．7．27、75ダ1824（要集民Ⅰ、388）
⑴㌷　ドイツ民法100条は、Nutzungen sind Fruchte einer Sache oder eines Rechtes sowie die Vorteile, welche der Gebrauch der Sache oder des Rechtes gewahrt. と規定している。『民法註解』（注91）176頁
⑴㌸　『民法註解』（注91）176頁
⑴㌹　郭潤直『民法総則』（1989）318頁；『註釈民法（上）』630-631頁
⑴㌺　郭潤直431頁；尹大成（注６）256頁；張庚鶴607頁

⒃ 大判1997. 11. 25、97ダ29790（公98. 1. 1、[49]、3）
⒃ このような共同伝貰には共同抵当を類推する。郭潤直600頁
⒃ 『民法註解』（注91）177-178頁
⒃ 郭潤直431頁
⒃ 郭潤直431頁；尹大成（注6）256頁；張庚鶴600頁
⒃ 郭潤直431頁
⒃ 金鼎鉉［キム・ジョンヒョン］『競売実務要論（上）』84-85頁
⒄ 伝貰権の目的物が分割できるものであるときに、その一部だけを競売することができるということは、このような趣旨を包含しているものであるとする。郭潤直431頁
⒄ 郭潤直605頁
⒄ 『民法註解』（注91）178-182頁
⒄ 郭潤直431頁；尹大成（注6）256頁；張庚鶴607頁
⒄ 『民法註解』（注91）183頁
⒄ 大判2000. 2. 25、98ダ50869（判公104）

Ⅵ　結語：これからの展望

　以上のように、韓国における伝貰権は、伝統社会の慣行として形成されたものであり、その後、民法典が制定されるにしたがって物権として登場した。しかし、伝貰権が如何なる物権であるかをめぐる論議は今でも終わっていない。
　その間に、建物の賃貸借を中心に住宅賃貸借保護法が制定され、最近では商街建物賃貸借保護法も制定され施行されたことで、伝貰権の従来の社会的機能が縮小していることは否定できなくなった。しかしながら、住宅賃貸借保護法や商街建物賃貸借保護法において未登記伝貰への準用をしているが、新しく導入された登記命令申請制度により未登記伝貰が登記を備えないときに、これを如何に取り扱うべきであろうか。登記を済ませていない伝貰契約は、登記を済ませることで当然に伝貰権となるべきである。そうであれば、依然として伝貰権は社会的機能を担当していることになる[177][178]。

さらに、今日においては、大規模なマンション団地や大規模なビルディング全体を担保化する為に、必ずしもその換価を予定せず、担保権者が各室の賃借人として継続的に賃料を収取して、これを自己の債権に充当することも可能にする制度が要求されている。しかし、不動産担保の典型的なものは抵当権であり、それには目的不動産の換価権だけがあるのみで、その収益（法定果実、天然果実）を対象とする強制管理をなす執行方法がないという最大の弱点を持っている。このような場合に、伝貫権によって補完することができるのである(179)。したがって、不動産の強制管理の一方法として、伝貫権は有用になると考える。そうであれば、韓国の伝貫権は新しい社会的・経済的返還の中でも、その社会的機能を拡大する展望がある。

(176) 高翔龍499頁
(177) 尹大成「伝貫権担保物権論」崔柄煜［チェ・ビョンウク］教授停年論文集（2002）127頁
(178) 尹大成「商街建物賃借権の対抗力に関する研究」社会科学研究3巻1号（2003）183頁
(179) 朴淳成［パク・スンソン］「伝貫権に関する判例の動向と展望」宋相現［ソン・サンヒョン］教授華甲論文集（民事法学）（2002）113頁

18 フランス法における《他人の所為による責任》の一般原理の形成

北 村 一 郎

I 他人の所為による責任の一般原理化
II 父母責任の当然責任化

　フランス破毀院（Cour de cassation 最高裁判所）の審理に際しては検察官の意見表明（論告）が必ず行われるが、1991年3月22日、全部会（assemblée plénière 大法廷に相当）の審理におけるドンタンヴィル筆頭法院検事の口吻には、29日付けで判決されることになる一つの歴史的な判例変更を提案しているとの特別な気負いが感じられるであろう：《重大さ、ほとんど全く特別な荘厳さ、これが、本日提起されている、少しく眩惑を起こさせるような問題に当面して、私の所論をまずもって司るトオンであります。実に稀なことながら、われわれ司法官は、大大的な原理的諸問題をこえて、その所与および根源が法の原初的な腐食土のなかに見失われていたような、これほども根源的な選択に当面するという特権的な瞬間を迎えているのです！　われわれは、責任法について、その責任主体、その構成要素、その進化に関して責任があるのではないでしょうか？　わが最高裁判所の最高の合議体の構成員の皆様、皆様は、ほぼ一世紀来なかったことですが、ほとんどわれわれの法的下意識に属するような条文、あらゆる可能な進化を免れているように見えるほど統合された一体を構成するほど、われわれにとって親しみ深い条文の再解釈、ないし、おそらくは新たな解釈へと導かれるのです》[1]。

　フランス民法典における不法行為責任または狭義の民事責任は、第1384条第1項が《ひとは、自分自身の所為によって惹き起した損害についてだけで

なく、自己が責任を負うべき者、または、自己の保管のもとに有する物の所為によって惹き起された損害についても責任を負う》と述べているように、いわゆる過失責任に相当する《本人の所為による責任》(responsabilité du fait personnel 民法典第1382条・第1383条）を原則としつつも、特則としての《他人の所為による責任》(responsabilité du fait d'autrui 同第1384条第4項以下）および《物の所為による責任》(responsabilité du fait des choses 第1385条・第1386条）を加えた三つの類型から構成されている。

《他人の所為による責任》とは[2]、第1384条所掲の如き未成年者・徒弟・被用者・学校生徒の不法行為について賠償の実効性を確保する趣旨（被害者は行為者と監督者とのどちらに請求してもよい）から、立法者の意図においては、それぞれの監督義務者の過失推定（présomption de faute）を設けるものであったと考えられている[3]。

他方、《物の所為による責任》として民法典が当初規定していたのは、動物の所為による責任（第1385条）および建物倒壊による責任（第1386条）の二つのみであったが、周知のように、19世紀末以来の判例法——1896年の破毀院民事部テフェヌ判決および1930年の連合部ジャンドゥウル判決——によって、第1384条第1項の端的な文言解釈により《無生物責任》(responsabilité du fait des choses inanimées) の一般原理が形成され、飛躍的な発展を遂げた。これにより、物の《保管者》は、動力機関の爆発であれ自動車事故であれ、自己の保管する物の所為によって生じた損害に関して責任が推定されるに至り、免責を得るためには無過失の証明では足りず、不可抗力（force majeure）等の外部的原因の証明が必要とされるのである[4]。この責任の場合には、理論的には損害と物の所為との間の因果関係が推定されているのであり——従って、それを破るためには外部的原因の証明が必要となるわけであるが——、過失推定との対比からしばしば《責任推定》(présomption de responsabilité) の問題とされ、更に最近では《当然責任》(responsabilité de plein droit) の語が用いられている[5]。

物の所為による責任は、性質上一種の客観責任または無過失責任を構成す

るものであり、その意味において、フランスの民事責任法は、個人的過失責任の原理的位置を維持しつつも、主観責任と客観責任との二元的体制のもとにあると言うこともできる[6]。実際、今世紀における《責任の客観化》または《責任の社会化》の潮流の重要性については今更繰り返すまでもないであろう[7]。それどころか今日では、過失責任における中心的要件たる非（faute 故意過失・違法性）の概念自体も一部客観化されるに至っているのである[8]。

ところで、《他人の所為による責任》に関しては伝統的に、第1384条第4項以下の規定は限定列挙であると解釈されてきたが、1991年以来ここにも《物の所為による責任》と同様の客観化と一般原理化との波が押し寄せるに至ったのである。即ち、破毀院が、冒頭のドンタンヴィル氏の論告に基づく1991年3月29日判決により、精神障害者教育施設の被収容者が日中の監督のない作業時間中に山林に放火したという事案において、施設が第1384条第1項に基づく賠償責任を負うことを認めたのである[9]。これは、同条の限定列挙性の解釈を破って新たな一般責任を創造するものであり、その結果として、かつて《物の所為》について行われたのとパラレルな第1項の《創造的》解釈を通じて、一般的に他人（特に障害者や未成年者）を職業的に預かる者——特に広義の開放処遇を行う施設——に何らかの客観的責任が及ぶ可能性が生じたわけである。

更にこれと軌を一にして、1997年に至り、今度は父母が、いわゆる監督上の過失の不存在によってはもはや免責されず、不可抗力または被害者の過失の証明によってでなければ免責されないという判例変更がなされたのである[10]。

この二重の判例変更を中心としてフランス民事責任法は、ここ一世紀来の《物の所為》の判例法形成のプロセスが《他人の所為》に関して再び開始されたように見える事態を迎えて議論が俄に活気づいている。この動きは、日本法とは具体的背景をかなり異にする面もあるが、他方では類似の問題も生じ始めており、更には一層一般的に、或いは《責任の客観化》の潮流との関

係で[11]、或いは――職業的施設ではないので直ちに対比はできないとしても――隣人訴訟や子供会訴訟で問題となった如き他人を預かる者の責任の如何との関係で[12]、直接の解釈論レヴェルを越えたところでも理論的関心を喚起するであろう。そして特に、2000年5月の佐賀バス・ジャック事件は記憶に新しいところである。

　フランスにおけるこの新たな判例法形成は始まったばかりであり、体系的・包括的な検討はもとより将来の課題であるが、以下においては、上記の二系統の大判決を軸として、他人の所為による責任の一般原理化と父母責任の客観責任化との動きを紹介することにしたい。

(1) D. H. DONTENWILLE, conclusions sur Cass. ass. plén. 29 mars 1991, *Blieck*, JCP G. 1991. II. 21673, p. 169. 破毀院の全部会（assemblée plénière）とは、判例統一のために破毀院の全6部の代表が出席し院長が主宰する最大の合議体である。破毀院における検察官の論告に関しては参照、北村一郎「フランスにおける公的輔佐（ministère public いわゆる検察）の概念」野田良之先生古稀記念『東西法文化の比較と交流』（有斐閣、1983）701頁以下、特に〔10〕〔15〕以下。

(2) Geneviève VINEY et Patrice JOURDAIN, *Traité de droit civil, Les conditions de la responsabilité civile*, 2e éd., Paris, L. G. D. J., 1998, n°s 88 et s., p. 807 et s. Henri, Léon et Jean MAZEAUD et François CHABAS, *Leçons de droit civil*, 9e éd., t. 2, vol. 1, Paris, Montchrestien, 1998, 24e et 25e leçons, p. 499 et s. Philippe MALAURIE et Laurent AYNÈS, *Droit civil, Obligations*, 9e éd. par AYNÈS, Paris, Ed. Cujas, 1998, n°s 149 et s., p. 77 et s. François TERRÉ, Philippe SIMLER et Yves LEQUETTE, *Droit civil, Les obligations*, 6e éd., Paris, Précis Dalloz, 1996, n°s 775 et s., p. 630 et s. Alain BÉNABENT, *Droit civil, Les obligations*, 6e éd., Paris, Montchrestien, 1997, n°s 565 et s., p. 341 et s. Jean CARBONNIER, *Droit civil*, t. 4, 16e éd., Paris, P. U. F., coll. Thémis, 1992, n°s 235 et s., p. 429 et s. Alain SÉRIAUX, *Droit des obligations*, Paris, P. U. F., coll. Droit fondamental, 1992, n°s 114 et s., p. 370 et s. AUBRY et RAU, *Droit civil français*, 8e éd., t. VI-2 par Noël DEJEAN DE LA BÂTIE, Paris, Libr. Techniques, 1989, §447, n^{os}

96 et s., p. 225 et s.　Jacques Flour et Jean-Luc Aubert, *Droit civil, Les obligations*, 7ᵉ éd., t. 2, Paris, Armand Colin, 1997, nᵒˢ 186 et s., p. 181 et s. Starck, Roland et Boyer, *Obligations*, 5ᵉ éd., t. 1, Paris, Litec, 1996, nᵒˢ 878 et s., p. 369 et s.　Françoise Bénac-Schmidt et Christian Larroumet, *Répertoire de droit civil*, vᵒ Responsabilité du fait d'autrui, 1999.　Christophe Radé, *Juris-Classeur civil*, art. 1382 à 1386, Fasc. 140, 1998.　山口俊夫『フランス債権法』（東大出版会、1986）109頁以下、同『概説フランス法（下）』（同、2004）173頁以下。本稿の主題に関して、新関輝夫「フランスにおける精神障害者の監督者の民事責任」福岡大学法学論叢44巻1号（1999）39頁以下、同「フランスにおける他人の管理者に関する責任制度の展開」同誌47巻1号（2002）1頁以下。父母責任の分野における従来の研究として、小沼進一「フランス不法行為論における一胎動——未成年者の行為による父母の責任と『保証』の観念」青山法学論集16巻3・4号（1975）151頁以下。久保野恵美子「子の行為に関する親の不法行為責任——フランス法を中心として（1-2）」法学協会雑誌116巻4号（1999）1頁以下、117巻1号（2000）82頁以下（未完）。

(3)　しかし、具体的制度は要件の違いから三種類に分類されてきた。第一に、同居の未成年者の所為による父母の責任（第4項）および徒弟の所為による職人の責任（第6項）の推定に関しては、《但し、父母および職人が、この責任を発生させる所為を阻止し得なかったことを証明する場合は別である》（第7項）との規定から、例えば父母は、《教育上または監督上の非（過失）》（faute d'éducation ou de surveillance）を犯さなかったことを証明すれば免責されると解釈されてきた。第二の類型は使用者責任（第5項）であり、こちらは反証によっても覆し得ない推定（présomption irréfragable）とされ、被用者の非行と損害との因果関係が証明されれば使用者は責任を免れない。第三に、学校教員（第6項）に関しても原始規定では職人と同じ過失推定が規定されていたが、1899年法律以来公立学校教員に関しては国の代位責任が導入され、更に1937年法律により公立私立を問わず教員の過失推定が廃止されたので（第8項）、被害者は生徒の非と教員の監督上の非との両方を証明しなければならない。

(4)　物の所為による責任（無生物責任）に関しては、野田良之先生（法学協会

雑誌57巻（1939）2〜4号）以来日本においても研究が多い。差し当たり参照、山口・前掲・債権法122頁以下、概説（下）188頁以下。新関輝夫『フランス不法行為責任の研究』法律文化社（1991）。下村信江「フランスにおける動物保管者の責任」國井和郎先生還暦記念『民法学の軌跡と展望』日本評論社（2002）33頁以下。

　実際には過失責任の考え方との混同からいわゆる過失相殺（partage de responsabilité 責任分担）の余地が20世紀中葉以降かなり広く認められてきた。しかし、特に自動車事故の場合の被害者補償の不充分さが問題視されたことから、1982年7月21日の第二民事部デマアル判決が過失相殺の余地を否定する判例変更を行い、そのことが、自動車事故被害者の補償強化の立法化を促し（1985年7月5日の法律第677号）、立法実現後に、1987年に再度の判例変更により過失相殺が再び認められたという経緯がある（Civ. 2e, 6 avril 1987, *Bardèche*, Bull. civ. II. n° 86, p. 49 ; Gaz. Pal. 1987. 2. 440 ; Rép. Defrénois 1987, p. 1136, obs. AUBERT ; Grands arrêts, 10e éd., n° 135, p. 560）。

(5)　ロディエル（教授）（Note R. RODIÈRE, sous Civ. 2e, 14 nov. 1958, JCP. 1959. II. 10934）によれば、破毀院の責任法専門部たる第二民事部は、1955年中頃から《責任推定》の語を使わなくなり、一時期《第1384条第1項によって保管者の負担とされた責任》という文言を使ったのち、1956年以降《当然責任》の語を使うようになった（Civ. 2e, 18 oct. 1956, Gaz. Pal. 1956. 2. 365 ; 12 déc. 1956, JCP. 1957. II. 9748）。

　《当然責任》という表現は、現在では、建築人の責任に関する民法典第1792条（1978年の法律による）において、《工作物のあらゆる建築者は……について法律上当然に責任を負う（Tout constructeur d'un ouvrage est responsable de plein droit …）》という形で用いられており、同時に同条第2項において免責事由が外部的原因（cause étrangère）であることが明言されるとともに、第1792条の2においては、《第1792条の設ける責任推定は……》という文言化により責任推定と当然責任とが同義であることが確認されている（なお参照、古軸隆介「フランス法における1978年法による改正後の『建造者の契約責任』」日仏法学18号（1993）1頁以下。ユーグ・ペリネ＝マルケ（瀬川信久訳）「フランスにおける建築者の責任」北大法学論集48巻5号（1998）162頁以下。

因みに、《外部的原因》という表現の方は、債務不履行責任に関する第1147条の文言に由来する。同条によれば、《債務者は、自己の側にいかなる悪意も存在しなかったとしても、債務不履行が自己の責には帰され得ない外部的原因に由来することを証明しないときはいつも、或いは債務不履行に応じて、或いは履行における遅滞に応じて、必要があれば損害賠償を命ぜられる》。効果の点では、外部的原因が、不可抗力のように《予見不能かつ抗拒不能》（imprévisible et irrésistible）な性格を呈する場合には全部免責、そうでない場合には一部免責、即ち被害者との《責任分担》（partage de responsabilité 過失相殺）ということになる。

(6) この点を更に積極的に敷衍して、非（faute 故意過失）に基づく《責任法》（droit de la responsabilité）と事故の自動的な補償を目的とする《事故法》（droit des accidents）とを対照させる有力な著者も見いだされ（André TUNC, Pour un droit des accidents, *Jalons : Dits et écrits d'André Tunc*, Paris, Société de législation comparée, 1991, p.271 et s. アンドレ・タンク（國井和郎訳）「過失責任の将来」阪大法学148号（1988）261頁以下））、後者の主張は、前記1985年の自動車事故賠償法律にかなりの程度反映している。

(7) René SAVATIER, Vers la socialisation de la responsabilité et des risques individuels?, DH. 1931. chron. 9. VINEY, *Le déclin de la responsabilité individuelle*, L.G.D.J., 1965. 山口俊夫「社会法と民事責任」日仏法学4号（1967）1頁以下。

(8) 実際、非の概念の客観化は、少なくとも心神喪失者および幼児に関して肯定されている。詳しくは参照、新関輝夫「フランス不法行為におけるフォート概念の変容」森島昭夫先生還暦記念『不法行為法の現代的課題と展開』（日本評論社、1995）65頁以下、フランソワ・シャバス（北村一郎訳）「フランス民事責任法における客観的過失（faute objective）概念の進化」北村編（山口俊夫先生古稀記念）『現代ヨーロッパ法の展望』（東大出版会、1998）323頁以下。

なお、faute は、日本の故意過失・違法性をカヴァするような包括的概念であるため、《フォート》と音のまま表記することが定着しつつあるが、フランス語を知らない読者には不親切なので、最近の《非行》という着想（山口・前掲『フランス債権法』100頁）に触発され、faute を端的に《非》と訳

す（《非行》は具体的な行為としての acte fautif に留保する）ことを提案する。

(9) Cass. ass. plén. 29 mars 1991, *Blieck*, JCP G. 1991. II. 21673, concl. Dontenwille, note J. Ghestin ; D. 1991. 324, note C. Larroumet ; Defrénois. 1991. 729, obs. J.-L. Aubert ; RTDciv. 1991. 312, obs. J. Hauser et 541, obs. P. Jourdain ; Responsabilité civile et assurances, avril 1991. n° 9, chron. H. Groutel ; Gaz. Pal. 1992. 2. 513, note F. Chabas ; Grands arrêts de la jurisp. civ., 10ᵉ éd., n° 138, p. 570. V. aussi, Viney, Vers un élargissement de la catégorie des «personnes dont on doit répondre» : la portée entrouverte sur une nouvelle interprétation de l'article 1384, alinéa 1ᵉʳ du Code civil, D. 1991. chron. p. 157 et s. 新関輝夫・前掲・福岡大学法学論叢44巻1号（1999）39頁以下。

(10) Cass. civ. 2ᵉ, 19 févr. 1997, *Bertrand*, Bull. civ. II. n° 56, p. 32 ; JCP G. 1997. II. 22848, concl. Kessous, note G. Viney ; D. 1997. 265, note P. Jourdain, Somm. 290, obs. D. Mazeaud ; Gaz. Pal. 1997. 2. 572, note F. Chabas ; Resp. civ. et assur., avril 1997. chron. n° 9, par F. Leduc ; Petites affiches, 1997, n° 111, p. 12, obs. M.-C. Lebreton ; Rev. de dr. sanit. et soc. 1997. 660, note A. Dorsner-Dolivet. V. aussi, Christophe Radé, Le renouveau de la responsabilité du fait d'autrui（apologie de l'arrêt *Bertrand*, deuxième Chambre civile, 19 février 1997）, D. 1997. chron. p. 279 et s. Françoise Alt-Maes, La garde, fondement de la responsabilité du fait du mineur, JCP G. 1998. I. 154. 新関・前掲・福岡大学法学論叢47巻1号（2002）1頁以下。

(11) 近時の議論においては特に、履行補助者責任に関して、森田宏樹「『他人の行為による契約責任』の二元性——主催旅行契約における旅行業者の責任を素材として・いわゆる履行補助者責任の再検討 その2」広中俊雄先生古稀記念『民事法秩序の生成と展開』（創文社、1996）665頁以下。同「我が国における履行補助者責任論の批判的再検討——いわゆる履行補助者責任の再検討 その3」法学60巻6号（1997）231頁以下。

(12) いわゆる隣人訴訟（津地判昭和58年2月25日判時1083号125頁）について特に参照、星野英一編『隣人訴訟と法の役割』有斐閣（1984）。四つ葉子供会判決（津地判同年4月21日判時同号134頁）を機縁として、瀬川信久「フ

18 フランス法における《他人の所為による責任》の一般原理の形成［北村一郎］

ランス法における、児童を預った者の安全確保義務——慈善活動・青少年活動において預った場合を中心に」北大法学論集38巻5・6号下巻（1988）119頁以下。

I　他人の所為による責任の一般原理化

　まず、民法典第1384条第1項の新たな解釈により他人の所為による一般責任を肯定する余地を初めて示した1991年の破毀院判決およびその背景を見るとともに(1)、以後の判決をも含めて原理の射程を検討しよう(2)。

1　原理の生成
(1)　ブリク判決
　1991年3月19日の破毀院全部会判決は、開放処遇方式をとる精神障害者収容施設が在所者の不法行為について民法典第1384条第1項の責任を負うことを述べる原判決を是認した棄却判決にすぎない。しかし、そのこと自体によって同条に基づく他人の所為による責任の一般原理の成立の可能性が示唆されたのである。
　事案においては、リムゥザン教育センタア協会（Association des centres éducatifs du Limousin）という私的な福祉団体が経営するソルナック労働援助センタア（Centre d'aide par le travail 障害者のための援助労働施設）に収容されている精神障害者が、日中は監督のない制度のもとで、ブリク（Blieck）氏所有の山林において下草刈りの作業に従事していたが、その山林に放火したため、所有者が同協会およびその保険者に対して損害賠償を請求した。第一審が協会側の監督上の過失に基づいて請求を認容したため、控訴審においては、日中の外出作業中は監督を行わない制度であることが主張された。
　原判決（リモオジュ控訴院1989年3月23日判決）は、今度は第1384条第1項に基づいて請求を認容する：《鑑みるに、〔当該精神障害者〕が預けられた労働援助センタアが属する施設の、争いのない使命は、一定の障害者に対して、

職業的な性格のいろいろな活動の可能性……および、彼らの人格的開花と社会統合とを好遇する生活環境を開くことに存する。この使命の実行は、一貫した監督とは両立不能であり、必然的に自由の余地を包含する》。《この開放的実務は、もとより障害者以外の者にとっては処遇態様のなかに統合されるものとして一般化される傾向にあるもので、当該時期の間は監督の不存在を含意しており、監督の不存在は、そのこと自体においては、当事者の統御を受け持つ組織の側について非があるものとは考えられ得ず、そうである以上、危険性のある時間帯をどのように主体的に評価するかということに存する非の証明は最も困難なものに見え、被害者の負担となすことはできない》。このとき、《財産にとっても人にとってもリスクを発生させるこの実務は、被害者の補償の原理が爾今政治的社会的倫理目標になっているとき、帰結として損害を塡補不能のままにとどめることはできない》。《それ故、〔当該精神障害者〕に対する関係での控訴人〔協会〕の地位に対応するものとして、人が責任を負うべき者の所為による責任の推定の原理を言明する第1384条第1項の規定を、……被害者が主たる根拠として援用するのは正当である》と結論し、《同様に、当該協会は、……自己の活動に内在的なリスクをカヴァする保険に加入していた》ことも確認している[13]。

　他人の所為による責任の限定列挙性を主張する協会側の破毀申立に対して、責任事件を通常管轄する破毀院第二民事部は、問題の重要性を察知して全部会の開催を要請した。全部会においては、冒頭所掲のようにドンタンヴィル筆頭法院検事が、古法時代以来の学説の推移、ドイツ法等との比較、行政判例の検討を内容とする詳細な論告によって、判例変更を含意する破毀申立棄却を提案し、全部会は、これを聞き入れる形で次のように判決した：

　《しかし鑑みるに、原判決は、協会が管理するセンタアが精神障害者を受入れ保護された環境のなかに収容することを目的としていたこと、および、〔当該精神障害者〕が日中における全面的な移動の自由を伴う制度に服していたことを摘示しており、これらの認定事実の状態から、協会は、この障害者の生活態様を常時組織し統御する任を引き受けていたことが帰結するので、

控訴院は、協会が、民法典第1384条第1項の意義において、この障害者について責任を負わなければならず、そして、障害者が惹き起した損害を填補する義務があることを正当に判決した》(14)。

このとき破毀院は、単に事案の考慮から原審はこれこれと判決《し得た》（a pu）とするだけでなく、《正当に判決した》（a décidé à bon droit）と断言することによって控訴院の結論への積極的な支持を表明している。

では、このような考え方は、どこから来ているのか。

(2) 原理生成の背景

物の所為の場合とは奇妙なまでに対照的に、他人の所為による責任については第1384条第4項以下の規定を限定列挙とする考え方が圧倒的通説であったことは、ドンタンヴィル氏が示したように、そのような考え方は古法時代には見られなかっただけに一層(15)、19世紀以降の個人主義的責任観の帰結として理解することができるだろう。

しかし、他人の所為による一般責任の可能性は、現実には、物の所為による一般責任の承認およびそれを根拠づける危険責任論（théorie du risque）の興隆の帰結として、少数ながらも示唆されるに至っていたのである。実際、債権債務法概論書の著者ルネ・ドゥモグ（教授）は、彼の説く社会的部署の理論（théorie du poste social）に基づいて、他人を監督する職務を行う者の実質的には責任推定を主張することによって、立法論としても判例拡張論としても、物の所為とパラレルに他人の所為による責任の一般原理を肯定すべきことを要望していた(16)。同様に、1930年のジャンドゥウル判決を促したポル・マテル（破毀院検事長）の論告も、議論の前提として他人の所為と物の所為との要件（限定列挙ではないこと）・効果（無過失免責は認められないこと）におけるパラレリスムを示唆していたのである(17)。第1384条第1項が両者を単純に並列している以上、それは極めて論理的なことであった。3年後、このパラレリスムに立脚した解釈論的主張を正面から展開したのは、《責任の社会化》論者のルネ・サヴァティエ（教授）であった(18)。

これに対して決定的な反論を行い以後の通説を支配したのは、両マゾオ

（教授）であった。民事責任に関する大概論書のこれらの著者が指摘したのは、第一に、《自己の保管のもとに有する物》はそれ自体として定義可能であるが、《ひとが責任を負うべき者》は第四項以下の列挙との関係でなければ理解不能であること、第二に、父母責任は無過失免責が可能なのに使用者責任はそうでないなど要件が共通でないので、他人の所為による責任の一般理論を認めるとすると制度をどう考えるか厄介であること、第三に実質論として、民法典の起草者が何も考えていなかったことについて裁判所が無生物責任を拡張解釈したのは機械化時代の社会的必要から不可避だったからであるが、他人の所為についてはそのような実務的必要は存在しない、ということであった[19]。

しかし、今日では、社会的必要がないという論拠はもはや説得力を失い、それどころか反対にそのような必要が高まっていることは、少なくとも三方面から看取することができる。第一に、本件の事案にも現れているように、不適応者や非行者に関していわゆる広義の開放処遇の方法が、第二次大戦後フランスにおいては一般化したことである（非行少年に関する1954年2月2日のオルドナンス第174号）。刑事政策においても福祉政策においても隔離的な閉鎖的処遇はもはや過去のものとなり、今日では可能な限りの行動の自由を確保しつつ教育または再教育を通じて社会参加または復帰を援助するという方法が一般的に取り入れられるに至っている。その結果として《潜在的に危険な者》が第三者に損害を惹き起こす余地が増大するが、それらの者の監護者または収容施設に関して特別の責任制度がない状況においては、直接の加害者への訴えにはほとんど実効がなく、施設に対しても開放処遇自体を非とすることはできず、監督上の過失を問うにも因果関係の証明が難しい[20]。

第二に、一般の未成年者に関しても登下校すら必ず親が同伴していた時代とは異なり[21]、成年に近づけば近づくほど未成年者の社会的自律が増大し、特に《教育熱》（zèle éducatif）の時代には稽古事に一人で通う機会も増える[22]。このような機会に、子が親元を離れているとき、専門家のもとにあるときに起こした事故の責任はどうなるか、少年非行の増加が憂えられる今

日喫緊の課題となる。

　第三に、未成年者が父母以外の第三者に預けられる機会も日常化しかつ激増している。夫婦共働きや離別の増加の結果として保育所・託児所、祖父母、更にはベビイ・シッタアに預けられる場合は勿論、学校の終業時間後のアルバイト学生による一時預かりや児童館の類、ヴァカンス期間中の colonie de vacances（業者の経営する林間学校）や centre aéré（日中子供を預かる一種の郊外児童館、正式名称は centre de loisirs sans hébergement）など枚挙に暇がない。更に、民法典の規定する育成扶助措置（mesure d'assistance éducative 第375条以下）により保護・教育施設への収容が命ぜられる場合も少なくない(23)。そして、この場合にも、週末やヴァカンスには両親宅への外泊帰宅は今日一般的に——しばしば、たとえ家族側に受入に適する状況がなくても——行われている(24)。これらすべての場合に、父母責任には同居および監護権（親権）行使の要件があるために、被害者は預かり手や施設の困難な責任追求を模索せざるを得ずにきたのである(25)。

　この問題に関して先鞭をつけたのは行政判例であった(26)。広義の開放的処遇が公益目的のために制度化されている以上、非行者や精神病者が外泊や仮出所などの機会に収容施設外で惹き起こした損害については、制度自体から生ずる社会的リスクを理由として国または公共団体の無過失責任を認める、とする態度である。

　実際、コンセイユ・デタ（Conseil d'Etat 行政最高法院）は、まず、1956年のトゥゼリエ判決において、前記1945年のオルドナンス（1951年改正）によって導入されたリベラルな再教育（更生）制度（監督付き寄宿 régime d'internat surveillé）が《近隣に居住する第三者にとって特別なリスクを発生させる》ことを認め、更生施設脱走者の犯した強盗被害に関して、《公役務運営の条件自体に由来する》この社会的リスクは共同体全体が負担すべきものとして、公権力の責任に関する一般原理の例外としての客観責任ないし当然責任を承認した(27)。この解決は、次に、刑務所受刑者の外泊許可（permission de sortir 刑事訴訟法典第723条の3）、条件付き釈放（mesure de libération conditionnelle 同第729条）、日中外出（semi-liberté 勤務・研修・受診治療・家庭復帰などのため、刑法典第132-25条）の機会に[28]、また、施設収容の精神病者に関しては、段階的再適応を目的とする治療の一環としての試験的外泊（sortie d'essai）[29]、監督付き里親委託（placement familial surveillé）[30]の機会に犯した不法行為に拡張され、施設の責任が認められた。最後に、未成年者に関して、コンセイユ・デタは、犯罪者以外の未成年者が国立施設に収容されている場合に関しては[31]、長い間無過失責任を否定してきたが、1990年に至って判例変更し、施設から里親に預けられていた少年の不法行為に関して、民法典の父母責任（後述）と同様の文言を用いて、里親が「（当該）所為を阻止し得なかったこと」の証明がないとして、児童社会援助当局の責任を認めたのである[32]。この場合には責任の根拠は社会的リスクではなく過失推定（現実には責任推定に近い）とされてはいるが、いずれにせよ、これによって、他の類型の未成年者への責任拡張の可能性が開かれたわけである。

　他方、司法判例においては、他人の所為による契約責任、即ち履行補助者の所為による債務者本人の責任は、学説の激しい反対にも拘らず1960年代以降承認されてきたものの[33]、不法行為責任の分野では通説が支配してきたが、下級審レヴェルには孤立的な例がなかったわけではない。それは、1965年にディジョンおよびプワティエの少年裁判所で下された二つの判決である。二件とも、非行少年再教育センタアを脱走または外出中の未成年者が犯した犯罪に関するセンタアに対する損害賠償請求が認容された事案であり、コンセイユ・デタの社会的リスク論を受けて、第1384条第1項に基づく他人の所為による責任の一般原理化を果敢に宣言している[34]。しかし、このディジョン少年裁判所判決は控訴審で取り消しとなり[35]、その後も破毀院は1976年に、第1384条第1項による一般原理を承認した別の控訴院判決——本件原判決の直接の先駆となる——を破毀していた[36]。このような次第で1991年までは状況に変わりがなかったのである。

　以上のような脈絡において、破毀院全部会1991年3月29日のブリク判決は、

精神障害者施設の第1384条第1項による責任を認めた原判決を事実中心に再録しつつも、その結論を《正当に判決した》と是認するにとどめることによって、少なくとも他人の所為による責任の限定列挙性に関する従来の通説・判例を放棄したわけである。この態度決定は、《ラディカル》[37]とも《(半分？)歴史的》[38]とも評されているが、しかし破毀院全部会は、一般原理の存在に関しては明示の態度はとらず当然の責任とも言わず、適用範囲に関しても責任内容に関しても慎重に以後の判例に委ねたのである。

2　原理の具体化

1991年のブリク判決が、それではどのような原理を方向づけたのかを知るために、その後の判例の動きと対照しつつ検討してみよう。ブリク判決自体の一義的な評価は非常に難しいとしても、その志向するところには三つの解釈を可能にする要素が含まれていたと考えることができる[39]。

第一の解釈は最も限定的な考え方として、破毀院が行政判例との歩調の統一を図ろうとしたとするものである。行政判例は、前述のように、障害者・病人・非行者の開放処遇方式から生ずる特別な社会的リスクを根拠として、そのような方式をとる施設の無過失責任を承認するものである。従って、責任領域は、当該リスク含みの者の惹き起した損害のみであって、未成年者や非行者の監護者一般、特に後見人・里親・祖父母・学校施設・託児施設・一般の病院などまでを予定したものではなく、また、開放処遇ゆえの損害が担保範囲であって、例えば閉鎖的処遇ないし常時直接監視体制からの脱走者による損害などは射程外ということになる。実際、ブリク判決の理由中では《日中における全面的な移動の自由》が確認されており、また論告においても司法判例と行政判例の齟齬から生ずる《不正義》が強調されてもいる[40]。しかし他方で、同判決が民法典第1384条第1項に依拠する点が、当然のことながら行政判例との決定的な違いであり、ブリク判決自体の意図としても行政判例の適用範囲への限定が主眼だったとは必ずしも考えられない[41]。

第二の解釈は、まさに第1384条第1項への依拠自体から、物の保管

(garde d'une chose)とパラレルな《他人の監護》（garde d'autrui）を根拠とする責任、即ち《人が監護する者の所為による責任》の原理が肯定されたと見る考え方である[42]。これによれば、要監護者の状態およびそこから生ずるリスクに対応したコントロオル義務および法上・事実上の権威を監護者が有することが責任の根拠となる。従って、要監護者を監護する者一般が射程内に入り、開放処遇に限らず実際の監視下にあった場合の損害も含まれることになり、具体的な要件の限定（例えば職業的施設のみとか現実の監視権限行使者のみとか）の余地はあるとしても、責任領域は潜在的に非常に広くなる。効果の点でも、ブリク判決に関する限りは物の所為の場合と同じ当然責任を念頭に置くものと想定するのが素直な読み方であるとしても、単なる過失推定とする余地が確定的に排除されたわけではなかったが、ブリク判決評釈者の大多数の評価および以後の判例の展開からは、まさに不可抗力などの外部的原因以外の免責原因を認めない当然責任の方向づけが明らかになっている。

　第三の解釈は、もっと広く、経済的従属関係または職業的な管理・被管理の関係への拡張も含むとする考え方である。確かに、このような志向はブリク判決には全く見られないのであるが、もともと他人の所為による責任の一部をなしている使用者責任に近い場合をも含み得るという見方である。この考え方によれば、新たに開かれた第1384条第1項による責任は、《他人の活動への結びつき》（association à l'activité d'autrui）を軸とする《補助者（auxiliaires）の所為による責任》の原理をも含むということになる。しかも、法的な従属関係（履行補助者の如き）だけでなく、広く経済的な依存関係──親会社・子会社、元請・下請、フランチャイズ関係、メエカアと独占的流通・販売業者、更にはプロ・スポオツ・チイムにおける会社と選手の関係など──も射程内に取り込まれるわけである[43]。この場合には、《補助者》とは何かの問題が直ちに立つであろうとしても、ブリク判決以後の破毀院の判例には、後述のように意外にもこの第三の志向の出現も見られるのである。

　結局、ブリク判決の示した原理、即ち、第1384条第1項に基づく他人の所為による一般責任の射程は、《他人の監護》を中心軸とし、補充的に《他人

の使用》または《他人の活動との結びつき》への展開可能性を含むものと考えるのが妥当であろう。そこで、以下に適用範囲と責任内容とを具体的に検討してみよう。

(1) 適用範囲

① 他人の監護（生活態様の組織・指揮・統御）

まず適用範囲の中心軸となる《他人の監護》に関して、ブリク判決においては、第一に、《精神障害者を受入れ保護された環境のなかに収容することを目的とする》被告施設が精神障害者の《生活態様を常時組織し統御する任務（charge d'organiser et de contrôler, à titre permanent, le mode de vie）を引き受けていたこと》が摘示されている。生活態様の組織とは障害者の再適応を目的とするものであり、統御は居住・活動のコントロオルを意味する。同時に、その任務は、監護の任務が一つの法的義務であり、被収容者に対する関係では一定の権限または権威の行使が行われることを含意する。任務の受諾は、施設の設立目的からする意思に基づくものであるから、強制された任務はここでは除外されることになろう。《常時》という語は、後掲のように後の判決では用いられない傾向にあるが、職業的かどうかはともかくとして、権限または権威の行使を充分に可能にするだけの継続的持続を含意するものであり、従って何時間か何日間かの臨時的な監護者は排除されるであろう[44]。第二に、被収容者が、一定の自由を享受し（《日中における全面的な移動の自由を伴う制度》）、《保護された環境》にあったとの摘示に関しては、そのような保護を要する身体的または精神的障害のある状況が前提となるわけで、法的な無能力の問題は判決の念頭にはない。。第三に、原判決の摘示においては、被告協会が保険に加入していることが明言されており、このことが賠償の実効的担保として確認されているのであるが、破毀院判決はその点に触れていない。

ブリク判決以後の適用例においては、少年・障害者等の教育・再教育関係の事業団体の事例がほとんどである。

精神障害者の関係では、民事責任に関する破毀院の専門部である第二民事

部は、まず1993年1月6日判決において、旧判例時代に一般の過失責任（民法典第1382条）のみの問題としてなされた賠償請求を認容した原判決を同条の適用上の問題として破毀しつつ、間接的な形で新判例への移行を示唆した後[45]、1996年1月24日判決において明示に第1384条第1項に基づく破毀判決を下した。これは、精神障害の少女が収容されていた施設内において被収容者たる別の少年に性的関係を強要されたために、施設が少女を遠隔地の別の施設に移したという経緯において、原判決が、施設に対する両親の賠償請求のうち、少女本人の損害は認めたものの、両親自身の損害は精神損害（娘が被害を受けたこと）も物質損害（遠くの施設への往復面会費用）も間接損害にすぎないとして棄却したためであった[46]。破毀院刑事部もまた1995年に、ブリク判決と同様の施設における被収容者どおしの間での傷害事件において、間接的にブリク判例の採用の意図を示す判断を行っている[47]。

　育成扶助措置（民法典第375条以下）のもとにある未成年者——こちらは危険な未成年者ではなく《危険な状態に瀕している》未成年者——に関しては、ブリク判決の直後に下級審（ルゥアン控訴院1991年9月25日判決）がブリク判例を同じ言葉づかいで適用した後[48]、破毀院刑事部が非常に積極的な二つの判決を下している。即ち、1996年10月10日の判決は、外出中の放火の事件において、《鑑みるに、〔原〕控訴院は、〔三人の未成年者〕の犯した軽罪について〔施設を経営する〕協会を有責と宣言し、被害者に対する損害賠償の支払を命ずるために、（……）育成扶助措置として、危険な状態に瀕した未成年者の《監護》を自然人または法人に託する少年係判事の裁判は、未成年者の生活態様を組織し指導し統御する責任を、それ故、未成年者の行為の責任を監護者に移転するのであり、その責任は、親権ではなく監護を根拠とすることを言明している。控訴院は、このように判示することによって、民法典第1384条第1項の適用をなした》と述べる。ここでは原審の摘示を繰り返す形で、責任の根拠が監護（garde）に存し、かつ、親権者から施設への監護権限の移転が判決によりなされることを確認している[49]。

　もう一つの刑事部1997年3月26日判決においては、更に進んで、育成扶助

措置により教育施設に収容中の少年が犯罪行為当時ヴァカンスで母方に帰宅していたという状況は施設の負うべき責任に影響しないとする原判決が、《法律の正確な適用をなした》ものと是認されている。《実際、教育施設は、少年係判事により託された未成年が他人に対して惹き起した損害について、いかなる判決もこの任務を停止または中断しなかったのである以上、民法典第1384条の意義において責任を負う》[50]。

このようにして刑事部は、他人の《監護》、即ち《生活態様の組織・指揮・統御》は、判決によって委託・移転・停止・中断等がなされ得る法的な任務であることを確認している[51]。

第二民事部もまたこの点では同様の傾向にある。まず、1998年2月25日判決においては、父母との契約により毎日半日だけ（昼食まで）精神障害者教育施設に通学していた18歳の成年障害者が、学校帰りに家の近くで送迎バスを降りた後に第三者宅に不法侵入して放火したという事案に関して、《しかし鑑みるに、原判決の摘示によれば、バスから下車の後、〔加害者〕は、もはや〔学校を経営する〕協会の権威のもとにはなく、協会はこの時点から、障害者の生活条件の監督および組織〔の権限〕をもはや有してはいなかった。この認定と言明の状態においては、控訴院は、協会の責任は、第1384条第1項を根拠としては発生しないと正当に判決した》と述べている[52]。次いで、1999年12月9日判決は、育成扶助措置および保護観察の二重の資格で教育施設に収容されていた未成年者が、里親宅に預けられていたときに再度の犯罪（放火）を行った事案で、協会が《生活態様を常時組織・統御する任を保っていた》ことを認め、監護が物的な問題（里親）ではなく法的な権限の問題であることを確認している[53]。

因みに、契約による委託の類型は、目下のところ先の1998年2月25日の半日通学のケースのみであるが[54]、これを通じて、少なくとも監護権限行使の期間に関する限り、様々なタイプの託児施設、半教育・半託児的な性格の施設、夏期林間学校的施設、更には病院などへのブリク判例の将来的拡張の可能性が現実化したとも考えることができるだろう。

教育・再教育施設以外の一般の監護者に関しては、なお判決が少なく不確実さが残るが、判決や行政の決定などとは無関係の事実上の、または純好意的な監護の場合——父母以外の家族・親族や友人・隣人などが臨時的に子や病人を預かる等の場合、あるいは更にいかに契約によるとはいえ学生アルバイトのベビイ・シッタアなど——への責任拡張に関しては、学説は当然ながら多かれ少なかれ消極的であり、判例もまた同様であることが窺われる。実際、第二民事部の1996年9月18日判決においては、ヴァカンスで祖母・おば宅に滞在していた10歳の少年が自転車で通行人を負傷させた事案において、賠償請求が父母のほか祖母・おばおよびその保険者に対してなされたが、原判決は、父母を訴訟から除外し、祖母・おばについても第1384条第1項責任を否定し、第1382条の過失の存在も否定した。祖母・おばの第1384条責任を追求する破毀申立に対して、第二民事部は、同条の《適用要件は充足されていなかった》とのみ応答して棄却している(55)。これは、比較的短期間の寄宿で《生活態様の組織・指揮・統御》の実体が伴わず、かつ、これらの臨時的監護者が保険を掛けておくことも実際上考えにくい等の理由から容易に正当化されるであろうが、ただ、子が遠くの専門的な学校に通うために親類宅に何年間か下宿するような状況においては疑問の余地が生じ得ないでもないだろう。

　もう少し法的な状況で、後見人（tuteur）または法定（財産）管理人（administrateur légal 民法典第389条以下）に関しては、第二民事部は法定管理人の第1384条第1項責任を否定したが(56)、刑事部は後見人に関して肯定している(57)。第二民事部は、財産管理の職務は《要監護者の監護》それ自体とは若干異なり、かつ、無報酬の私人——しかもしばしば親族や時として父母自身——が担当するものであるのだから厳格責任はその性質上酷であると考えたものと思われるが、刑事部判決の場合は、親権者の不存在の場合の後見人の事案ゆえに、後述のように1997年以降当然責任化した父母責任との同視の考え方が働いたものと思われる。後者の傾向が優越するならば、判決または行政の決定に基づく職務を規準とするという意味で《監護》概念の《法

化》が更に際立つであろう。

②　他人の活動の組織・指揮・統御

ところが、第1384条第1項責任に関する新判例は、大方の意表を突く形で、スポオツ競技団体に拡張されたのである。しかも、イニシアティヴをとったのは、まさに破毀院第二民事部であった(58)。

実際、1995年5月22日の第二民事部判決は、二つの事件においてラグビイ・クラブの責任を第1384条第1項に基づいて認容した。一方の事件では試合中に相手チイムの特定不可能な選手の暴行により選手が負傷し、他方の事件では試合中の乱闘によって負傷した選手が死亡したという事例において、被害者または遺族が相手方クラブ（選手の所属する競技団体）に対してなした賠償請求を、原判決は、いずれも使用者責任（同条第5項）の問題として認容していたのである。破毀申立は、選手と所属クラブとの間には従属関係はないこと、非ある選手が特定されていないことを論じたが、第二民事部は、理由の取替（substitution de motifs）による棄却判決を下して次のように言う：

《しかし鑑みるに、スポオツ競技団体（association sportive）は、その構成員が参加するスポオツ競技の過程において構成員の活動を組織し指揮し統御することを使命としており、構成員がこの機会に惹き起す損害について、民法典第1384条第1項の意義において責任を負う》。そして、原判決は、被告チイムが競技に参加していたこと、加害者は被告チイムの所属選手であることを摘示しており、これらの理由のみにより原判決は法律的に正当化されている、と破毀院は認める(59)。

本当のところ、使用者責任の要件に関しては今日柔軟な解釈がなされているので、破毀申立の2点の問責はいずれも決定的ではなく、本件は使用者責任の問題として単純に破毀申立を棄却しても良いケースだったのである(60)。それ故にこそ、第二民事部が敢えて理由の取替を行ったことには、ブリク判例に新たなパアスペクティヴを付与しようとの確固たる意思が認められるわけである。実際、事案の要素は異なり、スポオツ選手はもとより心身は壮健

そのものであり、戦略戦術の指揮は監督・コオチから受けるとしても試合中は自己の自由な判断で行動し得るのであり、クラブの役割も、チイムの物的側面の管理および試合や練習の組織が主なのであるから、《マネエジャア》ではあっても《保護者》ではない。しかし、第二民事部としては、加害者不明の事故において強制保険を働かせるためには代わりの有責者が必要であったという事情のほかに、一層一般的にスポオツにおける不正な加害行為の被害者に対する保障の実効のために免責原因を最大限に武装解除しようとする意図を持ったようである[61]。

そして、1995年判決の趣旨は、2000年2月5日の第二民事部判決により再肯定され確立するに至った。こちらもラグビイの試合中の暴行傷害事件であるが、加害選手が特定され刑事処罰も受けている事案で、クラブの責任に関して同文の判旨を繰り返す原判決が《正当》と認められている[62]。

直観的には、スポオツ競技団体の場合、活動はリスク含みの性格を有するので、それ故に選手を組織・統御する者の責任があるという推論を行うことも必ずしも不可能ではないだろう。しかし、前述のように、ここではリスクの質も監督の質も、固有の意味の要監護者の場合とは異なるのであり、従来の判例においていずれの場合にも使用者責任との類推が行われてきたことも考え合わせると、別種の類型、即ち、企業または何らかの経済的従属関係において他人の活動を支配し調整する者の責任と性質づける方が適切のように見える[63]。第1384条全体の枠組のなかで見ると、二つの類型はそれぞれ父母責任・使用者責任の言わば発展形態ということになる。

(2) 責任の射程

他人の所為による責任の一般原理の具体化に関して中心的な問題は、免責事由は何かという点と責任発生のためには行為者自身の非（faute）ないし帰責事由が必要かという点の二つである。

① 免責事由　免責事由の問題に関しては、ブリク判決登場の時点においては、当時の父母責任の類推により監護者の過失の推定を根拠とする責任として無過失免責を認める考え方、無生物責任の如くに無過失免責は排除し外

部的原因（不可抗力または被害者の過失）の証明のみを許す考え方、更には使用者責任についての最も厳格な考え方のように過失相殺は別としても原則として自動的な担保責任を貫く考え方など、さまざまな可能性が考えられ得た。著者によっては、職業的な監護者とその他の監護者（特に後見人や祖父母などの自然人）とを区別し、後者については単純な過失推定にとどめるという二元論的処理を提案する者もあった[64]。しかし、ブリク判決の含意の素直な読み方に基づいて評釈者の大勢が第二の考え方を支持し、かつ、後述のように父母責任に関する判例変更がなされるに及んで、もはや疑問の余地はなくなったと考えてよいだろう。

破毀院においては、刑事部が最近になって積極的にこの考え方を提示した。1997年3月26日判決において、刑事部は、育成扶助措置の適用により保護施設に収容されていた未成年者が自動車を詐取した事案において、施設の第1384条第1項責任を認めた原判決に関して、《鑑みるに、このように判示することによって、控訴院は法律の正確な適用をなした。実際、民法典第1384条第1項の意義において他人の所為について責任を負う者は、自己がいかなる非をも犯さなかったことの証明によっては、同条から帰結する当然責任を免れることはできない》[65]。

第二民事部もまた傍論的にではあるが1994年から既に、学校事故の事件において教員に代位する国の責任は教員の非が証明された場合だけに生ずる（第1384条第6項・第8項）ので、《民法典第1384条第1項の意義における当然責任ではない》という形で、同条の責任の性質を示唆していた[66]。

この当然責任性は、理論的にも充分正当化され得る[67]。実際、第一に、物の所為と他人の所為とのそれぞれ一般原理は、同じ条文を根拠とするものなのであるから、責任の性質・制度も同じであることが望ましいことは言うまでもない。第二に、他人の所為による責任はリスクを根拠とする客観責任であり、特別な社会的リスクを発生させる活動に見合う被害者保護の特別の必要があり、活動主体の引き受けた監督権限・権威の対応物としての責任がこれであり、実際上保険による担保も背景に存する。被害者補償の確実さの

ためには無過失免責は避ける必要がある。第三に、第1384条全体として、他の責任類型との間での一貫性の確保の点からも同様である。教員の責任は別として、父母責任・使用者責任は今日いずれも客観責任であり、職人の責任もおそらくそのように変更される可能性が高いわけで、その他の責任主体に対する拡張形態である第一項の制度も同様であることが要請される。ただ、論理的には、他人の所為による責任は、爾後、第一項が一般責任で第四項以下がその特則ということになるわけである。

② 加害者の非　しかし、責任のこの客観性は、責任発生原因にも当然に及ぶかどうかという問題が残る。即ち、加害者の関与さえあれば責任が発生するのか、それとも加害者の非が必要か、という問題である。

判例上問題となったケースの大多数は、放火や窃盗や暴行といった犯罪的事例であり、または少なくとも自動車事故などの過失の存在するケースではあるが、判決文面上では未だ明示の態度表明はなされておらず、行為者の非の摘示には顧慮がなされていないとする指摘もある[68]。しかし、他人の所為による責任は、もともと代位責任ではなく重畳的責任であり、行為者と責任者とは全部義務（obligation in *solidum* いわゆる不真正連帯債務）の関係に立つのであり、使用者責任の場合にも緩和されたものとはいえ被用者の非の証明が必要とされてきたのであるから、第1項の一般責任の問題としては、非とまではいかなくても何らかの帰責事由または責任を発生させるような所為であることを要求する学説が優越するように思われる[69]。

判例においても、2003年に至って、スポーツ団体の責任に関して、加害者側の非の証明が必要であることを、第二民事部が確認している[70]。ただ、後述のように、父母責任に関しては、子の非の有無を問わずに子の所為による父母責任を認めるという《直接責任》化への動きが最近見られるので、そのこととの関係において、今後の帰趨は、なお予断を許さない面があることも確かである。

この問題との関係においても、父母責任の最近の急速な《進化》には瞠目すべきものがある。実際、1991年のブリク判決の出現は、父母責任の当然責

任化を不可避のものとしただけでなく、化学反応のように新たな判例が次々と現れてもいるのである。

(13) Limoges, 23 mars 1989, Resp. civ. et assur., nov. 1989, comm. n° 361, obs. H. G. ; cité dans la note GHESTIN, JCP G. 1991. II. 21673. 控訴院は、当然のことながら破毀を覚悟でこの断乎たるイニシアティヴをとったのであろう。判決文の言葉づかいには先駆的判決であるディジョン少年裁判所判決（後注(34)参照）のそれが反映している。
(14) 前注(9)参照。
(15) Conclusions DONTENWILLE, JCP G. 1991. II. 21673, p. 170.
(16) 《これらの〔他人の所為による〕責任は、その制限的な性格により特徴づけられる。しかしながら、立法上一層広い責任事例を考えることができるであろう。それらの事例とは、或る者が、一般利益を防護するために他の者を監督することを事実において引き受けたすべての場合、または、或る者が他人の労働または物の利用から主たる利益を得るすべての場合を狙うものである。判例は、物について第1384条第1項の解釈によりこの方途に入っている。同じシステムを、ひとが責任を負うべき者、即ち、監督することを社会に対して承諾した者について採用することを妨げるものは何もないだろう。従来はそこまでは行かなかった。しかし、そうすることを妨げるものは何もないだろう。物の所為について既になされたのと同じ仕事をここで敢えて行わんとする最初の裁判所にとって道は開かれている。法典は、ほぼその趣旨を言い尽くしている。即ち、ひとは自己が責任を負うべき者について責任を負うのであり、そのことが狙っているのは、ひとが監督すべき者、または、その活動からひとが利益をうるような者であると思われる。法典は、どのような要件で両親や教員や使用者が責任を負うのかを明確化している。しかし、一般原理のその余を定式化すべき余地は残っているのである。／そして、この一般原理は前述の社会的部署の理論の一局面でもある。自分を監護できない者を監護するという社会的部署を担う者——精神異常者を介護する者、子を養育する者——は、これらの者が損害を惹き起こす場合には非があるものと推定されるのであり、ただ、その所為を阻止できなかったことを証明する場

合のみ別なのである》(René DEMOGUE, *Traité des obligations en général*, t. 5, Paris, Arthur Rousseau, 1925, n° 819 bis, p. 2-3)。ドゥモグが具体的に依拠していたのは、精神障害者の監護者（施設長、父など）の責任強化（注意義務の強化により実際上無過失免責を制限する）の判例動向であった（*id.*, t. 3, 1923, n° 313, p. 510-512)。社会的部署の理論について詳しくは参照、*id.*, t. 3, n° 235, p. 384-387.

(17) Paul MATTER, conclusions sur Cass. ch. réun. 13 févr. 1930, DP. 1930. 1. 57, spéc. 68 et 69 ; Gaz. Pal. 1930. 1. 393.

(18) René SAVATIER, La responsabilité générale du fait des choses que l'on a sous sa garde a-t-elle pour pendant une responsabilité générale du fait des personnes dont on doit répondre?, DH. 1933. chron. 81.

(19) Henri et Léon MAZEAUD, *Traité théorique et pratique de la responsabilité civile*, 2e éd., t. 1, Sirey, 1934, n°s 712-718, p. 649-654. そして実際、マゾオ説が通説化し、判例においても1934年の破毀院刑事部判決が父母の過失推定は厳格解釈であるとして他への拡張を否定し（Crim. 15 juin 1934, S. 1935. 1. 397 ; Gaz. Pal. 1934. 2. 477.（おじ夫婦がヴァカンス中に預かっていた未成年者が屋敷内の庭園で狩猟ゲエムをしていて友人を事故死させた事案で、おじ夫婦の民事責任を否定）、更に、1937年4月5日の法律が学校教員に関する過失推定を廃止したことから、サヴァティエ学長も一般原理の可能性が黙示に否定されたものとして、1939年の概説書の中で改説するに至った（SAVATIER, *Traité de la responsabilité civile en droit français*, t. 1, 1939, n° 255, p. 330-332.)。

(20) 例えば、Philippe ROBERT, *Traité de droit des mineurs*, Cujas, 1969, n°s 251 et s., p. 301 et s.　Carol JONAS, La réparation des dommages causés aux tiers par les malades mentaux : évolution et perspective, *Revue de droit sanitaire et social*, 1990. p. 1 et s.

(21) しかし、今日でも、少なくとも小学校生徒に関しては始業・終業時間には親が送り迎えすることが多いように観察され、この点は日本とは比較にならないように思われる。

(22) Catherine PHILIPPE, note sous Besançon, 11 février 1998, JCP G. 1998. II. 10150.

(23) 未成年者の健康・安全・精神が危険にさらされる場合、または未成年者の育成条件が重大な仕方で害される場合に、少年係判事（juge des enfants）が、施設収容その他のあらゆる措置をとり得る（第375条）。親権行使に不充分または濫用がある場合もあれば、子供が悪くて手がつけられない場合もある。assistance éducative の語は「教育扶助」とも訳されるが、知的教育の物的・財政的補助の問題ではなく、少年自身または家庭環境の危機の場合の少年育成の社会的肩代わりの問題なので、誤解を恐れて「育成扶助」とした。

(24) V. Michel HUYETTE, note sous Crim. 26 mars 1997, JCP G. 1998. II. 10015.

(25) Raymond LEGEAIS, La responsabilité civile introuvable ou Les problèmes de la réparation des dommages causés par les mineurs, *Mélanges Gabriel Marty*, Toulouse, Université des sciences sociales de Toulouse, 1978, p. 775 et s. VINEY, Traité de droit civil, Responsabilité, 1re éd., t. 1 : Conditions, 1982, n° 868, p. 958 et s. 精神障害者再教育施設の責任については判例では難しいという理由で立法が望まれてもいたのであるが、しかし、製造物責任立法（1998年5月18日の法律、後藤巻則・立法紹介・日仏法学22号（1999）239頁）がヨオロッパ法との調和の必要にも拘らず大幅に遅れたことからも分かるように、責任法の立法は、個別利害や経済一般への波及の大きさからこれまた困難であり、1985年の自動車事故賠償立法の際の司法大臣バダンテエル氏の如き格別なイニシアティヴがなければ望み薄であったという事情もある。

(26) 奇しくも無生物責任についても同様の現象が見られた。1896年の破毀院テフェヌ判決の前年に、コンセイユ・デタが国の無過失責任を認めていたのである（C. E. 21 juin 1895, *Cames*, S. 1897. 3. 33, concl. ROMIEU, note HAURIOU ; D. 1896. 3. 65, concl. ROMIEU）。司法（民刑事）系統の裁判所と行政系統の裁判所との間のこの相互作用は非常に興味深い。フランスの行政法自体が、私法（特に民法典）を基礎として行政判例により形成されてきたのであるが、現代的な問題に関しては行政判例の方がしばしば私人保護に敏感に新たな法を形成し、それが私法に逆輸入されるという現象が見られる。参照、滝沢正「フランスにおける判例の機能——司法判例と行政判例」比較法研究53号（1991）164頁以下。

(27) C. E. 3 févr. 1956, *Ministre de la Justice c/ Thouzellier*, Rec. 49 ; D. 1956.

596, note J.-M. AUBY ; S. 1956. 153 ; JCP. 1956. II. 9608, note D. LÉVY ; Revue du droit public, 1956. 854. （集団散歩から抜け出した２人の少年が私人宅に押し込み強盗を働いた事案）。その後更に同様の事案で、被害者が施設の近くに居住しているか否かに拘らず（C.E. 9 mars 1966, *Trouillet*, Rec. 201）、収容施設の公立と私立とを問わず（C.E. 19 déc. 1969, *Delannoy*, D. 1970. 268, note GARRIGOU-LAGRANGE）、施設の経営主体が国か地方公共団体かも問わず肯定されている（C.E. 12 nov. 1975, *Schmidt*, Rec. 562）。最近では更に、非行少年が少年係判事により祖父母宅に託されていた場合についても国の責任を拡張すべきことが議論されている（Philippe GAZAGNES, La responsabilité de l'Etat du fait des délits commis par des mineurs délinquants non emprisonnés, Gaz. Pal. 2000. 2. Doctr. 1147）。

(28) C.E. 29 avril 1987, *Banque populaire de Strasbourg*, JCP. 1988. II. 20920, note B. PACTEAU （許可外出中および日中外勤の２名の受刑者および仮出所者１名、計３名による銀行強盗）。

(29) C.E. 13 juill. 1967, *Département de la Moselle*, D. 1967. 675, note F. MODERNE.（県立の精神病院の被収容者が、３カ月間の試験的外泊許可を受け、かつ、１カ月間の約束で近隣の農家で住み込み労働を行ったが、契約期間終了後も約１カ月間住み込みを続け、農家を退出した翌日にその農家に放火したという事案で、農家（使用者）から県に対する賠償請求認容。コンセイユ・デタは、トゥゼリエ判例（前前注）の趣旨を繰り返した後、使用者が被収容者は退院したものと思い込んでいて退出の事実を病院に通報しなかったことは、県の責任を減免しないとする）。

(30) C.E. 13 mai 1987, *Dame Piollet*, Rec. 172 ; D. 1988. Somm. 163, obs. F. MODERNE et P. BON ; AJDA. 1987. 454, chron. AZIBERT et DE BOISDEFFRE.（前注の事案に類似し、精神療法センター入院中の精神障害者が受入家族宅に放火したという事案。センターの看護人が定期的に監督していたのであるから、受入家族の不用意な言葉が放火のきっかけであること、受入家族が患者の態度の変化を通報しなかったことは結論に影響がないとする）。

(31) 例えば国の被後見人（pupille de l'Etat 捨て子、孤児、両親が親権を喪失した子で児童社会援助当局に託され県知事の後見のもとに置かれる子、家族社会援助法典第60条以下）、民法典第375条の育成扶助による場合など。

(32) C. E. 19 oct. 1990, *Ingremeau*, Rec. 284 ; D. 1991. Somm. 289, obs. P. Bon et P. Terneyre ; JCP G. 1991. IV. 61 ; Revue du droit public, 1990. 1866, concl. C. de la Verpillière ; AJDA. 1990. 869, chron. Honorat et Schwartz.（県の保健社会事業局により里親宅に預けられていた7歳の公的扶助の被後見人（pupille de l'assistance publique　前注に言う国の被後見人と要件は同様で監護・教育が必要な場合）が、友人宅の庭で弓遊びをしていて友人の右目を矢で突いてしまったという事案で、原判決は里親には過失がないとして賠償請求を棄却し、政府委員も従来の判例を支持する論告を行ったが、コンセイユ・デタは、県当局にとっての免責事由は、被害者の過失または里親が当該所為を阻止し得なかったことの証明のみであるとする）。V. aussi, Pierre Bon, La responsabilité du fait des personnes dont on a la garde : sur un rapprochement des jurisprudences administrative et judiciaire, *Revue française de droit administrative*, 1991. 991. Françoise Moneger, Le rapprochement de la jurisprudence du Conseil d'Etat et de la Cour de cassation en matière de «responsabilité du fait des personnes soumises à la surveillance d'autrui», *Rev. dr. sanit. et soc.*, 1991. 401.

(33) Civ. 1re, 18 oct. 1960, JCP. 1960. II. 11846, note R. Savatier ; D. 1961. 125 ; S. 1961. 141.（麻酔医の過失による外科医の責任を認めた原判決を維持）。Civ. 1re, 29 mai 1963, Gaz. Pal. 1963. 2. 290 ; D. 1964. Somm. 1.（社会保障金庫が計画した新建築の設計コンペを担当した委員会の不正行為を理由として金庫の責任を認めた破毀判決）。V. Viney et Jourdain, *op. cit.*, n°s 813 et s., p. 907 et s.　参照、森田宏樹・前掲・広中古稀所収。

(34) Trib. pour enfants Dijon, 27 févr. 1965, D. 1965. 439 ; Gaz. Pal. 1965. 1. 297 ; Rev. trim. dr. civ. 1965. 651, obs. R. Rodière. Trib. pour enfants Poitiers, 22 mars 1965, *Courjault*, Rev. dr. sanit. et soc. 1966. 262, note E. Alfandari. 前者（ディジョン）の判決は、日中外出可能の施設から外出した少年が車を盗んで事故を起した事案に関して、次のように述べる：《鑑みるに、第1384条第1項において原理を提示した後に、なぜ立法者が、他人の所為によって責任を負う者を〔限定的に〕列挙し、その保管が責任を発生させる物を例示的にしか言及しなかったのか理解しがたい。鑑みるに、従って、第1384条第1項が、《ひとは、自分自身の所為によって惹き起した損害についてだけでな

く、自己が責任を負うべき者、または、自己の保管のもとに有する物の所為によって惹き起された損害についても責任を負う》と立言することによって、物の保管に由来する責任の原理が一般的であるのと同様に〔他人の所為に関しても〕一般原理を言明するものと判断する余地がある》。そして、同条が言う《ひとが責任を負うべき者》とは、《ひとが正当な権威を行使する〔対象たる〕者》の意味である。これらの者の責任推定の根拠は、単なる過失推定からリスクまで場合により相違し得るが、開放処遇による不適応青少年の再教育施設は社会的リスクを発生させるのであるから、施設の免責事由は不可抗力または第三者の所為のみである、と述べる同判決が、コンセイユ・デタ判決に触発されていることは明らかに見える。後者の判決は、同様の趣旨に加えて、未成年者の《監護》を委任された施設が《指導、監督および統御の権利および、相関的に義務》を有することによって責任を正当化している。V. aussi, Raymond LEGEAIS, Un article à surprises ou Le nouvel essai de généraliser la responsabilité civile du fait d'autrui, D. 1965. chron. 131. Jean VINCENT et Jacques PRÉVAULT, La responsabilité civile du fait des mineurs inadaptés, D. 1965. chron. 201. P. MARTAGUET et P. ROBERT, La responsabilité des établissements de rééducation（Solution ou évolution?）, D. 1966. chron. 17.

(35) Dijon, 18 juin 1965, inédit, cité par ROBERT, *Traité de droit des mineurs*, n° 266, p. 313, note 24 et par VINEY, D. 1991. chron. p. 160, note 26. V. aussi, TGI Seine, 14 oct. 1965, D. 1966. 441, note J. PRÉVAULT.

(36) TI Angoulême, 2 oct. 1974, cassé par Civ. 2e, 24 nov. 1976, D. 1977. 595, note C. LARROUMET.

(37) GHESTIN, note sous JCP G. 1991. II. 21673, n° 8, p. 178.

(38) Hubert GROUTEL, chron. *Resp. civ. et assur.* avril 1991. n° 9.

(39) VINEY et JOURDAIN, *op. cit.*, n°s 789-11 et s., p. 843 et s.

(40) V. DONTENWILLE, conclusions, *ibid.*, p. 175.

(41) 司法判例（他人の所為）と行政判例とが併存するに至った状況のもとでは、両者の関係の問題が立ち得る。育成扶助の枠組みで未成年者を受け入れた私法上の施設が、《育成扶助を命じたのは少年係判事であり、生活態様の組織・統御の任も判事にあるのだから、責任は国に属し、私的施設は補充的責

任を負うにすぎない》という趣旨を主張した事例がある（Civ. 2e, 9 déc. 1999, 後掲注(53)参照）。破毀院はこの申立を棄却し、生活態様を常時組織・統御するのは施設の任であるとの原判決の言明を正当とした。類似の事例として、Crim. 15 juin 2000, Bull. crim. n° 233, p. 690 ; JCP G. 2001. IV. 1022.（育成扶助措置として少年係判事から委託を受けた県当局が、判事の《希望》に基づいて特定の教育施設に未成年者を収容したという事例で、監護は《少年係判事の裁判の履行として》当該教育施設に移転している、と認める）。

(42) 判決文においては、物に関する規定──《自己の保管のもとに有する物》──と全く同じ表現──《自己の監護のもとに有する未成年者》──が用いられることもある（例えば、Crim. 26 mars 1997, Bull. crim. n° 124, 3e arrêt）。

(43) V. Catherine DEL-CONT, *Propriété économique, dépendance et responsabilité*, thèse Nice 1993 ; Paris, L'Harmattan, 1997, cité par VINEY et JOURDAIN, *op. cit.*, n° 788-10, p. 822, note 55 et 56. Marie-Pierre BLIN-FRANCHOMME, Le critère de «garde» des personnes au regard du principe général de la responsabilité civile du fait d'autrui, *Petites affiches*, 1997, n° 141, p. 5 et s.

(44) オベエル破毀院判事（教授）は、ベビイシッタアのような場合については本判例の拡張を否定するが、祖父母や乳母については《常時》に準ずるような実質的権威行使がある場合については適用が考え得るものとする。FLOUR et AUBERT, *op. cit.*, n° 188, p. 184.

(45) Civ. 2e, 6 janv. 1993, Bull. civ. II. n° 7, p. 3 ; D. 1994. 95, note E. S. DE LA MARNIÈRE ; Rev. de dr. sanit. et soc. 1993. 517, note ALFANDARI ; obs. VINEY, JCP. 1993. I. 3727, n° 21. 事案は、収容された施設から更に里親に預けられていた精神障害者の少年が里親宅から研修先に出かける途中で未成年の少女に性的暴行を働いたというもので、原判決は、研修先との往復を一人でさせたことに施設の過失があることを理由としたが、第二民事部は、原判決が当該少年は特別な危険性を呈してはいなかったとも摘示しているので施設の非（faute）の法性決定に問題がある、として破毀した。破毀院判例集においては欄外の参照判例としてブリク判決を引用している。

(46) Civ. 2^e, 24 janv. 1996, Bull. civ. II. n° 16, p. 11 ; JCP G. 1996. IV. 620 ; Petites affiches, 1996, n° 72, p. 28, note A. BATTEUR.

(47) Crim. 4 janv. 1995, Bull. crim. n° 3, p. 7. 原判決が、加害者たる成年精神障

害者を有罪と認めたものの、施設に対する賠償請求の附帯私訴に関しては、第1384条第1項の責任問題は民事裁判所の管轄であるとして不受理（却下）としたため、本件判決が、附帯私訴の原理（刑事訴訟法典第2条・第3条）違反により破毀したもの。

⑷⑻ Rouen, 25 sept. 1991, D. 1993. 5, note Ch. PIGACHE. 育成扶助措置のもとでルゥアン教育事業協会の監護下にあり、同協会が賃借しているアパートに姉（成人）とともに居住している16歳の少女が、友人から又借りした自動車で事故を起したため、車の所有者が、購入資金の貸主からの貸金支払請求を受けて、少女の母と協会とに対して担保請求した事案で、判決は、母に対する請求は同居要件（第1384条第4項）に欠けるとして棄却したが、《育成扶助協会は、民法典第375条の意義において危険な状態に瀕している未成年者の生活態様を常時組織し統御することを任務としており、それ故、その未成年者の所為について民法典第1384条の適用により責任を負わなければならない》と述べた。

⑷⑼ Crim. 10 oct. 1996, Bull. crim. n° 357, p.1054 ; D. 1997. 309, note M. HUYETTE ; JCP. 1997. II. 22833, note F. CHABAS. 破毀院がこのような判示を行ったのは、協会側が、親権は両親に残っており、施設外での犯罪については協会は非がなければ責任なしと主張していたためであるが、肯定の仕方がかなり一般的であること（自然人・法人区別なし）には若干注意が必要であろう。他に、Crim. 15 juin 2000（注⑷⑴参照）。

⒇ Crim. 26 mars 1997, Bull. crim. n° 124, p.414, arrêt n° 1 ; JCP G. 1998. II. 10015, note HUYETTE. 少年3名による自動車窃盗に際する附帯私訴の事案において、うち1名が行為当時には母方にヴァカンス帰宅中であったが、原判決は、《当該未成年者の帰宅が、いかなる判決からも、また、監護施設と子の母との間で締結されるいかなる約定からも帰結しない以上》、この情況は施設の負う責任には影響しない、と判決していた。破毀院はこの結論を是認したが、施設の免責を判決による外泊許可の場合に限定していることが注目される。注⑹⑸の事件も同一施設に関する。

⒈ 《監護の移転》は、物の所為の場合の《保管の移転》の概念とパラレルなものである。事実審判決であるが、労働援助センターが年次休館期間中につき有償契約により里親に預けていた成年精神障害者の放火事件について、こ

の施設には《生活態様の組織・統御》はあったとしても第1384条第1項責任はなく、期間中の責任義務は里親にあった、とするものがある（TGI Saintes, 7 déc. 1993, JCP. 1994. IV. 1693）。

(52) Civ. 2ᵉ, 25 févr. 1998, D. 1998. 315, concl. R. Kessous ; JCP G. 1998. II. 10149, note Viney ; obs. Viney, JCP G. 1998. I. 144, nº 14.

(53) Civ. 2ᵉ, 9 déc. 1999, Bull. civ. II. nº 189, p. 130 ; D. 2000. 713, note Anne-Marie Galliou-Scanvion ; JCP G. 2000. IV. 1163 ; Resp. civ. et assur., mars 2000, nº 76 ; Petites affiches, 2000, nº 59, p. 20, note Marie-Christine Meyzeaud-Garaud. この事案では、未成年者は育成扶助措置として民間施設に収容されている間に放火をしたため、保護観察（liberté surveillée）の形で再び同じ施設に委託され、そこから里親宅に預けられているときに本件の第二の放火を行ったのであり、施設側は破毀申立において、国の責任との関係での自己の責任の補充性を主張したが、《国の責任は妨げないが》施設は第1384条第1項責任を負う、とする原判決が維持されている。

(54) 因みに、育成扶助措置により施設に収容された少女が他の収容者から猥褻行為を受けたという事案で、施設と少女の両親との間に収容に関する契約があることを理由として施設の第1384条第1項責任を斥けた原判決が破毀されている（Civ. 2ᵉ, 20 janv. 2000, Bull. civ. II. nº 15, p. 10 ; JCP G. 2000. IV. 1403）。契約だとすると手段債務の問題となり施設の過失の証明が必要となるので、破毀院は契約責任と不法行為責任との不競合の原理を斥けたとも解されるが、単に契約の事案ではない（施設収容に際して両親の同意が求められるとしても、この収容はもともと育成扶助の枠組で判事が命令したものだから）という理解の方が素直であろう。

(55) Civ. 2ᵉ, 18 sept. 1996, D. 1998. 118, note M. Rebourg ; JCP. 1996. IV. 2208 ; RTDciv 1997. 436, obs. Jourdain ; Resp. civ. et assur., déc. 1996. Comm. 379, note Groutel ; Petites affiches, 1997, nº 24, p. 6, note M.-Ch. Lebreton. V. aussi, Gérard Blanc, A propos de la responsabilité des grands parents … (brève contribution à la réflexion sur la responsabilité du fait d'autrui), D. 1997. chron. p. 327 et s. 因みに、本事例の1年前に、幼児期から祖母宅に預けられていた13歳の少年が買ってきたライタアで納屋の秣に火をつけたケイスで、父には同居がなく祖母には過失がないとする判決があるが（Civ. 2ᵉ,

25 janv. 1995, Bull. civ. II. n° 29, p. 17 ; D. 1995. IR. 99, Somm. com. 232, obs. DELEBECQUE ; Gaz. Pal. 1995. 2. Pan. 186)、ここでは、祖母の1項責任は主張されていなかったため、従来からの原則（自宅に滞在する孫の所為による祖父母への父母責任（4項）の拡張は一貫して否定されてきた）で処理されたものである。

(56) Civ. 2e, 25 févr. 1998, précité（前掲注(52)）の事案において、法定管理人としての父に対する賠償請求も棄却されたことを破毀申立は問責したが、《しかし鑑みるに、精神的能力の改変した成年者のために命ぜられた措置は、その者の財産の管理だけでなくその者の一身の保護にも関係することが、民法典第490条から帰結するとしても、後見判事の司法的コントロオルのもとにおける後見人または法定管理人が、民法典第1384条第1項を根拠として、被保護者の行いの責任を負うことは、そこからは導き出されない。……原判決は、……〔父〕の責任は、法定管理人としての資格のみによっては発生し得ないと正当に摘示している》。

(57) Crim. 28 mars 2000, JCP G. 2001. II. 10456, note C. ROBACZEWSKI ; D. 2000. Somm. com. 466, obs. Denis MAZEAUD. 母の死後（父は住所不定のため）同居の義父が後見人となっている未成年者が祖母方で銃の暴発により遊び仲間を事故死させた事案で、後見人の当然責任を認め、義父は《後見人として、未成年者の監護およびその生活態様を常時組織・統御する任を引き受けていた》とする原判決が肯定されている。

(58) 下級審では狩猟事故への適用例も見られる（TGI Cusset, 29 févr. 1996, JCP. II. 22849, note Jean MOULY）。この1996年のキュセ大審裁判所判決は、狩猟協会の主催した猪狩り大会で参加者の一人が跳ね返り弾により重傷を負った事案において、弾を撃った別の参加者について無生物責任を、狩猟協会について他人の所為による責任をそれぞれ認めたのである。この判決は、ブリク判決およびラグビイ・クラブ判決を明示に引用しつつ、狩猟活動とスポオツとの類似性に基づいて、協会が《狩猟中の構成員の活動を組織・指導・統御する》任務ゆえに責任を負うことを認める。しかし、狩猟協会には、（真の競技会の場合はともかく）通常は参加者に対する指揮統制の権威も権限もなく、かつ、狩猟事故には担保基金があり加害者不明でも補償に問題がない上に、個個の狩猟者と違って協会自体には強制保険加入義務がない（保

険法典第L230-1条、第L421-8条）などの理由から、ここでの類推解釈には批判が強く、また破毀院自身、ブリク判決以降も狩猟団体に関しては使用者責任しか認めていない（Civ. 2ᵉ, 27 nov. 1991, Resp. civ. et assur., févr. 1992. Comm. nº 41. 獲物の鹿を切り分けている際に切り分け役が包丁で参加者の一人を負傷させた事案で、協会と切り分け役を依頼された者との間に臨時的従属関係があるという原判決の維持）。

(59)　Civ. 2ᵉ, 22 mai 1995, 2 arrêts, Bull. civ. II. nº 155, p. 88 ; JCP. 1995. II. 22550, note J. MOULY et I. 3895, nᵒˢ 5 à 10, obs. VINEY ; Gaz. Pal. 1996. 1. 16, note CHABAS ; D. 1996. Somm. 29, obs. F. ALAPHILIPPE ; RTDciv. 1995. 899, nº 4, obs. JOURDAIN ; RJDA 1995. 853, rapp. P. BONNET ; Rép. Defrénois, 1996. art. 36272, nº 19, p. 357, note D. MAZEAUD ; Resp. civ. et assur. oct. 1995. chron. nº 36, par GROUTEL ; Petites affiches 1996, nº 15, p. 16, note Sophie HOCQUET-BERG.

(60)　V. VINEY et JOURDAIN, *op. cit.*, nº 792, p. 864 et s., nº 806, p. 892. 使用者責任の場合にはアマチュアのスポオツ・クラブへの拡張適用には人為的との批判もあるのに対して、第1384条第1項責任の場合にはプロ・アマを問わないという利点もある。

(61)　P. BONNET, rapp. RJDA. 1995. 853, nº 8. V. aussi, Jean-Yves LASSALE, Les responsabilités civile et pénale des auteurs de violences sportives, JCP G. 2000. I. 277.

(62)　Civ. 2ᵉ, 3 févr. 2000, JCP G 2000. II. 10316, note J. MOULY ; D. 2000. 862. note S. DENOIX DE SAINT MARC ; D. 2000. Somm. com. 465, obs. JOURDAIN ; Resp. civ. et assur., avr. 2000, nº 110, note H. GROUTEL ; Droit et patrimoine, 2000. nº 82, p. 107, obs. CHABAS.

(63)　しかし、このように考えるとしても、評釈者たちが特殊な事案の解決として当惑を隠さないもう一つの判決に留意しておく必要がある。実際、現実にはラグビイ・クラブ判決と同日付で下された破毀院第二民事部判決（ル・ブラン市事件）が、もう一つ存在するのである（Civ. 2ᵉ, 22 mai 1995, *Commune de Le Blanc*, Bull. civ. nº 149, p. 84 ; D. 1996. 453, note LE BARS et BUHLER ; RTDciv 1995. 902, obs. JOURDAIN ; Defrénois, 1995. p. 1057, nº 110, obs. DELEBECQUE）。

　　事案は、3人の浮浪者が市町村所有の不動産に住みつき、市町村側は人道

的観点から無償の居住を黙認し代わりに軽作業などをさせることもあったところ、この３人が当該建物内で火災を起し隣接不動産に延焼したため、その所有者が市町村当局を相手取って賠償請求を行い認容されたというもので、破毀院は市の破毀申立を棄却して、《鑑みるに、過失に基づく出火者たる〔３名の者〕は、不動産内に滞在することを許可されていた《marginaux》（埒外者）であって、界隈を構成する諸不動産の老朽性との関係で危険な仕方でしばしば火を使っていたことを摘示した後に、控訴院は、これらの理由のみによって、市町村は、非社会的かつリスク含みの（associales et à risque）者として知られていたこれらの者について、その損害発生可能な帰結を市町村は予め引き受けていたのであるから責任を負う、と判決し得た》と述べるが、根拠条文には全く言及していない。

　形式的には、本判決は、失火延焼責任（第1384条第２項）の問題であり、同条の規定に従って、出火建物の《保有者》が延焼被害の責任を負うのは、自己の非または《自己が責任を負う者》の非による場合だけである、という二つの大きな要件論に終始している（《保有》は通常は物的な保有と解釈されているが、本件では例外的に法的な保有の概念がとられている）。しかし実質的には、出火者は市町村の被用者でも被監護者でもないので《自己が責任を負う者》ではないとの破毀申立人（市町村）の所論に対して、《市町村はこれらの者について責任を負っていた》と応答して他人の所為による責任を認めるのであるから、本当の根拠は第１項以外にはあり得ない。しかも、ヴィネエ教授の指摘の如く、社会的リスク含みの者に対する監督または統御義務のサンクションである点では、まさにブリク判決型の類型に連なるものと考え得る（Viney, chron. JCP. 1995. I. 3893, n°s 5 à 7）。また、原判決の日付が４か月も早いこの事件を破毀院がラグビイ・クラブ事件と同日に審理判決したことにも全く意味を見出せないでもないだろう。この判決はいずれにせよ評価の分かれる難しい判決である。実際、ダロオズ判例集の評釈者は、本件の解釈は単なる事案の解決としてはともかく判例とするには相当問題があるとするが（Le Bars et Buhler, loc. cit.）、当時破毀院第一民事部判事のオベル教授は、他人の所為の問題としてブリク判決、ラグビイ・クラブ判決と本件判決とを単純に並列する（Flour et Aubert, op. cit., n° 108, p. 183）。

　延焼責任──これに関する第２項・第３項は、1922年の法律により挿入さ

れたもので、物の保管者の責任の例外として無過失免責を復活させたものである——の問題は、同じ第1384条のなかでも他とは性格の異なるものとして従来扱われてきたが（VINEY et JOURDAIN, *op. cit.*, n°s 646, p. 622 et s.）、《自己が責任を負う者》という共通の要件文言を抱えている以上、他人の所為に関する責任論の大きな見直しの動きのなかで、本判決が別途の位置づけを見出す可能性も排除されないように思われる。

(64) VINEY, *op. cit.*, D. 1991. chron. p. 157. AUBERT, *op. cit.*, Rép. Defrénois, 1991. 729. Cf. FLOUR et AUBERT, *op. cit.*, t. 2, 7e éd., n° 188, p. 184-185.

(65) Crim. 26 mars 1997, Bull. crim. n° 124, p. 414, arrêt n° 2 ; D. 1997. 496, note JOURDAIN ; JCP G. 1997. II. 22868, rapp. F. DESPORTES ; obs. VINEY, JCP G. 1997. I. 4070, n°s 19 et s. ; Grands arrêts, 11e éd., n° 219, p. 343. 本件は注(50)と同じ施設に関する事件であるが、注(50)の第一判決も同趣旨を述べている。

(66) Civ. 2e, 16 mars 1994, JCP. 1994. II. 22336, 2e esp., note H. MERGER et C. FEDDAL ; D. 1994. IR. 96 ; Resp. civ. et assur., juill. 1994. Comm. n° 240, obs. M.-A. PEANO. 校庭で遊んでいた２人の生徒が正面衝突し負傷したという事案。因みに、本判決は、直接には教員の責任についてではあるが、他人の所為による責任の従来の類型が、第１項の一般責任の登場後も特則として維持されることの宣言としても解釈することができる。

(67) V. spéc. JOURDAIN, note D. 1997. 496.

(68) CHABAS, note Gaz. Pal. 1996. 1. 16.

(69) V. JOURDAIN, *op. cit.* V. aussi, TERRÉ et LEQUETTE, obs. sous Ass. plén. 9 mai 1984, *Grands arrêts de la jurisprudence civile*, 10e éd., n° 138, p. 575. GROUTEL, obs. *Resp. civ. et assur.*, oct. 1995. chron. n° 36. Jean-Christophe SAINT-PAU, La responsabilité du fait d'autrui est-elle devenue une responsabilité personnelle et directe ?, *Resp. civ. et assur.*, oct. 1998, p. 4 et s., spéc., n^{os} et 12.

(70) Civ. 2e, 20 nov. 2003, *La Grouiec*, D. 2004. 300, note Guillaume BOUCHÉ ; JCP G. 2004. II. 10017, note Jean MOULY. ラグビイのスクラムがくずれた際に選手が重傷を負った事件で、相手方クラブへの賠償請求の問題に関して、加害者は不特定でもよいが、その非の証明がないことを理由として請求を棄却した原判決が是認されている。下級審にも、サッカアに関して同様の判断があ

る（Aix-en-Provence, 27 févr. 2002, JCP G. 2003. II. 10097, note Cyril BLOCH）。

但し、これに反して、バトン・トワラアの団体について加害者の非を問わずに団体の第1384条第1項責任を肯定した例がある（Civ. 2ᵉ, 12 déc. 2002, D. 2003. Somm. com. 2541, obs. Frank LAGARDE；JCP G. 2003. IV. 1220；JCP G. 2003. I. 154, n° 49, obs. VINEY）。これは、バトン・トワラアの行進に際して他のトワラアのバトンで負傷した別のトワラアの賠償請求の事案で、加害者については物の所為、行進組織団体については第1384条第1項・第5項の責任を原審が認め、これが維持されたものである。原審は、団体が《行進の過程で、その構成員の活動を組織・指揮・統御する任務を有していた》のだから、《活動が潜在的に危険かどうかを考慮する必要はなく》当然責任があると判断《し得た》と、破毀院が述べるところから、個別的な事案の解決にとどまるとは思われるが、アプリオリな危険を伴わない活動の団体への第1項責任の拡張の点でも、加害者の非を必要としない点でも、異例な判決と言える。しかし、非から物の所為への責任原因の横滑りの問題にとどまるのか、それとも、更に進んで、この種の団体の独立責任の肯定への萌芽を孕むものなのか、という問題は残るであろう。

II　父母責任の当然責任化

父母責任に関しては、まず1997年のベルトラン判決による判例変更の意義を検討し、以後の判決によるその射程の明確化に触れることにしよう。

1　当然責任への変更

破毀院第二民事部1997年2月19日のベルトラン判決は、父母責任の性質に関して単なる過失推定から《責任推定》ないし《当然責任》への移行を宣言し、従来の如き父母の無過失免責の余地を否定するという意味で、重要な判例変更を行うものである。

(1)　ベルトラン判決

このベルトラン判決において問題となった事案は、12歳の少年が自転車で

18 フランス法における《他人の所為による責任》の一般原理の形成　［北村一郎］

国道を横切ろうとしてとび出したところ国道を進行してきたオオトバイと衝突し、負傷したオオトバイ運転者が少年の父に賠償請求したもので、原判決（ボルドオ控訴院1994年10月4日判決）は、第1384条第4項の父母責任は《当然責任》であり免責事由は被害者の過失または不可抗力のみであるが、事故の非はもっぱら少年のとび出しにあり、かつ不可抗力の証明もなされていないとして、父の責任を認めた。これに対して、父は、従来の判例に従って、教育上または監督上の過失がなかったことによっても免責される筈だと破毀申立したのであるが、破毀院はこれを棄却して言う：

《しかし鑑みるに、原判決は、同居の未成年者たる息子の惹き起した損害のゆえに負う当然責任から〔父〕を免責するのは不可抗力または被害者の非のみであることを正確に言明したのであって、〔原〕控訴院は父の監督の欠如の有無を探求する必要はなかったのである》[71]。

第二民事部は、これに続く1998年12月2日の破毀判決において同様の判旨を掲げることによって、判例変更を確認した[72]。免責事由については、不可抗力のほか被害者の過失が明示に加えられていることに注意しておこう。

父母責任は、前述の如く、従来の圧倒的な通説によれば、子の非は両親——当初は父権者、現在は親権者——の非を推定させるとの考え方に基づき、従って、この推定は反証可能な単純推定であり、父母が教育上および監督上の非を犯さなかったことを証明すれば免責されるものと解釈されてきた[73]。この解釈に19世紀的な主観的責任論と家父長的道徳観とが強く刻印されていたことは言うまでもない。しかし、要件論においては、第1384条第4項の定める如く《同居の》《未成年者》に加えて、更に1970年以来は父母が《監護権》（droit de garde 1970年から2002年まで）または《親権》（autorité parentale 2002年以降）を行使していること[74]、というように多くの要件が結びつき、実際の適用においては評価の難しさから多くの問題を生じ、複雑かつ整合性を欠く判例により混乱が生ずることも多かった[75]。そこから、特に20世紀後半以降、二重の意味で客観化の傾向が次第に見られるようになっていた。それは、子の帰責事由の問題と父母の免責原因とに関してである。

父母責任の成立のためには子の非の証明が必要であるとの考え方が争われるようになったのは1960年代以降である[76]。父母責任が親権の悪しき行使の帰結のサンクションであれば子の非の立証は不要であり、子が損害を起したことで足るという趣旨である。判例もまた通説を維持しつつも徐徐に子の所為の準因果関係的評価へ移行する動きを見せた。

　その動きは三段階のプロセスを経た。まず、子が保管する物（自転車、バイク、犬など）の所為による責任が、子本人についてだけでなく[77]、父母責任としても認められたのである。破毀院第二民事部1966年2月10日判決は、父の責任は子の責任を想定するが、子の責任の発生原因が非か物の所為かは法律は区別していない、という巧みな理由づけを施している[78]。この限度で、子の非は不要とされたのである。次に、判例は、幼児の非の認定の障害になっていた弁識能力（discernement）の欠如または精神的混乱の場合を回避するために1960年から既に《客観的に不法な行為》(acte objectivement illicite) の概念を承認した[79]。最後第三に、1984年5月9日の破毀院全部会判決（フュランヴァルト判決）は、7歳の子が弓で遊んでいて矢を友達に向けて放ち片目を失明させたために、原判決が《客観的に不法な行為》を理由として父母責任を容認した事案において、弁識能力の有無の探求の不存在を突く破毀申立に対して、理由の取替による棄却判決を下して言う：《しかし鑑みるに、同居の未成年者の父母の責任が民法典第1384条第4項を根拠として推定されるためには、未成年者が被害者の援用する損害の直接の原因であるような行為を犯したことで足りる》[80]。

　このフュランヴァルト判決において、破毀院は、子の非の要件を外し、《客観的に不法な行為》をも不要として、《損害の直接の原因（cause directe）たる行為》を以て足るとするのであるから、子の所為は即ち物の所為に等しく、正常な行為であろうとも自動的に父母責任が生ずることを認めた如くに見える。ただ、全部会がこのような文字通りの判例変更を意図したのかどうかは確かでなく、実際、その後《直接の原因》の名において責任を認めた判決においても事例自体は放火や障害など従前の判例によっても充分可能な事

案であり(81)、しかも第二民事部はその後も無過失免責を認め続けたことからして(82)、フュランヴァルト判決の真の意義は、結局、子の弁識能力を不要としたにとどまった。学説においても、《直接の原因》の論理によって子の所為を文字通り物の所為と全く同視することには、有力な著者たちの傾向を問わず批判が強く、父母責任発生のためにはやはり未成年者本人についての帰責事由の存在が必要であるとされてきた(83)。

以上の進化を経て、1997年のベルトラン判決は、父母の非への依拠自体を否定し、そのことによって父母責任の根拠自体を非の制裁から賠償担保へと変更したのである。

(2) 当然責任化の背景

実際、従来の父母の無過失免責は、どういう場合に認められるのかが判例上極めて不明確で、評価は結局事実状況次第であり、しばしば矛盾する結果にもなっていたことが指摘されており(84)、客観化論者は被害者保護の不充分さを指摘するとともに、《教育・監督上の非》の判例システムの人為性を批判し、特にタンク教授は60年代から既に当然責任の採用とそのための責任保険の強制化との主張をためらわなかった(85)。条文上も、子の損害発生行為を《阻止し得なかった》場合には免責されるという第1384条第7項の規定は、素直に読めば、むしろ抗拒不能（irrésistibilité）即ち不可抗力を意味するのであり、立法過程においてもこの点に関してはこれ以上にないほど明瞭な肯定が見出される(86)。

破毀院全部会が前掲1984年のフュランヴァルト判決において《責任推定》の表現を用いたことも、おそらく同様の方向づけの模索として評価されるであろうが、その後は、明確に故意の事例について非の推定が強化されたことは別として(87)、具体的な帰結を直ちに引き出すには至らなかった。そのため、当事者サイドには、父母責任の追求を避けて子の本人の責任の方途を選ぶという《第1384条第4項の前からの真の逃走》(88)の傾向すら生じていた。というのは、物の保管者としての責任は勿論として、本人の所為による責任（第1382条）における非の概念も年齢・精神状態に拘らず認められるという形

で客観化されてきたために、父母責任における非の推定の方が、その解釈の不確実さゆえに逆機能を起こすという倒錯現象が生じていたわけである[89]。しかし、1991年のブリク判決以降いろいろな監護者について当然責任が拡張される状況において、父母責任だけが過失推定の寛大さをとどめることは論理一貫せず、その意味において1997年のベルトラン判決の登場は不可避的なことであったと言うことができる[90]。

しかし、この当然責任を真に担保しているのは、父母にとっても被害者にとっても家族責任保険——特に家長民事責任保険（assurance de la responsabilité civile du chef de famille）と呼ばれるもの——の普及と一般化との現実であることを忘れてはならない。今後は、この責任保険の規制および強制保険化とが別途の課題となるであろう[91]。

2　当然責任の具体化

当然責任としての父母責任の具体的適用に関しては、その後の二つの大きな《進化》として、同居要件の形式化による親権責任化と、子の非を必要としない直接責任化とに触れておこう。

(1)　同居要件の形式化による親権責任化

父母責任は、《同居》の未成年者に対する親権ないし広義の《監護権》[92]の行使を前提とする。同居の要件はフランス法に独特とされているが、これは、前述の如き過失推定の考え方にこそ見合ったものであった。しかし、何が同居か——物的同居が必要か、旅行やヴァカンスで家を離れても監護権（親権）の移転がない限り同居か——をめぐっては解釈上相当な曖昧さが残ってきたのであり[93]、いずれにせよ当然責任の発想には適合しないものである。この点を解決し、同居要件を空洞化とは言わぬまでも抽象化ないし法化したのが、ベルトラン判決と同日のもう一つの判決である。

1997年2月19日の破毀院第二民事部のこの判決（サムダ保険会社判決）の事案は、両親の離婚後に監護権者となった母方に通常居住しているが、面会交渉権（droit de visite）および寄宿受入権（droit d'hébergement　面会交渉権に含

められることもあるが、要するに家に泊める権利）を有する父宅に〔おそらく毎月１〜２週間という形で〕寄宿していた16歳の少年が、平日に学校をさぼって盗んだ自動車に損害をかけたというものである。原判決は父の過失責任のみ認め、母については同居要件の欠如を理由として責任を斥けたが、破毀院は、母の責任に関して第1384条第４項違反により原判決を一部破毀し、《面会交渉および寄宿受入の権利の行使は、監護権を行使する方の親との未成年者の同居を中止させるものではない》と述べた[94]。

更に、同じ第二民事部の2000年１月20日判決は、父が面会交渉の機会に祖母方に預けていた事案においてこの趣旨を敷衍し、《第1384条所掲の父母と子との同居は、両親またはその一方の住所における子の通常の居住（résidence habituelle）から帰結する》と念を押した[95]。そして更なる拡張として、寄宿制（régime d'internat）の学校で子が事故を起した場合についても、第二民事部は、まず棄却判決のなかで《寄宿制は、学業遂行の一態様を構成するのみであり、〔未成年者〕と両親との間の同居を中断するものではない》とする原判決を正当と認め[96]、次いで半年後の2001年３月29日の破毀判決により、《鑑みるに、不可抗力または被害者の非のみが、同居の未成年の子が惹き起した損害のゆえに負う当然責任から父母を免責する》との判旨のもとに、《学校施設に生徒が現在することは、たとえ寄宿制の場合においても、子の父母との同居を排除するものではない》ことを肯定するに至った[97]。

これらの新判例は、まさにベルトラン判決の補完物として、親権者たる父母は、物的に同居していない間に子が起した損害についても免責されないことを判示したものであり、同居要件は、ほとんど親権行使と同視されるまでに抽象化されているのである。

父母責任のこの親権責任化のもとでは、親権行使は、第１項の《監護》の一つの場合ということになる。ここで言う《監護》は、ブリク判例のもとでの、未成年者の《生活態様を組織し指揮し統御する》権限である。婚姻の有無に拘らず、同居する父母が子に対して親権を共同行使し養育にあたる家族の場合には、監護は直接に父母が本来有する親権に結びつくわけであるが、

離婚その他により分裂した家族の場合には、判決の認めた親権行使権限の帰結となり、施設収容の場合には、施設に対して判決または契約により付与された独自の権限としての監護ということになる。いずれにせよ、父母責任の根拠としての監護は、法的な意味の第1項の監護である。

その帰結として、子が通学先の学校にいる間に他人に対して惹き起した損害について、両親は父母責任を免れない。実際、第二民事部の1997年6月4日判決は、学校事故の事案において、学校の責任とならんで父母の責任を認め、父母は不可抗力または被害者の過失の場合以外には免責されないと述べる(98)。

また、子が一時的に両親宅を離れていても、法的同居、または一層正確には親権に基づく監護権が継続する。前述のように、ヴァカンスで祖父母宅に滞在していても、祖父母は、第1項責任を負うものではない(99)。

ところで、それでは、監護者複数の場合はどうなるか？ 前掲の破毀院刑事部の1997年3月26日判決が述べているように、《他人の監護》の移転は判決または契約によって可能となる(100)。特に、育成扶助措置をとる後見係判事の裁判によって子が教育施設に収容されている場合もこれに該当し、判決による停止・中断がない限り、監護義務を有する施設が第1384条第1項責任を負う。しかし他方では、民法典第375条の7の規定により、子が育成扶助措置の対象となったときも、父母は子に対する親権を失わず、措置の適用と両立不能でない親権のすべての属性事項を行使する。そして両親宅外に子が収容されている場合には、父母は通信の権利と面会交渉の権利とを判事のコントロオルのもとに保持する。この状況のもとで、両親宅への外泊中に子が損害を惹き起した場合には、施設の監護権と両親の親権との関係、従って第1項責任と第4項責任との関係はどうなるのか？

この点に関して、破毀院刑事部は、1998年3月25日判決において、外泊中の子の行為については施設は責任を負わず、両親が第4項責任を負うとする結論をとった。即ち、育成扶助措置により施設に収容されている未成年者が母方への外泊寄宿に際して半血姉妹を強姦したという事案において、原判決

は、施設を除外し母のみを民事有責と認め、その理由として、寄宿期間中は母が親権を行使していたのであり、少年（加害者）とその妹（被害者）とは二人とも刑事予審の対象となったことがあるのだから少年の当該行為は予見不能ではなかったことを述べる。破毀院はこれを是認し、民法典第375条の7の規定の趣旨を繰り返すとともに、事案における外泊が判事のコントロオルのもとに組織されていたことを理由として挙げている[101]。更に、2000年6月15日判決においても、週末帰宅の間に行われた少年の犯罪について、少年はこの間は医療教育施設の監護下になかったのであり両親の責任が当然に生ずるとする原判決が正当と認められている[102]。

　これらの判決が施設の競合的責任を否定した点は、同じ刑事部の前記1997年3月26日判決との整合性を疑わせる面がある。後者によれば、判決による停止または中断がない限り施設は責任を免れないのだからである。しかし反対に、前記1998年判決の理由づけに見られるように、外泊の組織を判事がチェックしていたことが《停止・中断》と類推または同視されると考えれば、判事の許可した面会交渉権の行使によって施設の監護および責任は止むという形で理解することも可能となる。両親は、子の施設収容にも拘らず親権を保っており、まして帰宅時にはその行使が全面化するのであるから、その間の行為は両親の全面的な責任に属するということである。

　この正当化は法的には一応明快ながら現実性に欠けるとの批判がなされた。重度の人格・行動障害を持つ未成年者が教育施設に収容される場合には、両親自身も個人的・家族的な問題を抱えていて自分自身施設関係者の支援を受けていることもあり（第375条の2、同条の4参照）、子と時々会っても充分な親権行使は望めないうえに、そのことを理由として重い父母責任を負わされるとなると面会交渉を拒絶することになるおそれがあり、適応教育にも支障が生ずることになる。従って、とるべき原理はむしろ、子を教育施設に収容する判決は両親との同居を終了させ父母責任を免除すること、面会交渉による帰宅の場合も充分に同居を回復するものではなく、反対にこの外泊中においても施設は家族との接触を保つがゆえに継続して民事責任を負う、と考え

るべきだとされるわけである[103]。
　この提案を実質的に承認したのが、2002年6月6日の第2民事部の破毀判決である。この判決は、週末帰宅の場合にせよ、在宅のまま施設からの監督訪問が月に4回行われるという場合にせよ、判決による使命の停止または中断がない限り施設が当然責任を負うのであって、親権者の責任はないと判断したのである[104]。こちらの判断の方が人を安心させるものであろう。

(3) 直接責任化

　最後に、父母責任に関する第三の大きな判例変更は、ブリク判決の限度をも超えて、子の側に非のない事故損害についても父母は責任を負うとすることによって、父母責任を直接責任とした。即ち、中学校の生徒が昼休み時間にラグビイの試合をしていて、ある生徒の行ったタックルによって別の生徒が負傷したという事案において、原判決は、学校側の監督体制には落度がなかったとして国および学校の責任を否定するとともに、タックルは不運であったとしてもラグビイにはつきものの正当行為であり生徒の責任も発生しないとして賠償請求を棄却したが、2001年5月10日の第2民事部のルヴェル判決は、原判決を一部破毀し、《民法典第1384条第4項および第7項に徴し、鑑みるに、同居する未成年の子が惹き起した損害により父母が当然に負う責任は、子の非の存在にはかからしめられない》と認めたのである[105]。客観責任化のこの《深化》を批判する評者も少なくないが、しかし、他方で、父母責任の脈絡においては、子の行為が《損害の直接の原因》たることで足るとする前述のフュランヴァルト判例[106]の再来ないし最終的承認にすぎないとも見ることができる。
　そして、実際、この直接責任化は、同様の事例において、破毀院全部会2002年12月13日破毀判決の確認するところとなった。即ち、父母の当然責任が認められるためには、《被害者の援用する損害が、たとえ非のあるものでなくても未成年者の所為によって直接に惹き起されたことで足りる。不可抗力または被害者の非のみが、この責任から父母を免責させ得る》[107]。その後、第2民事部も、ルヴェル判例と同一文言の破毀判決を繰り返してい

18 フランス法における《他人の所為による責任》の一般原理の形成 ［北村一郎］

る(108)。

　他人の所為による責任は、非ないし何らかの帰責事由のある加害者本人の無資力を担保するための横並び責任として構想されるものであり、その点は、1991年のブリク判例以降においても基本原理たり続けているが、しかし、父母責任のこの直接責任化は、脈絡を若干異にするものの使用者責任の一種の独立責任化(109)とあいまって、なお、今後の変動の余地を排除しないもののように思われる。

(71)　Civ. 2e, 19 févr. 1997, précité. 前掲注(10)参照。新関輝夫「フランスにおける他人の管理者に関する責任制度の展開」福岡大学法学論叢47巻1号（2002）1頁以下。因みに、本判決以前に《当然責任》の語を使っていた判決として（学校教員に代位する国の責任はそうではないという形で）、Civ. 2e, 16 mars 1994, Bull. civ. II. n° 92, p.53 ; Gaz. Pal. 1994. 2. Pan. 221 がある。

(72)　Civ. 2e, 2 déc. 1998, Bull. civ. II. n° 292, p.176（母に連れられて買い物中の14歳の少女が店内を通常に歩行していた際に転んで商品を破損させたという事案において、原判決は、少女が転んだ原因は不明で母にとっては予見不能であったと述べたが、《民法典第1384条第4項に徴し、鑑みるに、不可抗力または被害者の非のみが、同居の未成年の子の惹き起こした損害のゆえに負う当然責任から父母を免責する》）。更に、破毀院刑事部も、この新判例に従っている。Crim. 28 juin 2000, Bull. crim. n° 256, p.753 ; JCP G. 2001. IV. 1024（離婚後に母が監護権を有していた15歳の娘が、妊娠して母と対立したため、父が娘を引き取ったが、娘は数日後に男と出奔し、その後、父は親権行使の判決を得たものの、娘の帰宅を促す行為は何もしていなかったという状況において、娘の銀行強盗による損害について父の《予見不能》の主張が斥けられた）。

(73)　Civ. 2e, 12 oct. 1955, D. 1956. 301, note RODIÈRE ; JCP. 1955. II. 9003, note P. ESMEIN ; Grands arrêts, 10e éd., n° 137, p.569. 狩猟中に狩猟仲間の犬を未成年の子が不注意で殺してしまったために、原判決は《法律に照らしてそのこと自体により》（*ipso facto* au regard de la loi）父の責任を認めたが、破毀院は、父が子に物の使用を委ねたとしても事故が予見可能であった場合でなければ

非はないとする破毀判決において次の判旨を述べる：《民法典第1384条第4項および第7項に徴し、鑑みるに、同居の未成年者たる子によって惹き起された損害を理由とする父の責任は、子の一身に対する監督と指揮との義務に由来する。その責任は非の推定に立脚するのであるから、教育の観点からも監督の観点からも父が慎重な者として行動し、このようにして損害発生行為を阻止し得なかったことが立証される以上、斥けられなければならない》。

(74) 第1384条第4項に、父母が《監護権を行使するものとして》……という文言が挿入されたのは、父権を廃止して親権を定めた1970年6月4日の法律によってである。監護権（droit de garde）とは、狭義では子の住居を定めて具体的な面倒を見る権限を意味するが、親権の概念の導入以前には、広義で、特に離婚後に両親の一方が行使する親権に実質的に相当する意味で用いられ、その用語法は最近まで維持されてきた。ところが、親権の共同行使（特に離婚後や非嫡出子について）の可能性を導入した1987年7月22日の法律は、従来の監護の概念を狭義の身上監護に限定し親権の一属性として位置づけ、親権に相当する意味で使われていた監護の語を法文中からシステマティクに排除した（但し、親権者は監護権を有するという趣旨の第371条の2第2項は別）。このとき、第1384条第4項の《監護権》は、おそらく立法者の不注意によってそのまま維持されたのである。ところが、1991年のブリク判決以来、他人の所為による責任において、物の《保管》とパラレルな他人の《監護》という概念が登場するに及んで、少々ややこしいことになっていたところ、2002年に至って、親権に関する同年3月4日の法律第305号によって、第1384条第4項の《監護権》も《親権》に改められたのである。本稿でも両者の意味を併用せざるを得ないので、御注意願いたい。

(75) 参照、久保野・前掲注(2)。

(76) Pierre-Dominique OLLIER, *La responsabilité civile des pères et mères*, L.G.D.J., 1961, n°s 64 et s., p.71 et s. Jacques BORÉ, La responsabilité des parents pour le fait des choses ou des animaux dont leur enfant mineur a la garde, JCP. 1968. I. 2180, n° 9. N. DEJEAN DE LA BÂTIE, note JCP. 1984. II. 20255.

(77) 子自身が第1384条第1項または第1385条による無生物または動物の所為による責任を負うというこの判例は、弁識能力（discernement）のない3歳の

子にも拡張された（Ass. plén. 9 mai 1984, *Gabillet*, D. 1984. 525, 3ᵉ esp., concl. CABANNES, note CHABAS；JCP. 1984. II. 20255, 1ʳᵉ esp., note DEJEAN DE LA BÂTIE)。

(78) Civ. 2ᵉ, 10 févr. 1966, D. 1966. 332, concl. SCHMELCK；JCP. 1968. II. 15506, note A. PLANCQUEEL.

(79) Civ. 1ʳᵉ, 20 déc. 1960, D. 1961. 141, note P. ESMEIN；JCP. 1962. II. 12031, note A. TUNC；RTDciv. 1961. 317, obs. TUNC.（デパートの5階売場で母親が買物中に2歳の子が吹き抜け部分の手すりから足台を落とし1階の客が負傷した事例で、《責任を発生させる行為》と認める）。Civ. 2ᵉ, 29 avril 1976, JCP. 1978. II. 18793, 2ᵉ esp., note DEJEAN DE LA BÂTIE.（庭で遊んでいた3歳の子が小枝を拾って投げ上げたところ仲間の子に当たって失明させたという事案で、子の過失は結論的には否定されたが、弁識能力の不存在が理由ではない）。精神障害の未成年者による不法行為の場合については、Req. 9 janv. 1935, Gaz. Pal. 1935. 1. 382.（猟銃を持ち出して発砲）。Paris, 21 juin 1962, JCP. 1962. II. 12890, note P. E.；chron. L. MARTIN, JCP. 1963. I. 1755（婦女暴行）。

(80) Ass. plén., 9 mai 1984, *Fullenwarth*, D. 1984. 525, 2ᵉ esp., concl. CABANNES, note CHABAS；JCP. 1984. II. 20255, 2ᵉ esp., note DEJEAN DE LA BÂTIE；RTDciv. 1984. 508, obs. J. HUET；Grands arrêts, 10ᵉ éd., n° 138, p.570. V. aussi, Raymond LEGEAIS, Responsabilité civile des enfants et responsabilité civile des parents, *Rép. Defrénois*, 1985, art. 33508, p.557. VINEY, chron. JCP. 1985. I. 3189. B. PUILL, Vers une réforme de la responsabilité des père et mère du fait de leurs enfants ?, D. 1988. chron. p.185.

(81) Civ. 2ᵉ, 14 nov. 1984, Bull. civ. II. n° 168, p.118；RTDciv 1986. 120, obs. HUET（11歳の子の納屋での火遊びの不始末）。《直接の原因たる行為》の否定例として、Civ. 2ᵉ, 13 avr. 1992, Bull. civ. II. n° 122, p.60；RTDciv 1992. 771, obs. JOURDAIN；Resp. civ. et assur., juill. 1992. Comm. n° 256（鉄砲の暴発事故。娘が友人に何度も危険性を警告していたとして父の責任を否定）。

(82) しかも、1991年のブリク判決以後も同様であったのである。Civ. 2ᵉ, 4 mars 1987, Bull. civ. II. n° 63, p.35（いじめっ子に対する《良い子》の逆襲。学校の責任のみ肯定）。Civ. 2ᵉ, 25 janv. 1995（注(55)参照）。

(83) 例えば、TERRÉ et LEQUETTE, *Grands arrêts …* , 10ᵉ éd., n° 138, spéc. p.

574-575. Viney et Jourdain, *op. cit.*, n° 887, p. 1005.

(84)　Boris Starck, *Droit civil, Les obligations*, 1ʳᵉ éd., nᵒˢ 717 et s., p. 256 et s. Viney et Jourdain, *op. cit.*, n° 882, p. 1001. 傾向としては、過失推定は小さな子に関しては一貫していたとしても、子が成年に近ければ近いほどリベラルな解釈がなされ従って免責も容易になった。また、教育上の非は、事故や軽過失の場合にはほとんど援用されることなく、犯罪や重過失に限って用いられる二次的な役割にとどまったが、その代わりこれらの場合には免責は難しかった。

(85)　André Tunc, *L'enfant et la balle*, JCP. 1966. I. 1983 ; *id, Jalons, op. cit.*, p. 169 et s..

(86)　護民院におけるドゥ・グルウイユ報告によると、《しかし、父母、教員または職人が訴えの対象たる所為を阻止することが不可能だったことを証明することに成功する場合には、そのとき保障は消滅します。なぜならば、まさに確実な不可能性は不可抗力に等しいのであり、被害者のためにはいかなる訴権も開かれないからです》(Bertrand de Greuille, rapport au Tribunat, in Locré, *La législation civile, commerciale et criminelle en France*, t. 13, p. 42, n° 13)。最近の注釈においても同様であった（例えば　A. Vialard, *Juris-Classeur civil*, art. 1382 à 1386, Fasc. 141, 1984, nᵒˢ 10 et 12.)。因みに、ベルトラン判決を促したケスゥス法院検事の論告においても、当然責任の方が文理解釈として自然であることがかなりのウエイトを占めている（Kessous, concl. JCP. 1997. II. 22848）。

(87)　Civ. 2ᵉ, 3 mars 1988, Bull. civ. II. n° 58, p. 31 ; RTDciv 1988. 772, n° 6, obs. Jourdain. Civ. 2ᵉ, 25 janv. 1989, Bull. civ. II. n° 21, p. 10. 第一の事案は16歳の少年の火遊び、第二の事案は7歳の少年の投げた石による負傷であるが、いずれも両親の教育・監督上の非がない（16歳は通常の素行に問題なく行動の自由がある、7歳が意地悪されたと思って乱暴な行動に出るのはよくあること）として賠償請求を棄却した原判決が、未成年者の《非難すべき行動がそれ自体として両親の監督・教育義務の違反を確証するものでないかどうかの探求をしなかった》という理由で破毀されている。

(88)　Viney et Jourdain, *op. cit.*, n° 885, p. 1003.

(89)　非の概念の客観化に関しては、前注(8)参照。

(90) 最近の事例として、17歳の未成年者の傷害致死事件で、犯罪被害者補償基金から両親に対する求償請求を原判決は棄却し、ほとんど成人に達した子の常時監督は両親にとって不可能であり夜間外出の時間・場所を課すことはできないと理由づけたが、当然責任の免責事由の特定に欠けるとして破毀されている（Civ. 2ᵉ, 18 mai 2000, Bull. civ. II. nº 86, p. 59 ; JCP G. 2000. IV. 2187 ; D. 2000. Somm.com. 468, obs. JOURDAIN）。

(91) この保険は、同居者全員（犬猫も含む）について第三者に及ぼした損害をカヴァするもので、加入率は87％にのぼるという（Anne-Marie GALLIOU-SCANVION, Une responsabilité civile enfin trouvable ou les voies de l'indemnisation de victimes d'enfants de parents divorcés, Gaz. Pal. 1997. 1. Doctr. p. 658 et s., nº 18, note 27. V. aussi, Yvonne LAMBERT-FAIVRE, Les assurances obligatoires, in EWALD et LORENZI, *Encyclopédie de l'assurance*, 1998, spéc. p. 548）。

(92) 前掲注(74)参照。

(93) 判例は、父母が短期間子と離れていたとしても同居がないとは言えないと認めていたが（例えば数時間の外出について Crim. 11 oct. 1972, D. 1973. 75, note J. L.）、反対に、ヴァカンス中の祖父母宅での滞在（Civ. 2ᵉ, 24 avril 1989, D. 1990. 519, note Yannik DAGORNE-LABBÉ）、学校への寄宿（Civ. 2ᵉ, 2 juill. 1991, RTDciv 1991. 759, obs. JOURDAIN ; Crim. 27 nov. 1991, Bull. crim. nº 443, p. 1128）の場合には父母責任は斥けられていた。V. aussi, VINEY et JOURDAIN, *op. cit.*, nº 876, p. 988 et s.

(94) Civ. 2ᵉ, 19 févr. 1997, *Cⁱᵉ d'assurance SAMDA c/ MACIF et autres*, Gaz. Pal. 1997. 2. 575, note F. CHABAS ; D. 1997. IR. 119 ; JCP. 1997. IV. 834 ; RTDciv 1997. 670, obs. JOURDAIN ; Resp. civ. et assur., mai 1997, nº 153 ; Petites affiches, 1998, nº 6, p. 29, obs. F. DUMONT. V. aussi, Anne-Marie GALLIOU-SCANVION, *op. cit.*, Gaz. Pal. 1997, 1. Doctr. p. 658 et s. 原判決は、監護権者たる母は行為当時同居の要件に欠け、父は宿泊受入権のみで監護権はないので、父母両人とも責任推定は働かず、一般の過失責任の問題とした上で、母には監督上の過失はないと認め、父は息子のさぼり癖を知りながら学校との連絡を怠ったことに寄宿期間中の監督義務の違反があるとしていた。因みに、下級審においては、母方に寄宿中の行為について監護権者たる父の責任

を認めた先例がある（Riom, 30 janv. 1992, JCP. 1992. IV. 2739）。

(95) Civ. 2^e, 20 janv. 2000, Bull. civ. II. n° 14, p. 9 ; JCP G. 2000. II. 10374, 1er arrêt, note A. GOUTTENOIRE-CORNUT et IV. 1404 ; D. 2000. Somm. com. 469, obs. D. MAZEAUD ; Droit et patrimoine, 2000, n° 81, p. 107, obs. CHABAS. 同様に、事故当時医療教育センターに1か月間預けていた状況は同居を終了させないとする破毀判決がある（Civ. 2e, 9 mars 2000, JCP G. 2000. II. 10374, 2e arrêt, note A. GOUTTENOIRE-CORNUT ; D. 2000. IR. 109）。因みに、下級審では1998年から既に、祖父母宅にヴァカンス滞在していた子の所為について、離婚後に共同親権行使している両親の連帯責任を認めた控訴院判決が存在した（Besançon, 11 févr. 1998, JCP G. 1998. II. 10150, note C. PHILIPPE. 行為者たる2名の子は通常は母と居住しているが、偶数年のヴァカンスの後半期に寄宿受入権を有する父が該当期間中子供たちを祖母に預け、更に祖母が子供たちとともに親類（祖母の姉妹）宅に滞在していた際に、向かいの（当該姉妹の息子夫婦の）家の納屋で子供たちが親類宅から持ち出したマッチやライタアで火遊びをしていて火事になり、納屋の所有者が賠償請求した事案で、祖母には過失はないとされている。）。

(96) Civ. 2e, 16 nov. 2000, JCP G. I. 340, n° 18, obs. VINEY ; Resp. civ. et assur., 2001. comm. n° 37 ; D. 2002. 1309. Som. com. 2e esp., obs. JOURDAIN（両親宅から寄宿舎に戻った17歳の少年が、火のついたままの煙草を隠すために宿舎内の毛布収納場所に煙草を投げ込んだ結果として出火した）。

(97) Civ. 2e, 29 mars 2001, JCP. G. 2002. II. 10071, note Stéphane PRIGENT ; D. 2002. 1309. Somm. com., 1re esp., obs. JOURDAIN ; Bull. civ. II. n° 69, p. 46（学校の運動場で生徒が投げたテニス・ボールにより別の生徒が目に負傷した事案。因みに本件の原判決は、父母責任を斥ける代わりに、指定のテニス・コート以外でのテニスを禁止すべきであったとして学校（国）の責任を認めたのであるが、破毀院は、この点について、運動場監督係の教員の個人的非の存否についての探求がなかったことを理由にして破毀することによって、学校教員の責任の特殊性（教員に非がある場合にのみ国が他人の所為による責任を負う）を再確認するとともに、父母責任と教員責任とが重畳し得ることをも示唆している）。

(98) Civ. 2^e, 4 juin 1997, Bull. civ. II. n° 168, p. 100 ; D. 1997. IR. 159. 校庭で遊ん

でいた6歳の少年が7歳の少年の投げた棒で目に負傷したが、校庭の監督者は生徒の親と懇談中で事故場面を見ていなかったという事案で、原判決は国（学校）の責任を認め、両親の責任については監護は学校に委ねられていたという理由で否定した。国の破毀申立は旧判例に依拠していたが、破毀院は、職権摘示によりベルトラン判決の判旨を文字通りに掲げて、両親の無過失免責の部分を破毀した。

⑼⑼　前掲注⑸⑸⑸⑺参照。

⑽⑽　前掲注⑸⑼参照。

⑾⑾　Crim. 25 mars 1998, JCP G. 1998. II. 10162, note M. Huyette ; obs. Viney, JCP G. 1998. I. 187, n° 22.

⑿⑿　Crim. 15 juin 2000, Bull. crim. n° 232, p. 688 ; JCP G. 2001. IV. 1023. 少年の問題の行為は、同施設に収容されている仲間の少年に対する性犯罪であるが、この行為は、約1年間にわたり毎週月曜朝、共に施設に戻るための列車を待つ間に駅のトイレで行われていたというものである。少なくとも列車に乗せるまでは両親が監督すべきであったということであろうが、やや微妙にも思われる。

⒀⒀　Michel Huyette, note précitée, JCP G. 1998. II. 10162.

⒁⒁　Civ. 2e, 6 juin 2002, D. 2002. 2750, note Michel Huyette ; JCP G. 2002. II. 10068, 2 arrêts, note Adeline Gouttenoire et Nathalie Roget.

⒂⒂　Civ. 2e, 10 mai 2001, *Levert*, D. 2001. 2851, rapp. Pierre Guerder, note Olivier Tournafond ; D. 2002. Somm. com. 1315, obs. Denis Mazeaud ; JCP G. 2001. II. 10613, note Jean Mouly ; JCP G. 2002. I. 124, p. 603, chron. Viney ; Droit et patrimoine, 2001, n° 98, p. 94, obs. Chabas.

⒃⒃　注⑻⑼参照。

⒄⒄　Ass. plén. 13 déc. 2002, D. 2003. 231, note Patrice Jourdain ; 2 arrêts, JCP G. 2003. II. 10010, note Anne Hervio-Lelong.

⒅⒅　Civ. 2e, 3 juillet 2003, JCP G. 2004. II. 10009, note Richard Desgorces.

⒆⒆　Ass. plén. 25 févr. 2000, *Costedoat*, D. 2000. 673, note Philippe Brun ; JCP G. 2000. II. 10295, concl. Roland Kessous, note Marc Billiau ; Grands arrêts, 11e éd., n° 217, t. 2, p. 337. 事案では、ヘリコプタアによる除草剤散布を行う会社の従業員パイロットが、依頼人の畑に散布を行ったところ、当日は風が

強かったため隣地に薬剤がかかって損害が生じたというケースで、隣地所有者からの賠償請求がなされたが、会社が倒産し、かつ、原告の賠償請求権が倒産債権と認められなかったために、パイロットの責任のみを認容した原審判決を、破毀院全部会は、破毀して、《民法典第1382条および第1384条第5項に徴し、鑑みるに、使用者によって割り当てられた任務の限度を越えずに行為した被用者は、第三者に対する関係で責任を負わない》と判決したのである。使用者責任の分野では、被用者のみが訴えられた場合には被用者に酷になる場合があるために、学説判例は夙に被用者の責任を緩和する方向をめざしてきたのである。本件の全部会判決により、被用者の責任と使用者の責任とが分離され、割り当てられた任務の限度（limites de la mission）内の行為か否かによって一方のみの責任（任務の限度内の行為であれば使用者のみの責任、限度外の行為であれば被用者のみの責任）となり、両者の責任が重畳するのは、被用者が任務の限度を越えたが、なお職務（fonctions）の範囲内であった（例えば、倉庫の管理担当者が倉庫内の第三者の物を盗んだ）行為の場合のみということになる。ここでは、公務員の行為に関する行政判例——役務上の非（faute du service 行政の責任）と個人的非（faute personnelle こちらのみ公務員の責任）との区別——とのパラレルがあるとされる。いずれにせよ、被用者が任務の限度内で行為する限り、使用者責任は、被用者の非を前提とせず、客観的に不法な行為で足ることになり、この限度で、父母責任の場合との類似性の外観が生じ得るのである。

＊

以上が、形成途上にある他人の所為による責任の一般原理に関して、1991年のブリク判決以後に断片的に現れている判例の紹介である。

《自己が責任を負うべき者について責任を負う》（第1384条第1項）というのはトオトロジイではないか。カルボニエ名誉教授[110]ならずとも軽口を誘われることは確かであるが、《自己の保管のもとに有する物》と比べてもいかにも一般的にすぎるように見えるこの文言にこそ、しかし、新たな判例法形成のすべての鍵があると思われる。

端緒的な実際的考慮としては確かに《潜在的な社会的リスク》が存在したのであり、そのことが、《危険な者》から《危険な状況にある者》、更には《危険な活動》への拡張を促したことは否定できないであろう。しかし、この第1項責任システムへの父母責任（第4項）の原則的統合によって確定的に、他人の所為による一般責任の根拠は、一方で、単なる潜在的な危険ではなく《他人の監護》の問題であり、他方で、単なる危険な活動ではなく《他人の専門的利用と管理》の問題でもあると見るべきことの正当性が高まったように思われる。

もともと他人の所為による責任には二つの中心があったのである。即ち、一つは、父母−職人−教員の系列であり、これは《未成年者を教育する者》である。もう一つは、使用者であり、こちらは《主として成年者を従属させて使用する者》である[111]。この二元性は、第1項に依拠する一般責任にも反映していると見ることができるのであり、専門的・持続的に監護・教育を行う者と専門的に管理された活動を組織する者とは、まさに古典的二要素の現代的ヴァアジョンである。機能的には、法典に規定された古典的系列はそれ自体の存在意義を保ちつつ、現代的類型がその開かれた外延のなかに当然責任を必要とする諸活動を取り込んでいくことになり、法的には一般原理と特則との関係に入ることになるわけである。

他方で、このような判例法形成の原動力は、今更繰り返すまでもなく、被害者補償の充実、そのための責任の客観化の必要である。特に保護や監護の軸においては、他の分野におけると同様に必要性と可能性との考慮が不可避であり、現実的可能性を担保しているのが保険である。ゲスタン教授が改めて指摘するように、《職業的責任の特殊性と保険の本質的役割との考慮は、責任の分野における既成観念、特に個人的民事責任の本質的原理と称するものの再検討へと導く》[112]。

ただ、他人の所為による責任とはいえ、他人を《抱えて》社会的な活動を行う者にとっては、活動自体およびその帰結は団体的な性格を帯びるとしても、それはなお個人的責任に属すると考えることは不可能ではない。法律家

にとっての本当の問題はむしろ、責任法全体とは言わぬまでも、少なくとも新判例の全体を支えているのが責任保険だということを忘れてはならない。保険による担保が可能であるが故に教育施設や父母の当然責任の定式化も可能になったのである。従って実践的には不当条項の排除などの保険契約の適正化のための規制と調整とが不可欠であることは勿論ながら[113]、しかし、《君が保険に加入しているかどうか言ってくれ、そうしたら、君が他人の所為について責任があるかどうかを言おう》[114]とドゥニ・マゾオ教授が揶揄するように、ここには一種の倒錯すら見出されないか？　裁判所の行う誰それの有責命令は、現実には、保険会社に対する保険金支払命令なのである。そして、訴訟当事者の展開する法的論争が実際には両保険会社の代理戦争に帰することを法律家はどう捉えるか？　いずれにせよ、保険を含めた現代的システム全体のなかでの民事責任法の理論的《再検討》が必要となるであろう。

　折しも、フランスでは、民法典200年を機として法典改訂の季節を迎え[115]、債権債務関係法に関する学者グルウプの改正草案が、2005年9月に発表されたばかりである[116]。民事責任法に関しては、ヴィネエ教授（パリ第1大学）を主幹として大幅な書き換えがなされており、とりわけ他人の所為については、職人および学校教員の責任が廃止される代わりに、他人の監護と他人の利用とを二つの主軸として判例法の成果が——承認にせよ否定にせよ——大大的に前提とされている[117]。今後、活潑な議論が展開されることになるであろう。

　比較法的観点から一言するならば、日本においては、道義的なレヴェルで、監督者の結果責任や親の《無限抱擁》的な責任が非常に強く肯定される傾向があり、かつ、子供がぶつかったとか試合中に選手が乱闘したとかという程度では通常は訴訟になりにくいので、法的な問題自体が立ちにくいのかもしれない。しかし、個個の類型（例えば少年や精神障害者の非行）において、その損害賠償に関してどのような非法的または法的な解決がなされているのか、という点に関しては、一層の精査が必要になるのではなかろうか。

18 フランス法における《他人の所為による責任》の一般原理の形成［北村一郎］

それにしても、《物の所為》から一世紀の後に《他人の所為》に関するパラレルな判例法形成を促したフランス的なこの《法的積極主義》[118]の根底的な活力には、改めて驚くべきものがある。

（追記　本稿は、本書の日韓比較の枠組からは若干外れるものの、専門の制約からフランス法研究に限定して着手し、2000年9月までに一旦脱稿していたが、中断していた制作過程の再開後、2005年秋に急遽最小限の補訂を行ったものである。補訂と再考との不完全さゆえに一度は寄稿を断念したが、共同研究室時代以来御親交を賜った高翔龍教授への敬愛と祝賀との一念に免じて御宥恕願いたい。20世紀末フランスにおける新たな一般原理の出現当時の《熱気》をいささかなりともお伝えできるならば幸いである。)

- [110] Jean CARBONNIER, *Droit civil*, t. 4, 16ᵉ éd., n° 235, p. 430.
- [111] *Ibid.*, p. 429.
- [112] Jacques GHESTIN, note précitée, JCP. 1991. II. 21673, n° 8.
- [113] V. Genviève VINEY, La réparation des dommages causés sous l'empire d'un état d'inconscience : un transfert nécessaire de la responsabilité vers l'assurance, JCP. 1985. I. 3189, spéc. n° 22.
- [114] Denis MAZEAUD, note sous Civ. 2ᵉ, 22 mai 1995, Rép. Defrénois, 1996. 360.
- [115] 北村一郎「フランス民法典200年記念とヨーロッパの影」ジュリスト1281号（2004）92頁以下、金山直樹「フランス民法典改正の動向」ジュリスト1294号（2005）92頁以下。
- [116] 債権債務法に関する草案は、フランス司法省の以下のサイトにおいて参照できる。(http://www.justice.gouv.fr/publicat/rapport/RAPPORTCATALASEPTEMBRE2005.pdf)。同時に、担保法に関する改正草案も発表されているので、参照願いたい (http://www.justice.gouv.fr/publicat/rapport/rapportgrimaldi.pdf)。
- [117] 草案中の《他人の所為》に関する部分の仮訳を以下に掲げておこう。なお、免責原因に関しては、別に第1349条の規定があり、不可抗力（予見不能かつ抗拒不能な出来事）の性格を呈する外部的原因（偶発事象、被害者の所為、

第三者の所為）に基づく損害については免責される趣旨を規定している。

《第1355条　ひとは、[他人の] 生活態様を規律し、または、自分自身の利益のために [他人の] 活動を組織、枠付け、もしくは、統御する [とき]、その者によって惹き起こされた損害について当然に責任を負う。

この責任は、第1356条から第1360条までに規定される場合および要件において生ずる。それは、直接の加害者の責任を発生させる性質の所為の証明を前提とする。

第1356条　[以下の者は、] 未成年の子によって惹き起こされた損害について責任を負う。

1　親権を行使するものとしての父母。

2　父母の死亡の場合における後見人。

3　判決もしくは行政上の決定により、または、合意により、未成年者の生活態様を規律する任を負った自然人または法人。この責任は、両親または後見人の責任と競合し得る。

第1357条　その状態または状況が特別な監督を必要とする成年者によって惹き起こされた損害について、判決もしくは行政上の決定により、または、合意により、その者の生活態様を規律する任を負った自然人または法人は、責任を負う。

第1358条　他人の監督の任務を職業的に引き受ける他の者は、直接の加害者の所為について責任を負う。但し、その者が、非を犯さなかったことを証明する場合はこの限りではない。

第1359条　使用者は、被用者によって惹き起こされた損害について責任を負う。被用者の職務の達成との関係で命令または指示を与える権限を有する者は、使用者である。

使用者は、被用者が、雇用されていた職務の外で、許可なく、かつ、自己の権限事項と無関係な目的において行為したことを証明する場合には、責任を負わない。使用者は、被用者が使用者の計算で行為していたと被害者が信じたことが正当とは言えない旨を立証する場合にも、責任を負わない。

第1359条の1　故意なく、自己の職務の枠組のなかで、自己の権限事項に適合した目的において、かつ、使用者の命令に違反することなく行為した被用者は、被害者が使用者からもその保険者からも損害の賠償を得ることがで

きなかった旨を証明することを条件としてでなければ、個人的責任を被害者によって問われ得ない。

　第1360条　使用従属関係の不存在の場合に、他の者の職業的活動を枠付け、もしくは、組織し、かつ、そこから経済的利益を引き出す者は、この活動においてその者によって惹き起こされた損害について責任を負う。特に、治療施設が雇用する医師によって惹き起こされた損害について治療施設が責任を負うことが、これに当たる。加害行為が当該活動による旨を立証する負担は、原告に属する。

　同様に、依存状況にある事業者が自分自身の計算で行為するときであっても、その者の経済的または資産的な活動を統御する者は、加害行為が統御の行使と関係がある旨を被害者が立証するときには、責任を負う。特に、子会社によって惹き起こされた損害について親会社が、または、特約販売業者によって惹き起こされた損害について特約供給業者が、責任を負う場合が、これに当たる。》

(118)　山口俊夫「異文化と法」東大公開講座『異文化への理解』（東大出版会、1988）特に220頁以下。

高 翔龍先生略歴及び研究業績

高 翔龍先生略歴

高 翔龍（コウ サンリィョン）		生年月日	1939年4月22日
韓国生れ			

学　　　歴	
1964年2月	成均館大学校法学科卒業（法学士）
1967年9月	成均館大学校大学院修士課程（民事法専攻）修了 （法学修士）
1969年3月	東京大学大学院法学政治学研究科　外国人研究生
1971年3月	東京大学大学院法学政治学研究科修士課程 （民事法専攻）修了（法学修士）
1977年3月	東京大学大学院法学政治学研究科博士課程 （民事法専攻）修了（法学博士）

職　　　歴	
1977年3月～1978年2月	ソウル市立大学行政学科助教授
1978年3月～1981年2月	成均館大学校法科大学法学科助教授
1978年3月～1981年8月	成均館大学校法科大学法学科主任
1978年4月～1992年2月	成均館大学校法科大学司馬軒指導委員会委員および主任
1979年5月～1981年4月	成均館大学校実験大学運営委員会委員
1980年8月～1983年2月	成均館大学校社会科学研究所運営委員
1981年6月～1982年5月	成均館大学校法科大学学術誌編集指導委員
1981年12月～1982年3月	高麗大学校大学院非常勤講師
1981年9月～1986年9月	成均館大学校法科大学法学科副教授
1982年3月～1985年2月	慶熙大学校法科大学非常勤講師
1982年3月～1984年2月	成均館大学校入試対策委員会委員
1983年2月～1985年1月	成均館大学校法科大学法学科および大学院主任（兼任）
1983年3月～1985年2月	成大新聞論説委員
1983年9月～1984年2月	延世大学校法科大学非常勤講師
1983年9月～1985年2月	成均館大学校大学院入試制度研究委員会委員
1983年3月～1985年12月	法務部(省)・法務研修院講師(民事実務担当)
1984年3月～1985年3月	成均館大学校学事改革研究制度改革研究委員
1985年4月～1986年3月	成均館大学校入試対策弘報委員会委員
1985年4月～1987年3月	成均館大学校学生会会則審議小委員会委員
1986年8月～1987年7月	日本・東京大学法学部客員研究員

1986年9月	成均館大学校法科大学法学科教授
1988年3月～1988年12月	成均館大学校(本部)弘報室長
1990年2月～1992年1月	成均館大学校法科大学長(法学部長)
1990年2月～1992年1月	成均館大学校養賢館長
1992年5月～1995年2月	成均館大学校(本部)教務所長
1993年5月～1994年2月	全国大学校教務処長協議会会長
1996年4月～1996年7月	日本・東京大学法学部客員教授
1996年4月～1996年7月	日本・早稲田大学大学院非常勤講師
1997年4月～2004年6月	行政自治部(省)・国家専門行政研修院講師(民事法担当)
2003年3月～2004年8月	成均館大学校法科大学法学教育制度改革研究委員会長
2003年7月～2005年現在	大韓民国学術院会員
2004年8月	成均館大学校停年退職
2004年9月	成均館大学校名誉教授
2004年10月～2005年3月	東京大学法学部非常勤講師
2004年10月～2005年3月	早稲田大学法学部・大学院非常勤講師
2004年10月～2005年8月	早稲田大学法科大学院兼任教授
2004年9月	大東文化大学法科大学院教授
2005年6月	中国・延吉大学法学部兼職教授

研究業績一覧

番号	著書、学術論文等の名称	単著共著の別	発行又は発表の年月	発行所、発表雑誌又は発表学会等の名称
	（著書）			
1	注釈債権総則（上）	共著	1984年10月	韓国司法行政学会
2	改正民事法解説	共著	1985年6月	韓国司法行政学会
3	民法総則	単	1990年2月	法文社
4	民法判例解説（Ⅰ）	共著	1991年3月	経世院
5	民法判例解説（Ⅱ）	共著	1992年4月	経世院
6	注釈物権法（下）	共著	1993年1月	韓国司法行政学会
7	民法学特講	単	1995年1月	法文社
8	民法判例解説（Ⅲ）	共著	1995年9月	経世院
9	現代韓国法入門	単	1998年3月	日本・信山社
10	民法総則（全訂版）	単	1999年3月	法文社
11	財産関係法（Ⅰ）	単	1999年12月	成大法学研究所
12	注釈民法〔債権各則(3)〕	共著	1999年12月	韓国司法行政学会
13	物権法	単	2001年7月	法文社
14	民法改正案意見書	共著	2002年5月	三知院
15	民法総則（第3版）	単	2003年4月	法文社
16	アクセスガイド外国法	共著	2004年6月出刊	東京大学出版会
	（学術論文）			
1	イギリスの借家法に関する研究―判例を中心として―	単	1971年	東京大学大学院修士学位論文
2	法解釈学の研究動向	単	1978年	成大論文集（人文）
3	住居用家屋の賃借人及び伝貰権者の保護に関する立法論的研究	単	1979年	社会科学（成大）
4	賃借権の承継	単	1979年1月	法曹
5	物権行為の独自性と無因性論の再検討	単	1979年12月	玄勝鍾教授華甲記念論文集
6	伝貰制度の再検討	単	1981年5月	金曾漢教授華甲記念論文集
7	取得時効期間満了後買受要請と自主占有（判例評釈）	単	1980年5月12日	法律新聞

研究業績一覧

番号	著書、学術論文等の名称	単著共著の別	発行又は発表の年月	発行所、発表雑誌又は発表学会等の名称
8	同時履行の抗弁権を有する賃借人の目的物占有と不当利得との関係（判例評釈）	単	1980年7月7日	法律新聞
9	取得時効制度の存在理由	単	1980年	考試研究
10	不法原因給与効力と反射的所有権取得1（判例評釈）	単	1980年10月12日	法律新聞
11	権利能力なき社団論小考	単	1980年11月	考試研究
12	動機の錯誤と第109条の適用与否（判例評釈）	単	1980年12月22日	法律新聞
13	不法原因給与論小考	単	1981年3月	月刊考試
14	清算法人の能力範囲と清算終結登記後の清算法人の存続（判例評釈）	単	1981年2月2日	法律新聞
15	詐害行為の取消	単	1981年7月	判例月報
16	所有の意思をもって占有すると意味	単	1981年10月	判例月報
17	表見代理と基本代理権の存否	単	1981年12月	考試界
18	住宅賃貸借保護法の問題点	単	1981年10月	現代社会
19	賃借権の対抗力	単	1981年10月	月刊考試
20	権利濫用論の現代的意義	単	1982年3月	考試研究
21	法人の不法行為責任と表見代理責任	単	1982年6月	考試界
22	民法上の争点	単	1982年7月	考試研究
23	不動産買受人の登記請求と消滅時効（判例評釈）	単	1982年3月	判例月報
24	韓国の住宅賃貸借制度	単	1982年11月	李光信教授華甲記念論文集
25	住宅賃貸借保護法の諸問題（Ⅰ.Ⅱ）	単	1982年12月 1983年1月	判例月報
26	慣習法と事実たる慣習	単	1983年8月	申東旭教授華甲記念論文集
27	履行補助者の過失	単	1983年7月	法律研究（延世大）
28	無権代理と相続	単	1983年1月	月刊考試
29	代理権濫用論小考	単	1984年2月	月刊考試
30	使用者責任と被害者側の悪意・重過失（判例評釈）	単	1984年1月2日	法律新聞

研究業績一覧

番号	著書、学術論文等の名称	単著共著の別	発行又は発表の年月	発行所、発表雑誌又は発表学会等の名称
31	伝貫権の強化 ―立法改正過程を中心として―	単	1984年6月	司法行政
32	借家権の承継（Ⅰ～Ⅳ）	単	1984年	法学協会雑誌（東京大学法学部）96巻3・4・7号、101巻8号
33	動機の錯誤（判例評釈）	単	1985年1月21日	法律新聞
34	住宅賃貸借保護法中改正法律の解説	単	1985年6月	改正民事法解説　民事法学会編
35	登記簿取得時効要件の登記存続期間と占有期間（判例評釈）	単	1985年4月15日	法律新聞
36	賃借権の承継	単	1985年	改正民事法解説　民事法学会編
37	賃借権と相続	単	1985年1月	考試研究
38	借家権の承継	単	1985年10月	私法（日本私法学会）
39	賃借権の物権化	単	1985年12月	社会科学（成大）
40	名義信託論の再検討小考	単	1985年12月	郭潤直教授華甲記念論文集
41	団束法規違反と私法上の効力	単	1986年1月	判例月報第184号
42	賃借権の無断譲渡・転貸と民法第629条	単	1986年1月	考試界第31巻1号
43	胎児の権利能力	単	1986年6月	月刊考試第13巻6号
44	抵当権と賃借権に関する研究	単	1987年7月	瑞峰学術財団
45	法人論の再検討	単	1987年9月	成均館法学創刊号
46	失踪宣告の取消制度	単	1987年12月	月刊考試第14巻12号
47	賃借権の承継制度	単	1988年5月	金疇洙教授華甲記念論文集
48	法人の能力と目的の範囲	単	1988年1月	考試界第33巻1号
49	動機の不法	単	1988年3月	考試研究第15巻3号
50	民法第108条2項の類推適用論	単	1988年7月	考試研究第15巻7号
51	中間省略登記と登記請求権	単	1988年11月	考試研究第15巻11号
52	不動産の二重売買と第1買受人の保護	単	1988年12月	考試研究第15巻12号

研究業績一覧

番号	著書、学術論文等の名称	単著共著の別	発行又は発表の年月	発行所、発表雑誌又は発表学会等の名称
53	債権質の設定と債権譲渡禁止特約	単	1989年2月	考試研究第16巻2号
54	抵当権の効力の範囲	単	1989年1月	考試研究第7巻1号
55	不公正な法律行為の成立要件（判例評釈）	単	1989年2月27日	法律新聞
56	未登記建物譲受人の法定地上権取得と法定地上権の譲渡	単	1989年3月	考試研究第16巻3号
57	無能力者制度とその限界	単	1989年1月	考試行政通巻1号
58	代理権授与行為の法的性質	単	1989年7月	考試研究第16巻7号
59	不法原因給与制度と反射的所有権取得論	単	1989年9月	考試研究第16巻9号
60	住宅賃貸借保護法の諸問題	単	1990年12月	成均館法学第3号
61	民法上のいわゆる「二重効」の問題	単	1990年5月	金容漢教授華甲記念論文集
62	民法上の第390条の債務不履行の意味	単	1990年	黄迪仁教授華甲記念論文集
63	無効行為の転換と虚位親生子出生申告の効力	単	1990年	考試研究第17巻6号
64	無権原で植栽した樹木の附合与否（判例評釈）	単	1990年7月9日	法律新聞
65	占有保護請求権と物権的請求権	単	1990年9月	考試研究第17巻9号
66	里所有の財産と里住民の総有（判例評釈）	単	1990年11月1日	法律新聞
67	登記簿取得時効要件の占有期間と登記存続期間	単	1990年11月	考試研究第17巻11号
68	原因行為の失効による物権の復帰と善意の第3者の保護	単	1991年2月	考試研究第18巻2号
69	物権的請求権と権利濫用	単	1991年4月	考試研究第18巻4号
70	周囲土地通行権（判例評釈）	単	1991年9月	法律新聞
71	二重所有権保存登記の効力（判例評釈）	単	1991年4月15日	法律新聞
72	物上代位（判例評釈）	単	1991年9月	判例月報252号

501

研究業績一覧

番号	著書、学術論文等の名称	単著共著の別	発行又は発表の年月	発行所、発表雑誌又は発表学会等の名称
73	韓国住宅賃貸借制度の変遷史小考	単	1992年	金基洙教授華甲記念論文集
74	去来許可区域内の土地売買契約と事後許可時有効与否（判例評釈）	単	1992年3月	法律新聞
75	時効取得不動産の占有承継者の所有権移転登記請求方法（判例評釈）	単	1995年5月	法律新聞
76	名義信託と不動産実名制法	単	1995年	登記の理論と実務に関する諸問題(1)（韓国登記法学会）
77	重複登記における後登記を根拠とした登記簿時効取得の与否	単	1996年	JUSTICE 29巻3号
78	流動集合動産の譲渡担保	単	1996年	比較私法3巻1号（韓国比較私法学会）
79	民法上の賃借権に関する改正方案	単	1996年	民事法学15号（韓国民事法学会）
80	韓国における会社の資金調達と投資者保護	単	1996年	日・中・韓における会社資金の投資者保護（日本・晃洋書房）
81	韓国における住宅賃貸借制度の形成と課題	単	1996年	日本民法学の形成と課題（下）（星野英一先生古稀祝賀論文集）（日本・有斐閣）
82	韓国の社会と法	単	1996年	法学論集（日本・成城大学）53号
83	賃貸借の公示方法(1)(2)	単	1997年	経営法務（韓国経営法務研究所）43号
84	保険契約と約款規制に関する法律	単	1997年	比較私法7号（韓国比較私法学会）
85	韓国法の歴史	単	1997年	北大法学論集48巻4号（日本・北海道大学）

研究業績一覧

番号	著書、学術論文等の名称	単著共著の別	発行又は発表の年月	発行所、発表雑誌又は発表学会等の名称
86	財産編に関する民法改正案研究	単	1998年	大韓民国学術院(学士院)論文集37集（人文社会科学編）
87	宗中財産と名義信託	単	1998年	北大法学論集49巻3号（日本・北海道大学）
88	第3次住宅賃貸借保護法改正法律(案)の諸問題	単	1999年	民事法学17号（韓国民事法学会）
89	韓日両国における権利能力なき社団について	単	2001年2月	北大法学論集51巻6号（日本・北海道大学）
90	日本に法学教育—法科大学院を中心として—	単	2002年	第3回法律家大会—世界化時代の法・法律家（財団法人／韓国法学教授会）
91	取得時効と登記	単	2002年	登記の理論と実務に関する諸問題（Ⅱ）（韓国登記法学会）
	（その他）			
1	韓日両国における外国法継受と紛争解決制度	(司会・通訳)	1991年11月	韓日比較法シンポジウム（成均館大学・名古屋大学共同主催）
2	韓・日両国民の法意識に関する比較	発表	1996年5月	日本・成城大学法学部主催
3	韓国法の調査方法	発表	1996年7月	日本・東京大学法学部附属外国法文献センター主催
4	光復（解放）から半世紀が過ぎた韓日関係の視覚	単	1997年2月	日本・北大法学論集47巻5号
5	1910年前後の韓・日関係の法制史	発表	1997年7月	日本・北海道大学法学部主催
6	法意識について	コメンテーター	2001年1月	日本・名古屋国際シンポジウム（名古屋大学主催）
7	最近の韓国の司法事情	単	2001年3月	日本・大東法学10巻2号
8	各国の不動産登記制度	主題発表	2001年6月 2002年5月	第3回、第4回・日登記官相互研修セミナー（法院研修院主催）

研究業績一覧

番号	著書、学術論文等の名称	単著共著の別	発行又は発表の年月	発行所、発表雑誌又は発表学会等の名称
9	「家」	司会	2001年9月	第1回東京大学・成均館大学共同学術大会（成大主催）
10	韓・日両国の廃棄物活用法制について	発表	2002年10月	第2回東京大学・成均館大学校共同学術大会（東大主催）
11	民法改正（物権・債権編）	座談	2003年3月・4月	人権と正義（大韓弁護士協会誌）319号・320号
12	担保制度の新展開	主題発表	2003年9月	第37回韓国比較私法学会
13	東アジア三国の法文化交流とその影響	発表	2003年12月	第1回成均館大・日本神戸大学共同学術大会
14	韓日中における契約法の比較	発表	2004年11月20日～21日	第4回中日韓民商法研究会（中国青島大学／海洋大学で開催）
15	日本不動産登記法の大改革	単	2004年12月	韓国登記法法学会誌第3巻
16	韓日中契約法の比較	単	2005年3月	大東ロージャーナル創刊号
17	韓国の氏について	講演	2005年4月	東京西北ロータリークラブ
18	韓国家族法の特色と変革	講演	2005年6月	中国延辺大学法学院
19	韓国家族法の大改革	単	2005年7月	ジュリスト（No.1294）2005.7.15
20	韓国における判例の役割と判例研究方法	発表	2005年9月20日～27日	中国青島東北アジア法研究会（社団法人）主催
21	2005年春大改正された韓国家族法の現況	講演	2005年10月	学習院大学東洋文化研究所主催

あ と が き

　本論文集の企画が始まったのは、もう5年以上前のことになる。刊行に至るまでにこれほどの歳月を要してしまったことを、編者のひとりとしてまず高先生にお詫びしなければならない。言い訳めいてしまうが、この間、日本の法学界は未曾有の大変動を経験し、働き盛りの年代であった高先生の友人達は、その激流に巻き込まれて多忙を極めることになった。長年の高先生との友情の証として喜び勇んで論文集の企画に参加したメンバーの中には、このような状況の中で結局執筆のかなわなかった方々もおられる。しかし、企画に賛同した人々の気持ちは、いまも、皆同じであると思う。高先生がこれまで日本と韓国との間の法学交流のために尽くされてきた軌跡を振り返るとき、先生の存在の大きさを改めて感じざるを得ない。そのご貢献に心から感謝するとともに、近くて遠いと言われる2つの国の間に、法学交流を通して、深い相互理解に基づく揺るぎない絆を確立するために、今後一層、高先生とともに力をあわせてゆきたい、そのような思いを、我々は一様に共有していると感じる。

　思いかえせば、高先生が還暦を迎えられる頃、先生への畏敬と感謝の念を共有する日韓の数多くの研究者のなかから、高先生の指導を受けた韓国の法学者と日本の友人達とで、テーマごとにペアを組んで献呈論文集を作ろうという企画が持ち上がった。ペアを組む関係上、執筆者の数を限らざるを得なかったが、企画に賛同して参加された日本側のメンバーは、太田勝造東京大学教授、大村敦志東京大学教授、加藤雅信名古屋大学教授、北村一郎東京大学教授、下森定成蹊大学教授・元法政大学総長、瀬川信久北海道大学教授、高橋宏志東京大学教授、滝沢聿代法政大学教授、能見善久東京大学教授、野村豊弘学習院大学教授（五十音順）、及び私である。また韓国側のメンバーは、

あとがき

金相容延世大学校教授、朴相哲京畿大学校教授、申榮鎬高麗大学校教授、尹大成昌原大学校教授、尹庸碩釜山大学校教授、李起勇成均館大学校教授、李德勝安東大学校教授、李勝雨成均館大学校教授、李時潤慶熙大学校客員教授・元憲法裁判所裁判官、李銀榮韓国外国語大学校教授・現国会議員、韓雄吉東亞大学校教授、洪性載公州大学校教授である（ガナダ順）。

　出版までに予想外の年月を要したため、最終的には、当初予定した通りのペア論文を掲載するには至らなかったところもあるが、このように日韓の法学者が多数参加して共同で論文集を刊行するという企画は、過去に例がないのではないかと思う。そのような類例のない企画の実現に当たっては、多くの方々のご尽力があったが、とりわけ、韓国側メンバーの原稿の校正を担当された權澈君（東京大学大学院博士課程）には言葉に尽くせぬほどのご協力を得た。また信山社の袖山貴氏には市場性の乏しい論文集の刊行をお引き受けいただき、企画段階から刊行に至るまで、大変お世話になった。お二人には、この場を借りて心から感謝を申し上げたい。このほか、多くの方々のご協力をいただいたが、しかし、様々な障害を越えて本企画がこうして実現するに至った最大の理由は、何といっても、関係者一同の高先生への敬慕の念を措いてない。

　高先生の一層のご健康と、そして、日韓法学交流のなかでのさらなるご活躍を祈念しつつ、編者執筆者一同、本論文集を謹んで先生に捧げたい。

2005年11月

東京大学教授

内　田　　貴

（編者のひとりとして）

〈編者紹介〉

加藤 雅信（かとう まさのぶ）　名古屋大学大学院法学研究科教授
瀬川 信久（せがわ のぶひさ）　北海道大学大学院法学研究科教授
能見 善久（のうみ よしひさ）　東京大学大学院法学政治学研究科教授
内田 　貴（うちだ たかし）　　東京大学大学院法学政治学研究科教授
大村 敦志（おおむら あつし）　東京大学大学院法学政治学研究科教授
尹　大　成（ユン デソン）　　　昌原大学校法学科教授
玄　炳　哲（ヒョン ビョンチョル）漢陽大学校法科大学教授
李　起　勇（イ キヨン）　　　　成均館大学校法科大学教授

21世紀の日韓民事法学
──高翔龍先生日韓法学交流記念──

2005年11月19日　第1版第1刷発行
　　　　　　　3225-01010　P544:12000E:B055

編　集　　加藤雅信　瀬川信久
　　　　　能見善久　内田　貴
　　　　　大村敦志　尹　大　成
　　　　　玄　炳　哲　李　起　勇
発行者　　今　井　　　貴
発行所　　株式会社 信 山 社
〒113-0033 東京都文京区本郷 6-2-9-102
Tel 03-3813-1019　FAX 03-3818-0344

Ⓒ著者、2005　印刷・製本／松澤印刷・大三製本
出版契約 No.3225-01010
ISBN4-7972-3225-0 C3332　分類324.025-a010
3225-01010-012-050-015

禁コピー 転載Ⓒ信山社 2005

現代韓国法入門	高 翔龍 著	五〇〇〇円
韓国憲法裁判所一〇年史	韓国憲法裁判所 徐元宇翻訳者代表	一三〇〇〇円
韓国民事訴訟法	金 祥洙 著	六〇〇〇円
韓国司法制度入門	金 洪奎 著	三〇〇〇円
韓国労働法の展開	金 裕盛 著	一一〇〇〇円
日韓土地行政法制の比較研究	荒 秀 編著	一二〇〇〇円
プラクティス民法 債権総論	潮見佳男 著	三三六〇円

信山社

―――― 既刊・新刊 ――――

新堂幸司監修 日本裁判資料全集1・2
東京予防接種禍訴訟 上
東京予防接種禍訴訟 下

中平健吉・大野正男・廣田富男・山川洋一郎・秋山幹男・河野敬編

三〇〇〇〇円
二八〇〇〇円

判例ルの判例研究の方法論で夙に指摘されているように事実の精確な認識の上にたって、法適用の方法論が妥当かどうか判断されなければならない。ロースクール時代をひかえて、判決の結論あえてでは、判例、実務教育の重要性が言われるようになった今日、ここに、日本裁判資料集を刊十分な分で判例研究が隆盛を極めている所以である。行を企図するため、その行のための裁判資料全集ある。

広中俊雄編著 日本民法典資料集成①
第1部 民法典編纂の新方針

46倍判変形 特上製箱入り 1540頁
本体10万円

①民法典編纂の新方針 ②修正原案とその審議…総則編関係 ③修正原案とその審議…物権編関係上 ④修正原案とその審議…債権編関係上 ⑤修正原案とその審議…債権編関係下 ⑥修正原案とその審議…親族編関係上 ⑦修正原案とその審議…親族編関係下 ⑧修正原案とその審議…相続編関係 ⑨民法修正案の理由書：前三編関係 ⑩民法修正案の理由書：後二編関係 ⑪整理議案とその審議 ⑫民法修正案の参考資料：入会 ⑬民法修正の参考資料：身分法資料 ⑭民法修正の参考資料 ⑮帝国議会の法案審議―附表 民法修正案・諸他の資料

―――― 信 山 社 ――――

───── 既刊・新刊 ─────

債権総論　　　　　　　　　　　　　潮見佳男 著　　五六三一円
債権総論〔第2版〕Ⅰ 債権関係・契約規範・履行障害　　潮見佳男 著　　四八〇〇円
債権総論〔第2版〕Ⅱ 債権保全・回収・Ⅱ 総論・財産移転型契約　　潮見佳男 著　　四二〇〇円
契約各論　　　　　　　　　　　　　潮見佳男 著　　四七〇〇円
不法行為法　　　　　　　　　　　　潮見佳男 著　　四五〇〇円
不当利得法　　　　　　　　　　　　藤原正則 著
イギリス労働法　　　　　　　　　　小宮文人 著　　三八〇〇円

───── 信　山　社 ─────

―――― 既刊・新刊 ――――

不法行為法	潮見佳男 著	四七〇〇円
公害・不法行為論	伊藤 進 著	六〇〇〇円
損害額算定と損害限定	ヘルマン・ランゲ著 西原道雄・齋藤修訳	二五〇〇円
不当利得法	藤原正則 著	四五〇〇円
メディクス ドイツ民法 上	河内宏・河野俊行監訳	一二〇〇〇円
危険負担と危険配分	新田孝二 著	一二〇〇〇円
民事過失の軌跡構造	潮見佳男 著	八〇〇〇円

―――― 信山社 ――――

——— ブリッジブック ———

ブリッジブック憲　法　横田耕一・高見勝利編　二〇〇〇円
ブリッジブック商　法　永井和之編　二一〇〇円
ブリッジブック裁判法　小島武司編　二一〇〇円
ブリッジブック国際法　植木俊哉編　二一〇〇円
ブリッジブック日本の政策構想　寺岡　寛著　二一〇〇円
ブリッジブック先端法学入門　土田道夫・高橋則夫・後藤巻則編　二〇〇〇円
ブリッジブック先端民法入門　山野目章夫編　二〇〇〇円
ブリッジブック法哲学　長谷川昇・角田猛之編　二〇〇〇円
ブリッジブック国関係学　田中孝彦編　近刊
ブリッジブック日本の外交　井上寿一著　二〇〇〇円
ブリッジブック民事訴訟法　井上治典編著　二一〇〇円

信　山　社

―― 新刊・既刊 ――

行政訴訟と権利論　　　　　　　　神橋一彦著　　九八〇〇円
行政法の解釈　　　　　　　　　　阿部泰隆著　　九七〇九円
行政法の解釈(2)　　　　　　　　 阿部泰隆著　　一〇〇〇〇円
行政事件訴訟法(昭和三七年)(1)　 塩野宏編著　　四八五四四円
行政事件訴訟法(昭和三七年)(2)　 塩野宏編著　　四八五四四円
行政事件訴訟法(昭和三七年)(3)　 塩野宏編著　　二九一二六円
行政事件訴訟法(昭和三七年)(4)　 塩野宏編著　　三四九五一円
行政事件訴訟法(昭和三七年)(5)　 塩野宏編著　　三七八六四円
行政事件訴訟法(昭和三七年)(6)　 塩野宏編著　　二六二一四円
行政事件訴訟法(昭和三七年)(7)　 塩野宏編著

―― 信山社 ――

新刊・既刊

市民社会における行政と法 市民カレッジ	園部逸夫編	二四〇〇円
行政法の解釈	阿部泰隆著	一九七〇円
行政法の解釈2	阿部泰隆著	一〇〇〇〇円
行政計画の法的統制	見上崇洋著	八二〇〇円
行政行為の存在構造	菊井康郎著	七三七九円
行政過程と行政訴訟	山村恒年著	一〇〇〇〇円
行政法と信義則	乙部哲郎著	八〇〇〇円
行政立法手続	常岡孝好著	六七〇〇円
行政救済の判例研究	秋山義彦著	五〇〇〇円

信山社

――― 既刊・新刊 ―――

憲法答弁集	浅野一郎・杉原泰雄 監修	五〇〇〇円
国会入門	浅野一郎 編	二八〇〇円
保護義務としての基本権	イーゼンゼー著 ドイツ憲法判例研究会編訳	二二〇〇円
日独憲法学の創造力 上下巻 栗城壽夫先生古稀記念	樋口陽一・上村貞美・戸波江二 編集代表	上三三〇〇円 下三三〇〇円
アジア立憲主義の展望	全国憲法研究会 編 大須賀明 編集代表	一三七五〇円
地球社会の人権論	芹田健太郎 著	二八〇〇円
新編 情報公開条例集 全9冊	秋吉健次・田北康成 編	各七〇〇〇〜九八〇〇円

――― 信山社 ―――

―――― 新刊・既刊 ――――

間接被害者の判例総合解説
　　平野裕之 著　　　　　　2,800円
権利金・更新料の判例総合解説
　　石外克喜 著　　　　　　2,900円
即時取得の判例総合解説
　　生熊長幸 著　　　　　　2,200円
不当利得の判例総合解説
　　土田哲也 著　　　　　　2,400円
保証人保護の判例総合解説（第2版）
　　平野裕之 著　　　　　　3,200円
親　権の判例総合解説
　　佐藤隆夫 著　　　　　　2,200円
権利能力なき社団・財団の判例総合解説
　　河内　宏 著　　　　　　2,400円
同時履行の抗弁権の判例総合解説
　　清水　元 著　　　　　　2,300円
婚姻無効の判例総合解説
　　右近健男 著　　　　　　2,200円
錯　誤の判例総合解説
　　小林一俊 著　　　　　　2,400円
危険負担の判例総合解説
　　小野秀誠 著　　　　　　2,400円

―――― 信 山 社 ――――